权威·前沿·原创

皮书系列为
"十二五""十三五"国家重点图书出版规划项目

中国社会科学院创新工程学术出版资助项目

反腐倡廉蓝皮书
BLUE BOOK OF COMBATING
CORRUPTION AND UPHOLDING INTEGRITY

中国反腐倡廉建设报告
No.7

REPORT ON COMBATING CORRUPTION AND UPHOLDING
INTEGRITY IN CHINA No.7

中国社会科学院中国廉政研究中心／编
主　编／张英伟
副主编／孙壮志　蒋来用

社会科学文献出版社
SOCIAL SCIENCES ACADEMIC PRESS（CHINA）

图书在版编目(CIP)数据

中国反腐倡廉建设报告.NO.7 / 张英伟主编. --北京:社会科学文献出版社,2017.12
(反腐倡廉蓝皮书)
ISBN 978 - 7 - 5201 - 2137 - 8

Ⅰ.①中… Ⅱ.①张… Ⅲ.①反腐倡廉 - 研究报告 - 中国 Ⅳ.①D630.9

中国版本图书馆 CIP 数据核字(2017)第 328131 号

反腐倡廉蓝皮书

中国反腐倡廉建设报告 No.7

编　　者 / 中国社会科学院中国廉政研究中心
主　　编 / 张英伟
副 主 编 / 孙壮志　蒋来用

出 版 人 / 谢寿光
项目统筹 / 邓泳红
责任编辑 / 陈晴钰

出　　版 / 社会科学文献出版社·皮书出版分社 (010)59367127
　　　　　　地址:北京市北三环中路甲29号院华龙大厦　邮编:100029
　　　　　　网址:www.ssap.com.cn
发　　行 / 市场营销中心 (010)59367081　59367018
印　　装 / 北京季蜂印刷有限公司

规　　格 / 开 本:787mm×1092mm　1/16
　　　　　　印 张:20.25　字 数:303千字
版　　次 / 2017年12月第1版　2017年12月第1次印刷
书　　号 / ISBN 978 - 7 - 5201 - 2137 - 8
定　　价 / 89.00元

皮书序列号 / PSN B - 2012 - 259 - 1/1

本书如有印装质量问题,请与读者服务中心 (010 - 59367028)联系

主要编撰者简介

张英伟 中国社会科学院党组成员、中国廉政研究中心理事长。主要研究领域：党风廉政建设与反腐败、党史党建、马克思主义理论。

孙壮志 中国社会科学院中国廉政研究中心副理事长兼秘书长，研究员、博士生导师。主要研究领域：国际政治、上海合作组织、党风廉政建设与反腐败。

蒋来用 中国社会科学院中国廉政研究中心副秘书长、中国社会科学院特殊学科廉政学学科带头人，副研究员。主要研究领域：廉政学、信用评级、住房保障。

中国社会科学院中国廉政研究中心简介

中国社会科学院中国廉政研究中心是在中央纪委和中国社会科学院党组关怀支持下成立并成长起来的中国社会科学院高端专业化智库。2005 年，中国社会科学院成立由常务副院长牵头的廉政研究协调领导小组。2009 年 12 月，中国廉政研究中心挂牌成立，时任中央书记处书记、中央纪委常务副书记何勇和时任全国政协副主席，中国社会科学院院长、党组书记陈奎元共同揭牌。中心理事长一直由院领导担任，中国社会科学院院长党组书记王伟光担任中心名誉理事长。

中国廉政研究中心依托中国社会科学院学科门类齐全、高端人才集中优势，吸纳院内外 80 多位学术功底深厚、理论思维突出的专家学者和反腐败经验丰富的实务工作者担任理事，70% 以上的理事具有高级以上职称，其研究领域涉及经济、政法、社会、历史、国际等多个学科。

中心紧贴实践组织专家到 31 个省（区、市）和 10 多个中央部委经常性开展国情调研考察活动，先后完成"中国惩治和预防腐败体系绩效测评研究""各国反腐败体制机制比较研究""中外预防和打击腐败措施比较研究""事业单位防治腐败研究"等 200 多项重大研究任务，产出了一批优秀成果，出版《世界主要国家和地区反腐败体制机制研究》《王阳明廉政思想与行为研究》等著作 20 余部，撰写研究报告 160 多篇，70 多篇获得中央领导批示。2013 年以来，中心问卷调查报告中的数据曾四次被习近平总书记在十八届中央纪委全会上的讲话采用。2011 年以来，中心每年向社会发布《反腐倡廉蓝皮书：中国反腐倡廉报告》，受到国内外广泛关注，迅速成为有影响力的图书品牌，是国内外读者了解中国反腐倡廉建设和反腐败工作进展的重要科研平台。

中国廉政研究中心连续举办十届"中国社会科学院廉政研究论坛"，还举办了 2 届"中欧廉政智库高端论坛"和 3 届廉政大竹论坛，在山西社会科学院、四川社会科学院、湖南永州、四川大竹和广元、黑龙江佳木斯、浙江余姚等地建立了廉政调研基地，与北京、甘肃、青岛、厦门等地合作开展了课题研究。中心坚持面向世界、开放合作，主动"走出去"，不断拓展合作渠道，积极与国（境）外相关机构进行交流合作，先后到 30 多个国家和地区进行学术考察，走访反腐败行政机构、议会、法院、检察院、审计院、反贪局、高校等部门和机构，在国际上具有一定的影响力。

中心地址和联系方式

地址：北京市东城区建国门内大街 5 号科研大楼 10 层

邮编：100732

电话兼传真：（010）85195127

邮箱：jiangly@ cass. org. cn

摘　要

2011 年以来，中国社会科学院中国廉政研究中心课题组持续对中国惩治和预防腐败状况进行全面跟踪研究，每年通过蓝皮书平台发布课题研究成果。《中国反腐倡廉建设报告 No.7》是最新的成果之一，展示了课题组问卷调查、国情调研等研究成果，由总报告、专项报告、地区报告、专题报告、创新集萃和附录组成。

总报告对十八大以来全国党风廉政建设和反腐败工作实践及其成效进行了全面梳理，分析了社会认同和期待，针对金融与社会组织领域腐败、"微"腐败、不作为和慢作为、形式主义和官僚主义、"四风"问题反弹危险、诬告乱告现象较多等问题，提出了对策建议。

专项报告对十八大以来的派驻机构统一管理、国际追逃追赃、落实中央八项规定精神和反"四风"、问责追责、正风反腐透明化专门进行了研究，运用两次全国大学生问卷调查，对十八大以来的反腐成效进行了深入分析。地区报告研究总结了广东省、河北省、陕西省、吉林省长春市和湖南省常德市十八大期间的反腐倡廉特色工作。

专题报告选择当前社会广泛关注的落实全面从严治党"两个责任"、规范"一家两制"管理、涉企服务中的"轻型"腐败治理进行了深入研究。

创新集萃通过专家推荐和评比，从全国各地反腐倡廉建设实践中遴选了 13 个具有前瞻性、创新性、可操作性的"实招"，并进行了简要分析。

附录是以专家评选方式确定的 2017 年中国党风廉政建设十件大事及 2017 年廉政论坛和研讨会精选。

目 录

Ⅰ　总报告

Ⅱ　专项报告

Ⅵ　附　录

皮书数据库阅读**使用指南**

总 报 告

General Report

B.1

正风反腐推动历史性变革
全面从严治党迈向新征程

中国社会科学院中国廉政研究中心课题组*

摘 要： 党的十八大以来，中央决心坚定，全党智慧凝聚，群众参与
积极，专家建言恳切，反腐败压倒性态势已经形成，有效管
用的监督格局得以巩固，公共权力制约在改革中破题，公共
资金资产资源监管更加高效，党员干部逐渐习惯在受约束的
环境中工作生活，崇尚廉洁的社会文化土壤更为深厚。全面
从严治党深得党心民心，党风政风带动民风好转，中国初步
探索出了一条正风反腐的有效路径，为世界反腐败和国家治
理贡献了自己的智慧。公众普遍认为，十八大以来，干部生
活方式更健康，制度执行力明显增强，群众的"获得感"逐

---

* 课题组组长：孙壮志。执笔人：蒋来用、王田田、王继锋、陈建波、徐法寅、于琴。

步提升，反腐败给中国国际形象更多加分。针对某些金融与社会组织领域腐败、"微"腐败、不作为和慢作为、形式主义和官僚主义等问题，我国应继续保持高压态势正风反腐，着力解决公共产品分配不公生成的腐败，进一步深化纪检监察体制改革，系统推进国家监察体制改革，健全激发干部干事创业积极性的机制，集中整治和解决突出的官僚主义和形式主义问题，积极培育健康的公民监督文化。

关键词：　十八大　廉政建设　反腐败　作风　监督

党的十八大开启中国特色社会主义新时代，正风反腐发生了历史性变革。2011 年起，中国社会科学院课题组的国情调研覆盖 32 个省、区、市，与各行各业干部群众广泛深入交流。课题组在通过 PPS 抽样开展城乡居民入户调查的同时，对领导干部、普通干部、专业人员、企业管理人员进行专门的问卷调查，相互印证问卷调查结果，对党风廉政建设和反腐败成效持续跟踪观察。课题组还从腐败惩治、全面监督、改革制度、"三公"① 监管、公职人员教育管理、廉政文化建设等方面持续对中国反腐倡廉建设的具体做法进行总结。中国共产党全面领导和长期执政，虽然具有非常明显的制度优势，但也面临包括腐败和不正之风在内的许多风险和挑战。改革开放后，中国经济体制从计划经济转向社会主义市场经济，如何在十三多亿人口的大国既要保持经济又好又快发展，又要有效遏制腐败现象和不正之风蔓延，这是任何国家都没有经历过的、难度系数极高的挑战。腐败是一个世界性的难题，各国都在探求自己的答案。中国共产党自成立起就始终高度重视党风廉政建设和反腐败工作，执政以来就从未停止过对建立有效监督体系的探索。经过不断地总结经验和

---

① "三公"指公共资金、公共资产、公共资源，是腐败发生的三个重点领域，政府有关部门为防止"三公"领域的腐败采取了很多有效的监管措施。

探索努力，尤其是党的十八大以来的实践，中国初步探索出了一条反腐倡廉建设的有效路径，对遏制严重的腐败问题和不正之风、优化党内政治生态发挥了至为重要的作用，也为世界反腐败和国家治理贡献了自己的智慧。

一　反腐败压倒性态势已经形成

近五年来，以习近平同志为核心的中共中央新一届领导集体在反腐败斗争中发实招，出重拳，揪出并惩治了大批贪虎腐蝇，其规模和力度皆为新中国成立以来所罕见。随着反腐败斗争的强力推进，令人触目惊心的窝案要案不断浮出水面，从党、政、军高位权力机关，到央企、科研院所等重要机构，再到地方各级基层行政部门，涉腐官员纷纷落马，这场席卷全国的反腐风暴给国人乃至世界人民带来了强烈的内心震撼。中共中央新一届领导集体践行了"打铁还需自身硬"的行动理念，出席党的十九大的代表们纷纷为党中央近五年来反腐败工作取得的巨大成就点赞。从查处涉腐高级干部的打"老虎"，到惩治涉贪基层干部的拍"苍蝇"，再到"天网""猎狐"开展反腐国际追逃，党中央显示决心，中央纪委加强部署，重拳出击，反腐败战场上的压倒性态势已经形成，为"不能腐"制度的建立、"不想腐"堤坝的构筑准备了条件。

习近平总书记在十九大报告中提出，"当前反腐败斗争形势依然严峻复杂，巩固压倒性态势、夺取压倒性胜利的决心必须坚如磐石"。[①] 最高人民检察院工作报告数据显示，2013～2016 年四年间，全国各级检察机关共立案侦查各类职务犯罪 208306 人，其中原厅局级以上干部 2065 人，前者与2008～2012 年五年间查办数量相当，后者已超出一倍。[②] 最高人民法院工作报告数据显示，2013～2016 年四年间，全国各级法院共审结国家工作人员

①　《决胜全面建成小康社会夺取新时代中国特色社会主义伟大胜利——习近平同志代表第十八届中央委员会向大会作的报告》，《中国纪检监察报》2017 年 10 月 19 日。
②　数据来自 2014～2017 年《最高人民检察院工作报告》，最高人民检察院网站，http://www.spp.gov.cn/gzbg/，2017 年 9 月 8 日。

职务犯罪案件 13.9 万件，判处罪犯 18.7 万人，已超过 2008～2012 年五年间的同类数量。[①] 2017 年 1 至 9 月，全国纪检监察机关共立案 38.3 万件，处分 33.8 万人（其中党纪处分 28.3 万人），全年立案数及处分人数或将超过 2016 年，连续五年增长（见图 1）。[②]

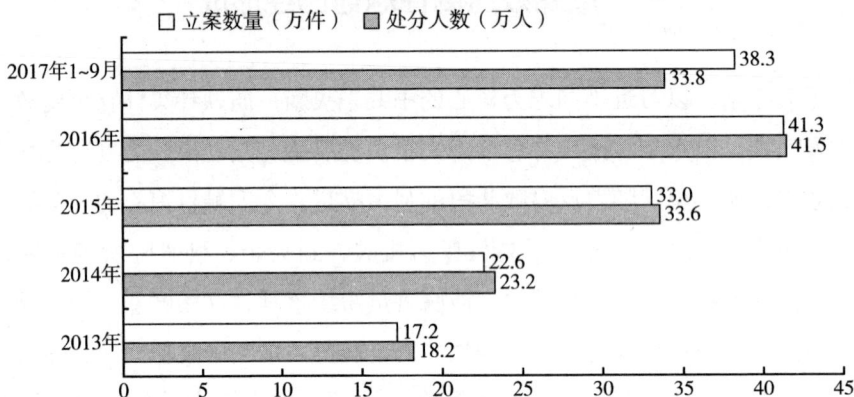

图 1　近五年全国纪检监察机关立案数量及处分人数

十八大以来的这五年，党中央在全国人民的大力支持下，以"刮骨疗毒，壮士断腕"的决心和"上不封顶，下不保底"的尺度持续发力，粉碎了腐败分子妄图凭借手中权力干扰调查，或是以低微官职作掩护闷声敛财，甚或飞往海外寻求庇护以逃避法律制裁的幻想。从图 1 显示的数据中我们能够很直观地感受到中央新一届领导集体在反腐倡廉、从严治党方面取得的巨大成就，这为党和国家事业发展提供了坚强的政治保证。

（一）打"虎"不停歇

近五年来，党中央坚持反腐零容忍、无禁区、全覆盖，坚持强高压、重

---

① 数据来自 2014～2017 年《最高人民法院工作报告》，最高人民法院网站，http：//gongbao. court. gov. cn/，2017 年 9 月 8 日。

② 2013～2016 年数据来自王岐山同志在历次中央纪委全会上的讲话，2017 年 1～9 月数据来自中央纪委监察部网站，http：//www. ccdi. gov. cn/yw/201710/t20171029_ 110469. html，2017 年 11 月 8 日。

实效、长震慑。经党中央批准立案审查的省军级以上党员干部及其他中管干部达 440 人，其中包括 43 名十八届中央委员、候补委员，9 名中央纪委委员。各级纪检监察机关共接受信访举报 1218.6 万件，处置问题线索 267.4 万件，立案 154.5 万件，给予处分 153.7 万人，包括厅局级干部 8900 余人，县处级干部 6.3 万人，涉嫌犯罪被移送司法机关处理 5.8 万人。[①] 其中，对周永康、薄熙来、郭伯雄、徐才厚、孙政才、令计划等副国级以上的"大老虎"严重违反党纪国法的行为依法从严惩治，起到了强大的震慑作用。2016 年，最高人民检察院依法对王珉等 21 名原省部级干部予以立案侦查，对令计划、苏荣、白恩培等 48 名原省部级以上干部提起公诉，[②] 最高人民法院开庭审理原省部级以上干部 49 人，审结 35 人。[③]

2017 年 1～9 月，中央纪委继续保持反腐高压态势，共处分省部级以上干部 56 人。甘肃省委常委、副省长虞海燕，辽宁省人大常委会副主任李文科，上海市人民检察院原检察长陈旭，河北省人大常委会党组书记、副主任杨崇勇，安徽省副省长周春雨，陕西省人大常委会党组副书记、副主任魏民洲，湖北省政协副主席刘善桥，中央纪委驻财政部纪检组组长、财政部党组成员莫建成等先后接受组织调查或审查。

据统计，2017 年 1～8 月已经有 38 名"大老虎"获刑，人数已超 2016 年全年的 35 人，相较于 2015 年全年的 16 人和 2014 年全年的 4 人，更是战绩斐然。截至 2017 年 9 月，新落马的中管干部已达 29 人，其中执纪审查 15 人，党纪处分 12 人。一批之前接受组织调查的干部因情况严重被移送司法机关审查或被判刑：一汽集团原党委书记、董事长徐建一一审获刑十一年半；国家安全生产监督管理总局原局长杨栋梁一审获刑十五年；广西壮族自

---

① 《十八届中央纪律检查委员会向中国共产党第十九次全国代表大会的工作报告》，中央纪委监察部网站，http://www.ccdi.gov.cn/xxgk/hyzl/201710/t20171031_110578.html，2017 年 11 月 8 日。

② 2017 年《最高人民检察院工作报告》，最高人民检察院网站，http://www.spp.gov.cn/gzbg/201703/t20170320_185861.shtm，2017 年 9 月 8 日。

③ 2017 年《最高人民法院工作报告》，最高人民法院网站，http://www.court.gov.cn/fabu-xiangqing-37852.html，2017 年 9 月 8 日。

治区党委原常委、南宁市委原书记余远辉一审获刑十一年；上海市委原常委、副市长艾宝俊一审获刑十七年；济南市委原副书记、市人民政府原市长杨鲁豫一审获刑十四年；江苏省委原常委、秘书长赵少麟一审获刑四年；中国电信集团公司原党组书记、董事长常小兵一审获刑六年；四川省人民政府原副省长李成云一审获刑十年；武汉钢铁（集团）公司原党委书记、董事长邓崎琳一审获刑十五年；辽宁省人大常委会原副主任王阳一审获刑十六年半；中共天津市委原代理书记、天津市人民政府原市长黄兴国一审获刑十二年……这一长串令人震撼的反腐败战报，一方面充分显示出党中央将反腐败进行到底的坚定决心，另一方面也透露出当前反腐败斗争形势的复杂严峻，不能有丝毫松懈。

（二）拍"蝇"不手软

在十八届中央纪委六次全会上，习近平总书记做出了推动全面从严治党向基层延伸的重要指示，这为净化我国基层政治生态、让广大群众更加深切地感受到反腐倡廉的实际成果指明了方向。"蝇贪"泛滥，其害猛于"虎"，习近平总书记在十九大报告中明确指出，"人民群众最痛恨腐败现象，腐败是我们党面临的最大威胁"。[1] 要想取得反腐败斗争的压倒性胜利，我们党就必须发动和依靠人民群众，因此，绝不能对发生在人民群众身边的腐败问题不闻不问，只有切实维护好人民群众的合法权益，我们党才能赢得民心，永远立于不败之地。2017 年 1 月，中央纪委七次全会要求严肃查处群众身边的不正之风和腐败问题，并再次强调对扶贫领域开展专项整治，对那些胆敢向扶贫等民生款物伸手的人要坚决查处。[2]

2017 年 6 月 8 日，中央纪委集中通报 54 起侵害群众利益的不正之风和腐败问题，这已经是十八大以来第 24 次对各级纪检监察机关查处的问题进

---

[1] 《决胜全面建成小康社会夺取新时代中国特色社会主义伟大胜利——习近平同志代表第十八届中央委员会向大会作的报告》，《中国纪检监察报》2017 年 10 月 19 日。

[2] 李志勇：《严查"微腐败"让好政策落到实处》，《中国纪检监察报》2017 年 3 月 16 日，第 3 版。

行通报曝光，再一次释放出强化执纪问责的强烈信号。据统计，本次通报涉及扶贫领域违纪问题 17 起，惠农领域违纪问题 12 起，吃拿卡要、以权谋私等问题 12 起，集体"三资"管理领域违纪问题 7 起，土地征收领域违纪问题 4 起，分别占 31%、22%、22%、13%、8%。① 近五年来，正风反腐不断深入基层，长期损害基层百姓切身利益、阻碍基层民主建设的"能人腐败"问题得到了有效遏制。党的十八大以来，中央纪委针对乱作为、不作为开展 5 轮督察，对 3.1 万名基层党员干部严肃追责。全国共处分乡科级及以下基层党员干部 134.3 万人，处分农村党员干部 64.8 万人。五年来，通过地方巡察发现并推动解决了一批惠民惠农领域的违纪违规问题，2.2 万名党员干部受到处分；发现并推动解决了一批群众身边的"微腐败""小官大贪""雁过拔毛"等突出问题，处分乡科级及以下基层党员干部 4100 余人，村、居两委班子成员 1.16 万人；2016 年以来，地方巡察贯彻中央决策部署，将"乡匪村霸"问题作为监督重点内容，1200 余名违纪的党员干部受到处分。② 仅 2016 年，各级人民检察院在涉农资金管理、社会保障、征地拆迁等民生领域查办"蝇贪"17410 人。③

正风反腐深入基层，各地捷报频传。围绕"护民生、促脱贫"主题，贵州省对脱贫攻坚项目资金使用情况开展专项检查。截至 2017 年 4 月底，贵州省纪检监察机关共发现问题 24.8 万余件，处分 2.7 万余人，移送司法机关 1500 余人。④ 广东省广州市自 2017 年 4 月底以来在全市部署开展推进基层正风反腐专项治理。据统计，全市各单位共发现基层不正之风和腐败问题 2191 件，查处问题 1659 件，责任追究 1847 人，处分 417 人，移送司法

① 《推动全面从严治党向基层延伸让人民群众有更多获得感》，中央纪委监察部网站，http://www.ccdi.gov.cn/xwtt/201706/t20170608_100745.html，2017 年 9 月 8 日。

② 赵兵：《打虎拍蝇惩腐肃贪》，《人民日报》2017 年 10 月 17 日。

③ 2017 年《最高人民检察院工作报告》，最高人民检察院网站，http://www.spp.gov.cn/gzbg/201703/t20170320_185861.shtm，2017 年 9 月 8 日。

④ 《推动全面从严治党向基层延伸让人民群众有更多获得感》，中央纪委监察部网站，http://www.ccdi.gov.cn/xwtt/201706/t20170608_100745.html，2017 年 9 月 8 日。

130 人，向社会公开曝光 5 批 17 起基层不正之风和腐败问题典型案例。① 湖南省永州市纪委开展农村信访举报集中办理专项行动，集中整治农村党员干部"雁过拔毛"式腐败问题。明确 24 个信访举报总量大、越级重复举报多的乡镇（街道）作为市纪委挂牌督办乡镇，共开展实地督查 20 余次，解决疑难信访问题 32 件。2017 年成都市在全市深入开展为期 8 个月的"微腐败"专项治理行动。开展信访问题"清仓起底"，发现相关问题线索 2385 件，共立案"微腐败"问题 1340 件 1492 人，查处 988 件 1097 人。吉林省四平市 2017 年 6 月开始实施"两整治、两增强"方案，在全市范围内集中整治不负责任、为官不为问题，截至 2017 年 8 月 23 日，给予 77 人党政纪处分，将 8 人移送司法机关。

习近平总书记对基层腐败问题有深刻的洞察，"有的群众说'老虎'离得太远，但'苍蝇'每天扑面"。② 正因为"微腐败"关涉到的是最贴近老百姓生产生活的身边事，才会成为当代中国民生之殇，它让改革发展的成果落入了少数人的口袋，违背了社会的公平正义，严重损害了人民群众的切身利益，降低了人民群众的幸福感和获得感，从而引发一系列社会问题，影响稳定大局。对"蝇贪"的坚决惩治，体现了共产党人对维护法治、改善民生、促进社会公平正义的不懈追求。

（三）猎"狐"不止步

十八大以来，国际追赃追逃作为反腐败"第二战场"发挥了有力的惩戒和震慑作用。十九大报告在提出"夺取反腐败斗争压倒性胜利"目标时强调，"不管腐败分子逃到哪里，都要缉拿归案、绳之以法"，这一表态为国际追赃指明了方向，明确了坐标。反腐败国际合作和追逃追赃是夺取反腐

---

① 《广州：基层正风反腐专项治理发现问题 2191 个》，中央纪委监察部网站，http://www.ccdi.gov.cn/yw/201711/t20171106_ 111137.html，2017 年 12 月 8 日。

② 《习近平在党的群众路线教育实践活动第一批总结暨第二批部署会议上发表重要讲话》，人民网，http://politics.people.com.cn/n/2014/0120/c1024－24174933.html，2017 年 9 月 8 日。

败斗争压倒性胜利的重要一环，也是贯彻全面从严治党方略的重要举措。自2014年6月成立中央追逃办以来，中央和各地区各部门密切配合，综合运用多种手段和方式，与外逃目的地国家加强沟通合作，借助多种双边、多边合作机制，迫使许多外逃分子主动回国投案自首，"猎狐"威力逐步彰显。《十八届中央纪律检查委员会向中国共产党第十九次全国代表大会的工作报告》显示，截至2017年10月，我国先后从90多个国家和地区追回外逃人员3453人，追回赃款95.1亿元。[①] 2017年11月7日，随着外逃7年"百名红通人员"贺俭主动归国投案自首，全国"百名红通人员"已到案49人。事实已经并将再次证明，海外绝不是法外，国（境）外也绝不会成为腐败分子的"避罪天堂"。

"天网"行动不断深化。2017年，"天网"行动已经连续实施了三年，"天网"行动的内容通常由多个专项行动构成，同时也根据形势发展和实践需要进行调整变化。历年稳定的专项行动有，如公安部牵头开展的"猎狐"专项行动，重点缉捕外逃的经济犯罪案件涉案人；最高人民检察院牵头开展的职务犯罪国际追逃追赃专项行动，以抓捕潜逃境外的职务犯罪嫌疑人为重点；人民银行会同公安部开展的打击向境外转移赃款专项行动，重点对上游的洗钱犯罪进行集中打击；中央组织部联合公安部开展的治理违规办理和持有因私出入境证照专项行动，重点对领导干部违规办理和持有证照情况进行清查处理。2017年，"天网"行动增加了新内容，为了集中力量追缴一批腐败涉案资产，最高人民法院会同最高人民检察院、公安部开展了对犯罪嫌疑人、被告人逃匿案件适用违法所得没收程序的专项行动，配合推进追赃工作。

中央和地方联系日益紧密。中央追逃办按照立案单位辖区，将"百名红通人员"案件分解到各省（区、市），进行挂牌督办。在中央追逃办的统筹协调下，各地方捷报频传。5年以来，北京市共缉捕、劝返外逃人员61人，7名"百名红通人员"已有3人归案。河北省自"天网"行动实施以

---

① 《十八届中央纪律检查委员会向中国共产党第十九次全国代表大会的工作报告》，中央纪委监察部网站，http://www.ccdi.gov.cn/xwtt/201710/t20171029_110470.html，2017年11月8日。

来，共抓获外逃人员92人，追缴赃款5.832亿元。仅2017年8月，河北省就追回5名外逃国家工作人员。广东在加大追逃力度的同时做好防逃工作，紧盯人、钱、物等关键环节，构建不敢逃、不能逃的有效机制。据统计，广东外逃国家工作人员数量总体呈下降趋势，从2013年的14人、2014年的8人，到2016年的5人、2017年上半年1人。① 辽宁省委反腐败协调小组始终坚持追逃与追赃并重，以追赃促追逃，还建立了追逃防逃工作"一案双查"制度，对出现外逃问题的，不仅要进行追逃追赃，还要追究相关领导和责任人的责任。截至2017年10月，辽宁省已追回外逃人员24人，包括6名"百名红通人员"中的4人。

"一带一路"沿线国家反腐败合作加强。在"一带一路"建设深入推进的大环境中，深化沿线国家的反腐败国际合作成必然趋势。2017年5月，习近平主席在"一带一路"国际合作高峰论坛上强调，"要加强国际反腐合作，让'一带一路'成为廉洁之路"。② 4年来，从APEC《北京反腐败宣言》到《二十国集团反腐败追逃追赃高级原则》，一系列"中国主张""中国方案"引领着反腐国际合作向纵深发展。这些成果为进一步拓宽国际反腐合作格局、巩固追赃追逃打下了坚实基础。从中国和"一带一路"沿线国家有关司法合作的双边条约来看，截至2017年5月，在64个"一带一路"沿线国家中，同中国签订民事和刑事司法协助条约的有17个，同中国单独签订刑事司法协助条约的有9个，同中国签订引渡条约的有18个，③ 这为打击跨国腐败犯罪，建设"廉洁之路"提供了制度保障。

二　有效管用的监督格局得以巩固

十八大以来，在全面从严治党和全面依法治国战略的统领下，党内监

---

① 《广东：外逃国家工作人员呈下降趋势》，中央纪委监察部网站，http://www.ccdi.gov.cn/yw/201708/t20170824_105317.html，2017年9月8日。
② 《携手推进"一带一路"建设——习近平在"一带一路"国际合作高峰论坛开幕式上的演讲》，《中国纪检监察报》2017年5月15日。
③ 朱伟东：《为"一带一路"构筑法治保障网》，《人民论坛》2017年第19期。

督、司法监督和社会监督日益完善，相互配合，对发现和震慑腐败起到了显著作用。

（一）巡视监督兑现"全覆盖"承诺

巡视是党内监督的战略性制度安排，对推进全面从严治党具有战略、战术双重意义。2017年8月底，随着中央第12轮巡视整改情况全部公布，十八届中央巡视圆满收官。党的十八大以来，中央巡视组开展了12轮巡视，完成了对地方、部门、企业、高校等277个党组织的巡视，[①] 在党的历史上首次实现了一届任期内中央巡视的全覆盖。

表1　十八大期间12轮巡视基本情况

年份	巡视轮次、巡视组数量	巡视对象覆盖面	巡视制度与机制创新
2013	第一、二轮巡视，10个巡视组	20个地方和单位党委	1. 对巡视组组长、巡视对象、巡视组与巡视对象关系实行"三个不固定" 2. 巡视组组长任命"一次一授权" 3. 了解情况"下沉一级"
2014	第三、四、五轮巡视，13个巡视组	40个地方和单位党委，完成对各省（区、市）和新疆生产建设兵团的巡视全覆盖	1. 常规巡视与专项巡视相结合 2. 五人小组听取巡视工作报告机制 3. 巡视频次由每年2轮增至3轮
2015	第六、七、八轮巡视，第六、七轮13个巡视组，第八轮15个巡视组	83家单位党委，完成对中管国有重点骨干企业和中管金融企业的全覆盖	1. 修订《中国共产党巡视工作条例》，对组织机构、工作职责做出统一规定 2. 分类专项巡视，一个巡视组对具有共性特点的巡视对象同步巡视
2016	第九、十、十一轮巡视，15个巡视组	91家单位党委，完成中央部门和国家机关巡视全覆盖	1. 巡视"回头看" 2. 突出巡视的"政治定位"
2017	第十二轮巡视，15个巡视组	29所高校党委，完成对中管高校的全覆盖	1. 再一次对《中国共产党巡视工作条例》进行修订，明确将政治巡视要求写入条例 2. "机动式"巡视

资料来源：根据网络资料整理。

---

① 《党内监督：巡视"利剑"展锋芒》，《人民日报》2017年7月26日。

1. 着力聚焦政治巡视

在实践中巡视组发现，党内不正之风和腐败现象是"表象"，党的观念淡漠、党的领导不力、党的建设薄弱、组织涣散、纪律松弛才是"症结"所在。一些部门和地方"四个意识"不够强的现象较为普遍，有的地方执行中央精准扶贫政策不够到位，有的地方经济数据造假，有的地方存在重表态、抢"头彩"，轻结合、疏落实现象，还有的地方党内政治生活不够严肃、政治生态遭到破坏。2013 年 4 月，习近平总书记在听取巡视工作汇报时明确指出，"巡视工作要明确职责定位，巡视内容不要太宽泛"。① 随后，首轮巡视便以党风廉政建设和反腐败斗争为中心，紧紧围绕作风、纪律、腐败、选人用人四个方面，着力发现问题、形成震慑。2016 年 1 月，习近平总书记在听取中央第八轮巡视情况汇报时，强调了巡视的政治定位。随后，中央第 9 轮巡视坚守政治巡视要求，聚焦坚持党的领导、全面从严治党、严肃党内政治生活，从考核经济发展、考察干部力求面面俱到，到聚焦政治巡视的战略定位，目标任务越来越清晰，剑芒越来越锋利。2017 年 7 月 14 日，继 2015 年 8 月修订《中国共产党巡视工作条例》后，中央再一次对条例进行修改，明确将政治巡视要求写入条例。

2. 如期实现全覆盖目标

巡视全覆盖的承诺本身就是有力震慑，全覆盖目标的提出极大地减少了各种侥幸心理。② 实现巡视全覆盖是党中央向全党全社会做出的庄严承诺。2013 年 11 月，十八届三中全会首次提出了对地方、部门、企事业单位巡视全覆盖的任务。③ 2016 年 10 月，十八届六中全会审议通过的《党内监督条例》进一步明确，在一届任期内实现巡视全覆盖是党委的"硬指标"。为了在时间紧、任务重、难度大的情况下实现全覆盖，中央巡视工作不断创新方式。十八届三中全会后，巡视组的数量从每轮 10 个增加到 15 个；每个巡视

---

① 《明确巡视定位——聚焦反腐把纪律挺在前面》，《中国纪检监察杂志》2015 年第 7 期。

② 《巡视全覆盖》，《中国纪检监察报》2017 年 9 月 12 日。

③ 《中共中央关于全面深化改革若干重大问题的决定》，中央政府门户网站，http://www.gov.cn/jrzg/2013 - 11/15/content_ 2528179. htm，2017 年 9 月 8 日。

组巡视的党组织数量从原来的一对一增加到"一托二""一托三"。从 2014 年开始，巡视工作由之前的每年 2 轮增至 3 轮，当年巡视 40 个地区和单位党组织，完成对各省（区、市）和新疆生产建设兵团的巡视全覆盖；2015 年巡视 83 个单位党组织，实现对中管国有重点骨干企业和中管金融企业的全覆盖；2016 年巡视 91 个单位党组织，实现中央部门和国家机关巡视全覆盖。2017 年，中央第十二轮巡视完成对北京大学等 29 所中管高校党委的专项巡视。至此，中央巡视首次实现在一届任期内对省区市地方、中央和国家机关、国有重要骨干企业、中央金融单位和中管高校等板块的全覆盖。

3. 创新机制提升反腐"贡献率"

着力提升对问题的发现率与对腐败的震慑力，是中央巡视不断追求的目标。在十八届中央纪委执纪审查的案件中，来自巡视的线索超过 60%。2013 年第一轮巡视就打破原来的工作模式，在巡视组与巡视对象的关系处理上，探索实行"三个不固定"、组长"一次一授权"、"下沉一级"等工作机制，将常规巡视与专项巡视相结合，采用了"点穴式""巡查式""机动式""回访式"四种巡视方法。① 巡视经过深挖细查，揭露了山西塌方式腐败案、湖南衡阳破坏选举案、四川南充和辽宁拉票贿选案等重大问题线索。苏宏章、虞海燕、杨振超、黄兴国等高级领导干部都被巡视"回马枪"挑落马下。2017 年巡视的一大亮点就是开启"机动式"巡视。该方式具有"灵活、精干"的特点，动态选定巡视任务，哪里问题突出就去哪里，保持随时"出击"的态势。"回头看"和"机动式"巡视释放了不是一次巡视就万事大吉的强烈信号，强化了利剑高悬、震慑常在的威慑力。除了发现腐败外，巡视还注重推动整改落实，着力解决关系党和国家根本、方向和全局的问题，如机关党委作用弱化、事业单位充当"红顶商人"、国有企业领导人员"靠啥吃啥"、高校重智育轻德育重科研轻教学等问题，② 为全面深化改革提供了有力保障。

---

① 《"数说"十八届中央巡视工作重大看点》，人民网，http://fanfu.people.com.cn/n1/2017/0913/c64371-29533631-14.html，2017 年 9 月 8 日。
② 《发挥标本兼治战略作用》，中央纪委监察部网站，http://www.ccdi.gov.cn/xsjw/series29/201708/t20170827_105495.html，2017 年 10 月 8 日。

（二）纪检监督推进标本兼治

十八大以来，纪检监察机关的执纪理念和执纪方式经历了深度转型，更加注重开门执纪、精准执纪，更加注重执纪监督中的人文关怀，有助于推进不正之风和腐败问题的标本兼治。

1."四种形态"助力精准执纪

为了使纪检监察工作进一步聚焦，2015 年 9 月，王岐山同志在福建调研时，首次阐释了监督执纪"四种形态"的内涵，即对党员干部的不当行为依据其情节、性质分类处理的指导性政策，它包括批评教育、纪律轻处分、纪律重处分和涉法审查四类监督执纪的手段，旨在区分违纪、违法和犯罪行为，强调执纪前置于执法。2016 年 1 月，中央纪委六次全会对实践好监督执纪"四种形态"做出全面部署；10 月，党的十八届六中全会将"四种形态"正式写入《中国共产党党内监督条例》；12 月，中央纪委出台《监督执纪"四种形态"统计指标体系（试行）》，要求各级纪检监察机关对运用监督执纪"四种形态"的情况进行统计和分析；2017 年 1 月，十八届中央纪委七次全会审议通过的《中国共产党纪律检查机关监督执纪工作规则（试行）》，更为纪检机关把握运用"四种形态"提供了程序化、规范化的操作指南。2017 年 7 月，中央纪委首次按照"四种形态"的分类对上半年纪律审查情况进行通报，全国纪检监察机关运用监督执纪"四种形态"处理 49.2 万人次。其中，第一、第二、第三、第四种形态分别占比 56.6%、33.0%、5.7%、4.7%，[①]"倒金字塔"形的分布体现了治病救人、宽严相济的执纪理念（见图 1），化解了干部"要么是好同志，要么是阶下囚"的两极化现象。2017 年 10 月 24 日，党的十九大通过的党章修正案将运用监督执纪"四种形态"的内容写入党章。

2.人文执纪唤醒守纪意识

监督执纪的目的是唤醒广大党员的纪律意识，用纪律管住全体党员和各

---

① 《"四种形态"治标更治本》，《中国纪检监察报》2017 年 8 月 22 日。

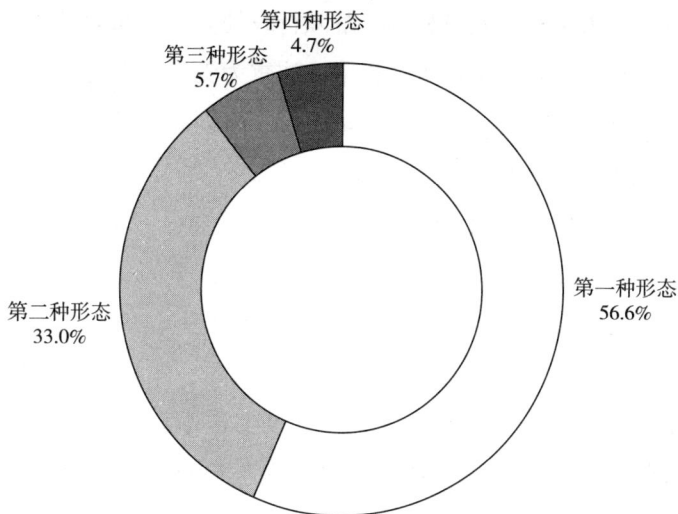

图2　2017年上半年全国纪检监察机关监督执纪"四种形态"占比

级党组织。为了提升执纪的效果，在坚持铁面执纪的同时，十八届中央纪委不断改进工作方法，将治病救人、信任关怀的人文价值融入纪检监察工作中。一方面，在执纪监督的过程中，各级纪检监察机关越来越注重抓早抓小抓苗头，对反映党员干部苗头性、轻微的、倾向性问题，给予及时、有针对性的谈话提醒和函询。对反映不实的予以澄清，对如实说明且问题不严重的予以了结，体现了对干部的爱护。2015年以来，各级纪检监察机关运用批评教育、谈话函询95.5万人次。另一方面，许多地方的纪检组织在执纪审查过程中，将违纪事实性质、程度、影响与违纪干部一贯表现、对待审查态度等结合起来，以求做出恰当的处理。对犯错误同志避免简单粗暴，在审理谈话中认真听取申辩，并辅以深入细致的思想政治工作。据统计，2016年全国有5.7万名党员干部主动交代违纪问题，数量是2015年的10倍多，①体现了党员干部纪律意识不断增强。为保护受党纪政纪处分人员的合法权益，一些地方的纪检监察机关开展对受党政纪处分人员的集中回访，将回访

---

① 《"四种形态"治标更治本》，《中国纪检监察报》2017年8月22日。

结果作为受处分人员恢复党员权利、解除行政处分、干部考核、民主评议的重要依据。各级纪委在纪律审查过程中，注重为受到诬告的党员干部澄清事实，并严肃查处诬告行为，保护了党员干部干事创业的积极性。

3. 开门反腐凝聚监督合力

2017年10月19日，在十九大首场记者招待会中，"反腐"成为开场热词，中央纪委、中组部负责人面向全世界介绍中国全面从严治党、惩治腐败的相关情况。开门反腐是十八届中央纪委和各级纪检监察机关工作方式方法的重大突破，破除了传统执纪的"神秘化"倾向，体现了全面从严治党的自信和自觉接受群众监督的诚意。2013年9月，中央纪委监察部网站的开通使公开反腐信息成为常态，从发布"打虎"权威信息、曝光违反中央八项规定精神情况、披露纪委内设机构和工作流程，到网络举报一键通、与网民在线交流、开通微信公众号实现立体传播，中央纪委监察部网站成为公众了解党风廉政建设和反腐败信息的权威平台，成为各主流网站、商业网站和媒体资讯平台采集信息的权威来源。截至2017年10月，网站总访问量已突破31亿次。① 在中央纪委的带动下，各级纪检监察机关也纷纷开通政务微博、公众号并升级网站。除了信息公开外，开门反腐的举措还疏通了广大群众参与反腐的便利渠道。中央纪委监察部网站举报平台开通一个月内，网络举报数量平均每天超过800件。此外，每年中秋国庆节点定时开通"监督举报曝光专区"，接受广大网友对节日不正之风进行监督举报。党的十八大以来，网站集中通报违反中央八项规定精神典型问题8000余起，点名道姓曝光人数过万，增强了监督的效果和震慑力。

（三）司法监督保障廉洁履职

在推进全面依法治国的背景中，司法监督是监督格局中不可或缺的部分。2017年，人民法院和人民检察院继续深化司法责任制改革和推进司法公开，国家监察体制改革非试点地区检察机关毫不放松抓好职务犯罪预防、

---

① 《纪委破除"神秘化"塑造开门执纪新形象》，《中国纪检监察报》2017年10月10日。

监督和查办工作，司法监督向基层延伸。

1. 司法体制改革增强法律监督能力

员额制改革和司法责任制改革是司法体制改革的重要内容，是提升司法职业化水平、增强法律监督能力的重要途径。2017 年 7 月，最高人民法院、最高人民检察院分别遴选首批入额法官 367 名、入额检察官 228 名。截至 2017 年 10 月，全国共遴选产生员额制法官 12 万余名、员额制检察官 8.7 万名，法官检察官队伍结构更加合理，85% 以上的司法人力资源集中到办案一线，办案力量增加 20% 以上。① 员额制改革按照司法规律配置司法人力资源，提升了办案质量和法律监督能力，使得司法责任制得以更好地落地。各级人民法院扎实推进职务犯罪案件审判工作，综合把握法律规定、刑事政策、犯罪事实和量刑情节，确保职务犯罪案件审判取得良好政治、法律和社会效果。人民检察院认真履行法律监督职能，强化对职务犯罪案件审判活动的监督，广西壮族自治区桂林市、海南省东方市、江西省赣州市南康区、内蒙古锡林浩特市、湖北省大冶市等地人民检察院对相关职务犯罪判决的抗诉均获成功，有力地维护了司法公正与法律威严。

2. 信息技术让职务犯罪无所遁形

2017 年 7 月，《重庆日报》刊登了巫溪县检察院通过一组简单数据撬开"天衣无缝"涉农资金案的新闻，引起社会广泛关注。② 近年来，利用大数据和信息技术侦破和预防职务犯罪，是检察机关一项重要的实践探索。各级检察机关协同其他国家机关建立完善扶贫、医疗、教育等领域数据共享信息系统，运用大数据加强分析研判，对"十三五"易地扶贫搬迁等重点工程项目开展预防监督，破解职务犯罪案件线索发现难、证据收集固定难等难题。在惠农扶贫领域，线索发现难、案值小、范围窄是该领域职务犯罪调查的极大阻力。巫溪县检察院的检察官根据农户银行账户流水信息的异常数据，发现某村党支部书记王大奎利用职务之便，冒名套取并贪污涉农资金的

① 《深化司法体制改革——向着公正高效权威迈进》，《人民日报》2017 年 7 月 23 日。
② 《重庆检察机关大数据破解"苍蝇式腐败"难题》，《重庆日报》2017 年 7 月 20 日。

犯罪事实，正是其通过建立基础数据系统，对数据进行关联、分析、挖掘而对涉农领域"蝇贪"予以精准打击的创新性探索。2017 年 6 月，最高人民检察院印发《检察大数据行动指南（2017～2020 年）》，在全国范围部署利用以司法办案数据为核心的检察数据资源，积极打造"智慧检务"。① 一年来，全国检察机关查办截留私分扶贫资金、虚报冒领等职务犯罪案件 1892 件，同比上升 102.8%。②

3. 司法监督触角向基层延伸

基层是法律监督的"最后一公里"，为了更好地发现、协查和预防基层职务犯罪，最高人民检察院不断加强和规范派出检察室的建设。派出乡镇检察室干警通过到基层走访巡访，全面了解社情民意，收集信息线索，履行法律监督职责。派驻检察室还普遍在乡镇、街道设立民生联系点，在村居、企事业单位聘请民生联络员，落实民生诉求跟踪督办、落实反馈制度，被群众亲切地称为"家门口的检察院"。2017 年，全国各地的乡镇检察室聚焦"两委"换届、惠农政策落实、征地拆迁等重点领域，通过社情民意调查、受理群众举报、法律咨询服务等措施，广泛收集排查案件线索，及时发现职务犯罪行为。2017 年 2 月 4 日，海南省文昌市蓬莱镇蓬莱村委会原委员孙某因涉嫌贪污罪被检察院提起公诉，就是文昌市检察院锦山检察室干警在走访中发现的线索。截至 2017 年 9 月，全国共设检察室 6710 个，其中乡镇检察室 3639 个，占总数的 54.2%。③ 派出检察室在搜集基层职务犯罪线索、强化对村街"两委"成员监督等方面发挥了重要作用，有力地维护了基层群众的切身利益。

（四）社会监督对腐败产生有效震慑

社会监督是全天候、全方位的监督，是人民群众参与反腐败斗争的重要

---

① 《最高检印发〈检察大数据行动指南〉（2017～2020 年）》，最高人民检察院网站，http://www.spp.gov.cn/xwfbh/wsfbt/201706/t20170612_192863.shtml，2017 年 9 月 8 日。

② 《加强对扶贫资金"最后一公里"监督》，《检察日报》2017 年 2 月 15 日。

③ 《"百姓家门口的检察院"》，《检察日报》2017 年 9 月 20 日。

途径。十八大以来，广大群众、新闻媒体和其他社会力量的参与，越来越成为正风反腐和规范公共权力运行的重要支持。

1. 群众监督的有效渠道日益拓宽

通过开通纪检网站举报专栏、扩大社会监督员队伍、保护和奖励举报人、实施人民监督员和人民陪审员制度，群众监督在发现腐败问题线索、监督职务犯罪司法裁判中的作用越来越明显。中央纪委监察部和各级纪检监察机关的网站和举报平台开通后，群众参与监督和举报的积极性和主动性明显提升，群众可以便利地通过手机照片、视频和文字反映身边的腐败现象。许多国内网站在首页开设网络监督专区，规范反腐举报流程，鼓励群众通过正规渠道反映问题。内蒙古、湖南、江苏等地探索建立保护和奖励举报人机制，引导了真实、实名举报的健康氛围，网络举报成案率不断上升。除了发现问题线索外，广大群众对腐败问题查处、审判的监督作用也日益显现。2016 年，最高人民法院开展特约监督员、特邀咨询员视察法院、旁听庭审、调研座谈、列席审委会等活动 96 次，并引入人民陪审员参与审理重大职务犯罪案件。自 2013 年济南市中级人民法院庭审薄熙来案以来，庭审微博公开渐成常态，而且从图文直播发展到视频直播。自 2016 年 7 月 1 日起，最高人民法院本院公开开庭的案件原则上都上网直播，截至 2017 年 7 月 1 日，各级法院直播庭审超过 60 万次，观看量超过 20 亿人次。[①] 截至 2017 年 8 月 23 日，中国裁判文书网访问量突破 100 亿次，上传裁判文书总量超过 3247 万篇，访问范围覆盖全球 210 多个国家和地区。[②] 其中，受贿罪判决书成为民众最关心的文书类型之一，点击数量达 776205 次，列各类裁判书第二位。

2. 媒体监督瞄准作风问题稳准发力

媒体监督的触角更广，敏感性更强。近年来，报纸、电台、广播等传统媒体对不正之风和腐败问题继续保持了强力抨击之势。央广、央视、《人民日报》、《光明日报》等媒体围绕督责问责、纠治"不作为"制作新闻调查、

---

① 《敞开公正便民之门》，《人民法院报》2017 年 7 月 20 日。
② 《中国裁判文书网总访问量突破百亿》，中国法院网，http://www.court.gov.cn/zixun - xiangqing - 57042.html，2017 年 12 月 8 日。

纪录片、专题访谈、廉政专栏类节目，"会所中的歪风""小官大贪""家族式腐败"等隐蔽的腐败现象被无情揭露，引发了社会关注，也增强了对其治理的针对性。越来越多的地方善于借助媒体的力量，对当地存在的顽固性问题进行曝光，深度挖掘深层原因。四川达州、广元，湖北武汉，广西南宁等地精心策划电视问政直播活动，通过暗访拍摄对扶贫、教育、医疗等领域与民生息息相关的乱象进行曝光，督促相关部门及地、市、州相关负责人走进直播间，接受市民代表和特约评论员质询并立行整改。为推动解决群众意见大、呼声高的作风、效能等问题，南昌日报社在重要版面开设《啄木鸟在行动》专栏，5 年间共推出公开报道 2232 篇，涉及各类问题 2127 个，推动问题解决率达到 93.6%。① 贵州省铜仁市纪委、铜仁广播电视台联合推出的《廉政大家谈》是人气最旺的"品牌栏目"，该市几乎所有的区（县）委书记、市直部门党组书记都来做客，就"落实党风廉政建设主体责任"与网友互动交流。

三 公共权力监督制约难题在改革中破解

十八大以来，习近平总书记多次强调，"改革是由问题倒逼而产生，又在不断解决问题中而深化"。中央以改革的思路与行动破解权力监督制约难题，不断完善党和国家自我监督体系，推进组织创新与制度创新，把管党治党的有效经验固化为制度成果，持续推进简政放权，不断提高党和政府自我净化、自我完善、自我革新、自我提高的能力。

（一）深度聚焦，持续推进纪检体制内涵式改革

纪检体制的改革创新，是全面深化改革、完善反腐败体制机制的一项重要内容，也是增强党内监督执纪能力、推进党风廉政建设和反腐败工作的迫切要求。

---

① 《南昌日报社"啄木鸟在行动"在人民大会堂领奖》，南昌新闻网，http://www.ncnews. com.cn/xwzx/ncxw/bwzg_rd/201611/t20161108_394566.html，2017 年 8 月 8 日。

1. 扫描问题聚焦主责主业

在传统的纪检监察工作模式中，执纪中的定位不清、力量分散、纪法不分、贪大求全是最主要的弊病，影响到监督执纪的质量和效果。2013 年 11 月党的十八届三中全会对党的纪律检查体制改革做出全面部署，2017 年 1 月十八届中央纪委七次全会要求"立足本届完成纪检体制改革任务，提炼总结实践成果"。五年来，各级纪检监察机关围绕深化纪检监察体制改革的设计与部署，通过转职能、转方式、转作风、调整内设机构和组织创新、强化上级纪委的领导、优化派驻机构设置等改革举措，打破机构改革"增位子"、纪律审查"铺摊子"的惯性思维，将主要精力从议事、协调、执法转向执纪、监督、问责，从关注"大要案"转向紧盯普通违纪行为，从以"刑法"为尺度惩戒贪腐犯罪行为转向适用党章党纪约束党员日常行为，使纪检监察工作发生了实质性的、内涵式的深刻变化。2017 年 10 月 24 日，中央纪委在向党的十九大提交的工作报告中指出，以创新精神推动纪检监察体制改革，监督执纪力量大为增强，纪委监督权威性得以增强。

2. 内涵式改革增强监督实效

为校正纪检工作职责定位，把更多精力用在监督执纪主业上，中央纪委监察部参与的议事协调机构由 125 个减少到 14 个，省（区、市）纪委参与的议事协调机构精简比例高达 90%。在行政编制、领导职数总量、内设机构总数"三不增"的情况下，中央纪委通过两次内部挖潜与整合，纪检监察室从 8 个增加到 12 个。所有省、市两级纪委也相应完成内设机构人员调整，32 个省级纪委平均增加了 2 个纪检监察室。为增强上级纪委对下级纪委的领导，增强纪委监督权的相对独立性与权威性，中央在全国范围内部署查办腐败案件以上级纪委领导为主、各级纪委书记和副书记提名考察以上级纪委会同组织部门为主的改革举措。经过一些部门、地区的试点，下级纪委向上级纪委报告线索处置和纪律审查情况的改革措施越来越规范和可操作，双重领导体制具体化、程序化、制度化的改革要求逐步在实践中落地。

3. 派驻纪检组擦亮监督"探头"

2013 年 11 月 12 日，党的十八届三中全会审议通过《中共中央关于全面深化改革若干重大问题的决定》，对派驻机构改革做出明确部署，要求中央纪委向中央一级党和国家机关全面派驻纪检机构，派驻机构对派出机关负责，实行统一名称和统一管理。2014年6月，中共中央政治局审议通过《党的纪律检查体制改革实施方案》，提出加快落实中央纪委向中央一级党和国家机关派驻纪检机构，实现全覆盖。2014年12月，中央政治局常委会议审议通过了《关于加强中央纪委派驻机构建设的意见》，中央纪委派驻机构统一名称为"中央纪委派驻纪检组"，采取单独派驻、归口派驻两种形式，派驻单位内设监察局被撤销。2015年1月，在中办、中组部、中宣部等中央和国家机关设立了7家派驻机构。十八大之前，在中央一级党和国家机关"点对点"设置了52家中央纪委监察部派驻机构，其余80多个没有派驻。2015年12月设置了47家派驻纪检组，其中27家单位为综合派驻，20家单位是单独派驻，实现了对139个中央一级党和国家机关的全面派驻。纪检组数量变少了，但覆盖的范围却变宽了，监督的力度加大了。2016年，中央纪委派驻纪检组共谈话函询2600件次，立案780件，给予纪律处分730人，增长率分别达到134%、38%、56%。[①] 全覆盖的改革完成并不意味着派驻监督改革结束。2017年10月，中央纪委副书记肖培在解读十九大报告时提出，"要巩固中央和省级全面派驻成果，继续深化派驻机构改革，探索将部分单位内设纪委改为派驻纪检组，补齐监督短板。"[②] 河南、山东等地省直单位内设纪委已经撤销，编制收归省级纪委，用于派驻纪检组。一些地方还在探索将县一级的派驻机构与巡视组合并，增强监督的有效性。

（二）优配力量，探索推进国家监察体制改革

推进国家监察体制改革，是完善党和国家自我监督的重要举措，是事关全局的重大政治改革。十八大特别是十八届中央纪委六次全会以来，国家监

[①] 《构筑"不能腐"的制度体系——党的十八大以来纪律检查体制改革综述》，《中国纪检监察报》2017年7月23日。

[②] 肖培：《健全党和国家监督体系》，载于《党的十九大报告辅导读本》，人民出版社，2017年10月。

察体制改革的思路、方向和具体路径日益清晰。

1. 顶层设计不断推进

十八大以来，中央对国家监察体制改革的顶层设计思路逐步明晰。为了填补现有纪委监督和行政监察的"真空"地带，将监督覆盖至包括公办教育医疗等事业单位管理人员、群众自治组织管理人员以及其他受委派或依法从事公务的人员在内的全体公职人员，2016 年 1 月召开的十八届中央纪委六次全会明确提出研究修改行政监察法，建立覆盖国家机关和公务人员的国家监察体系。2016 年 11 月，中共中央办公厅印发《关于在北京市、山西省、浙江省开展国家监察体制改革试点方案》。同年 12 月 25 日，十二届全国人大常务委员会第二十五次会议决定，在北京、山西和浙江三地部署改革试点工作，明确授权三地监察委员会可以采取谈话、查询、冻结、留置等12 项调查措施。2017 年 10 月，习近平同志在党的十九大报告中提出"深化国家监察体制改革，将试点工作在全国推开，组建国家、省、市、县监察委员会，同党的纪律检查机关合署办公，实现对所有行使公权力的公职人员监察全覆盖"。① 10 月底，中共中央正式印发《关于在全国各地推开国家监察体制改革试点方案》，在全国范围内部署国家监察体制改革试点工作。

2. 试点地区初出成果

2017 年，国家监察体制改革试点在三省市取得了重要的实践成果，其中监察委员会转隶组建、扩大监察覆盖范围和规范留置措施的使用是重中之重。3 月底，山西省省、市、县三级共 131 个监察委员会全部成立，山西检察系统反贪、反渎及职务犯罪预防三个部门共划转编制 2224 个，实际转隶1884 人。② 在 4 月到 9 月的 6 个月里，山西全省运用监督执纪"四种形态"处理的人次同比增加 21.9%。③ 浙江于 4 月底全部完成省、市、县三级监察

---

① 《十八届中央纪律检查委员会向中国共产党第十九次全国代表大会的工作报告》，中央纪委监察部网站，http://www.ccdi.gov.cn/xwtt/201710/t20171029_110470.html，2017 年 12 月 8 日。

② 《山西开展国家监察体制改革试点工作纪实（上）》，《中国纪检监察报》2017 年 6 月 7 日。

③ 《国家监察体制改革有了最新路线图》，《法制日报》2017 年 10 月 23 日。

委员会转隶组建工作，截至 10 月共实施留置措施 113 人次，将 60 多人移送司法机关。其中，全国首例监察留置措施发生在浙江省，杭州市上城区监察委对涉嫌贪污的余某实施留置调查 1 个月后，将《起诉意见书》连同案卷材料移送区检察院。3 天后，区检察院正式决定逮捕余某，其留置措施自动解除，实现了监察程序和司法程序的衔接转换，也为探索用留置取代"两规"措施提供了实践经验。① 按照监督职能与审查职能分开设置的思路，北京市纪委、市监委机关共设立 17 个纪检监察室，其中负责执纪监督业务和执纪审查业务的各有 8 个室。② 北京还对全覆盖后的监察对象进行了摸底，确认监察对象为 99.7 万人，比改革前增加 78 万余人。③ 三地试点还出台多部与国家监察体制相关的制度规定，规范监督、调查、处置等职权的操作程序，对留置等履职措施在审批、备案、期限、被留置人合法权益保障等方面做出具体规定，并细化监察委员会与检察机关、公安机关在移送起诉、留置等方面的衔接配合，为推进监察体制改革提供了经验参考和制度保障。

（三）织密笼子，反腐实践经验逐步上升为制度

反腐制度建设与改革如影随形，一方面制度创新能够推动改革并解决问题，另一方面改革成果最终要由制度来确定。在反腐败制度体系中，反腐败国家立法与党内法规制度建设是车之两轮、鸟之双翼，在实践中日益完善。

1. 党内法规制度建设为全面从严治党提供坚实基础

党中央把党内法规制度建设提高到前所未有的高度，十八届三中、四中、五中、六中全会均对此做出谋划部署，共提出 120 项改革任务，将党风廉政建设的有效经验和改革举措制度化。五年来，党中央共制定修订 88 部中央党内法规，占现行有效 188 部中央党内法规的一半左右，④ 其中中央纪

---

① 《浙江开展国家监察体制改革试点工作纪实（上）》，《中国纪检监察报》2017 年 6 月 13 日。
② 《北京开展国家监察体制改革试点工作纪实（下）》，《中国纪检监察报》2017 年 6 月 2 日。
③ 《国家监察体制改革有了最新路线图》，《法制日报》2017 年 10 月 23 日。
④ 《数"读"党的十八大以来全面从严治党新成就》，中央纪委监察部网站 http://www.ccdi.gov.cn/xwtt/201710/t20171001_108335.html，2017 年 12 月 8 日。

委牵头制定修改 11 部，[①] 基本形成以党章为根本，以准则、条例等法规为主干的党内法规制度体系，为全面从严治党提供了坚实的制度基础。为适应党的实践变化和任务要求，十八大和十九大均对《中国共产党章程》做出修改，将加强和规范党内政治生活、一届任期内的巡视全覆盖和地方巡察制度、党的六大纪律和"监督执纪"四种形态以及加强上级纪委对下级纪委的领导等内容写入党章。以强烈的问题和危机意识为导向，在实践中不断探索、试行，待成熟后再上升为制度，是十八大以来党内法规制度建设的基本经验。如《关于新形势下党内政治生活的若干准则》《中国共产党党内监督条例》着力解决党内政治生活庸俗化、随意化、平淡化，管党治党宽松软、主体责任缺失、监督责任缺位的问题，把党章关于党内政治生活和党内监督的要求具体化。《中国共产党廉洁自律准则》《中国共产党纪律处分条例》坚持纪律严于法律，重点针对党员和党员领导干部在廉洁自律和遵守六项纪律方面存在的问题，坚持高标准与守住底线的统一。为了纠正责任追究过程中出现的随意性和宽松软问题，中央出台《中国共产党问责条例》，明确各监督主体的权力和责任，推动问责工作迈出了制度化、规范化、常态化的关键一步。2017 年 11 月 30 日，中共中央政治局会议审议通过《中国共产党党务公开条例（试行）》，党务公开有了新的遵循。

2. 国家立法彰显法治反腐的决心

在法律法规框架下预防和惩治腐败，使管党治党和反腐败走向规范化、制度化，是贯彻全面依法治国战略、以法治思维和法治方法反对腐败的根本方向。在国家监察体制改革试点经验的基础上，十九大对备受社会各界关注的国家监察法的出台做出明确部署，要求依法赋予监察委员会职责权限和调查手段，用留置取代"两规"措施。中央纪委向十九大提交的工作报告也提出，同全国人大常委会密切配合，研究制定《中华人民共和国监察法（草案）》，进一步提高反腐败工作法治化水平。2017 年 11 月 7 日，《中华人

[①] 《十八届中央纪律检查委员会向中国共产党第十九次全国代表大会的工作报告》，中央纪委监察部网站，http://www.ccdi.gov.cn/xwtt/201710/t20171029_110470.html，2017 年 12 月 8 日。

民共和国监察法（草案）》首次公布，面向社会公开征求意见。此外，其他有关监督制约公共权力、严惩腐败犯罪的有效经验逐步通过法律程序上升为国家法律法规。一方面，惩治腐败刑事立法与司法更加严密。新《刑事诉讼法》确立了明确的人权保障条款，并增设了外逃贪官赃款没收程序，有利于扫除我国在惩治职务犯罪国际合作上的立法障碍。《刑法修正案（九）》《关于办理贪污贿赂刑事案件适用法律若干问题的解释》完善了贪污受贿犯罪的定罪量刑标准，同时对"巨贪"规定了"终身监禁"这种更为严厉的刑罚执行方式，对行贿犯罪从宽处罚规定了更加严格的条件，还强化了财产刑的适用。另一方面，促进政务公开和权力规范运行的法律和行政法规不断完善。2013~2016年，国务院共提请全国人大常委会审议法律议案42件，制定修订行政法规39部，① 发挥了法律指引、规范、评价、惩戒和教育作用，防范权力"任性"。为提高政务公开的质量，国务院出台《全面推进政务公开工作的意见和实施细则》，进一步细化权力阳光公开运行的规范。

（四）自我净化，强化反腐队伍内在约束

打铁还须自身硬，反腐队伍自身的廉洁性是树立反腐公信力的重要保证。十八大以来，强化对执纪、执法及司法队伍的监督，实现反腐队伍的自我革命与自我净化，建设忠诚、干净、担当的纪律保障部队，是对包括监督权在内的所有公权力进行监督制约的重要成果。

1. 纪检机关严防"灯下黑"

为有效解决"谁来监督纪委"的问题，中央纪委增设了纪检监察干部监督室，负责监督和检查纪检监察系统的干部，受理有关纪检监察干部违纪违法问题的案件，对执纪违纪的干部坚决查处和通报曝光，对失职失责的予以严肃问责，对不适合从事纪检监察工作的予以调离。十八大以来，中央纪委机关立案查处22名纪检干部，给予24人组织调整，对232人谈话函询；

---

① 《李克强在国务院第五次廉政工作会议上的讲话》，《人民日报》2017年4月10日。

全国纪检系统处分 1 万余人，给予组织处理 7600 余人。① 同时，中央纪委完善监督执纪工作规则，明确请示报告、线索处置、初步核实、立案审查、案件审理、涉案款物管理等工作规程，把纪委的权力关进制度笼子，保障监督权的规范行使。

2. 司法机关厉行"惩戒"制度

随着员额制和司法责任制改革的深入，检察官、法官的权力和责任比以前更重了。为促进法官、检察官依法正确行使职权，向行政干预和司法腐败开刀，最高人民法院、最高人民检察院分别建立法官、检察官惩戒制度和惩戒委员会，对法官、检察官涉嫌违反审判、检察职责的行为进行调查核实，并根据法官、检察官惩戒委员会的意见做出处理决定。最高人民检察院健全系统内部巡视制度，巡视省级检察院党组 13 个。修订检察人员纪律处分条例，2016 年查处违纪违法检察人员 474 人，严肃追究 121 名领导干部失职失察责任。② 最高人民法院严格执行任职回避、防止干预过问案件"两个规定"等制度，对司法腐败毫不容忍，2016 年最高人民法院查处本院违纪违法干警 13 人，各级法院查处利用审判执行权违纪违法干警 656 人，其中移送司法机关处理 86 人。③

3. 审计机关坚守业务规范

针对基层审计机关独立性不强、队伍素质不高等问题，中央着力建构新型审计监督体制，推行省以下地方审计机关人财物管理试点改革，强化上级审计机关对下级审计机关在干部选用、业务管理和激励考核等方面的领导。为了进一步规范审计工作，审计署出台《审计署制度（2017 版）》，涵盖国家审计准则、审计现场管理办法、干预审计行为登记、问责暂行办法等内

---

① 《十八届中央纪律检查委员会向中国共产党第十九次全国代表大会的工作报告》，中央纪委监察部网站，http://www.ccdi.gov.cn/xwtt/201710/t20171029_110470.html，2017 年 12 月 8 日。

② 《最高人民检察院工作报告》，最高人民检察院网站，http://www.spp.gov.cn/gzbg/201703/t20170320_185861.shtml，2017 年 10 月 8 日。

③ 《最高人民法院工作报告》，最高人民法院网站，http://gongbao.court.gov.cn/Details/9ec8c0cddd12d82ecc7cb653441b36.html，2017 年 10 月 8 日。

容。针对审计人员经常在驻地以外开展延伸审计工作的实际情况，对已有制度逐项梳理研究，出台《审计署执行〈中央和国家机关差旅费管理办法〉延伸审计交通费管理规定》，审计人员在被审计单位吃工作餐，一律据实支付餐费，住宿费用全部自己承担。接受中央巡视后，审计署深挖根源，制定了 50 条整改措施，并成立 8 个专题研究组，对制度逐项研究清理，从全面从严治党、班子队伍建设、审计权力运行、机关内部管理、审计现场管理、审计质量控制、履职尽责、监督执纪问责等方面落实完善，切实提高审计工作规范化水平。

（五）简政放权，持续改善营商环境

1. 政府与市场、企业的关系影响着公共权力的良性运转

十八大以来，中央政府在深化简政放权、推动政府职能转变方面做出了巨大努力，通过系列改革举措清减下放行政审批事项，减少了企业制度性交易成本和权力寻租的机会，有助于营造稳定、公平、透明、可预期的营商环境。

2. "放管服"改革压缩寻租空间

"放管服"改革是政府的一场自我革命，是通过简政放权、创新监管和优化服务，对部门权力"瘦身"，对相关利益"割肉"，换取市场活力和社会创造力。本届政府成立初始，国务院部门各类行政审批事项达 1700 多项，群众办事和投资创业门槛众多，审批程序复杂、周期冗长、效率低下，这不仅制约经济社会发展，还容易导致权力寻租、滋生腐败，因此简政放权成为本届政府改革的重点。截至 2017 年 9 月，政府共取消和下放国务院部门行政审批事项 697 项，约占总数的 41%，[①] 提前完成本届政府减少 1/3 行政审批事项的承诺，中央清理规范国务院部门行政审批中介服务事项 323 项，取消职业资格许可和认定事项 434 项，削减 70% 以上。三次修订政府核准的

---

① 《李克强主持召开国务院常务会议》，中国政府网，http://www.gov.cn/premier/2017-09/06/content_5223073.htm，2017 年 10 月 8 日。

投资项目目录，中央层面核准的投资项目数量累计减少九成左右。[①] 为防止权力因边界模糊而"任性"，被诟病为"灰色地带""变相审批"的非行政许可审批事权或取消或转化，彻底宣告终结。十二届全国人大常委会于2017 年 11 月 4 日表决通过了《会计法》《海关法》等 11 部法律的修正案草案，继续取消部分职业资格和行政审批事项。经过改革，政府管理体制，从事前审批为主向事中事后监管为主转变，有助于杜绝与审批发证相关联的寻租权力和不正当利益。32 个省（区、市）也以清单管理推动减权、规范用权，已全部向社会公布三级政府部门权力清单和责任清单，省一级行政审批事项平均办结时间压缩了一半左右。

3. 商事改革减少制度性交易成本

为减少行政权力对微观经济事务的干预，提高营商环境竞争力，国务院大力推进商事制度改革，其中商事登记的证照制度改革是一项重要内容。过去开办企业实行"先证后照"，即须先办理行业主管部门颁发的经营许可证，再办理工商部门颁发的营业执照。2014 年，国务院推行商事登记"先照后证"改革，创业者只要到工商部门领取一个营业执照，即可从事一般性的生产经营活动，如果要从事需要许可的生产经营活动，再向主管部门申请。2015 年，为了解决"有照无证"企业依然难以运行的现实问题，国务院常务会议决定继企业注册资本"实缴"改"认缴"、"先证后照"改为"先照后证"之后，开展"证照分离"试点，将营业执照与能分离的许可类证件相分离，破解"办照容易办证难""准入不准营"等突出问题。2017年 9 月，国务院将"证照分离"改革试点推广到辽宁、天津、重庆、四川、河南、湖北、陕西、浙江、福建、广东等 10 个省市自贸试验区。随着改革实施，企业准入和经营门槛不断降低，营商环境不断优化。近三年来，我国营商环境的世界排名提高了 18 位，其中开办企业便利度大幅上升 31 位，[②]行政权力寻租的机会大大减少了。

---

① 《李克强在国务院第五次廉政工作会议上的讲话》，《人民日报》2017 年 4 月 10 日。
② 《"减证"推动"简政"：我国开办企业便利度排名上升 31 位》，中国网，http：//news. china. com/finance/11155042/20170630/30876412_all. html，2017 年 10 月 8 日。

四 公共资金资产资源监管更加有效

2017 年，在中央深入推进全面深化改革和全面从严治党的进程中，着力遏制公共资金、公共资源、国有企业和国有资产等重点领域的腐败问题，着力促进政风作风转变，切实用好管好国家和人民的财产，使更多的资金和资源能够用到推动发展、改善民生上来。

（一）努力管好用好每一笔公共资金

2017 年，围绕资金分配、运行、使用这三个主要环节，进一步加强管理监督，确保每一笔资金能够高效安全使用。

1. 抓住预算管理这个"龙头"，着力打造阳光财政

自新《预算法》颁布实施以来，构建"阳光化"的现代预算制度已成为确保公共资金安全高效使用、规范政府花钱行为的关键着力点。2017 年，各地各部门在增强预算编制的完整性、科学性和透明度方面持续发力，进一步提升预算的约束力。一是进一步推进预决算公开。李克强总理在 2017 年初的廉政工作会议上强调，"所有使用财政资金的部门，全部都要公开预决算"。2017 年，财政部在网站专门开设"中央预决算公开平台"，集中公布中央政府预决算、中央部门预决算以及中央对地方转移支付情况，除年度预决算报告外，一并公布的还有预算管理法规、预算收支政策、预算编制依据及政策解读等相关文件。此外，中国政府网、各部门网站以及地方各级财政部门网站，均在网上设立预决算统一公开平台或专栏，便于公众查阅和监督，初步形成了财政部门公开政府预算、转移支付预算，各部门公开部门预算的预算公开体系，确保群众能够找得到、看得懂、能监督。二是进一步规范资金分配方式。为从源头上解决"跑部钱进"的问题，财政部开展了转移支付制度改革，专项转移支付资金不再直接分配给各个具体项目，而是开始把地区经济条件、财力、财政供养人数等客观性因素统筹考虑并作为各地资金分配的重要依据。同时，针对专项转移支付"小、散、乱"等问题，

加大清理整合力度，把目标相似、资金管理方式相近的专项进行整合，提高项目资金的整体效益。据统计，2017年中央对地方专项转移支付由2016年的94个减少为76个，压减19.1%。[1] 江西省全面改变以往专项资金分配管理中"一捅到底"和"零星分散"的模式，推进专项资金统筹使用改革，将直接面向基层、量大面广、由市县管理更方便有效的经济社会事项，一律下放市县和基层管理，提高市县的自主性。三是进一步提高资金使用绩效。2017年，财政部在报全国人民代表大会审查的《中央部门预算草案》中，首次同步公开了10个重点项目的年度绩效目标、量化的绩效指标、服务对象满意度指标等内容。[2] 目前绝大部分省份都已开展绩效评价工作。北京市2017年196个政府部门所有500万元以上项目，均面向社会公开了绩效目标，而且如果绩效目标没有通过审核，一律不批复项目预算。绩效评价结果为"一般"以下的，下年度的预算资金将予以核减。政府绩效预算改革，保证了财政资金都花在"刀刃"上。

2.持续压减"三公经费"支出，从源头上遏制"四风"问题滋生

党的十八大以来，中央政府带头过"紧日子"，持续压减"三公经费"支出，每年按照不低于5%的幅度减少一般性支出。据财政部数据显示，中央本级"三公"经费预算数连续五年下降，从2012年的80.95亿元降至2017年的61.47亿元；预算执行数实现"四连降"，2016年比2012年减少34.95亿元，降幅达42.59%（见表2）。各级地方政府坚持节用为民，运用节约下来的财政经费加大民生和公共服务投入，使"政府过紧日子"真正转化成"老百姓的好日子"。在压减"三公经费"支出的同时，各地区各部门还通过严格的制度和科学的监督举措，管住政府"乱花钱"冲动。2017年，中央审议通过了《机关团体建设楼堂馆所管理条例（草案）》，严格限制新建、扩建、改建、购置办公用房等行为，明确要求不得建设培训中心等

---

[1] 《财政部党组规范资金分配方式　斩断"跑部钱进"利益链》，《中国纪检监察报》2017年5月2日。

[2] 《中央部门集中晒预算明细"阳光财政"带来新气象》，《人民日报》（海外版）2017年4月11日。

各类具有接待功能的场所和设施，禁止借技术业务用房之名建设办公用房，同时把财政给予经费补助的团体和事业单位、国有企业等建设、维修楼堂馆所纳入监管范围。江西省建立了全省公务消费网络监管平台，从严加强"三公"经费支出监管，只要是财政预算单位，涉及公款支出，时间、地点，金额大到万元，小到几十元，都可以做到实时查询。平台还将"三公"经费支出预算和支出标准导入系统中，实行总额控制，对一些高档消费的关键字等进行自动扫描预警，并一律不准支出。

表2　党的十八大以来中央本级"三公"经费*预算安排和预算执行情况

单位：亿元

项目	预算数						执行数				
	2017	2016	2015	2014	2013	2012	2016	2015	2014	2013	2012
因公出国（境）费	18.82	20.27	19.38	19.76	21.36	21.65	17.07	17.43	16.2	16.92	21.85
公务用车购置及运行费	35.04	34.41	34.59	41.27	43.99	44.32	25.85	30.88	35.99	42.53	45.16
公务接待费	7.61	8.42	9.19	10.48	14.34	14.98	4.19	5.42	6.61	12.09	15.05
合计	61.47	63.1	63.16	71.51	79.69	80.95	47.11	53.73	58.8	71.54	82.06

*中央本级包括中央行政单位、事业单位（含参照公务员法管理的事业单位）和其他单位用财政拨款开支的因公出国（境）经费、公务用车购置及运行费、公务接待费（以下简称"三公经费"）。

资料来源：财政部网站，http://yss.mof.gov.cn/zhengwuxinxi/caizhengshuju/201704/t20170407_2576919.html。

3.筑牢扶贫资金监管防线，保障国家扶贫政策精准落地

扶贫资金是贫困群众的救命钱，扶贫资金能否监管到位，直接影响到国家扶贫攻坚战略是否有成效。2017年，中央纪委严查扶贫领域的腐败问题和不正之风。各地区继续加大扶贫项目资金监管力度，积极探索扶贫资金项目监督管理方式，强化扶贫信息公开，加强扶贫政策和资金的审计监督检查，保证每个项目、每笔资金、每个环节都有跟踪监督，努力做到对扶贫资金链条上各个环节无死角监管，确保扶贫资金安全、及时、足额、精准地到达群众手中。在加强扶贫资金监管方面，山东省率先将扶贫资金审计贯穿到

□因公出国（境）费　□公务用车购置及运行费　■公务接待费

（亿元）

14.98　14.34　10.48　9.19　8.42　7.61

44.32　43.99　41.27　34.59　34.41　35.04

21.65　21.36　19.76　19.38　20.27　18.82

2012　2013　2014　2015　2016　2017（年份）

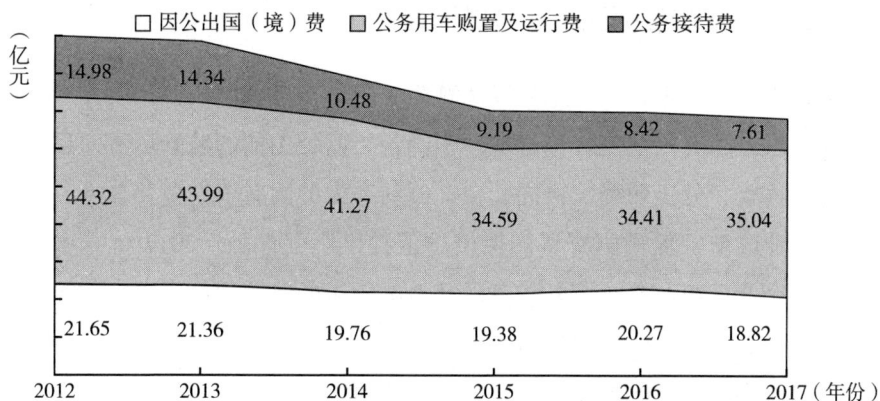

图3　2012～2017年"三公经费"预算数

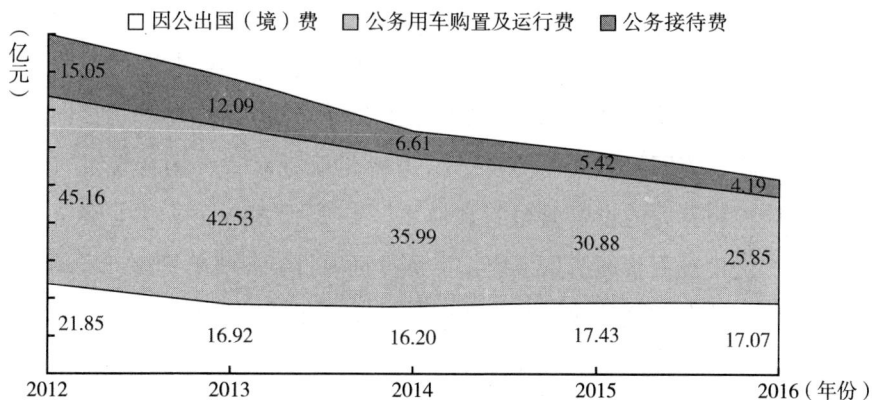

□因公出国（境）费　□公务用车购置及运行费　■公务接待费

（亿元）

15.05　12.09　6.61　5.42　4.19

45.16　42.53　35.99　30.88　25.85

21.85　16.92　16.20　17.43　17.07

2012　2013　2014　2015　2016（年份）

图4　2012～2016年"三公经费"执行数

扶贫的全过程，每个县均建立扶贫资金项目数据库，把项目、资金进行公示、公告，省纪检监察机关还专门设立并开通了24小时专线举报电话9600112，主动接受社会基层和群众的监督。为提高扶贫资金的使用绩效，财政部联合国务院扶贫办修订《财政专项扶贫资金绩效评价办法》，对脱贫攻坚期内财政专项扶贫资金分配、使用、管理等工作绩效的评价做出全面规定。

（二）进一步加强国资和金融监管

党的十八大以来，中央坚持以问题为导向，推进体制机制制度创新，切实加强和改进国有资产监督和管理，明确各类监督主体的监管职责，逐步建立起全面覆盖、分工明确、协同配合、制约有力的国有资产监督体系，为深化国有企业改革、促进国有资产保值增值提供坚强保障。2017 年，重点加强了国有企业重组改制、境外投资以及金融领域的监管力度，着力防控国有资产流失和金融领域的腐败风险。

1. 进一步健全国有资产监管制度和工作机制

为更加有效地履行监管职责，国资委整合内部资源，改组设立了监督一、二、三局，其中监督二、三局主要负责分类处置、督办和深入核查监督检查发现移交的问题。在强化国有企业投资监督方面，2017 年初，国资委修订发布了《中央企业投资监督管理办法》（国资委令第 34 号）和《中央企业境外投资监督管理办法》（国资委令第 35 号），"重点从'管投向、管程序、管风险、管回报'四个方面，努力构建权责对等、运行规范、信息对称、风险控制有力的投资监督管理体系"，① 督促国有企业建立健全投资管理制度，优化投资管理信息系统，实行投资项目负面清单管理，推动实现对企业投资活动全方位的动态监管和风险管控。在健全国有企业审计监督方面，中央全面深化改革领导小组第三十次会议审议通过了《关于深化国有企业和国有资本审计监督的若干意见》，要求进一步完善国有企业和国有资本审计监督体制机制，加强对国有企业、国有资本、境外投资专项审计以及企业领导人履行经济责任情况的审计，推动境外企业、境外业务内部审计全覆盖，保证审计监督不留死角。②

---

① 《国资委修订发布〈中央企业投资监督管理办法〉和〈中央企业境外投资监督管理办法〉》，国务院国有资产管理委员会网站，http://www.sasac.gov.cn/n2588035/n2588320/n2588335/c4258455/content.html，2017 年 12 月 8 日。
② 《审计监督助国企国资健康发展》，《中国纪检监察报》2016 年 12 月 8 日。

2. 推动国有企业建立腐败风险内控机制

在深化国企改革进程中，国有企业按照现代公司治理的原则，逐步建立起涵盖各治理主体和监督主体的监督工作体系，完善人事、财务、采购、营销、投资等内部监督制度和内控机制，提高国有企业内部治理水平、防控腐败及国有资产流失。截至 2017 年 7 月，已有 83 家中央企业建立规范了董事会，市场化选聘经营管理者和职业经理人制度在中央企业二、三级企业层面广泛实施。① 此外，随着全面从严治党战略的深入推进，大多数国有企业加强了企业党建工作，将加强党的领导和加强公司治理相统一，完善党组织参与重大决策机制，强化党组织对企业领导人员履职行为的监督，为加强国有资产监管、防止损公肥私等腐败行为提供了有力的制度保障。2017 年，在国资委部署指导下，中央企业普遍建立了内部巡察制度，强化了对子企业的纵向监督和对各业务板块的专业监督，确保企业决策部署及执行过程符合党和国家方针政策、法律法规。

3. 严防金融违法违规和腐败行为

李克强总理在 2017 年廉政工作会议上强调"要统筹抓好金融领域防风险和反腐败工作"。一方面，针对当前金融领域分业监管的弊端，进一步整合金融监管资源，搭建协作监管平台，强化监管信息沟通，逐步构建全覆盖、多层次、高效率的金融监管体系。根据全国金融工作会议部署，2017 年 11 月国务院正式成立金融稳定发展委员会，在更高层次上统筹金融改革发展与监管，弥补分业监管体制下监管机构之间的监管真空。另一方面，加强对金融领域各类违规违法行为的专项治理。2017 年，银监会密集出台了一系列监管文件，以整治"三违反""三套利""四不当"② 问题为重点，规范金融市场秩序。尤其是《关于集中开展银行业市场乱象整治工作的通知》，要求全国银行业针对包括股权和对外投资、规章制度、人员行为、行

---

① 《发改委：下半年集中力量实施好国企改革》，中新网，http://www.chinanews.com/cj/2017/08 - 16/8306215.shtml，2017 年 11 月 8 日。

② 即"违反金融法律、违反监管规则、违反内部规章""监管套利、空转套利、关联套利""不当创新、不当交易、不当激励、不当收费"。

业廉政风险、监管履职、内外勾结违法行为等十个方面开展集中检查整治。重点加强银行从业行为监管，检查是否存在以优惠条件录用当地党政领导干部家属子女、客户的亲属或子女等利益冲突问题。

（三）着力防止公共资源配置和交易领域的腐败问题

工程建设项目招投标、政府采购、土地使用、矿业开发等公共资源配置和交易领域，一直是腐败高发频发的集中区域，也是世界各国防治腐败的重点领域。党的十八大以来，中央高度重视公共资源配置和交易领域的腐败治理，一方面，通过界定政府职责边界、创新公共资源配置方式、完善市场交易机制等方式，不断规范公共资源配置交易行为，提高配置效率和效益。另一方面，注重发挥"制度＋科技"的综合效应，在全国范围内推进公共资源交易平台建设和信息资源共享，着力实现公共资源配置交易全程"电子化"、服务"标准化"和监督的"智能化"。2017 年，中央和各地区继续围绕公共资源交易平台建设，进一步健全和完善综合监管体系，构建"互联网＋交易＋监管"模式，从源头上减少公共资源配置和交易领域的监管漏洞和腐败问题。

1. 继续完善用好公共资源交易平台

2017 年 1 月 1 日，全国公共资源交易平台正式建成并开通运行，已初步实现了国家、省、市、县四级交易平台系统联网，平台的信息共享、数据整合、服务水平、监管功能均得到稳步提升。针对当前平台建设仍存在的数据质量不高、共享开放不足、开发利用不够等问题，国家发改委于 2017 年 6 月专门下发通知，就优化信息上传和数据共享、优化数据采集上传渠道、优化平台服务等方面提出明确要求，进一步推进各地区交易平台与各部门信息系统的对接，为用好全国公共资源交易平台奠定基础。截至 2017 年 8 月，全国公共资源交易市场由 4103 个整合为 1403 个，交易市场数量减少 65％，实现了公共资源由分散交易向集中交易转变。[①] 为加强公共资源交易平台的

---

① 《我国公共资源交易平台整合工作取得明显成效》，新华网，http：//www. yn. xinhuanet. com/reporter/2017－08/25/c_ 136554746. htm，2017 年 8 月 25 日。

规范和统一管理，广东省进一步探索对公共资源交易平台建设情况进行第三方综合性评价，由发改委牵头，委托第三方评估机构依据平台建设标准独立开展评估，出具评价报告和整改意见，对推进不力的地方和单位予以通报督促。

2. 继续拓展电子化交易范围

在搭建全国统一的公共资源交易平台的同时，全国不少地方都积极推动"平台之外无交易"的探索，要求有条件上网的公共资源通过网络开展交易。广东省提出了"5＋N"模式，在整合"工程建设项目招标投标、国有土地使用权和矿业权出让、政府采购、国有产权交易、碳排放权交易"这五大板块的基础上，依据"成熟一个、整合一个"的原则，逐步将其他公共资源项目纳入全省公共资源交易体系之中，实行集中交易、集中监管。发改委等6部委研究制定了《"互联网＋"招标采购行动方案（2017～2019年)》，指导各地区、各行业全面推行电子化招投标，通过信息系统建设推进招标采购交易机制改革和信用体系、监督方式创新，保障招投标制度的严格执行，规范招投标活动中招标人、投标人、评价人、中介机构等相关方行为，促进政府采购规范、廉洁、高效。如，甘肃省依托互联网技术，在全省范围内开展远程异地评标，将招标人、投标人与评标专家从地域上最大限度地隔离，在不同地点实现专家远程同时评标，最大限度地阻断围标、串标行为，打破"熟人效应"的怪圈。

3. 继续加强在线监督和实时监管

各地区积极推进政务服务平台、公共资源交易平台以及综合监管平台的互联互通和协同构建。一方面，逐步推进公共资源交易程序、公告、结果等信息公开，确保公共资源交易阳光运行，全程接受社会监督，让违法违规行为无处遁形。为进一步提高政府采购的透明度，财政部专门发文要求集中采购机构应切实推进协议供货和定点采购信息公开。9月起，除按规定在中国政府采购网及地方分网公开入围采购阶段信息外，还要公开具体成交记录。[①] 另一方面，充分发挥公共资源交易大数据的价值，实现公共资源交易

---

① 《让政府采购充满"阳光的味道"》，《人民日报》2017年5月11日。

监管的智能化。甘肃省建立了公共资源交易大数据监管平台，逐步实现与电子交易系统、电子服务系统、电子监管系统以及投资项目在线审批监管平台、行业监管部门监管系统等其他相关系统的交互联通，同时通过系统对接为审计、银行、税务、工商、公检法等业务部门提供相关数据服务，实现跨行业的业务协作和综合监督功能。

五　党员干部逐步习惯在受约束的环境中工作生活

十八大以来，党和国家在作风建设和制度规范方面持续加力，把忠诚、干净、担当要求进一步标准化、制度化和规范化，促进思想建设、作风建设和制度建设的高度统一，党员干部逐步习惯在受约束的环境中工作生活。

（一）学习教育常态化，为党员干部补精神上的"钙"

加强党员干部学习教育，保证党员干部精神上不缺钙，是党的十八大以来的鲜明特色。中央组织开展了三项大范围的教育活动：党的群众路线教育实践活动、"三严三实"① 专题教育、"两学一做"学习教育。党的群众路线教育实践活动以为民、务实、清廉为教育内容，从 2013 年 6 月开始至2014 年 9 月底基本结束，形式主义、官僚主义、享乐主义和奢靡之风得到集中整治。相比群众路线教育实践活动是在全党范围进行，"三严三实"专题教育则专门在县处级以上领导干部中开展，从 2015 年 4 月底开始，着力解决领导干部"不严不实"的作风问题。2016 年 2 月，中共中央在全国开展"两学一做"学习教育，要求全体党员"学党章党规、学系列讲话，做合格党员"。2017 年 3 月，中共中央办公厅印发《关于推进"两学一做"学习教育常态化制度化的意见》。除了这些学习活动之外，围绕党的十八大、十九大、中央和中央纪委历次全会等，各单位都组织党员干部学习传达和贯彻。学习教育常态化制度化，对于全党增强"四个意识"，让党员干部

---

① "三严三实"指的是严以修身、严以用权、严以律己，谋事要实、创业要实、做人要实。

不忘初心、牢记使命，思想上的弦不松，推动全面从严治党不断深入具有重大而深远的意义。

（二）制度规定进一步细化，要求明确具体约束力强

党的十八大以来的制度规定越来越严密，针对性和有效性大幅增强，规范环环相扣，制度"打折扣"现象得到遏制，违纪风险大增，违法成本提高，任性权力受到制约。十八大结束后不久，十八届中央政治局就给自己立规矩，通过了《关于改进工作作风、密切联系群众的八项规定》。这个规定发出作风建设的"动员令"，很快成为全党全国的标准，各地各部门纷纷制定实施意见，针对党员干部中经常出现的问题，提出了更细化的要求。调查研究、会议活动、文件简报、出访活动、新闻报道、"三公"消费等方面的制度逐步完善。2013 年 11 月 18 日，中央印发《党政机关厉行节约反对浪费条例》《党政机关国内公务接待管理规定》。相关部委根据中央新规定和新形势制定和修改了行政法规，如财政部根据新形势及时调整中央和国家机关差旅住宿费标准。公职人员的行为标准在不断规范的同时，禁止性的规范也不断出台，如 2013 年 6 月监察部、人力资源和社会保障部、财政部和审计署制定的《违规发放津贴补贴行为处分规定》，2013 年 7 月中共中央办公厅和国务院办公厅发布的《关于党政机关停止新建楼堂馆所和清理办公用房的通知》。地方也出台了不少约束性的禁令，如"禁酒令""禁赌令"等，配合明察暗访、通报曝光、抓早抓小等监督执纪方式的创新，广大公职人员都明显感觉到约束。如整治办公用房超标，河北固安县要求各单位制作办公用房平面图，经主管领导、单位主要负责人签字并加盖公章，报发改局实地验收，验收符合标准的由发改局盖章进行确认，县纪委不定期进行检查，发现违规问题严肃处理。

2017 年，中央进一步细化作风建设相关规定。4 月，中共中央办公厅、国务院办公厅印发《领导干部报告个人有关事项规定》和《领导干部个人有关事项报告查核结果处理办法》。各地各单位严格把好人选廉政关，坚决防止"带病提拔"，一些干部因为个人有关事项不如实填报而未能过关。10

月 27 日，十九届中共中央政治局审议通过了《中共中央政治局贯彻落实中央八项规定的实施细则》，制度规定的进一步完善尤其是对制度的严格执行，让所有党员干部都感受到纪律的威严。

（三）职业规范要求提高，道德伦理约束力增强

各行业道德诚信和行为约束规范进一步从紧。中共中央办公厅印发《事业单位领导人员管理暂行规定》，加强和改进事业单位领导人员管理。中组部、中宣部、教育部联合印发《关于加强和改进高校青年教师思想政治工作的若干意见》，要求强化青年教师职业理想和职业道德教育，促进青年教师严守教学纪律和学术规范。2017 年 4 月，中组部、人力资源和社会保障部、国家工商行政管理局、国家公务员局印发《关于规范公务员辞去公职后从业行为的意见》，要求县处级以上职务的公务员，在辞去公职后 3 年内不得受聘于原任职务管辖地区和业务范围内的企业、中介机构或其他营利性组织，不得从事与原任职务管辖业务直接相关的营利性活动。教育部出台《关于建立健全高校师德建设长效机制的意见》强调强化师德监督，建立健全高校教师违反师德行为的惩处机制。2015 年 6 月，国家新闻出版广电总局发出《关于进一步加强广播电视主持人和嘉宾使用管理的通知》，规范主持人和嘉宾言行。9 月，该局召集新闻出版广播影视 50 家行业社团联合签署了从业人员职业道德自律公约。这些行业性的自律管理规定具有自身特点，对规范和约束权力发挥了重要作用。

（四）自媒体等科技工具促干部强化自律意识

中国正处在互联网快速发展的历史进程。信息时代给人民生活带来了便捷，也让群众的监督权力理念和意识发生了巨大的变化。中国互联网络信息中心（CNNIC）向社会发布第三十九次《中国互联网络发展状况统计报告》，截至 2016 年 12 月，中国网民规模已经达到了 7.31 亿人，相当于欧洲人口总数，互联网普及率为 53.2%，其中手机网民达到了 6.95 亿人，占比高达 95.1%。每个手机网民就是一个记者，都有发布信息的手段和权利。

2012 年陕西"8·26"特别重大道路交通事故现场，陕西省安监局原局长杨达才不当"笑脸"和佩戴名表引起网友的关注，最后因受贿、巨额财产来源不明判处有期徒刑 14 年。"表哥"杨达才落马后，领导干部的日常穿戴日益受到公众的关注，社会舆论往往会引起纪检监察机关的介入。2013 年 1月，曾任神木县农村商业银行副行长的"房姐"龚爱爱被曝在京拥有多套房。公安部成立工作组专门核查其户口问题，警方最后证实龚爱爱在北京拥有 41 套住房。龚爱爱因伪造、买卖国家机关证件罪，被判处有期徒刑三年。办理户口的相关责任人员也受到查处。有关部门迅速查漏补缺，以行动迅速回应网络舆情。2015 年 3 月 25 日，公安部召开深入推进户口登记管理清理整顿工作第三次电视电话会议，再次要求清理注销重复户口，查办伪造买卖户口案件。纪检监察机关的行为同样也受到网民的监督。2016 年 9 月 9 日，山西长治屯留一中南校区部分教师工作日到饭店聚餐饮酒，被屯留县纪委通报批评。网友将该县纪委的通报微信转发后引发社会强烈反映，最后县纪委的处分被上级纪委撤销。

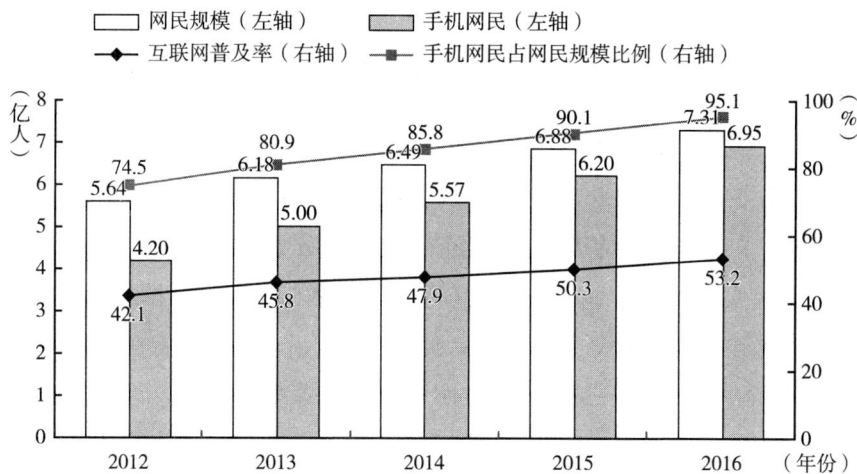

图 5　2012～2016 年中国网民增长状况

资料来源：根据中国互联网络信息中心（CNNIC）发布的《中国互联网络发展状况统计报告》整理。

六　崇廉尚洁的社会文化土壤更为深厚

党的十八大以来，全面从严治党深得党心民心，人民群众对党中央正风反腐热烈拥护和支持。党风政风带动社会风气明显好转，正风反腐改变着人们的思维方式和行为习惯，廉洁理念深入社会各个领域，以廉为荣、以贪为耻的良好风尚快速形成，廉洁文化产生深远持久的影响。

（一）廉政文化建设不断释放新成效

廉政文化是社会主义先进文化的重要内容，也是拒腐防变的基础工程。十八大之后的廉政文化建设与之前有很大的变化。宣传教育之前都是纪检监察工作的重要内容，但十八大之后，领导干部率先垂范、以身作则成为廉政文化的最大动力。中央政治局自觉制定并严格执行"八项规定"，成为全国的廉政典范。2015年10月，中共中央印发《中国共产党廉洁自律准则》，规定了党员和党员领导干部的廉洁自律规范。廉政文化是做出来的，而不是说出来的。从中央到地方，一级带一级，清廉为民、干净干事的廉政文化不断恢复和强化，党内正能量不断积聚和壮大，影响了社会的各个领域。各地、各部门党委（党组）在廉政宣传教育中担当主体责任，北京市充分利用街头巷尾的墙壁、户外LED屏以及公共图书馆、公园、地铁等，以群众喜闻乐见、"接地气"的形式传播廉洁理念，增强廉政文化渗透力。安徽省开展以严肃党内政治生活、建设良好政治文化为主题，以净化政治生态为根本目标，通过身边事教育身边人的专题警示教育活动。桐城市在市区多路段开辟"廉政文化长廊"，通过文学、书法、图片等多种方式，向社会公众展示廉政警句、廉政准则、廉政故事等内容，在全社会倡导廉洁社会风貌。湖南省常德市重点创造性地实施了廉洁文化建设"六个一"工程，即创作一首歌曲、编写一本读本、建设一个主题公园等，并开展"一把手"讲廉政党课评比活动。这些做法让广大群众在日常生活中就能够感受到强烈的廉政文化氛围。有的党委专门进行党纪党规学习，党校、行政学院等干部培训机构将党风廉政建设和反腐败作为重要课程。有的地方党委、政府在主要媒体和阵地大力开展廉政文化宣传。

纪检监察机关在廉政文化建设方面仍然发挥着十分重要的作用。传统的廉政宣传教育并没有被抛弃，各地的廉政教育基地的人流并没有减少，廉政文化示范联系点数量在增多，廉政漫画、廉政微小说、廉政公益广告等仍随处可见。2014 年，中央纪委宣传部与中国美协、河北省纪委共同主办廉政漫画作品征集活动。廉政教育宣传多了网站、微信、博客等新的载体和手段。中央纪委和地方各级纪委的宣传部规格提升，宣传教育力度加强。几乎所有纪检干部都到中国纪检监察学院以及各级纪检监察机关组织的培训班接受了监督执纪审查专业培训。正反两面的典型教育是宣传教育的重要方式。2014 年 4 月 2 日～2017 年 11 月 2 日，中央纪委监察部网站刊登了 500 多个勤廉楷模的故事。山东省曲阜市纪委立足传承弘扬儒家优秀廉勤文化，推出"纪检人·廉勤课"现场教学点，打造党员干部廉政教育现场教学模式。2013 年 8 月 1 日～2017 年 9 月 2 日，中央纪委监察部网站刊登了"以案警示"文章 300 多篇。2017 年广东省在第十六期领导干部党纪政纪法纪教育专题研讨班用鲜活案例说明了权力滥用的种种形态。2017 年，河北省纪委制定了《关于利用反面教材发挥警示震慑作用的工作方案》，省纪委监察厅网站开设"通报曝光"栏目，定期发布典型案件，并在省级媒体予以刊播。河北沧州市警示教育基地梳理分析了全国发生的腐败案件，以史为鉴、以案为鉴、以人为鉴进行教育，吸引了全国不少地区的干部前来参观接受教育。一些单位让干部走进监狱，接受昔日同事的现身说法，有的组织集体旁听一起贪污腐败案件的庭审，有的从忏悔录、典型案例、案件通报等"活教材"入手，开展警示教育，用身边事警示教育身边人。

（二）优秀传统文化资源被深入发掘和利用

源远流长、博大精深的中华文化本身就是一座丰富的廉政文化资源宝库。注重中华传统优秀文化在反腐倡廉建设中的运用是十八大后党风廉政建设和反腐败斗争的一个特色。2017 年 1 月，中共中央办公厅、国务院办公厅出台《关于实施中华优秀传统文化传承发展工程的意见》，提出了总体要求、基本原则、主要内容、重点任务、组织实施和保障措施。反腐倡廉建设运用传统文化主要体现在家规家训家风方面。中华民族绵延数千年的家规家风，在促进人的全面发展、社会进步和国家繁荣昌盛等方面发挥着不可替代的重要作用。截至 2017 年 11 月，中央纪委监察部网站及其客户端开办的"中国传统中的家规"专题已优选策划了 120 期，通过宣传和弘扬中华民族的"家国"文化，涵养新时代的良好家风，把"规"在国人心中更好地立起来。各地兴起了家风家规家训宣传教育活动。例如浙江省纪委宣传部、浙江人民美术出版社联合编辑出版《浙江传统家规读本》，浙江省委、省纪委创制完成了 15 集廉洁动漫片《郑义门》。江苏省常熟市深入挖掘、传承弘扬具有本土特色的家规家训家风，推动形成廉洁自律、修身齐家、崇德重礼的良好风尚。湖南省宁远县发出家训家规家风故事"征集令"，引领互相分享家训家规和家风故事的潮流。河北省秦皇岛市开展"学国学、正家风、倡廉洁"系列活动，通过开设传统文化讲堂、打造宣传队伍、设置培训课程、编发刊授教材、运用"互联网＋"等一系列手段，对本土孤竹文化、家风文化、红色文化等优秀传统文化进行挖掘、传承以及创新，着力打造具有地方特色的廉洁文化品牌。

有的地方积极发掘本地廉政文化资源，不断创新廉政教育形式。如近年来，重庆市深入挖掘大足石刻中的廉洁元素，并将系列研究成果有效地运用于廉政文化建设中。有的挖掘勤廉典型作为廉政宣传材料，如山西省的"右玉精神""纪兰精神"，河南的"兰考精神"、史来贺的先进事迹，黑龙江的"大庆精神"等。宣城市注重用好本地红色资源，加强以"铁军"精神为代表的革命文化和以《章氏家训》为代表的廉政文化建设。金寨县广泛收集与金寨有关的老一辈无产阶级革命家及红军指战员胸怀理想、艰苦奋斗、严于律己、清正廉洁、勇于奉献，与老百姓"鱼水情深"等方面的故事，汇编成《金寨红色廉政故事宣传手册》。山东省淄博市纪委积极发挥文化资源优势，强化廉政教育基地和党性体验基地建设，把史料资源和革命传统转化为党性党风党纪教育的生动教材。河北省河间市在全力推进城市化进程的同时，努力把恢复河间历史廉政文化标志融入城市建设之中，一批带有鲜明"廉政元素"的景观、建筑相继修复和落成。

（三）以"廉"为主题的文艺作品吸引公众眼球

反腐倡廉影视片引发社会广泛关注。继大型电视专题片《永远在路上》引发社会高度关注之后，2017 年，中央纪委宣传部、中央电视台联合推出了反腐电视专题片《打铁还需自身硬》，全面反映了党的十八大以来纪检监察机关在完善内控机制、加强自身建设、严防"灯下黑"等方面所做的努力和尝试，展示了中央纪委打造一支忠诚干净担当纪检监察队伍的勇气和毅力，体现"打铁自身硬、永远在路上"的清醒和韧劲。中央纪委宣传部、中央巡视办、中央电视台还联合制作了电视专题片《巡视利剑》，集中反映党的十八大以来中央把巡视作为全面从严治党重大举措的实践探索，展示了巡视工作所取得的重大成果。由李路执导、周梅森编剧的反腐电视剧《人民的名义》，讲述了当代检察官维护公平、正义和法治，坚决查办腐败案件的故事，播出后引发社会各界广泛关注和讨论。公安部摄制 30 部《警钟》系列警示教育片，全国百万民警观看讨论。央视网"中国公开课"播出 20 集系列电视讲座《廉语金典》，湖南娄底的廉政湘剧《烧车御史》、湖北黄冈的原创廉政黄梅戏《铁面金刚》、浙江义乌的廉政婺剧《徐文清公》等，社会反响良好。

廉政展览留下大量观众的足迹。中央纪委监察部网站开设了"网上展馆"，开创展馆新形式。《复兴之路》大型主题数字博物馆，集中展现了鸦片战争以来中国人民的可歌可泣斗争，振奋人心。很多地方和机构举办富有特色的廉政展览。如上海市举办《鲁迅精神与廉洁文化》专题展览，对鲁迅的思想、精神和实践加以挖掘、梳理和研究，从中提炼出反腐倡廉的展览主题和史料。中国社会科学院举办"《甲申三百年祭》发表 70 周年——反腐倡廉话甲申"主题展，展陈资料持续开放至今三年多。北京市东城区在孔庙和国子监博物馆举办《中国古代官德文化展》，依托文物古建，运用现代化手段，系统展示古代官德文化，挖掘传统廉洁从政理念。重庆"中国三峡博物馆"举办"清风正气——历史文物中的廉政文化"主题展览。河南廉政文化教育馆采用传统文化与现代科技相结合的方式，以图片资料、全息投影等形式教育广大党员干部洁身自好、勤政廉洁。2017 年 4 月 15 日，上海市检察院、上海市松江区检察院与上海人民出版社共同举办"上海预防文化系列丛书"首发式和预防宣传教育成果展。4 月底，"第四届中国廉政文化书画展——引经据典主题展"在北京圆明园举办。10 月 17 日，上海植物园党委和纪委携手举办以"绿水青山映初心"为主题的廉政文化展。10 月，天津博物馆主办"鉴史倡廉——中国古代廉政文化展"，回溯了中国古代的廉政思想、廉政制度建设，集结了一批廉吏史事，展示了大量历史故事、馆藏文物及图片资料。

反腐倡廉艺术活动丰富群众文化生活。各地各部门因地制宜，采用多种多样的方式将廉政题材艺术化、形象化，让廉政文化遍地开花，进入万户千家。如北京市纪委市监委连续五年举办《廉洁颂》大型主题教育活动，围绕"北京廉政故事""我身边的好规矩""讲述纪检监察干部的故事"等主题，通过小品、短剧、戏曲、相声、沙画、影子舞等艺术表现形式，弘扬清白做人、拒绝贪腐的清风正气，取得良好的社会效果。昌平区深入挖掘历史文化资源中的廉洁元素，总结提炼，建设具有浓厚历史文化底蕴的"明镜昭廉——明代反贪尚廉历史文化园"，把"以德促廉、清惠风化"的理念贯穿园区始终。江苏廉洁文化周已经举办 8 届。南京市纪委、南京地铁集团打造的廉政文化主题地铁车站以及其专列已经开通运行了 4 年，为市民构筑起一座"开放式的廉政教育博物馆"。无锡市南长区开通"清名尚和"廉洁文化景观专线。2017 年元宵节期间，山西省太原市精心制作了一批以廉政文化为主题的花灯，布展于街头、广场、公园，营造反腐倡廉的浓厚氛围。上海申通地铁集团有限公司大力推进廉洁文化"进地铁"。中国传媒大学遵循并运用新媒体传播规律，打造集知识性、信息性、警示性于一体的《廉洁知乎》"H5"宣传品牌，在潜移默化中推进廉政文化建设。

（四）廉政研究蓬勃发展，新成果大量涌现

廉政研究和教育机构继续增多。研究机构和高校建立的廉政研究中心目前达到 100 多家，新的研究机构还在不断建立中。2017 年 11 月，中国政法大学成立国家监察研究院，计划建设成为纪检监察高端人才培养、培训基地以及国内廉政建设数据中心。与此同时，我国对大学生群体的廉洁教育也蓬勃开展。为适应《联合国反腐败公约》要求，中国管理现代化研究会廉政建设与治理研究专业委员会积极致力于推进大学生廉洁社团建设，自 2013 年以来，在其辅导和推动下，大学生廉洁社团从 20 余个增加到 59 个，通过廉洁知识讲座、主题讨论会、辩论赛、廉洁征文等形式在青年学生中传播廉洁教育。在 2017 年 "12.9" 国际反腐败日前后一个月的时间里，全国 50 所高校都开展了廉洁教育活动。

　　廉政研究论坛在各地举办。党的十八大以来，各种形式的廉政研究论坛和研究会频繁举办。中国社会科学院中国廉政研究中心与河北、四川等地纪委和科研机构紧密合作，已连续举办 10 届 "中国社会科学院廉政研究论坛"，并举办了 2 届中欧廉政智库高端论坛，与黑龙江佳木斯、四川达州、湖南永州等地合作多次举办廉政论坛和研讨会，形成了系列论坛品牌。廉政建设成为各类论坛和研讨会的重要主题。在四川省纪委机关、省委宣传部和省精神文明建设办公室等部门的牵头推动下，四川省社会科学院承办了 "家规家风与廉洁文化" 学术研讨会。2017 年 7 月，人民日报社、人民论坛杂志社与河南省人民检察院共同主办 "廉政文化与中国梦高峰论坛"。河南法制报社和淮阳县纪委合办 "清风荷韵·中原廉文化系列活动"，2017 年以基层党员干部作风建设为主题举办研讨会。2017 年 7 月，广西廉政建设研究中心和广西师范大学主办了第二届 "漓江·廉政论坛"。2017 年 9 月，清华大学廉政与治理研究中心召开 "中国廉政建设新思路学术研讨会"。同月，第二十届全国社会科学院院长联席会在四川西昌举办第二届 "全国社会科学院廉政论坛"。10 月 14 日，南通市纪委、南通大学联合举办了第九届反腐倡廉学术研讨会暨南通廉政研究中心成立十周年成果汇报会。11 月 22 日，湖南省永州市委、永州市人民政府举办 "德孝文脉" 领导干部家风建设研讨会。11 月 25 日，湖南大学举办腐败预防与惩治国际学术研讨会。

　　廉政研究取得丰富成果。十八大以后，廉政研究成果如雨后春笋般涌现。中国知网收录的廉政研究有关文献有一万多条，其中2017年以来的文献1000多条。公开出版的著作也很多，用关键词"腐败"在当当网共搜索出814条图书信息，2017年共81条；用关键词"廉政"搜索出1124条图书信息，2017年103条，《"四种形态"理论与应用》《反腐败国际追赃司法机制研究》《金融反腐论》《隐性收入与腐败研究》等专业性著作将廉政研究推向深入。廉政研究成为高校学位论文的研究热点，截至2017年11月27日，在中国知网搜索，主题含有"腐败"的学位论文共487条。

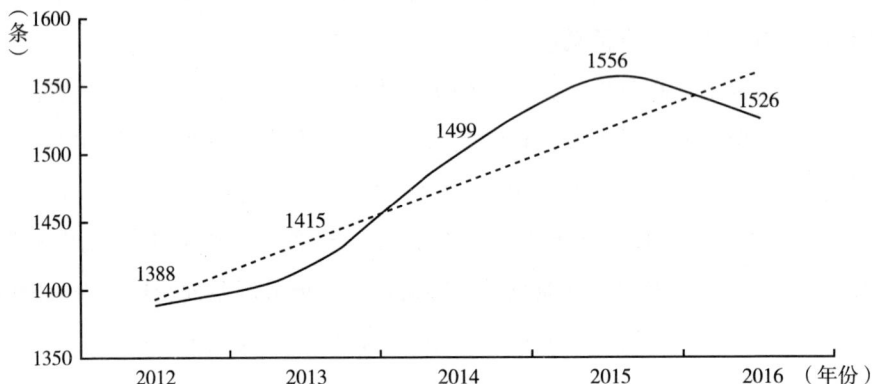

图6 中国知网收录主题含有"腐败"一词的学位论文信息条数

资料来源：根据中国知网数据整理。

十八大以来机关、高校、科研机构把从严治党、廉政建设、反腐败作为培训、教导、研究的重要内容，围绕廉政建设的教学和科研活动更加活跃，可以从以下方面体现出来。

一是党政机关的教育培训紧扣党风廉政建设和反腐败主题，廉政文化建设与社会廉洁文化互动性更强，相互影响更深。党政机关下发禁酒令等禁令，民间则移风易俗，反对大操大办，社会风气不断好转。

二是社会知识文化精英主动参与。艺术界、教育界、哲学社会科学界等领域的高端人才积极参与廉洁文化策划、宣传、教育等活动，尤其是大量的廉政研究专家参与和推动廉政建设，迅速让廉洁与社会文化融合，转变和固化成社会习惯和自觉行为。2015 年 12 月，中国社会科学院在本院做的问卷调查显示，在受访的 826 位人员中，87.3% 认为所在单位"重视"和"比较重视"廉政研究，11.5% 明确表示参加了院廉政研究工作，充分证明党的十八大以来，专家学者参与廉政研究热情和积极性非常高。

三是大学生廉洁教育不断深入，为未来廉洁社会培养人才。很多高校开展"廉洁教育活动月"活动，举办廉洁讲座、廉洁知识竞赛、廉洁原创作品比赛、廉洁青春诗会、廉洁教育短剧等活动，参与廉洁文化创建。有的学校开设经常性廉政学课程，组织师生开展廉政研究。中国社会科学院、清华大学、湖南大学、北京航空航天大学、上海大学等科研机构和高校培养廉政研究方向的博士和硕士，为社会输送廉政研究专业人才。

七　社会认同和期待

党在十八大期间的反腐倡廉建设覆盖了绝大多数的公共领域，中央反腐决心坚定，全党智慧凝聚，群众参与积极，专家建言献策，监督措施有效，执纪理念方法创新，问责追责力度增强，腐败蔓延势头得到有效遏制，党内政治生态明显好转，党风政风带动民风好转，社会廉洁意识增强，党员和群众的信心度满意度大幅上升。

中国社会科学院中国廉政研究中心的问卷调查显示，2017 年，98.3% 的普通干部、97.8% 的专业人员、91.4% 的企业管理人员认为党和政府惩治和预防腐败"非常努力"或"比较努力"，比 2012 年分别提高 6.1、21.5 和 14.4 个百分点。群众对反腐败工作的满意度上升较快。2017 年，96.1% 的领导干部、95.5% 的普通干部、89% 的专业人员、74.6% 的企业管理人员和 79.2% 的城乡居民对当前反腐败工作"满意"或"比较满意"（见表 3）。

96.70% 的领导干部、96.50% 的普通干部、93.40% 的专业人员、90.90% 的企业管理人员、89.20% 的城乡居民对党风廉政建设和反腐败斗争"有信心"和"比较有信心"，比 2012 年分别提高 8.7、22.4、41.2、37.3、29.2 个百分点。

表3　2013～2017年群众对反腐败工作"满意"或"比较满意"的比例

单位：%

年份	领导干部	普通干部	专业人员	企业管理人员	城乡居民
2017	96.1	95.5	89	74.6	79.2
2016	96.4	93.1	86.1	73	61.9
2015	—	90.6	86.9	85.4	—
2014	—	79.2	65.4	76.1	—
2013	—	76.7	47.5	—	—

资料来源：根据中国社会科学院中国廉政研究中心2013～2017年问卷调查数据整理。

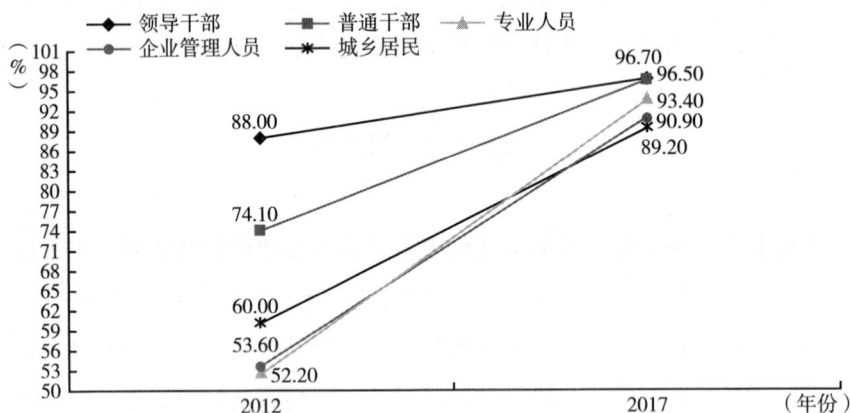

图7　2012年、2017年各类人员对党和政府惩治和预防腐败"有信心"和
"比较有信心"的比例

资料来源：根据中国社会科学院中国廉政研究中心2012～2017年问卷调查。

2017年，99.3%的普通干部、99.6%的专业人员、95.1%的企业管理人员认为"腐败总体上得到有效遏制"或"腐败在一定范围内或一定程度上得到遏制"，比2012年分别提高11.3、29.4、34.1个百分点（见图8）。

（一）社会公众的共识

调查显示，社会公众对反腐意志、腐败惩治效果、八项规定的影响、干部生活方式转变、制度执行状况、群众利益维护、社会廉洁状况、反腐对中

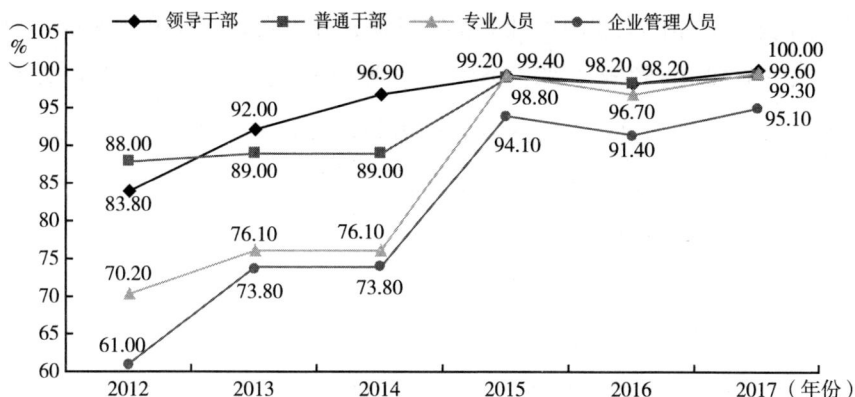

图8　2012～2017 年各类人员认为"腐败总体上得到有效遏制"和"腐败在一定范围内或一定程度上得到遏制"的比例

资料来源：根据中国社会科学院中国廉政研究中心 2012～2017 年问卷调查。

国形象的影响等方面都有正面评价。

中央反腐意志坚决直观可见。群众通过电视、网络、微信等可直接观察到以习近平同志为核心的党中央反腐败的立场坚定、态度坚决，对腐败毫不手软。打"虎"拍"蝇"、防止"灯下黑"，作风建设"寸步不让"等语言通俗、直率、生动、有力，传递的信号明确清晰准确，让人提神解气，充满力量。实行"开门反腐"，鼠标直通纪委，增强纪检监察机关及其工作的透明度，接受社会的监督，扩大群众的参与度和知情权，反腐败特色鲜明。中央纪委监察部网站率先"揭丑亮短"，因腐败违纪犯罪和违反"八项规定"精神被查处的干部被点名道姓曝光，具有"麻辣烫"的味道，迅速吸引眼球，形成强大的冲击力。《永远在路上》《打铁还需自身硬》《巡视利剑》等纪录片在中央电视台黄金时段热播，通过微信、网站等平台扩散，公众在写真和白描中感受到腐败的触目惊心和铁拳反腐的坚决。地方用鲜活案例拍摄的警示教育片、廉政教育展，将腐败钉在墙上、搬上银幕、放入视频，留存在各类载体和介质中，大家明白了在信息时代搞腐败将会被钉入耻辱柱永远不能翻身。大家已经看到，在网络和通信技术飞速发展的今天，腐败和作风问题藏不住捂不着。主动把伤疤亮出来曝晒，起到了消毒杀菌的作用，更加有利于党的肌体健康和国家社会稳定发展，并不会损害党和国家的形象。2017 年，93.4% 的领导干部、95.7% 的普通干部、92.7% 的专业人员、84.6% 的企业管理人员认为党和政府惩治和预防腐败"非常坚决"或"比较坚决"（见表 4）。问卷调查结果充分表明党和政府治理腐败的坚定决心得到各类群体的高度认可。

表 4　公众认为党和政府惩治和预防腐败"非常坚决"或"比较坚决"的比例

单位：%

年份	领导干部	普通干部	专业人员	企业管理人员
2017	93.4	95.7	92.7	84.6
2016	93.5	93.5	86.7	74.6
2015	——	94.7	92.5	89.6
2014	——	86.3	80.4	80.4
2013	——	82.4	76.9	——
2012	——	78.9	57.0	——

资料来源：中国社会科学院中国廉政研究中心 2012～2017 年问卷调查。

惩处力度大震慑效果显著。数量翻倍的信访举报、立案结案、党政纪处分和司法判决表明了正风肃纪的力度加强，440 名省军级以上党员干部及其他中管干部被立案审查①显示了中央壮士断腕的反腐决心，也说明纪检监察机关"三转"、案件线索大起底、增加监督执纪力量、改变巡视巡查方式方法、"两为主"强化纪检监察系统的领导等措施有利于打击腐败，多年"潜水"的腐败被挖出来得到惩处。腐败分子名单出现的熟悉面孔增多，时常听到"他（她）居然也出事了"的感叹，身边人落马、熟悉人被查，干部内心深受触动。高压反腐释放了强大的力量，拒收礼品礼金的干部增多，向组织主动交代问题的干部人数大幅增加。2016 年就有 5.7 万名党员主动向

———

① 《十八届中央纪律检查委员会向中国共产党第十九次全国代表大会的工作报告》，中央纪委监察部网站 http://www.ccdi.gov.cn/xwtt/201710/t20171029_110470.html

组织交代了问题，是 2015 年的 10 倍多。^① 赤裸裸的贪污贿赂、吃拿卡要等简单生硬型、浮在表层容易暴露的腐败已大幅减少，权力行使变得规范和谨慎，公款不敢乱花，权力不再任性。不收手、不收敛的腐败虽然还有，但新发生的涉案金额大、涉腐人员职位高的案件明显减少，明目张胆、性质恶劣的贪污、索贿行为极为少见。纪委不护短、不避丑，反腐无禁区，一碗水端平，刀刃向内严查"内鬼"，防止"灯下黑"。反腐败机构的权威得到增强，查处腐败的政治生态和社会环境变好，反腐败的阻力和干扰减少，打招呼说情大幅减少。之前对位高权重的"大老虎"还有所顾虑，现在腐败成为过街老鼠，法纪面前人人平等的法治观念得到增强。大量"老虎""苍蝇"被清扫出来，群众终于看明白，十八大以来的反腐败不留死角。所谓法不责众"刑不上大夫"只是个别人一厢情愿而已。领导干部也意识到，搞腐败迟早会被发现是意料之中的事，一定会受到党纪国法处分。全面从严治党动真格，对谁都不例外。以为组织不会处理自己而蒙混过关、得过且过的侥幸心理受到沉重打击，把违纪违法视作当然、对原则性问题随随便便的政治生态迅速改变，全党已警醒和严肃起来。

"八项规定"出拳破局见实效。"八项规定"是中央抓全面从严治党出的"第一拳"，打得准而有力，成为管党治党的一张靓丽"名片"，产生了强大的正能量，影响着中国的每个角落。以习近平为核心的党中央先禁其身而后人，以身作则，以上率下，要求全党做到的首先自己带头做到，为全党全国全军树立典范，持续传递了信心和正能量。纪律的发条越拧越紧，担心落实八项规定精神会是"一阵风"的群众越来越少，事实表明"四风"越抓越严已经成为常态，作风建设永远在路上不是一句空头口号。群众路线教育实践活动等学习教育聚焦突出问题，公车改革、公务接待等改革加强顶层设计，可操作性和针对性强。与"八项规定"的配套制度规定迅速出台，办事都有"硬杠杠"，作风建设的制度成为真正的"铁规"。通过抓节点、抓小事、提高可

---

① 《压倒性态势是这样"炼"成的》，人民网，http://fanfu.people.com.cn/n1/2017/0822/c64371-29487388.html

操作性，用明察暗访、网络曝光等方式促使公职人员收敛收手、崇廉尚洁。经过持之以恒的不懈努力，公款吃喝、公款送礼、公车私用、公款旅游等几十年来治不了的"老大难"问题得到有效治理。群众见到越来越多的公车自觉喷上了"公务用车"标识和监督电话，工作期间不准饮酒、公务接待不准上烟已成为越来越多地方的禁令，把廉洁融入管理具体细节成为政治文化时尚。公务接待在食堂用餐非常普遍，饭菜变得简单便宜，吃饭时间大幅缩短。高端餐饮俯下身子拥抱大众，豪华包装的天价月饼难觅踪迹，高档手表、高档烟等奢侈消费大幅下降，消费再升级持续走旺，畸形变态的市场回归理性。会风朝着朴素、务实、简短的方向转变，很多记者发现会越开越短，事越做越实，少开会、开短会减少了大量不必要的开支。下沉到乡镇、村社基层的干部增多，访贫问苦、走村入户为民办实事的干部也越来越多，群众得到了实惠。

干部生活方式变健康。"八项规定"的深入落实对干部的工作业态和生活方式产生了重要影响。从事公务接待的工作人员找到了如释重担的感觉，"赶场式"酒宴消失，"拿着药瓶"陪酒的痛苦消除，接待按照统一标准和流程操作，不用挖空心思琢磨接送、烟酒、礼品、菜品、客人喜好等，工作轻松好做。被接待方也乐意接受轻车简从，也觉得轻松自在，干干净净、清清爽爽。干部不用忙于应酬喝酒，锻炼身体、读书、陪家人的时间多了，参与微信健步、广场舞、读书会等休闲活动的干部也越来越多。紧张的工作之余，领导干部可以回归家庭享受生活，更多履行家庭成员的职责和义务，家庭关系更加和谐。干部的酒精肝、脂肪肝在减少，"三高"慢慢下降，暗紫的脸色泛起了红润，体检报告上健康指标增多，异常情况减少，很多人都说"八项规定"给干部送来了健康和幸福。

制度执行力明显增强。法律制度和规定很多。反腐败并不缺制度，缺的是制度的执行，缺真正执行纪律和制度的人。一段时期内，有制度但执行难、执行不到位成为一个顽疾。十八大以来坚持问题导向，不怕揭丑，不护短，执行制度规定"较劲""认真"。原来看似没有用的制度，现在产生了很好的效果。如谈心谈话，原来都不当一回事，但现在党委和纪委组织的约谈、民主生活会真"红脸"真"出汗"。之前的巡视，肯定的成绩多，触碰的问题少，受到的重视不够。但十八大之后的巡视主要是发现问题，采用"回马枪"、专项巡视等多种方式，巡视迅速产生了震慑。旧枝长新叶，十八大后出台的新制度有，采取的新措施有，但不多，少而精，在管用上下功夫，关键是执行力强，不走过场，不搞形式，不做儿戏。根据原有制度实践探索在前，修订出台制度简而快，立竿见影不让群众等待。公职人员遵规守纪的自觉性提升，对纪律不再含糊，不敢抱侥幸心态。问责机制不断健全，监督执纪更加规范和严格，不留情面，裁量权少了任性"自由"。"廉洁关"成为干部提拔重用、人大代表、政协委员当选必须过的关，防止"带病提拔""带病当选"。以前一些干部把公款当"唐僧肉"千方百计多预算打主意突击花，现在花不完主动退回去。节日前到政府部门串门推销烟酒、茶叶等的销售员销声匿迹，高档月饼、烟酒等礼品公款消费直线下降到几乎为零，被查处的"四风"问题呈现逐年下降的态势。

群众有了更多"获得感"。党风政风的变化影响和带动民风的好转。近几年，各地制定和完善乡规民约，针对讲排场、比阔气、大操大办、滥发红包等歪风陋俗做出新约定，移风易俗规定契合群众的心声，"结不起婚""回不起乡""死不起人"等难言之痛正在得到解决，群众拍手称快。全面从严治党向基层延伸，治理"微腐败"等专项行动不但要解决损害群众利益的乱作为，而且还要解决慢作为和不作为，热线电话能打通了，反映的问题及时得到处理，群众真切感受到了党委和政府的为民情怀。反腐败给廉洁且想干事、会干事的干部舞台和机会，很多地方围绕"放管服"改革，推进便民服务改革和创新，推出"互联网＋政务服务""最多跑一次""领跑路"等服务模式，大家感觉到办事比以前更方便了，越来越多的群众享受到了便捷、高效、优质、热情的服务。大力推进医疗卫生、教育、交通等领域改革，看病贵、上学难、住房贵、行路难等群众高度关注的民生问题正在逐步得到改善。

社会廉洁意识增强。十八大以来的反腐倡廉建设对社会公众廉洁意识强化产生了重大的作用和影响。公职人员纪律观念和意识增强，自我约束能力和素质提升，作风焕然一新。公私不分的现象大幅减少，公家的东西不能乱动。社会公众对公职人员的新做法表示欢迎和认可，党和政府反对奢靡之风得到民间"光盘行动"拒绝浪费的自觉响应和配合，很多企业发出不行贿倡议，促进"亲""清"新型政商关系形成。家庭建设得到重视，很多家庭注重家教家风，教育家人勿贪、规矩做人处事成为家规家训的重要内容。越来越多的大学组织开展廉洁教育，自愿参与廉政建设公益活动的公众不断增多。各行各业将廉洁作为重要的价值目标，加强行业监管，签订《自律公约》，制定和完善从业人员廉洁行为规定，采取措施增强职业伦理和道德操守对其成员的规范和约束效力。

反腐败给中国国际形象加分。除了经济长期快速发展、迅速消除绝对贫困等成就之外，国际社会一致高度赞扬中国的反腐败。面对腐败这道千年难解的世界难题，中国贡献了自己的有效解决方案。大家看到，全球的目光都关注着中国的反腐。反腐败之前主要在国内进行，但十八大后我国高调开启了第二战场，"天网行动""猎狐行动""红通名单"等直接瞄准外逃的犯罪分子，利用 G20、APEC 等国际平台，中国积极推进国际反腐败共同行动，倡导建立国际反腐败新秩序。大家在音频、视频中不断看到外逃贪官被遣返回来，腐败分子即使跑到天涯海角也要追回来，大家相信绝不是戏言。中国占据道义制高点，腐败分子并不再是受到国外欢迎的"香饽饽"。大家也发现，到中国来学习反腐败的国家越来越多，有的国家和地区已经开始运用中国的措施和方法实行反腐败。大多数国外媒体为中国反腐败点赞，虽然也有少数西方媒体戴着有色眼镜，对中国反腐败说三道四，但事实将这些捕风捉影的猜测一一驳回。大家看到，中国反腐败不玩"纸牌屋"，法律面前人人平等，不管是有党派的还是没有党派的，也不论是哪个党派，级别再高、功劳再大、关系再硬，只要是腐败，都会"中枪"。强力清扫腐败的障碍，迅速推进全面深化改革，天更蓝湖更美，投资环境更优，群众得的实惠多，法治更加健全，发展更健康可持续。正风反腐永远在路上正是在几年实践中总结出来的有益经验。在世界经济形势整体低迷的情势下，中国经济能否持续健康发展备受关注。几年来在党中央的坚强领导下，中国解决了长期想解决而又不能解决的沉疴宿疾，受到广大群众的高度认可和称赞。正风反腐取得的成效再次验证了中国共产党应对危机和挑战时的强大自我纠错能力，显示了中国政府强大的政治动员和社会组织实力，不仅让中国人对自己选择的道路、制度和理论满怀信心和力量，也改变了一些外国人对中国的认识偏见，增强了中国故事的说服力和感染力。

（二）社会反映尚存在的突出问题

调查中也发现，一些作风问题和腐败现象在某些领域仍然存在；当前遏制住的问题和势头仍有反弹的风险。

一些藏在暗处的腐败值得关注。十八大以来，由于监督执纪力量等方面的制约，反腐败重点盯"三类人"①，有些领域的腐败并没有受到足够的关注，治理约束的力度不够。如社会组织中有上千家基金会，不少机构透明度较低，曾经出现过一些腐败案件，但查处和监管力度与群众对慈善事业的期盼要求有一定差距。金融领域的腐败涉案金额巨大，但利益输送链条隐蔽性强，对国家安全的危害性高，关系国家的长治久安，中国经济在世界一枝独秀，但股市低迷不振，甚至多次出现"雪崩"，十年退回到原地，对内幕信息交易等腐败行为的打击效果不甚明显。政府职能转变之后，大量行业协会与政府脱钩，扮演了"准政府"的角色，资金收入巨大，管理监督不够，容易产生腐败。"一家两制"、拉存款等利益输送是新出现的问题，社会关注度目前尚不高。政府购买服务、PPP改革试验等新事物，很有可能衍生新的腐败。有的人打着领导的旗号，冒充领导亲属和身边工作人员招摇撞骗、跑官要官、干扰干部选拔任用，插手工程建设、土地出让、资源开发等领域，有的领导干部退休后利用原来的职位影响、人脉资源等打招呼、当说客，牟取不当利益，说明官本位的"潜规则"仍有市场，权力还没有被完全关进制度的"笼子"。对私营企业内部的腐败以及企业和个人行贿虽然有

---

① "三类人"指十八大后不收敛、不收手，问题线索反映集中、群众反映强烈，现在重要岗位且可能还要提拔使用的领导干部。

一定程度的处理，但尚未引起足够重视，治理资源分配不足，不利于廉洁社会文化的养成。

无视群众利益的现象时有发生。少数干部中的"消极腐败""微腐败"侵害着群众的切身利益，蚕食着群众的"获得感"。打"老虎"吸引了社会的注意力，但在腐败案件中，"老虎"毕竟是少数，并且大多离群众现实生活较远。大量的腐败案件属于"微腐败"，尤其在刑法修改提高量刑标准后，够不着刑罚标准的"微腐败"比例相对提高。"微腐败"形式五花八门，如套取项目资金、截留惠民资金、低保优亲厚友等，但办事中的"微腐败"最为普遍也最让群众心烦和不满。随着办事便捷化服务改革的推进，有的事网上或"掌上"可办，但有的领域办事还是老一套，还得常常托人求人找关系。如优质公共产品供给领域，要上好的幼儿园和中小学、选好的医院和医生、找一份收入稳定有保障的工作等仍要靠"找关系"或送礼打点。司法执法领域，自由裁量权较大的诉讼、审批、工商税务、征地拆迁等执法活动，是否找人很有可能出现不同的结果。向上级部门和单位争取项目资金，人脉资源仍然发挥着重要作用。跑官卖官大幅收敛，但为提拔重用寻关系、找门道的人依然不少。通过请客吃饭、送礼、提供特殊优惠便利等"求人式"生态尚未得到根本解决，制造门槛吃拿卡要、暗示诱导索贿受贿现象还时有发生，降低办事中腐败带来的成本、提升群众"获得感"的任务还比较艰巨。

不作为和慢作为问题不容忽视。一些干部慑于当前反腐的威慑力，已经收手收敛但心未收，不习惯在监督制约的新环境下工作生活，对正风反腐的政策措施内心不拥护不欢迎。不合理的灰色收入和福利被清理，违法违纪的来源渠道被堵住，"后门"堵死了，但"前门"没有完全打开，工资待遇增长幅度不大。因为个人利益暂时受影响，有的干部对反腐败有抵触情绪，牢骚埋怨较多，反映待遇低、任务重，要加班费、下乡补贴等。问责力度不断加大，容错免责机制尚在探索，有的干部害怕出事，认为办事多就出事多，"常洗碗就会打破碗"，怕被问责追责"求自保"，原来干部都愿意往资金项目多的部门调，现在则相反，工作缺乏干劲。有的公职人员打着"讲原则"

"走程序"的幌子，推诿扯皮或"压事"不办，不主动积极帮群众解难事、办实事，有的甚至故意将事情拖黄，让群众对党和政府不满。有的单位监督管理不严不实，办公电话甚至公共热线无人接听、政府门户网站信息陈旧、群众的咨询求助石沉大海杳无音讯，一些公共服务群众体验感差、回头率低、差评率高，一些办事人员服务意识"掉线"，为人民服务的宗旨在一些地方落地难。

形式主义和官僚主义不可小觑。在"四风"整治中，享乐主义和奢靡之风治理效果比较好，但一些干部认为形式主义和官僚主义治理效果并不理想，反映较多的就是有的地方以会议落实会议，同样的会议内容，有的基层干部传达学习参加4~5次。有的单位要报送的材料和数据很多，有的基层干部提出啥子都要规定动作，啥子事情都要记录，啥子都要留痕，做了不少表面文章。有的地方检查督促多，要求准备一大堆的东西，但深入检查不严，走马观花发现和解决不了问题，让基层疲于应对。有的地方党风廉政建设形式主义严重，开个会、发个文件、签个责任书，责任就交给你了，但具体工作却不深入做。有的强调整体划一，像学生做操齐步走，没有考虑各地实际因地制宜提出要求。有的地方党内民主不够，对党员义务强调过多，但对党员权利重视不够，一些党员有很多话想说，但不敢说、不想说、不愿说。有的干部跟不上时代步伐，不上网了解网络社会，上网只是购物、游戏、炒股等。有的单位在设备上投入大量资金，网络平台完备，但与网民缺乏积极有效互动、及时反馈和回应，沟通失灵。"形式主义扶贫"在一些地方比较突出，一些干部拍脑袋决策，随意安排扶贫资金、下达扶贫任务、争取上马扶贫项目，扶贫政策和措施与农村实际严重脱节，不受农民欢迎，有的产业扶贫盲目跟风、劳民伤财，遭到贫困户埋怨和抵制。有的搞"数字脱贫""作秀扶贫"，将项目资金投向个别农村供上级考察专用，但"景区"背后还有大片"盲区"。

"四风"问题反弹危险仍然存在。加强农村基层党风廉政建设的力度不够、氛围不浓，传导责任压力层层"递减"的现象不容忽视。信访举报总量不降反升。有的党员群众反映，"八项规定执行5年了，但有的干部还活在八项规定之前"。"四风"问题禁而未绝，有的仍然照吃、照喝、照收、照样大操大办婚丧嫁娶事宜，"四风"问题在基层仍然顽固。一方面，公共权力粗暴干预民俗民风，使公序良俗遭到严重破坏，另一方面，乡规民约、家风家训等约束力很弱，或者失去必要的约束力，很难有力地支持公序良俗。此外，不良的社会习俗对"四风"治理形成很大的阻力，如高额彩礼、薄养厚葬、盲目攀比、铺张浪费、赌博、乱办酒宴，讲排场、比阔气等不良亚文化影响干部的心理和行为，不利于"四风"的整治。在市场经济重利的环境下，少数地方官员政治伦理与道德下滑，"两面人"现象难以杜绝，自律自觉机制发挥作用有限。

诬告乱告影响准确识别干部。有的党员干部为了一己私利，恶意诬告陷害他人，通过信件、互联网、微信、微博等方式传播不实信息，编造或者散布虚假新闻，恶意炒作诋毁他人。换届之年，诬告乱告现象增多，有的怀着各种目的，捏造事实诬告他人。诬告成本低、风险小，几毛钱就会浪费大量监督资源和纪检监察干部的精力，导致国家监督资源的低效使用。对于诬告乱告现象，很多地方反映处理比较困难，信访举报件件有着落的要求，必须要查，但难以核实，结果是耽误一些干部的成长，挫伤了一些敢于担当、积极干事但得罪人的干部。另外，查处诬告行为受相关制度限制，如果诬告者不是党员，按照党纪党规就无法处理。按照法律规定，诬告乱告如果情节较轻，就不能追究刑事责任，民事责任又很少启动，惩处缺乏法律机制和手段。

八 思考与建议

继续保持高压态势正风反腐。坚持有腐必反、有贪必肃，坚决反对特权，坚持反腐败无禁区、全覆盖、零容忍，保持反腐败力度不减、节奏不变，通过严格执纪监督养成廉洁习惯和自觉，形成廉洁共识和文化。应高度关注金融、社会组织等存在一些腐败"盲区"的领域，在国家监察委员会成立之后，要加大私营企业内部腐败的查处以及对行贿的打击力度，使法律面前人人平等的原则得到有效落实。加大力度向基层传导正风反腐压力。基层"微腐败"较多与全面从严治党压力传导不到位有关系。应进一步落实党风廉政建设责任制，加大党风廉政建设和反腐败工作的问责力度。加大基层管党治党的巡视巡查，让基层党组织肩负起应当履行的党章责任。在总结全国基层反腐败经验基础上，开展基层清洁行动，净化基层政治生态。加大对农村基层微腐败问题的专项治理。专项巡察打击农村腐败，加大对发展党员、工程建设、旧村改造、补贴发放、征地拆迁等重点领域专项整治，加大公开透明力度。

着力解决公共产品分配不公产生的腐败。办事中的"求人式"腐败相当部分是因为公共产品分配不均造成的。教育、医疗、项目资金分配不公则是其中的重点。城市和农村享受的公共资源和公共产品差距悬殊，随着城市化的加快推进，农村大多数村小关闭、中学凋敝，大量学生也要随之城镇化，导致城镇中小学入学指标高度紧张，获取优质教育资源极为困难。公共卫生及其他方面都出现类似情形。为了享受到优质公共产品，很多家庭被迫求人行贿，导致腐败现象在社会层面的泛化。政府项目资金的分配并不是按要素公平分配，有的地方和单位多，有的地方和单位少，优质资源越多的地方和单位甚至得到更多的扶持，导致公共产品供给侧不平衡更为严重。履行好政府再分配调节职能，加快推进基本公共服务均等化，应成为在源头有效防治"求人式"腐败的重点。

进一步深化纪检监察体制改革。党的十八大期间，中央通过"两为主"强化党内监督机构系统领导和权威，纪检监察机关主动"三转"聚焦监督执纪主责主业，大幅削减议事协调机构，内部调增纪检监察室和人员，巡视和派驻监督全覆盖。实践证明，这些改革措施非常有效，增强了监督的有效性和震慑力。党的十九大对党风廉政建设和反腐败以及全面从严治党提出"四个依然"的形势判断①，纪检监察体制改革仍有进一步深化的必要。要

---

① 党风廉政建设和反腐败斗争形势依然严峻复杂，滋生腐败的土壤依然存在，消除存量、遏制增量任务依然艰巨繁重，全面从严治党依然任重道远。

进一步深化"三转",纪检监察机关进一步剥离与监督执纪问责无关的业务，与党委、政府以及科研、出版、媒体、培训等机构做好衔接，通过委托、合作等多种方式调动和利用更多社会资源参与反腐败斗争。进一步调整内设监督机构、派驻纪检组机构设置及其人员配置，强化中央国家机关内部监督力量，解决对中央国家机关普通工作人员监督的"灯下黑"问题。派驻机构的力量大约占到专职纪检监察人员的三分之一，可考虑在试点的基础上将省以下纪检组与巡视组合并，进一步提高监督执纪效率和效果，降低人员和财政支出成本。整合基层执纪监督机构的力量，如乡镇纪委、企事业单位纪委，采用联合执纪、交叉检查、巡视巡查等方法实现监督全覆盖，而不必完全采用"机构设门""人员驻门"方式，使得监督力量过于分散。按照监督对象和监督难易程度合理配置监督力量，公职人员数量多的地区，监督力量多，每年根据具体情况调整监督执纪人员。加大监督执纪干部交流、轮岗和业务培训，提高监督执纪水平，统一执纪标准。[1]

加速推进国家监察体制改革并释放成效。国家监察体制改革是国家的一项重大政治改革，备受社会和国际关注，其改革效果将影响党的威信和国家形象。建议将实效性作为国家监察体制改革的目标和努力方向，细化和完善改革方案和要求，对实效性目标设置考核指标或者评价体系，由全国人大或者委托第三方机构对此项改革实施效果进行评估并予以公布。学习借鉴十八大以来创新运用函询约谈、问责追责、网络曝光、巡视审计、纪律审查、两个责任等措施的方法，加强信息舆情跟踪、搜集分析和研判，利用好个人有关事项报告、诚信体系等数据库平台，让法律授予监察委员会的每项措施都能见到实效，迅速树立监察委员会的权威。[2] 推行国家监察人员职业化，非领导职务实行专业技术职务管理，提高专业化能力。[3]

完善激发干部干事创业积极性的有效机制。不作为和慢作为问题的产生是多种原因造成的，需要多方着力来系统解决。一是加大问责和惩处力度，

---

① 蒋来用：《比较视角下的国家监察体制改革》，《河南社会科学》2017 年第 6 期。
② 蒋来用：《国家监察体制改革的史鉴与对策》，《国家行政学院学报》2017 年第 2 期。
③ 蒋来用：《比较视角下的国家监察体制改革》，《河南社会科学》2017 年第 6 期。

运用监督执纪"四种形态",对不作为和慢作为采用行政处分、纪律处理的方式进行处理。不作为造成严重后果触犯刑法的,要移送司法处理。二是每年组织不同行业人群的收入和财产状况调查,根据物价水平、不同人群收入、工作绩效等因素调整公职人员的收入,同时用客观事实和数据向公职人员做好解释工作。三是加快建立覆盖所有劳动者的国家社会保障体系,公务员、事业单位人员都缴纳养老、医疗、失业等社会保险,为建立和落实公职人员退出机制建立保障机制。四是在公务员中推行雇员制改革,对不符合《公务员法》条件的雇员予以辞退或解聘,让法律规定不落空。完善干部考核评价机制,建立激励机制和容错纠错机制,将错误进行具体细分,明确容错纠错的情形、标准和具体内容,为那些踏实干事、敢于担当、不谋私利的干部撑腰鼓劲。合理界定并公开各级党委和政府的事权和责任,赋予省级及以下政府更多自主权,让权力与责任对等。进一步完善追责问责相关制度规定,防止制度规定之间打架,规范并细化问责追责适用标准、办法和程序,避免问责追责在某些地方和单位任意化、随意化和不平衡。

集中整治突出的官僚主义和形式主义。上面一较真,下面就认真。上级机关和党员领导干部要以身作则反对官僚主义和形式主义,沉到农村社区扎实调研蹲点,多听群众心声。从实考核,从严监督,让急功近利、弄虚作假的人沾不到便宜反而挨批评担责任,让脚踏实地、真抓实干的干部有晋升机会,树立正确的用人导向。开展反对官僚主义和形式主义评议活动,创造条件鼓励和支持党员群众积极参与监督,及时发现问题并处理。加大明察暗访和公开曝光力度,对官僚主义和形式主义问题典型网上通报。将官僚主义和形式主义作为巡视巡察的一项重点内容,针对基层党员干部和群众反映强烈的突出问题,坚决予以整顿治理。坚决反对特权思想和特权现象,加强对党员领导干部的党性教育,坚定理想信念,践行党的宗旨。加大政务和党务公开力度,做到全面公开、及时公开、真实公开。加大网络科技运用和推广,创新工作方式方法,让工作更为便捷和人性化,减少不必要的工作流程和步骤。要求党员领导干部经常上网看看,了解群众诉求,广纳良谏,积极回应公众关切、答疑解惑。

积极培育健康的公民监督文化。正风反腐离不开公民的支持和参与，必须要畅通公民举报违纪违法行为的渠道，但同时要采取措施防止举报监督机制被违法滥用，保护党员干部的合法权益。鼓励和引导实名举报，坚持对实名举报优先受理、优先办理。总结《最高人民检察院、公安部、财政部关于保护、奖励职务犯罪举报人的若干规定》实施以来的经验，制定《举报人保护、奖励法》，积极预防和严肃处理对举报人的打击报复行为。落实对积极提供举报线索、协助侦破案件有功的实名举报人给予奖励的制度。在保护、支持和奖励合法举报的同时，要严肃查处诬告侵害他人名誉权等权益的行为。要准确把握党纪和法律的尺度，认真甄别诬告、错告和举报失实。以人性化和制度化的方式维护"被泼脏水者"的合法权益，对受到诬告、诽谤及严重失实举报的党员，党组织应当及时为其澄清和正名，在职位晋升、经济收入等方面及时弥补，不让诬告目的得逞。应支持和鼓励被诬告者主动维权，做学法、用法的模范，拿起法律武器维权。对典型诬告案例深入剖析，充分报道诬告的负效应，加大宣传诬告的严重危害，形成支持据实奖励举报、严厉谴责诬告的强大舆论场。

新时代党风廉政建设和反腐败斗争任务依然艰巨繁重，全面从严治党依然任重道远。党的十九大客观总结了党风廉政建设和反腐败斗争成绩，冷静分析了反腐败形势，清醒地指出了面临的矛盾和问题，提出了持之以恒正风肃纪、夺取反腐败斗争压倒性胜利、健全党和国家监督体系等推动全面从严治党向纵深发展的新举措，全面从严治党迈入新的征程，我们有理由相信，承载着中国人民伟大梦想的航船将破浪前进，胜利驶向光辉的彼岸！

专项报告
Topical Report

B.2

十八大以来反腐败国际追逃追赃研究

中国社会科学院中国廉政研究中心课题组 *

摘　要： 国际追逃追赃在我国经历了个案协调、逐步完善到全面推进三个阶段。党的十八大以来，追逃追赃工作取得了全方位效果，有效遏制住了外逃势头，扭转了国际反腐败合作的被动局面，积累了非常宝贵的经验，新增外逃人员虽然逐年大幅下降，但"外逃存量"依然较大，一些"重点外逃人员"尚未追回，建议继续用高压态势防止外逃势头反弹，健全国际追逃追赃合作体制机制，以追赃促追逃，加强国际执法网络建设，严格现金使用管理，从根本上防止资金出逃。

关键词： 反腐败　追逃追赃　体制机制　执法网络

---

* 执笔人：蒋来用，中国社会科学院社会学所廉政研究室主任、中国廉政研究中心副秘书长；余忠剑，中国社会科学院拉美所助理研究员。衷心感谢中央纪委国际合作局对本次课题研究给予的支持！

过去一段时间，中国国内少数腐败分子为逃避惩处，携带赃款逃往国（境）外，引发群众强烈不满，同时助长其他腐败分子侥幸心理，增加国内反腐败的难度和复杂性。党的十八大以来，以习近平同志为核心的党中央将反腐败追逃追赃放在全面从严治党整体布局中定位、把握和谋划部署，既打"虎"又拍"蝇"同时猎"狐"，统筹协调国际国内两个反腐"战场"，把反腐败无禁区、全覆盖、零容忍落到实处，让腐败分子无路可逃，为有效遏制腐败蔓延势头发挥了重要作用。总结和研究十八大以来反腐败国际追逃追赃的做法和经验，对于落实十九大全面从严治党的战略部署，夺取反腐败斗争的压倒性胜利具有重要意义。

一　国际追逃追赃的发展历程

在新中国成立初期，"追逃追赃"仅仅限于国家内部，那时并不具有"对外"或国际合作的含义。检索《人民日报》图文数据库，在"文章标题"一栏中输入"追赃"，按时间顺序排列，第一篇文章便是《西北区一级机关继续追捕贪污犯，结合追赃定案处理大批贪污分子，习仲勋号召克服新的右倾思想争取全胜》。而"追逃"则是指对国内各种刑事犯罪分子的追捕，尤其是跨地域追捕。《人民日报》图文数据库 2007 年才有向外追逃的信息报道，说 2006 年抓回了 37 名外逃贪官。[1] 从权威媒体的报道可以看出，"外逃贪官"在 20 世纪 80 年代末就开始出现，从那时起中国就启动了海外追逃。1998 年后，司法机关开始对携款潜逃境外的职务犯罪嫌疑人采取了多种措施。[2] 从 20 世纪 80 年代到现在，我国反腐败追逃追赃工作经历了从无到有、从小到大、从个案协调到全面推进的发展历程，大致可以分为三个阶段。

---

[1]　杜文娟：《我国加大追逃追赃力度，去年抓回 37 名"外逃贪官"》，《人民日报》2007 年 3 月 28 日。

[2]　杜文娟：《我国加大追逃追赃力度，去年抓回 37 名"外逃贪官"》，《人民日报》2007 年 3 月 28 日。

一是个案协调阶段（2005 年以前）。这个阶段国际追逃追赃工作主要由组织人事部门、公安、检察机关依照法定职责办理，纪检监察机关跟踪、督办和协调较少，基础较为薄弱。工作认识上，普遍重视不够，个别腐败分子贪了就跑，跑了就了；工作协调上，没有专门的内部协调机制，各部门各自为政，缺乏反腐败执法合作机制与平台；工作队伍上，没有专门从事追逃追赃的工作力量，办案人员对国外的法律和程序基本不了解。因此，这个阶段中央和地方的追逃追赃工作主要集中在个案的组织协调上，追逃回来的人员十分少，如 1998～2004 年，全国检察机关只抓获潜逃境外的职务犯罪嫌疑人 71 人。[1]

二是逐步完善阶段（2005～2013 年）。2005 年后，随着腐败人员外逃现象日益严重，社会关注度不断提高，中央和中央纪委领导专门批示成立内部协调机制。随后，中央反腐败协调小组境外缉捕工作联络办公室成立，2007 年成立了防止违纪违法国家工作人员外逃工作的联络协调机制。最高人民法院、最高人民检察院、外交部、司法部、公安部、人民银行、银监会、外汇局等多个部门加入该机制，分工相对比较明确。追逃与防逃紧密相关，但两个协调机制分设，导致协调性不强。2008 年 6 月，中央印发《建立健全惩治和预防腐败体系 2008～2012 年工作规划》，明确要求完善跨区域协作办案及防逃、追逃、追赃机制。2009 年，中央反腐败协调小组办公室统一负责境外缉捕工作联络办公室和防逃协调机制办公室两项职能，统筹协调防逃追逃工作。2011 年 9 月，黑龙江、上海、江苏、浙江、福建、江西、山东、河南、广东、云南等十省（市）启动了省级追逃防逃协调机制试点工作。对防逃采取了不少措施，如 2008～2012 年五年期间，184 名弄虚作假企图骗领护照的国家工作人员被查获。[2] 追逃追赃工作的力度开始不断加大。2012 年 9 月，公安部网站开设了"境外追逃举报邮箱"。[3] 从 2000 年底

---

① 子灿、召迅：《境外追逃实况：来自全国检察机关的报告》，《检察风云》2004 年第 22 期。

② 《决不让腐败分子逃脱党纪国法的惩处——党的十七大以来开展境外缉捕和防止违纪违法国家工作人员外逃工作综述》，《中国纪检监察报》2012 年 11 月 3 日。

③ 黄庆畅：《方便举报人通过互联网提供线索，境外追逃举报邮箱公布》，《人民日报》2012 年 9 月 28 日。

开始，最高人民检察院会同公安部开展追逃专项行动，持续十多年之久。

根据最高人民检察院公布的历年工作报告，2000年底至2011年，各级检察机关共抓获在逃职务犯罪嫌疑人共14904人，追缴赃款赃物折合467.91亿元人民币。检察机关抓获的人员中，大部分为国内在逃的职务犯罪嫌疑人，从国外抓回来的职务犯罪嫌疑人数量并不太多。2011年7月，厦门特大走私案主犯赖昌星打了12年官司，但最终被加拿大遣返回国，并被判处无期徒刑，属于影响最大的案件。这一时期追逃成功的还有袁同顺①、高山②、李克江③等，他们分别从美国、加拿大、韩国等国归案。国际追诉在这段时期开始被运用，中国银行开平支行案件主犯许超凡、许国俊，广东省佛山市南海区置业公司原总经理李继祥等外逃犯罪嫌疑人在美国、澳大利亚等国受到法律制裁，巨额涉案赃款被追回。

表1 全国检察机关2000～2011年追逃追赃情况

年份	抓获在逃职务犯罪嫌疑人数量（人）	追缴赃款赃物金额（亿元）
2011	1631	77.9
2010	1282	74
2009	1129	71.2
2008	1200	—
2003～2007	4547	244.8
2000～2002	5115	—
合计	14904	467.9

资料来源：根据最高人民检察院历年工作报告整理。

这一时期反腐败国际合作取得了不少成果。外交部等部门牵头谈判并对外缔结了30多项引渡条约、40多项刑事司法协助条约，加入《联合国打击跨国有组织犯罪公约》《联合国反腐败公约》等20多项公约。2012年6月，中国在大连召开了国际反贪局联合会第四届研讨会，80多个国家和地区的

---

① 辽宁省华曦集团原副总经理。
② 中国银行黑龙江省分行哈尔滨河松街支行原行长。
③ 中国海运总公司驻韩公司财务经理。

代表就"加强腐败资产追回"等问题进行研讨。① 中国与美国、加拿大和澳大利亚三国反腐败合作逐步具体深入。中美执法合作联合联络小组（JLG）框架下的反腐败工作组和追逃工作组建立，成为中美首个反腐败合作机制；2008 年中国与加拿大建立了双边司法执法合作定期磋商机制；2007 年澳大利亚霍华德政府与中国签署了引渡条约，虽然澳大利亚议会目前还未批准，但双边警务合作持续推进，反腐败执法合作交流不断深化。这些合作成果具有开创性意义，为十八大后的追逃追赃工作奠定了重要基础。

三是全面发展阶段（2013 年至今）。2013 年以来，由于腐败行为跨国、跨领域的特征日益凸显，各国携手打击腐败的合作意愿不断加强。国内党员干部和公职人员外逃一直是社会关注的热点。只要风声一紧，少数腐败分子就逃之夭夭，在国外挥金如土，招摇过市，认为只要不在国内，中国司法机关就奈何不了他，法律就惩治不了他，把国外当作"避罪天堂"。对此，人民群众反响强烈，深恶痛绝。能不能有效遏制腐败分子的外逃趋势，直接关系到整个反腐败斗争的成效，关系到人民对党和国家反腐工作的信心。

十八大以来，党中央把反腐败国际合作列为工作重点之一，追逃追赃工作上升到前所未有的新高度，为推动这项工作提供了强劲动力。2014 年 1月 14 日，习近平总书记在十八届中央纪委第三次全会上强调："国际追逃工作要好好抓一抓，各有关部门要加大交涉力度，不能让外国成为一些腐败分子的'避罪天堂'，腐败分子即使逃到天涯海角，也要把他们追回来绳之以法，5 年、10 年、20 年都要追，要切断腐败分子的后路"。此后的历次中央纪委全会，都对加强追逃追赃工作进行专门部署，海外"猎狐"成为国内"打虎""拍蝇"的延伸，使反腐败工作形成一个完整的链条，为遏制腐败蔓延势头补齐了战略"短板"。

2014 年 3 月，按照中央纪委"转职能、转方式、转作风"的要求，中央纪委监察部将预防腐败室（国家预防腐败局办公室）和外事局合并，组建国际合作局，专责组织协调反腐败追逃追赃工作。当年 6 月，中央反腐败

---

① 陈菲，杨维汉：《追赃诉讼斩断"在逃贪官"后路》，《人民日报》2012 年 6 月 28 日。

协调小组在原有境外缉捕工作办公室的基础上，成立了国际追逃追赃工作办公室（简称中央追逃办），负责对内对外的统筹协调。根据调整后的工作机制规定，中央纪委是中央追逃办的牵头单位，成员单位包括最高人民法院、最高人民检察院、外交部、公安部、国家安全部、司法部、人民银行等。中央纪委国际合作局是中央追逃办的办事机构，承担日常工作。根据要求，2015年，全国31个省（区、市）和新疆生产建设兵团均设立追逃办，成员单位有6到12家不等。从中央到地方，形成了一套完整的追逃追赃工作格局，达到优化组合资源、形成合力的目的。按照中央和中央纪委统一部署，中央追逃办以"天网行动"为依托，以"百名红通"案件为主线，一手抓协调，一手抓个案，追逃追赃工作取得重要的阶段性胜利。

二 反腐败国际追逃追赃取得阶段性胜利

党的十八大以来，在以习近平同志为核心的党中央坚强领导下，境外"天网""猎狐"与境内"打虎""拍蝇"同频共振，营造了"天罗地网、无路可逃"的环境和氛围，追逃追赃工作取得前所未有的成绩，是反腐败工作的一大亮点：一是政治方面，追逃追赃工作紧抓人民群众深恶痛绝的腐败现象，兑现了党中央做出的庄严承诺，赢得了党心民心，增强了人民群众对党的信心、信任和信赖，厚植了党执政的政治基础。二是外交方面，习近平总书记在多边及双边场合80多次主动阐述中方对反腐败斗争和国际合作的主张，既有力地回击了国际上某些国家和势力对我国反腐败斗争的妄议，又通过提出追逃追赃国际合作，占据了道义和法律的制高点，展现了中国负责任的大国形象，并推动将追逃追赃合作多次纳入国家领导人重大多边峰会和双边会晤成果文件，创造性地提出"零容忍""零漏洞""零障碍"合作原则，这一主张已成为广泛的国际共识，为全球反腐败治理贡献了中国智慧和中国方案。三是遏制腐败蔓延方面，追逃追赃可以起到切断腐败分子后路、遏制外逃蔓延势头的作用，有力地配合了党风廉政建设和反腐败斗争。此外，追逃追赃还带动了"裸官"治理、反洗钱、国际执法合作等多方面工作，提高了全面从严治党的综合治理能力。五年来，以习近平同志为核心的党中央以非凡的远见卓识和顽强的意志品质，全面加强追逃追赃工作，谋求广泛的国际共识与合作，树立了良好国际形象，追逃追赃工作成为党和国家的一张"亮丽名片"。主要体现在以下五个方面。

（一）"四个意识"不断增强，"全党动手、齐抓共管"局面基本形成

党的十八届三中、四中、五中、六中全会和十八届中央纪委三次、五次、六次、七次全会，都对追逃追赃工作做出重要部署，将追逃追赃工作提升到国家政治和外交层面。习近平总书记 3 次主持召开中央政治局常委会，强调追逃追赃一刻也不能放松，不管腐败分子跑到哪里，都要把他们追回来绳之以法。

全党把学习贯彻习近平总书记系列重要讲话和党中央决策部署作为重要政治任务。中央追逃办举办四期全国培训班和驻重点国家使领馆片会，赴20 多个省区市调研督导，传达贯彻中央精神，统一思想，提高认识。各级党委和相关单位强化政治意识、大局意识、核心意识、看齐意识，把思想、认识和行动统一到中央要求上来。中央追逃办各成员单位一把手担任本单位追逃追赃协调小组组长，省委书记担任本地区追逃追赃"第一责任人"，把做好反腐败国际追逃追赃提升到讲政治的高度，对重要工作亲自部署、重大问题亲自过问，投重力、下重手，不达目的不收兵。通过全党动手一起抓，有逃必追、一追到底，每起外逃案件都有人抓、有人管、有人督，"贪了就跑、跑了就了"的局面得到根本性扭转。

（二）追逃追赃体制机制逐步健全，联合作战的制度优势充分发挥

追逃追赃工作既是纪律检查体制改革的重要内容，也是深化"转职能、转方式、转作风"的生动实践。中央反腐败协调小组设立国际追逃追赃工作办公室，把发散的职能、分散的力量聚焦到主业主责上来，收拢五指攥成拳，重点抓好统筹、督促、协调和服务。针对长期以来底数不清、情况不明

问题,中央追逃办于 2014 年 11 月、2015 年 5 月和 2016 年 10 月,3 次对 1995 年以来的外逃党员和国家工作人员进行大摸底核查。自 2014 年 11 月 13 日,中央追逃办以中央纪委办公厅名义印发《党员和国家工作人员外逃 信息统计报告制度》起,我国已建立了从中央到县一级的外逃人员统计报 告制度,动态更新,分类处置,摸清了底数。据统计,1995～1997 年,党 员和国家工作人员年均外逃 38 人;1998～2002 年,年均外逃 60 人;2003～ 2012 年,年均外逃 32 人;2013 年至 2017 年,年均外逃 48 人。

表 2　1995～2017 年中国外逃国家工作人员数量

单位:人

年份	年均外逃国家工作人员数量
1995～1997	38
1998～2002	60
2003～2012	32
2013	84
2014	101
2015	31
2016	19
2017(截至 10 月 24 日)	4

　　在中央反腐败协调小组的统一指挥下,中央追逃办协调建立全国联动、 内外协作、上下贯通的协作推进机制,各单位既团结协作、形成合力,又分 兵把守、各司其职。其中,中央组织部、最高人民法院、最高人民检察院、 公安部、人民银行等分别牵头开展追逃追赃和防逃专项行动。中央政法委加 强法规制度建设的督促协调,最高人民法院提供法律意见把关和加强案件审 判监督指导,司法部推动国际刑事司法协助立法和个案合作。各省区市反腐 败协调小组逐案分解任务,明确职责,统筹法院、检察、公安、安全、反洗 钱等各方面力量集中突破。在横向方面,全国 31 个省区市和新疆生产建设 兵团建立起本地区追逃追赃协调机制,初步实现了"全国一盘棋、内外一 张网"。通过建立集中统一、高效顺畅的协调机制,整合了国内外资源力

量，大大提高了工作效率。2015 年首次实现追回人数超过新增外逃人数，2016 年新增外逃人数进一步下降。

（三）多部门联合行动成果丰硕，震慑遏制效应持续显现

围绕重点案件打好政治战、外交战、法律战、舆论战和信息战，追逃追赃战略战术更加娴熟，初步形成"不敢逃""不能逃"的氛围和机制。2014 年 10 月 10 日，最高人民法院等四部门联合发布《关于敦促在逃境外经济犯罪人员投案自首的通告》。2014 年 12 月 9 日，中央纪委监察部网站开通反腐败国际追逃追赃专栏，及时发布追逃追赃政策法规和最新工作动态，接受对外逃人员及其向国（境）外转移违法违纪资产等线索的举报，动员群众广泛参与。2015 年 3 月 26 日，中央追逃办启动"天网"行动，连续开展"天网2015""天网2016""天网2017"三次专项行动，实现体系作战、协同推进、叠加发力。2015 年 4 月 22 日，国际刑警组织中国国家中心局①发布红色通缉令②，集中公布了 100 名涉嫌犯罪、证据确凿的外逃国家工作人员、重要腐败案件涉案人等人员，即"百名红通人员"。10 月 24 日，王岐山同志代表十八届中央纪律检查委员会向中国共产党第十九次全国代表大会做的报告中指出，截至 9 月底，追回外逃人员是 3453 名。截至 2017 年 12

---

① 国家中心局是国际刑警组织在各国的常设机构，主要负责各国警方同国际刑警组织各成员国之间的合作。国际刑警组织日常与各国家中心局保持密切关系，组织国际追捕。截至目前，国际刑警组织有 190 个成员。1984 年 9 月 5 日，在卢森堡举行的第 53 届国际刑事警察组织年会上，中华人民共和国被正式接纳为该组织的成员国。同年 11 月，"国际刑警组织中国国家中心局"在北京成立，担负着对外联络和打击走私、贩毒、伪造国家货币、国际恐怖活动和国际诈骗等国际性犯罪的任务。挂牌"国际刑警组织中国国家中心局"的单位机构为公安部国际合作局。迄今为止，国家中心局在中国香港、澳门设立了支局，在广东、黑龙江、上海、北京、广西设立了联络处。

② 红色通缉令是国际刑警组织发布的国际通报，该组织通报左上角的警徽为红色，红色通缉令因此而得名。该通报为国际刑警组织最高级别的紧急快速通缉令。有关国家对已发出逮捕令的在逃犯，可以通过国际刑警组织平台，请求成员国临时将其逮捕并引渡。如果相关国家发现被通缉人，经过评估认为犯罪嫌疑人具有引渡的可能性，就可以对其采取临时羁押措施，临时羁押的时间期限一般为 40 至 60 天。在这一期间，请求国需要向采取强制措施的国家提出引渡请求并提供相关的材料。

月 31 日，共从 90 多个国家和地区追回外逃人员 3866 人，追赃 96.18 亿元，其中追回国家工作人员 756 人。在十九大闭幕两个多月的时间内，被追逃人员就增加了 413 名，印证了十九大后追逃追赃的力度丝毫未减。

一些深藏海外的"老狐狸"陆续被追回。在外逃人员中，外逃 10 年以上的有 294 人，20 年以上的 15 人，时间最长的达 27 年。"百名红通人员"头号嫌犯杨秀珠历时 13 年窜逃 6 个国家、3 次申请政治避难，变成"无处可逃""无钱可花""无人可靠"的三无人员，最终从美国无条件回国投案。闫永明主动退缴 3.29 亿元人民币后回国受审，实现"人赃俱获、罪罚兼备"目标。截至 2017 年 12 月 31 日，全国"百名红通人员"已到案 51 人。从重点国家看，截至 2017 年 10 月底，我国与美国、加拿大、澳大利亚、新西兰开展反腐败执法合作，通过劝返、遣返、异地追诉、联合办案等多种方式，从这些重点难点国家追回"百名红通人员"29 人，其中美国 12 人、加拿大 12 人、澳大利亚 3 人、新西兰 2 人。此外，从法国、西班牙、意大利等西方国家引渡逃犯 14 人，从有关未建交国家追回逃犯 6 人。在强大震慑效应下，越来越多的人认识到海外不是法外。2014 ~ 2016 年，1283 人主动回国投案自首或被劝返回国。新增外逃国家工作人员人数从 2014 年 101 人降至 2015 年的 31 人，2016 年 19 人，再降至 2017 年的 4 人，[①] 涉嫌违纪违法国家工作人员外逃势头得到有效遏制。

（四）话语权和影响力明显增强，国际合作共识和网络初步形成

多边方面，2014 年中国在亚太经合组织（APEC）领导人非正式会议上主导通过《北京反腐败宣言》，建立反腐败执法合作网络，实现历史性突破。2016 年，中国参与 15 个全球与区域多边机制，主办 8 场、参加 13 场国际会议，推动在 5 份重要多边机制成果文件中写入追逃追赃等内容。[②] 二十国集团（G20）领导人杭州峰会通过《二十国集团反腐败追逃追赃高级原

---

① 《十八届中央纪律检查委员会向中国共产党第十九次全国代表大会的工作报告》，2017 年 10 月 24 日中国共产党第十九次全国代表大会通过。

② 滕抒：《数据，胜过千言万语》，《中国纪检监察》2017 年第 16 期，第 54 页。

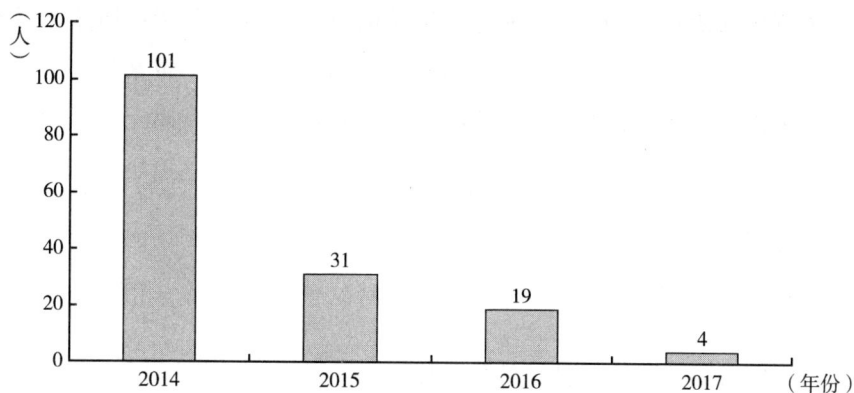

图1　2014~2017年新增外逃国家工作人员数

则》《二十国集团2017~2018年反腐败行动计划》，创造性地提出"零容忍""零漏洞""零障碍"原则，并在北京设立G20反腐败追逃追赃研究中心。11月举行的了中国—东盟反腐败研讨班开辟了中国—东盟合作新领域，推动二十国集团杭州峰会成果不断延伸并结出果实。2017年，金砖国家领导人发表《厦门宣言》，誓言在全球范围内推进预防和打击腐败；《中国－东盟全面加强反腐败有效合作联合声明》获得通过；举办16场司法协助、跨境追逃追赃等国际研讨会，弘扬中国理念和主张，引领反腐败国际执法合作；等等。在中国的倡导和推动下，区域性和国际性反腐败会议均把追逃追赃纳入重要议题。

双边方面，把追逃追赃议题纳入领导人外交议程，发挥引领作用。截至2017年12月，我国与法国、意大利等50个国家签署了引渡条约，与美加澳新等60个国家签订刑事司法协助类条约，与美国等47个国家和地区签署金融情报交换合作协议①，追逃追赃国际合作网络粗具规模。我国与美国、加拿大、澳大利亚、新西兰、瑞士等重点国家的反腐败合作机制逐步建立，其中，2016年9月23日，中国和加拿大政府签订《中加关于分享和返还

① 瞿芃：《占领道义制高点——织牢织密反腐败国际追逃追赃"天网"之二》，《中国纪检监察报》，2017年9月15日。

被追缴资产的协定》。这是我国对外缔结的首个追缴犯罪所得协定，具有里程碑意义。与此同时，我国与国外反腐败成功合作案例越来越多，已成为与有关国家双边关系的亮点，赢得了"同盟军"，有力地配合了国家整体外交。国际社会普遍认为，中国在反腐败领域扛起追逃追赃大旗，具有国际领导力。

（五）防逃篱笆越扎越紧，追逃追赃队伍能力建设全面提升

开展国内国外宣传攻势，对外逃腐败分子点名道姓公开通缉，刊发多篇外逃人员忏悔录，警示外逃者迷途知返，震慑企图外逃的人放弃幻想。加强对党员干部的教育、管理和监督，开展"裸官"清理，2017 年 4 月修订《领导干部报告个人有关事项规定》和新制定《领导干部个人有关事项报告查核结果处理办法》，要求报告境外存款和投资情况，并对相关处理做出规定。违规办理和持有因私出入境证照得到深入治理，予以严肃问责。严厉打击利用地下钱庄和离岸公司转移赃款，破获地下钱庄案件 803 起，查扣冻结涉案资金 50 余亿元。立案前设置防逃程序，拦截数百名企图外逃的涉嫌违纪违法党员干部。加强人员培训和锻炼，广大追逃追赃工作人员在干中学、学中干，政治、外交、外语、法律、信息分析等综合能力不断提高，逐步形成了一支政治过硬、本领高强、甘于奉献的工作队伍。

三 十八大以来国际追逃追赃的主要经验

（一）党中央高度重视，领导坚定有力

以习近平同志为核心的党中央坚强有力的领导是取得成效的关键。追逃追赃工作是党中央关注的工作，是一定要抓好的政治任务，不是一般的、具体的业务工作，涉及依法治国、依规治党这样的重大政治问题，要从讲政治的高度出发，把这项工作抓好抓实，实现党中央做出的承诺，回应人民群众的期盼。正是在党中央的高度重视和坚强领导下，追逃防逃才形成了齐抓共

管、国内国际两个战场相互配合、全国上下"一盘棋"的良好局面，统筹协调力度和效果得以大大增强。

（二）发挥制度优势，凝聚工作合力

国际追逃追赃工作政治性、政策性强，涉及面广，是一项长期艰巨的政治任务，必须持之以恒地树立"四个意识"，并集中优势资源，多部门、多方式、多途径联合作战，形成工作合力。中央反腐败协调小组国际追逃追赃工作办公室由中央纪委牵头，8个部门组成，充分发挥统筹、协调、服务职责，重点解决跨部门、跨地域、跨领域的重大疑难问题，不重复、不替代各职能部门工作。各地建立健全协调机制、责任机制、督办机制、奖惩机制等机制，全国追逃系统自上而下、由内而外，分兵把守、各司其职，相互协作、形成合力，构建了牢固有效的追逃防逃网络。

（三）深化国际合作，实现互利共赢

新一轮的科技革命与全球化日益发展是双刃剑。信息技术的快速发展以及跨国公司经营和有关国际资本流动规则的变化等，客观上给腐败人员外逃和腐败资金外流带来了便利，任何国家关起门来反腐败已不合潮流。十八大以来，中国主动适应反腐败国际化发展趋势，积极参与反腐败国际规则制定，从构建人类命运共同体的高度推动国际反腐败新秩序，将不给腐败分子提供"避罪天堂"、拒绝腐败分子入境、建设反腐败执法合作网络等作为国际社会共同遵循的准则，与联合国、二十国集团、亚太经合组织、东盟、金砖国家、国际刑警组织、世界银行等多边和区域组织等开展务实深入合作，构建针对性强的国际追逃追赃合作机制。同时，运用国际规则和所在国家法律，借助多种力量开展工作，因地制宜、因国施策、因案施策，灵活运用遣返、劝返、引渡、异地追诉等方式，争取更多国家提供支持和帮助，以成功案例增强震慑效应。

（四）打好舆论宣传战，积极营造良好氛围

十八大之后，中国共产党不护短遮丑，敢于直面问题，中央媒体主动及

时发声，公开政策信息，披露外逃腐败分子违纪违法、逃避惩罚的细节，采用点名道姓公开曝光等方式，向全球公布外逃腐败犯罪嫌疑人身份、财产等信息，揭露外逃腐败分子违纪违法、逃避惩罚的真面目，既保障了公众的知情权，又提供了公众参与的机会。同时，充分利用各种国际平台，讲好中国反腐败故事，使得中国反腐败的坚定决心、法治措施、方法理念得到国际社会的理解、尊重和支持。很多新闻媒体组织和邀请专家学者开展研究，撰写论文、刊发评论解读文章，为追逃追赃出谋划策、积极发声，并驳斥各种错误言论，引导国际舆论客观报道，努力消除偏见误解和歪曲，理直气壮呼吁一些国家不做腐败分子的"避风港"。新时代下的宣传工作，展现了党中央有逃必追、一追到底的战略定力，显示出开放务实、精准打击的战术自信，使我们牢牢占据了国际道义制高点，推动国际反腐败执法合作务实发展。

四　进一步开展国际追逃追赃的建议

尽管成绩显著，许多还是"历史性突破"的成就，但要清醒地看到，追逃追赃形势依然严峻复杂，任务依然艰巨。对此，我们必须始终坚持忧患意识，居安思危。截至 2017 年 3 月 31 日，尚有涉嫌贪污贿赂等职务犯罪的外逃出境的国家工作人员 365 人，失踪不知去向的国家工作人员 581 人，共计 946 人。[①] 一些"重点外逃人员"尚未被追回。截至 2017 年 12 月底，"百名红通人员"尚有 49 名未归案。在国际追逃追赃力度加大的情况下，外逃的腐败分子变换身份、躲避追捕，深居简出、不再露面，追逃难度越来越大。全面从严治党和反腐败斗争永远在路上，追逃追赃工作也永远在路上。

习近平总书记在党的十九大报告中指出，"不管腐败分子逃到哪里，都要缉拿归案、绳之以法"，必须发挥"宜将剩勇追穷寇"。要贯彻落实好

[①] 《中央反腐败协调小组国际追逃追赃工作办公室关于部分外逃人员藏匿线索的公告》，中央纪委监察部网站，http://www.ccdi.gov.cn/xwtt/201704/t20170427_98140.html，2017 年 4 月 27 日。

十九大精神，乘胜追击，着力构建不敢逃、不能逃、不想逃的体制机制，为夺取反腐败斗争压倒性胜利做出更大的贡献。为此，本课题组提出以下建议。

一是继续保持高压态势防止外逃势头反弹。继续保持政治定力，把思想和行动统一到中央决策部署上来，进一步加强组织领导，持续保持高压态势，做到追逃追赃的力度决不减弱、一追到底的态度决不动摇。继续公开曝光重点外逃人员，主动对外发声，持续营造舆论氛围。继续聚焦重点国家，紧盯重点对象，深入开展"天网行动"，重点缉捕职务级别高、涉案金额大、社会影响恶劣的外逃腐败分子，驰而不息，久久为功，巩固"不敢逃"氛围，健全"不能逃"机制，坚决防止外逃势头的反弹回潮。深入推进"开门反腐"，利用微信、手机 APP 等便捷方式尽可能多的公开携款出逃人员身份、资产等信息，设立有奖举报系统，动员全球各方力量提供信息，掌握腐败分子及其财产收入最新动态信息，实施精准追逃追赃。①

二是进一步健全国际追逃追赃合作体制机制。国际追逃追赃的合作体制机制仍有提升空间，争取调剂投入更多的工作力量，努力做到专职专岗专人专款抓好落实，进一步发挥好外交、司法、执法、反洗钱等部门职能作用，打通合作追逃追赃"任督二脉"。结合国家监察体制改革，做好衔接工作，进一步整合追逃追赃工作力量。加强配套法规建设，把有效管用的经验做法固化为制度性安排，完善统计报告、境外取证、劝返、反洗钱调查、问责追责等工作机制。适时发布防逃追逃信息，增强国际追逃追赃工作透明度，吸纳更多的专家学者参与理论研究和案例分析，创新工作方法和思路，调动更多的社会力量助力追逃追赃，制造更加强大的舆论声势。

三是加强追赃工作，以追赃促追逃。坚持追逃、追赃并重策略，开展追赃工作专项行动，加大与有关国家的政府间合作，在追缴赃款方面力争更大

---

① 蒋来用：《利益差异格局下的国际追逃追赃——基于现金管理视角的分析与解决》，《社会科学研究》2016 年第 5 期。

突破。大力招募和培养国际诉讼人才，增加境外民事诉讼，提高境外民事诉讼的胜诉率和赔偿率。与其他国家和地区就腐败资产返还问题达成互利协议，尽量调动其他国家和地区追诉的积极性和主动性，尽可能多地追回不法资产，打掉外逃腐败分子生存享受的物质支撑，粉碎"逃出去就没事""到国外舒服享受"的侥幸心理，断其物质后路。①

四是加强追防一体化建设，减少外逃腐败人员。在解决"追"的问题同时不应忽略"防"，加强防逃工作指导，关口前移、抓早抓小，以"门、人、钱、证"为重点，有针对性地构建严密管用的防逃网络。严格执行党员干部证照管理、出入境审批报备制度，加强对有违纪违法线索人员和重点对象的监督管理，把防逃工作与"裸官"任职岗位管理、个人有关事项报告等结合起来，完善国家治理体系和治理能力。经常进行外逃风险评估，根据岗位、职务、出国境频率、资产异动等情况对不同人员实施不同等级的风险管理。同时，根据监察体制改革后，对行使公权力的公职人员全覆盖这一要求，防止新增外逃风险。

五是加强国际执法网络建设，全力推进追逃追赃合作。把追逃追赃纳入外交工作格局。加强与联合国、二十国集团、亚太经合组织、金砖国家组织、东盟、上合组织、国际刑警组织等国际组织的务实合作，推动建设多边合作网络。坚持合作共赢，加强对外信息共享和统筹协调，深化与重点国家的沟通协作，完善执法合作机制，增加更多追逃案例。

六是严格现金使用管理。将现金管理上升为国家战略，使现金使用管理规定转变为国家立法。抓紧完善现金管理制度，改变现金过于宽松使用的政策。严格限制现金使用范围，职工工资、津贴、个人劳务报酬、奖金、劳保、福利费用、差旅费等原来可以使用现金的地方应要求以非现金支付为原则，以现金使用为例外。提高大额取现的成本，降低非现金支付结算费用。积极创造条件大力推广普及网络支付、信用卡、支票、银行卡、POS机等非

---

① 蒋来用：《利益差异格局下的国际追逃追赃——基于现金管理视角的分析与解决》，《社会科学研究》2016年第5期。

现金支付结算工具。在普及非现金支付结算使用的基础上，完善税收征稽系统，提升税收征稽能力，从"以票管税"转为"以资金流管税"，让所有公民收入和资产都留"痕迹"，与税收系统挂钩，切断行贿受贿和腐败资金洗钱渠道，让腐败资金无法漂洗，从源头上防止资金出逃。①

---

① 蒋来用：《利益差异格局下的国际追逃追赃——基于现金管理视角的分析与解决》，《社会科学研究》2016 年第 5 期。

B.3
十八大以来纪检派驻机构的创新与发展

河南省廉政理论研究中心课题组 *

摘　要：　对纪检派驻机构统一管理及完善，是强化党内监督的重要内容。十八大以来，中央推进各级纪检派驻机构的改革部署，明确了派驻职责，增强了权威性，较十八大以前赋予了更具内涵式的特点，产生了质的飞跃与发展。同时，纪检派驻机构改革也不同程度地存在身份认同、担当意识和监督能力等方面的问题，需要在今后的实践中进一步用好"派"和"驻"两种资源、增强主体责任和监督责任、加强队伍建设，从而使纪检派驻监督在全面从严治党及党和国家监督体系中发挥更大效能。

关键词：　纪检组织　纪检派驻机构　全监督

　　完善、创新、发展纪检派驻机构统一管理，是纪检派驻监督的系统工程，是强化党内监督的得力举措，也是全面从严治党的重要组成部分。主要包括重新明确纪检派驻机构的性质、职能、职责、隶属与领导关系、考核评价办法整体设计等；增设和整合纪检派驻机构；通过教育培训考核等渠道推动纪检派驻机构履行党内监督职责，完成纪检派驻使命三大组成部分。简单地讲，就是重定职能、重建机构、重开新局的有机统一。党的十八大到十九

---

　　* 执笔人：徐喜林，河南省廉政理论研究中心主任、河南省社会科学院原纪委书记，研究员；徐栋，河南省科学技术信息研究院工程师。

大五年间，在党中央的领导下，纪检派驻机构实行统一管理（以下简称"纪检派驻统管"）。在以往的基础上，我国以全覆盖为抓手，以强化派驻监督为目标，顺应时代要求，总结经验，查找不足，与时俱进，以上率下，逐次展开，扎实推进，开创了纪检派驻机构建设的新局面。

一　五年来纪检派驻统管完善创新发展的历程

完善创新发展纪检派驻统管，是一个从中央到地方各级纪检派驻机构全覆盖和开创工作新局面的渐次发展过程，体现了党中央对纪检派驻统管的高度重视与注重实效扎实推进的战略安排。

（一）中央一级党和国家机关纪检派驻机构创新发展的推进

中央对纪检派驻统管工作从职责职能定位、目标任务设定、时间进度安排、相关注意事项等方面都及时做了部署。

1. 提出完善纪检派驻机构的目标任务

2012 年 11 月 8 日，党的十八大报告强调："健全纪检监察体制，完善派驻机构统一管理。"这是在十七大期间纪检派驻统管的基础上提出的新要求。2013 年 1 月 21 日，十八届中央纪委二次全会落实党的十八大精神，明确强调："完善纪检监察派驻机构统一管理，加强对驻在部门领导班子及其成员的监督。"这里强调的是完善机构与加强监督，体现的是手段与目的的相互关系。这是党的十八大后首次对纪检派驻统管的目标任务做出的安排部署。

2. 创造性提出纪检派驻监督全覆盖的新要求

2013 年 11 月 12 日，党的十八届三中全会审议通过了《中共中央关于全面深化改革若干重大问题的决定》，其中针对纪检派驻机构建设非常鲜明地提出："全面落实中央纪委向中央一级党和国家机关派驻纪检机构，实行统一名称、统一管理。派驻机构对派出机关负责，履行监督职责。"这是在党的重大决定中首次正式提出"纪检派驻全覆盖"的概念，并提上了议程。

同时首次提出"统一名称、统一管理"两个统一的要求，并明确了领导隶属关系与派驻机构的职责。

3. 对纪检派驻监督全覆盖做出具体部署

2014年1月13日，十八届中央纪委三次全会对纪检派驻机构改革做出了具体部署，强调"改革和完善纪检监察派驻机构。全面落实中央纪委向中央一级党和国家机关派驻纪检机构，实行统一名称、统一管理"。"制定加强派驻机构建设的指导性意见，明确派驻机构的职责任务、机构设置、人员配备和工作保障"。又一次明确"派驻机构要对派出机关负责，全面履行监督职责，加强对驻在部门领导班子及其成员的监督"。特别强调"纪检组长在党组中不分管其他业务工作。派驻机构工作经费在驻在部门预算中单列"。这是对《中共中央关于全面深化改革若干重大问题的决定》中关于派驻统管全覆盖要求的具体化，具有较强的实践性和可操作性。2014年6月30日，中央政治局会议强调"要推动党的纪律检查工作双重领导体制具体化、程序化、制度化"。会议审议通过的《党的纪律检查体制改革实施方案》（以下简称《方案》），共9个部分、17条，对纪律检查体制改革的指导思想、目标、任务、方法措施及时间进度做出了安排。《方案》强调"党的纪律检查体制改革是全面深化改革的重要组成部分，是党要管党、从严治党的必然要求，必须立足纪检监察工作实际，坚持从具体问题抓起，立行立改，为党风廉政建设和反腐败斗争提供体制机制和制度保障"。再次重申"实现向中央一级党和国家机关派驻纪检机构全覆盖""强化派驻机构对驻在部门领导班子及其成员的监督"等。2014年12月2日，中央深改组第七次会议审议通过了《关于加强中央纪委派驻机构建设的意见》。紧接着，2014年12月11日的中央政治局常委会议审议通过了《关于加强中央纪委派驻机构建设的意见》。上述意见就中央纪委派驻机构建设的总体要求、机构的设置、监督职能的界定、工作关系的明确、管理保障的落实、组织领导的加强等做出了具体部署安排。2014年12月31日，中央办公厅印发了《关于加强中央纪委派驻机构建设的意见》，从实现派驻监督全覆盖目标的大局出发，对时间表和路线图都做了具体部署，使其具备了更强的实效性和可操作性，迈出了强化党内监督、深化党的纪律检查体制改革的坚实一步。

4. 提出发挥"派"的权威和"驻"的优势新要求

2015年1月12日，十八届中央纪委五次全会针对纪检派驻全覆盖的进展情况，及时提出要"加强派驻监督，完成对保留派驻机构的改革和调整。"强调"坚持统筹兼顾、循序渐进、内涵发展，实现对中央一级党和国家机关的全面派驻，使党内监督不留死角、没有空白"。中央还首次明确强调纪检派驻机构要充分发挥"派"的权威和"驻"的优势。

5. 中央纪检派驻监督全覆盖的具体实施

2015年1月28日，经党中央批准，中央纪委在中央办公厅、中组部、中宣部、中央统战部、全国人大机关、国务院办公厅、全国政协机关共7家单位新设立中央纪委派驻纪检组。上述七家中单独派驻的是全国人大机关和全国政协机关，归口派驻的是其他5家单位。7家派驻纪检组监督53个部门和单位。上述部门和单位位高权重，在全面从严治党中举足轻重。向这些单位派驻党的纪律检查组在党的历史上尚属首次，从而迈出了实现纪检派驻全覆盖重要而又关键的一步。随后中央纪委又增加8家派驻机构。① 2015年3月26日，中央办公厅印发了《省（自治区、直辖市）纪委书记、副书记提名考察办法（试行）》《中央纪委派驻纪检组组长、副组长提名考察办法（试行）》和《中管企业纪委书记、副书记提名考察办法（试行）》（中办发〔2015〕26号，简称"三个《提名考察办法》"）。在提名条件上，三个《提名考察办法》明确提出"纪检组组长、副组长人选要敢于监督、善于监督，注重从履行党风廉政建设主体责任、监督责任表现突出的优秀干部中选拔"。在纪检组正、副组长的来源上，明确了纪检系统内和纪检系统外均可以提名，从而拓宽了选人视野，拓展了干部来源。在提名、考察程序上，明确中央纪委派驻纪检组组长的人选必须由中央纪委会同中央组织部提名并考察，中央纪委派驻纪检组副组长的人选必须由中央纪委提名并考察。2015

---

① 《中国共产党第十八届中央纪律检查委员会第五次全体会议公报》，中央纪委监察部网站，http://www.ccdi.gov.cn/xwtt/201501/t20150114_50115.html，2015年1月14日。

年 11 月 20 日，中央办公厅印发了《关于全面落实中央纪委向中央一级党和国家机关派驻纪检机构的方案》（以下简称《方案》）。《方案》对派驻机构的领导体制、职能调整、主要职责、机构设置等做出了明确而具体的规定。这是实施中央纪委派驻全覆盖的动员令和具体方案。通过《方案》的实施，中央纪委在中央一级党和国家机关共设置 47 家派驻纪检组，其中，27 家是综合派驻，占到派驻机构总数的约 60%，负责监督 119 家单位。另外 20 家为单独派驻。47 家派驻纪检组实现了对 139 家中央一级党和国家机关纪检派驻监督的全覆盖。

6. 开展对纪检派驻监督全覆盖的相关宣传与培训

2015 年 4 月 13 日，时任中央纪委书记王岐山同志出席中央纪委派驻机构建设工作培训班的开班式，并对如何及时高效地开展纪检派驻监督工作做了重要的辅导报告。2015 年 8 月 17 日~9 月 21 日，中央纪委监察部网站"学思践悟"栏目连续刊登 6 篇系列文章谈加强派驻机构建设，在全党和全社会起到了统一思想、明确任务、凝聚合力的作用。2016 年 4 月 24 日，中央纪委举办派驻纪检组组长、副组长培训班，王岐山出席开班仪式并做重要讲话，对派驻机构履行职责提出具体要求。

7. 加强对派驻机构的严格管理与监督

中央强调各级纪委要加强对派驻机构的领导管理与监督，定期听取其工作汇报、约谈纪检组组长。对不敢担当、不愿监督的派驻机构进行组织调整，对失职失责的派驻纪检组组长严肃问责。民政部原派驻纪检组因管党治党不力已经被严肃问责，原派驻纪检组组长受到了责任追究。

（二）省级纪检派驻机构完善创新发展的及时跟进

在中央的领导示范和带动指导下，省（含直辖市、自治区，下同）级的纪检派驻统管完善创新发展各项工作及时跟进，并取得初步效果。

1. 新增纪检派驻机构

在中央纪委的带动下，省级普遍上行下效增设了纪检派驻机构。2015 年 5 月，北京市纪委在市委办公厅、市政府办公厅等市级党和国家机关新设

7家派驻机构。2015年12月，江西省在省委的办公厅、组织部、宣传部、统战部、省委政法委机关、省人大机关、省政协机关共7家单位的新设派驻机构正式组建完成，并及时进驻到位。此后，全国其他省份都与中央看齐，陆续在省级党委办公厅、组织部、宣传部、统战部、政法委、人大和政协机关等单位新设立派驻纪检组。

2. 整合现有派驻机构，扩大派驻监督的覆盖范围

各省参照中央模式及时开展派驻工作并取得显著成效。其中，2015年5月，北京市纪委、市监委共设置40家市纪委、市监委派驻纪检监察组，派驻机构的名称统一规定为"纪检监察组"，由市纪委、市监委直接领导、统一管理。其中13家是单独派驻，27家是综合派驻，共对137家市级党和国家机关实现派驻统管监督全覆盖。2016年3月，江西省纪委设置41家派驻纪检组（不含省直机关纪工委），共监督133家单位，其中30家为综合派驻，负责监督122家单位，11家为单独派驻；其他各省份也都陆续实现了纪检派驻监督的全覆盖（见表1）。

表1 省级纪检派驻监督全覆盖时间进度统计

序号	省份	实施时间	主要内容
1	上海	2015年2月	通过《关于加强市纪委派驻机构建设的意见》并实施纪检派驻统管监督全覆盖
2	陕西	2015年3月	制定并实施《关于改革和调整部分省纪委派驻机构建设的工作方案》。逐步实现派驻机构覆盖所有省级机关
3	浙江	2015年7月	共设35家派驻纪检组，其中13家是单独派驻，22家是综合派驻（负责监督88个单位），共对101省直单位实现纪检派驻统管监督全覆盖
4	湖北	2015年9月	共设44家派驻纪检组，对105家省一级党和国家机关实现纪检派驻统管监督的全覆盖
5	内蒙古	2015年12月	36家派驻纪检组，其中19家单独派驻，17家综合监督64个部门和单位；共监督84个自治区一级党和国家机关。保留纪工委，加挂派驻牌子
6	山西	2016年1月	共设50余家派驻纪检组，完成省直132个部门纪检派驻统管监督全覆盖
7	江西	2016年3月	共设41家派驻纪检组（不含省直纪工委），其中30家为综合派驻纪检组，负责监督122家单位，11家为单独派驻纪检组；共监督133家单位
8	甘肃	2016年4月	共设37家派驻纪检组，27家是综合派驻，监督114家省直部门单位，10家单独派驻，37家派驻纪检组，共对124家省直部门实现纪检派驻统管监督全覆盖

序号	省份	实施时间	主要内容
9	宁夏	2016 年 4 月	共设 39 个派驻纪检组和 1 个派出机关纪工委,其中单独派驻 16 个,综合派驻 23 个,负责监督 119 家单位
10	福建	2016 年 5 月	共设 40 个派驻纪检组,28 个综合派驻,12 个单独派驻纪检组。覆盖省一级 119 家党政机关等单位
11	广西	2016 年 6 月	共设 38 家派驻纪检组,其中 27 家是综合派驻,负责综合监督 101 个单位,11 家是单独派驻,共对 116 家单位实现纪检派驻统管监督全覆盖
12	广东	2016 年 6 月	共设 36 家派驻(出)机构。其中,26 家是综合派驻,9 家是单独派驻,1 家是派出机构,共对 105 家省一级党和国家机关实现纪检派驻统管监督全覆盖
13	黑龙江	2016 年 6 月	共设 38 家派驻纪检组,其中 16 家是单独派驻,22 家是综合派驻,共对 107 个单位实施纪检派驻监督全覆盖
14	青海	2016 年 6 月	共设 29 家派驻纪检组,其中 6 家是单独派驻,23 家是综合派驻,共对 73 家省直单位实现纪检派驻统管监督全覆盖
15	西藏	2016 年 7 月	共设 32 家派驻机构,共对 94 个区一级党和国家机关实现纪检派驻统管监督全覆盖
16	安徽	2016 年 7 月	共设 36 个派驻纪检组,其中综合派驻纪检组 17 个,单独派驻纪检组 19 个,负责监督 87 家单位
17	新疆	2016 年 7 月	共设派驻纪检组 39 家,其中,19 家是单独派驻,20 家是综合派驻,共负责监督 89 个部门和单位
18	贵州	2016 年 7 月	共设 35 家派驻纪检组。其中 21 家是综合派驻,综合监督 92 个单位,14 家是单独派驻,共对 106 家省一级党和国家机关实现纪检派驻统管监督全覆盖
19	海南	2016 年 7 月	共设 27 个派驻纪检组,其中 11 个是综合派驻,负责监督 67 家省直单位,16 个是单独派驻,共对 99 家省一级党和国家机关实现纪检派驻统管监督全覆盖
20	四川	2016 年 7 月	共设 42 家派驻纪检机构,其中综合派驻 26 家,负责综合监督 97 家单位,单独派驻 16 家,共对 113 家省一级党和国家机关实现纪检派驻统管监督全覆盖
21	云南	2016 年 7 月	共设 39 家派驻纪检组(另有 2 个派出纪工委),综合派驻 23 家,监督 86 家,单独派驻 16 家,共对 102 家省直单位和部门实现纪检派驻统管监督全覆盖
22	河北	2016 年 8 月	共设 44 家纪检派驻机构,其中综合派驻 23 家,监督 79 家,单独派驻 21 家,共对 100 家省一级党和国家机关实现纪检派驻统管监督全覆盖
23	湖南	2016 年 12 月	共设 39 家省纪委派驻纪检组,实现了对 105 家省一级党和国家机关纪检派驻统管监督全覆盖

序号	省份	实施时间	主要内容
24	吉林	2016 年 12 月	共设 44 家派驻机构,其中,21 家是综合派驻,监督 82 家单位,23 家是单独派驻,共对 105 家省一级党和国家机关实现纪检派驻统管全覆盖
25	辽宁	2016 年 12 月	共设 35 家派驻机构,共对 110 家省一级党和国家机关单位实现派驻统管监督全覆盖
26	山东	2017 年 1 月	共设 40 家派驻机构,综合派驻 25 家、监督 107 个部门单位,单独派驻机构 15 家,对 122 家省一级党和国家机关单位实现纪检派驻统管监督全覆盖
27	天津	2017 年 3 月	全市 16 个区纪委建立了 96 家派驻机构,对 1000 余家区级党和国家机关进行综合纪检派驻统管监督全覆盖
28	河南	2017 年 4 月	共设 40 个派驻纪检组,其中综合派驻组 28 家,监督 99 家,单独派驻 12 家,共对 111 家省一级党和国家机关实现监督全覆盖
29	江苏	2017 年 4 月	共设立 35 个派驻纪检组,共对省直 113 家单位实现纪检派驻统管全覆盖
30	北京	2017 年 5 月	共设 40 家派驻纪检监察组。其中综合派驻纪检监察组 27 家,监督 124 个单位,单独派驻纪检监察组 13 家,共对 137 家市一级党和国家机关实现纪检派驻统管监督全覆盖
31	重庆	—	(尚未找到公开报道)

资料来源:根据媒体公开报道资料整理。

3. 新设立的省级纪检派驻机构类型有重大变化

新设置的纪检组保留了单独派驻与综合派驻两种类型,但综合派驻纪检组占到派驻机构的 70% 以上。厅级领导职数减少 30% ~ 50%。

4. 新设立的纪检派驻机构职责使命的重大调整

各省规定"省纪委派驻机构统一称为省纪委派驻纪检组,由省纪委直接领导,统一管理,向省纪委负责"。省纪委的派驻机构调整的职能主要是以下三项:一是全面履行党章赋予的三项任务,按照党章对纪委的定位,把党的纪律和规矩挺在前面,以严明的纪律确保中央和省委的政令畅通;二是明确派驻机构与驻在部门的关系是监督与被监督的关系,驻在部门党组承担全面从严治党的主体责任,派驻机构履行对驻在部门的监督责任。派驻机构通过"三转",不再承担驻在部门日常工作,真正强化监督执纪问责这些主业；三是突出监督重点，抓住关键少数。强调监督重点是驻在部门领导班子及省管干部和处级干部，还要着力加强对驻在部门本级机关和直属单位的监督。同时明确强调了派驻机构"监督检查""核实调查违纪问题""受理检举控告和申诉""提出问责建议""承办其他事项"等主要职能。

（三）市县纪检派驻统管完善创新发展的初步进展

1. 市一级纪检派驻机构改革已相继启动并有所进展

2017年6月，岳阳市26家市纪委派驻纪检组集中授牌，对80家市一级党和国家机关的派驻监督全覆盖，在全省14个市州中率先完成派驻改革任务。2017年8月，湘潭市共设立25家派驻纪检组，其中，17家是综合派驻，8家是单独派驻，共实现对70家市一级党和国家机关纪检派驻监督的全覆盖。2017年8月，娄底市召开纪检派驻监督全覆盖工作会议，本级22个派驻纪检组集中授牌……截至2017年8月，湖南全省14个市州均实现派驻监督全覆盖，14个市州共派驻纪检组349个，共监督1109个单位，平均每个派驻纪检组负责监督3.2个单位。2017年9月，南京市纪委派驻29个纪检组全覆盖监督82家机关单位。2017年6月，保定市新设立派驻纪检组35个，对全市77家市一级党和国家机关实现了派驻监督全覆盖。2017年7月，马鞍山市纪委设置20个派驻纪检组，其中，综合派驻纪检组15个，单独派驻纪检组5个，实现了对市一级党和国家机关纪检派驻监督全覆盖。2017年7月，钦州市派驻纪检机构23家，实现对全市157家市一级党和国家机关纪检派驻监督全覆盖。2017年7月铜陵市纪委重新设置纪检派驻机构21家，其中综合派驻16家、单独派驻5家，共实现对全市71家纪检派驻监督全覆盖。2017年1月，无锡市纪委设立16个综合派驻纪检监察组，进驻全市82家单位监督执纪，在全省率先实现纪检派驻监督全覆盖。预计，按照十八届中央纪委安排，在未来的一年至两年内，市级纪检派驻监督全覆盖将全部完成。

2. 县一级纪检派驻统管进行了多年探索，其模式不断创新改进

早在2010年，河南省临颍县抓住纪检监察机构改革试点县的机遇，探

索建立以派出为主、派驻为辅，"双轨并行"的管理新模式。形成了县纪委管面、派出机构管片、内部业务室管线、派驻机构管点的纪检监察"四位一体"管理体系，监督范围涵盖县直、垂管部门、乡镇和乡村。派驻机构统管后，县直纪检监察机构精简了 15 个，监督面由原来的 35% 增加到 100%。① 这是县级纪检派驻监督完善创新发展的前期探索。2014 年以来，河北省统筹考虑县级纪委内设机构调整、派驻机构全覆盖和乡镇纪委建设，整合纪检力量，改革体制机制，初步形成了邢台、衡水、廊坊三种模式。在试点的基础上，2016 年全面完成县级纪检体制改革。主要做法：撤销县纪委派出纪工委、监察分局，撤销派驻纪检组和原部门内设纪检监察机构，设立县纪委监督室，加挂县委巡察组的牌子；将乡镇纪委收回县纪委管理并纳入县纪委改革范围，乡镇纪委书记副书记的提名考察考核和管理收归县纪委。县纪委监督室（县委巡察组）专司监督，纪检监察室只负责查办案，促进了执纪监督与执纪审查的相互配合、相互制约。河北省的做法对于全国县级纪检派驻机构完善创新发展具有趟路子、定坐标、总结经验、启迪思路的现实意义。目前，全国大部分省份都在推进县级纪检派驻改革创新。据报道，2017 年 9 月，湖南省桂阳县设立 10 个综合派驻纪检组，综合监督 51 个单位，授权监督 55 个单位，实现了县级纪委派驻统管监督全覆盖。2017 年 9 月，南京市溧水区成立 8 个综合派驻纪检组，完成对区一级 50 家单位的纪检统管监督全覆盖监督。县区纪检派驻全覆盖涉及面广，情况复杂，应因地制宜积极推进。

二　十八大以来纪检派驻机构创新发展的要义

党的十八大以来中央对于纪检派驻机构的改革完善较十八大以前赋予了带有根本性的深层次的含义，产生了质的飞跃与发展。

---

① 《河南省临颍县纪委坚持"五注重"加强纪检监察干部队伍建设》，中国共产党新闻网，http://fanfu.people.com.cn/GB/64378/13041020.html。

（一）把握出发点，通过改革健全完善纪检派驻机构

党的十八大以来，国家对纪检派驻机构统管总体要求等有重大创新和改进。

1.纪检派驻机构职能和职责有了根本性的调整

2004年5月，中办和国办转发的《中央纪委、中央组织部、中央编办、监察部关于对中央纪委监察部派驻机构实行统一管理的实施意见》对纪检派驻统管明确了三项总体要求：一是改革领导体制。即派驻纪检监察机构由双重领导改为受中央纪委和监察部直接领导；二是强化监督职能。即强调要加强对驻在部门党组和行政领导班子及其成员的监督；三是确保党风廉政建设和反腐败工作取得成效。即实行统一管理后驻在部门及所属系统的党风廉政建设和反腐败工作应当切实得到加强并取得实效。在肯定总体要求的同时，必须看到上述实施意见中的不足之处。例如，一方面要求驻在部门党组织和行政领导班子对党风廉政建设和反腐败工作负全面领导责任；另一方面又要求派驻机构予以协助、配合。同时还要求派驻机构的有关情况要及时与驻在部门党组和行政领导班子沟通。这种"既监督又协助"的要求，把派驻机构放在一个左右为难的被动境地，如果驻在部门党风廉政建设出现了问题，容易产生是驻在部门党组织全面领导责任没有履行好还是派驻纪检组协助配合不够的推诿扯皮问题。还有，虽然文件规定派驻纪检组组长不参与驻在部门业务分工，但却可以分管与纪检相近的工作，致使一些纪检组组长分工驻在部门的党建工作、人事工作。由此造成派驻纪检组与驻在部门藕断丝连，斩不断理还乱，派驻监督大打折扣。改革后的《关于加强中央纪委派驻机构建设的意见》（以下简称《意见》）明确强调"派驻监督本质是上级纪委对下级党组织和领导干部的监督，不是同级监督，派驻机构与驻在部门是监督与被监督的关系"，这是对监督与协助关系根本性的变革。

《意见》规定了派驻机构6条主要工作职责，明确了派驻机构是派出纪委的重要组成部分，是派驻到所在部门的代表，也是"前哨"和"探

头"，与纪委履行同样的职责。明确了派驻监督是上级纪委对下级党组织和领导干部的监督，不是驻在部门内部监督，也不是同级别监督。从而界定明晰了派驻机构对驻在部门不是协助，更不是利益共同体。上述规定有了一个质的变化与飞跃，是派驻机构监督执政问责的尚方宝剑，其意义在于：一是澄清了以前派驻机构存在的"在监督中服务，在服务中监督"的模糊认识。纠正了借服务之名谋取私利的错误行为。二是改变了以前派驻机构认为分管驻在部门人事工作和重要业务工作有面子、有位置、好办事、得实惠等错误理念，纠正了以前派驻纪检组组长主要精力不是抓纪检和监督，而是热心于管人事、管业务和派驻机构干部热衷于参与驻在部门业务工作等不正确做法。把派驻机构从驻在部门的日常工作中解脱出来，可以而且必须理直气壮地站在监督的岗位上监督执纪问责，坚决扭转以前"派"的无力与"驻"的制约被动局面，为发挥"派"的权威和"驻"的优势创造了条件。

2. 派驻机构权威性明显增强

中央纪委给其派驻机构下定义："中央纪委派驻机构，顾名思义，就是由中央纪委派出、驻在中央一级党和国家机关、履行党的纪律检查职能的常设机构。"以上界定，一是彰显这是同纪委一样的党内监督机构，享有与纪委相同的义务和权利；二是强调这是常设的，不是临时的机构，更不是可有可无的机构，任何组织不得取消这一机构。这从根本上增强了派驻机构作为上级纪委的组成部分的权威性。

3. 派驻机构牌子更加明亮

以前的派驻机构有派驻纪检组和派驻监察局（室）这两个牌子。2016年12月，全国人大常委会决定在北京、山西、浙江开展国家监察体制改革试点，在上述省市及所辖县、市设立监察委员会，行使监察职权。试点地区的纪检派驻机构开始同时履行纪委与监察委监督职责。目前，试点地区已经完成省、市、县三级监察委员会组建工作，探索了纪委和监察委合署办公条件下的工作机制。党的十九大明确"制定国家监察法，依法赋予监察委员会职责权限和调查手段"。2017年11月4日，十二届全国人大常委会第三十次会议通过《全国人民代表大会常务委员会关于在全国各地推开国家监察体制改革试点工作的决定》。2017 年 11 月 11 日，全国推开监察体制改革试点工作动员部署电视电话会议召开。目前已经有安徽等省表态，2018 年 1 月底前完成省、市、县三级监察委员会的组建，2018 年全国的省、市、县三级监察委员会将全部组建完成。由此可见，随着《国家监察法》的证论出台和各级监察委员会的组建，纪检派驻机构将同时加挂国家监察委员会派驻机构的牌子，名称将称为上级纪委监委派驻纪检监察组。这样，纪检派驻机构的内涵更广了，意义更深了，牌子更亮了，位置更高了，责任也更重了。

4.派驻形式与时俱进不断改进

党的十八大以前中央一级全部实行的是单独派驻（也称"点派驻"）。省一级除海南省实行的是综合派驻（也称"片派驻""归口派驻"）外，其余省份全部实行单独派驻。市级派驻中，除河南省三门峡市等少数市实行综合派驻以外，绝大多数市都实行单独派驻。党的十八大以来，中央纪委采用单独派驻和综合派驻两种形式。中央纪委认为综合派驻，让纪检组"吃一家饭、管多家事"，受被监督部门的影响比较小，地位相对超脱，方便抹开面子减少顾忌，有利于聚焦主责主业。同时有利于对分散的派驻机构撤并与整合，抽调人员集中力量，让好钢用在刀刃上。中央纪委特别强调，"归口综合派驻的步子要再迈大一些"，要求"中央纪委和省级纪委要加大向党的工作部门派驻的力度"。而十八大以前，大家普遍认为省一级派驻机构应当以单独派驻为宜，认为县以下派驻机构由于人少事多较适合综合派驻。中央纪委的这一要求，是对以上观念的修正，为推进派驻机构完善发展提供了新的契机。在中央纪委的部署要求与示范指导下，各省、市、县形成了以综合派驻为主、以单独派驻为辅的派驻格局。

5.配齐配强派驻机构主要领导干部

时任中央纪委书记的王岐山多次强调，要统一整合调配力量，加强派驻机构干部建设。2014 年 3 月，中央纪委新设 7 家派驻纪检组组长，分赴七大中央国家机关报到任职。他们几乎都有基层工作或者多部门历练的丰富经验，有些甚至有数十年的地方工作经验，其中 4 人具有中央国家机关和地方的双重历练。截至 2015 年 3 月，在党和国家中央一级机构中，28 位新任纪检组组长有 6 人来自中央国家机关，有 8 人从地方选调，其余大部分来自中央纪委。地方各级纪检派驻机构的主要负责人也都是从不同岗位上的优秀干部中选配而来。有多种岗位的不同经历，有助于相互间取长补短。

（二）把握切入点，实行纪检派驻全覆盖

十八大前，中央纪委、监察部共在国家机关设置了派驻机构 50 多家，没有向党的工作部门、人大机关、政协机关派驻纪检组。监督留了空白，形成了"灯下黑"。党的十八大以来，除实现中央一级纪检派驻覆盖外，地方派驻机构全覆盖取得重大进展。据中央纪委监察部网站 2016 年 10 月 26 日发布的部分实现派驻全覆盖省（区、市）数据显示，部分省份派驻机构由平均 45 家减少到 38 家，监督单位由平均 53 家增至 109 家。

（三）绘好路线图，自上而下照方抓药

中央纪委多次强调："中央精神就是定音鼓，形势任务就是动员令。各省（区、市）党委、纪委也要按照中央精神，紧密联系实际，正视和解决派驻监督存在的突出问题，确保本地区纪委派驻机构建设取得实效。"中央纪委已经做出了示范，要求省一级的纪检派驻机构全覆盖要"照方抓药"。中央为完善纪检派驻统管绘制了以上率下的路线图。一是中央的总体设计形成了规范。中央纪委及时对纪检派驻机构的名称、责任、工作关系、保障、组织领导等都做出了明确规定，并在中央一级党和国家机关率先实现纪检派驻全覆盖，这些为加强地方纪检派驻机构建设提供了顶层设计，为地方加强纪检派驻机构建设指明了方向。二是中央派驻统管内涵式发展的做法为地方纪委派驻机构建设找到了路径。中央纪委在基本不增加编制的基础上，采用单独派驻与归口派驻相结合的方法，解决了人员与编制问题，实现对中央一级党和国家机关派驻全覆盖，形成了派驻机构改革效益的最大化，给地方提

供了借鉴。三是循序渐进的做法为地方提供了时间表参考。中央纪委在2014年和2015年分批新设部分派驻机构，并对保留的派驻机构进行改革和调整，这些都为地方提供了参考，并要求地方尽快落实派驻统管全覆盖。各省也参照中央的步骤，截至2017年上半年实现了省一级纪检派驻统管全覆盖。

（四）把握落脚点，增强纪检派驻监督实效

监督执纪问责，是党章赋予纪律检查机关的神圣职责，也是各级纪检派驻机构的"立身之本"和"基本功"。《关于加强中央纪委派驻机构建设的意见》与2004年4月中央办公厅、国务院办公厅转发的《关于对派驻机构实行统一管理的实施意见》相比，有了重大改进。一是派驻机构在驻在部门的角色定位有了重大调整。以前派驻机构的职能可概括为"监督员""观察员""裁判员""指导员""黑脸包公""保健医生"。党的十八届三中全会以后，中央纪委强调"派驻监督是中央纪委纪检职能的重要组成部分，派驻机构的主业是党风廉政建设和反腐败斗争，首要职责是监督执纪问责"。"派驻干部要牢记使命、坚持原则，做到忠诚、干净、担当。对党风廉政问题该发现没有发现就是失职，发现问题匿情不报、不处理就是渎职"，强调"对工作中失职、渎职，既不报告又不进行处置，反而身在其中甚至乱在其中的，必须严肃追究责任"。[1] 这为派驻机构角色定位做出了刚性规定。从此明确了派驻机构就是当好"监督员"与"黑脸包公"。同时还敲响问责警钟，不能有效履行监督责任就要被"打板子""挪位子"，甚至"摘帽子"。二是派驻机构与驻在部门机关纪委工作关系初步理顺。《关于加强中央纪委派驻机构建设的意见》，明确了派驻机构与驻在部门的机关纪委是指导关系。中央纪委派驻机构参与调查中管干部违纪案件，负责调查司局级干部违纪案件，必要时可以直接调查处级及以下干部违纪案件；而驻在部

---

[1] 《加强派驻机构建设之四：派驻监督要"敢"字当头》，中央纪委监察部网站，http://www.ccdi.gov.cn/xsjw/series11/201509/t20150906_ 61503. html，2017年10月31日。

门机关纪委负责查处本部门处级及以下干部违纪的案件。派驻纪检组负责对驻在部门机关纪委和直属单位、省级垂管单位的纪检工作进行业务指导和监督检查。以前派驻机构与驻在部门机关纪委共同对驻在部门党风廉政建设负责，改革后派驻纪检组只对上级纪委负责，而驻在部门的机关纪委则直接对部门党风廉政建设负责。省以下纪委派驻机构照此办理。三是有效切割了派驻机构与驻在部门的利益关联。党的十八届三中全会后，《关于加强中央纪委派驻机构建设的意见》明确了派驻机构工作经费在驻在部门预算中单列。中央纪委负责统筹安排派驻机构干部选调、使用、交流、培训、锻炼等工作。以上规定较好地切割了派驻机构与驻在部门的利益联系，为派驻机构忠实履职放手监督创造了条件。四是把对派驻机构的自身监督摆到了非常突出的位置。有权必有责，用权受监督，失职要问责，违法要追究是各级领导干部必须遵守的原则。随着派驻全覆盖的逐步实现，谁来监督派驻机构成了社会关注的热点问题。为此，中央纪委明确提出"执纪者首先要遵守纪律，监督者首先要接受监督"。中央纪委和地方各级纪委增设了纪检监察干部监督室，对派驻机构请示报告、述职述廉、考核评价等做了严格而明确的规定。各级纪委加强了对派驻机构和派驻干部的监督及违纪查处力度。据中央纪委副书记吴玉良同志 2017 年 1 月的情况通报，自十八大召开至 2016 年 12 月，中央纪委机关谈话函询 218 人、实施组织调整 21 人、立案查处违纪纪检干部 17 人。而全国纪检监察系统共谈话函询高达 5800 人次、组织处理 2500 人、处分高达 7900 人，其中派驻机构一批干部被查处，这是前所未有的。以上表明了纪检机关及派驻机构"执纪者有更严的纪律要求，监督者时刻接受监督"的责任担当和坚定决心。

三 十八大以来纪检派驻机构创新发展的意义

党的十八大以来，纪检派驻机构建设的完善创新发展是承前启后革故鼎新的重大举措，对于传承发展党的传统做法，强化党内监督和全面从严治党有着不同寻常的意义。

（一）是对纪检派驻工作的积极传承

纪检派驻统管党内监督长期实践探索和经验积累的过程，是一个承前启后不断发展、完善、创新的过程。新中国成立后，党的中央监察委员会在国务院所属部门先后建立过 40 多个常驻监察组。党的十二大后，派驻机构得到恢复和发展，但由于实行的是双重领导体制，派驻监督作用发挥受到了制约。自 2001 年党的十五届六中全会明确决定"纪律检查机关对派出机构实行统一管理"，到 2004 年派驻机构由中央纪委监察部直接领导，业务工作和干部管理工作由中央纪委监察部统一管理，中央和地方纪检派驻统管有了一定进展。但这只能说是派驻统管的初级阶段，它为党的十八大以来不断完善纪检派驻统管总结了经验，探讨了问题，提供了借鉴，奠定了基础。党的十八大以来完善纪检派驻统管的相关举措是对前十年纪检派驻统管的传承、提升、创新与发展。

（二）破解了派驻监督的瓶颈问题

以前的派驻机构在落实贯彻中央要求、落实党章规定、履行派驻监督等方面有较大差距。一是以前派驻范围空白较大。十八大前，中央一级党和国家机关有 140 多家，而只有单独派驻的 50 多个纪检组，受到纪检派驻监督的只有 50 多家，另外 80 多家单位是纪检派驻监督的盲区。二是重要部门缺项。以前主要是向政府部门派驻，没有向党的工作部门及人大、政协派驻。三是派驻形式和派驻机构名称不统一。一些派驻机构定位不准，职责不清。四是派驻人员不得力。有一些派驻干部不想监督、不敢监督、不会监督，造成监督的虚监、漏监，监督名存实亡。以上问题造成纪检派驻机构的作用没有得到有效发挥。党的十八大以来纪检派驻完善、创新、发展相关举措，为上述问题的解决提供了保障与路径。

（三）成为党内监督的重要组成部分

在以前的纪检派驻体制中，纪检派驻机构在执纪监督和查办案件工作中，必须接受驻在部门党组织领导，查不查谁、查到什么程度等必须经过驻在部门党组主要负责人同意。党的十八大以来，中央纪委明确提出"派驻机构该发现的问题没有发现就是失职，发现问题不处理、不报告就是渎职，都要严肃问责"，强调要注意把握"树木和森林"的关系，做到见事见人见物。强调派驻机构是纪委设在各个部门的监督"探头"。落实中央纪委上述要求，打破了纪检组长拿着驻在单位的工资，跟驻在单位的班子成员一起共事不好意思监督的困境，倒逼纪检组"发现问题、查处问题"。这是改革和完善党内监督体制的重大举措，是从严治党的具体体现，必将对全面从严治党和落实"四个全面"产生重要积极作用。

四　纪检派驻机构完善创新发展的当前局势

十八大以来，纪检派驻机构按照中央要求，聚焦中心，转职能、转方式、转作风，努力工作，取得初步成效，开创了新的局面。

（一）探索了路径摸索了经验

纪检派驻统管全覆盖以来，积极探索新形势下派驻工作开展的路径。

一是加强学习培训，尽快适应岗位。全国各级纪检派驻机构普遍开展了"学党章党规、学系列讲话，做合格党员"学习教育活动，学习中央关于派驻的相关文件，以尽快适应新岗位的工作需要。河南省纪委派驻机构开展"讲忠诚、守纪律、做标杆"和学习"一准则一条例一规则"活动，树立"循序聚焦调亮探头，打造铁军当好前哨"的目标，提出"讲政治对党忠诚、讲担当认真履职、讲学习提高素质、讲纪律树立形象"，并公开承诺，要求工作务实、过程扎实、效果真实。

二是落实两个责任，打开工作局面。纪检派驻机构要求驻在部门领导班子、主要负责人、领导班子成员都要签订主体责任任务清单，驻在部门党组要签订年度党风廉政建设目标责任书（即"三单一书"），以此传导压力，夯实主体责任。上级纪委对派驻机构强调了监督责任，并制定相应的检查考核办法，促使派驻机构自我加压，不敢懈怠。

三是注重多策并举，履行监督职责。派驻机构普遍组织对所属单位进行巡察，加强对落实"八项规定"精神、扶贫、重大项目、选人用人等方面的检查。通过下发《巡视问题整改催办通知书》《专项检查情况反馈意见》等推动驻在部门整改问题。

四是运用"四种形态"，坚持抓早抓小。制定"四种形态"实施意见，规范"四种形态"的使用情形、处理方式和转化标准。对问题线索进行分类处置，因人而异综合运用批评教育、诫勉谈话、通报、组织处理、纪律处分等手段，提升执纪审查的综合效果。通过分级约谈、预防节日病、抓信访举报、调研走访、党风廉洁意见回复、违纪案件通报等制度，使咬耳扯袖红脸出汗成为常态，第一种形态被当成经常性工作并取得了实效。

五是把握监督特点，建立工作机制。纪检派驻机构相继出台了《关于建立健全派驻监督工作机制的实施意见》《全面从严治党主体责任督促落实机制》《重要会议参加列席机制》《常态化沟通协商机制》《重要情况通报机制》《三重一大事项监督机制》《信访举报和问题线索处置机制》《廉政谈话和约谈函询机制》《巡察监督与专项检查工作机制》《调研走访与信息报送机制》《纪检组工作规则》《关于建立与综合监督单位工作联系机制的意见》《综合监督单位选拔任用干部时征求驻在纪检组意见的通知》《来信来访处理规则》《执纪审查工作程序暂行办法》等行之有效的规章制度，建立了干部廉政档案，建立了微信交流平台，设置了廉政信箱，实行了巡回驻点办公，不定期到各单位进行驻点监督，对分管的单位进行人员分工，不定期走访单位，列席参加相关会议。有的县区纪委还建立片区协作机制。上述规定与制度，形成了操作性较强、效率较高的工作运行机制。通过以上工作的开展，省、市、县纪检派驻统管不同程度地取得新成效，纪检派驻监督工作掀开了新的篇章。

（二）存在的问题与面临的挑战

据笔者对部分省份的调研和收集的媒体报道，目前各级纪检派驻机构不同程度地存在以下问题及困惑。

第一，身份认知问题。角色转换差位、错位的问题比较突出，有的人还停留在十八大以前的认识上。一些派驻机构的负责人在受谁领导、对谁负责上还模糊不清，遇到问题不是及时向上级纪委汇报，而是习惯于向驻在部门通报。有的创新意识不强，穿新鞋走老路。对派驻的复杂性认识不足，对履行监督责任的方法途径探索不深入，有效管用的工作招数不多。

第二，职责担当问题。有的没有处理好通过监督执纪问责营造良好政治生态与推进中心工作的关系，以服务大局为由对监督执纪问责打了折扣。有的派驻机构负责人担心自己被边缘化，影响自己的政治前途，喜欢同驻在部门讲和气、混人缘，不敢也不想真正监督执纪问责。有的派驻干部认为"端着人家的饭碗，不太好挑人家的毛病"，遇到矛盾绕着走。个别派驻机构的负责人列席会议时要么跟风发言附和，要么不敢表态，尤其是对矛盾突出的问题，唯恐躲之不及，对重大原则问题不敢挺身而出。更应当引起重视的是，有的派驻机构在统一管理之后，一方面，收到的信访举报大幅增加；另一方面，初核和立案数量不升反降。还有一些派驻机构连续多年没有独立查办过一起案件。有的派驻机构工作不深入，对综合监督的单位情况不明，协调不力。

第三，能力不足问题。一些派驻干部的能力水平不能适应统一管理的客观需要。表现在：有的参与办案机会少，会办案能办案的干部少，遇到案件时，下意识地躲和绕；有的派驻干部业务能力不强，不会监督，找不到突破口；部分派驻机构监督的方式单一，监督的方法局限于参加会议、列席会议和程序式监督的层面，对驻在部门的核心业务、关键职责吃不透，对廉政风险点把不准；有的局限于对驻在部门的监督，没有对综合监督单位进行有效监督；有的对党章党纪党规掌握不到位、运用"四种形态"有偏差；有的审计与外调手段少；有的缺乏必要的执纪办案的场所与设施，办案力量不足，手段有限；有的发现问题的能力不足，消除腐败存量的办法不多；还有的开展咬耳扯袖、红脸出汗没有形成常态，甚至还没有开展过有针对性的谈话函询工作，致使工作不聚焦，监督不到位。上述表明，综合派驻后，如何及时发现问题，发挥"探头"作用，防止"两张皮"是一个新的问题。一些派驻机构对综合派驻遇到的新情况新问题缺乏思想准备与工作准备，工作中存在不同程度的不适应。

第四，队伍建设问题。有的人到纪检组只是为了解决自己的待遇，监督责任形同虚设；有的纪检组严重缺编，定编 8～10 人，实际只有 4～5 人；有的纪检组年龄结构偏大问题突出；有的干部对出路问题考虑较多，认为派驻干部与纪委机关干部相比不被重视，在派驻机构没有出路；也有的纪委对派驻干部培养交流不够，派驻干部远离机关，交流提拔的机会不多，个人发展和出路受限，工作积极性受到影响；还有极个别干部存在违规违纪问题。

第五，机制制度问题。由于派驻机构与驻在部门由监督与协助关系变成了单纯监督与被监督的关系，一些驻在部门对派驻干部敬而远之，造成派驻干部有上不着天、下不着地的感觉。这给派驻机构履行监督职能带来了很多新困惑与挑战。有的派驻纪检组与纪工委、驻在部门机关纪委的关系存在管辖交叉和职责不清的问题。有的主体责任的压力向下传导不够，监督责任向下传导没有形成链条。综合派驻的办法措施不配套，缺乏统一的工作规范与标准，对综合监督单位的监督力度不平衡。有的单位还没有真正将派驻纪检组当成专职监督机构，而是当成一个部门来对待，习惯性地向派驻纪检组安排党风廉政建设日常工作。有的机关党委、纪委人员老化，承担工作任务有困难。上述问题与困惑如不尽快解决，将会使派驻监督流于形式。①

（三）产生上述问题的原因分析

产生上述问题有着主观与客观方面的多个原因。一是时间方面的因素。中央一级全覆盖实行才一年，省一级的纪检派驻全覆盖形式上刚刚完成，工作开展刚刚起步，需要有一个探索的过程。市县两级的纪检派驻全覆盖才刚开始，相当一批市县还没有实施，不应苛求派驻全覆盖从形式到

---

① 以上问题的总结归纳来源于作者对相关省市纪委派驻机构的调研和媒体报道。

内容上一蹴而就。二是模式方面的因素。单独派驻由于与驻在部门直接接触，便于及时发现问题解决问题，但容易形成利益牵连，致使监督抹不开情面而顾虑重重。综合派驻的好处是相对超脱，便于避开人情的束缚而大胆放心地实施监督执纪问责，但缺点是对综合监督的多家部门容易造成顾此失彼，甚至浮在面上形成花架子。"驻在一家、监督多家"已经成为新课题新挑战。有些派驻纪检组监督十多家单位，线长面广难度大。各纪检组虽然有一些探索，但综合监督机制缺乏统一的标准和要求，给监督的"偷工减料"造成可乘之机。两种模式如何取长补短存在困惑，需要从理论上和实践上深入探索。三是机制制度方面的因素。如何为派驻干部从政治待遇、发展出路、切身利益等方面上解决后顾之忧，需要深入思考并从机制制度上解决。在派驻机构统一管理之初，中央到地方普遍考虑到各部门的复杂性和改革的可行性，采取"积极稳妥、分步实施"的策略，先对派驻机构的业务和干部统管，而工作保障、工资待遇和离退休安排等仍由驻在部门负责。这种做法很大程度上延续了监督者与被监督者之间的利益关系，给纪检派驻机构履行监督职责造成了诸多困惑与障碍。

五 完善发展派驻监督的思考与建议

完善创新发展纪检派驻是项长期的系统工程，应当在党的十九大精神指引下，落实新一届中央纪委部署要求，切实履行好监督执纪问责的职责，充分发挥纪检派驻统管监督的潜能，不断开创纪检派驻统管监督的新局面。

（一）贯彻十九大精神，明确目标方向

党的十九大鲜明提出了夺取反腐败压倒性胜利的奋斗目标，并提出发挥好纪检派驻"探头"作用，推进反腐败国家立法，建设覆盖纪检监察系统的检举举报平台等部署要求。十九大修改通过的新《党章》明确规定"党的中央和地方纪律检查委员会向同级党和国家机关全面派驻党的纪律检查组。纪律检查组组长参加驻在部门党的领导组织的有关会议。他们的工作必

须受到该机关党的领导组织的支持"。十八届中纪委向十九大的工作报告中提出"健全派驻机构领导体制和工作机制,加强统一管理,完善考核机制"。这些为进一步完善创新发展纪检派驻监督指明了方向。新一届中央纪委必然按照中央的新要求对派驻机构提出新的目标任务与要求。这些都需要派驻机构认真学习领会。党的十八大期间,《关于加强中央纪委派驻机构建设的意见》已经在总体要求、机构设置、职责权限、工作关系、管理保障、组织领导六个方面,规划了加强中央纪委派驻机构建设的思路和蓝图。地方各级纪委也都贯彻中央纪委要求,下发了加强派驻机构建设的意见。各级派驻机构必须按照以上要求,对标看齐、提升站位、突出主业、敢于担当、转变作风、狠抓落实。要牢记使命、不负重托、准确定位、主动作为、动真碰硬、敢于担当,看清路子、站稳身子、挑起担子。围绕不敢、不能、不想腐败,着力在敢监督、能监督、会监督上下功夫,真正把派驻纪检组建成"探头""前哨"和"常驻不走的巡视组。"

(二)用好"两个资源",形成倍增效果

"派"的权威与"驻"的优势是加强派驻机构建设的两个重要资源和优势。如何挖掘和有效发挥这些资源和优势是一个新课题。"派"的权威是相对于原来的单位党委纪委而言的,派驻机构是代表上级纪委来监督的,监督的权力是党章赋予的,是上级纪委赋予的,派驻机构工作实质上是派出纪委工作的延伸,在推进党风廉政建设和反腐败斗争中发挥"探头"和"前哨"的作用,应当理直气壮毫不含糊。驻在部门决不能再把派驻机构当成自己的内设机构,当成大事化小小事化了的和事佬,当成看家护院的家臣。所谓"驻"的优势是对于上级纪委而言的,主要体现在:一是近的优势。派驻机构与驻在部门工作生活在一起,可以近距离观察监督发现问题;二是快的优势。派驻机构较上级纪委可以及时发现问题、实现抓早抓小;三是准的优势。派驻机构能够更加准确地找到驻在部门管党治党中存在的突出问题,说清楚具体人和具体事,弥补上级纪委监督太远、发现问题滞后等不足。用好"派"与"驻"两个资源,必须扭转"驻的

制约和派的无力"的被动局面,强调派驻机构和派驻干部千万不能把驻的优势当成自己不敢监督和不愿监督的挡箭牌和行动羁绊。教育动员派驻干部真正强化监督意识,一心一意干好纪检,一门心思抓监督,紧扣六项工作职责,把监督执纪问责的责任真正担当起来,把党章对纪委的职责定位真正体现出来。

(三)抓牢"两个责任",开创纪检派驻工作新局面

全面从严治党和党风廉政建设,驻在部门党组织负主体责任与派驻机构负监督责任(即"两个责任"),是开创纪检派驻统管监督工作局面的"牛鼻子",必须抓牢抓实。在主体责任方面,一是要压担子。反复强调驻在部门的党风廉政建设和反腐倡廉工作,其"一把手"是第一责任人,分管领导承担分管责任。二是要上位子。即驻在部门党委(党组)要切实把党风廉政建设和反腐败工作放在驻在部门各项工作中的重要位置,把党风廉政建设同业务工作一起部署、一起检查、一起落实。三是要打板子。即出现党风廉政建设和反腐败方面的问题,不仅要追究驻在部门党组织的主体责任,也要追究派驻纪检机构的监督责任。落实派驻机构监督责任,必须坚定监督信念。既然在派驻机构工作,就要练就想监督、敢监督、能监督、会监督的过硬本领。派驻干部必须消除"端着人家的饭碗,不太好挑人家的毛病""同驻在部门混个好人缘"等错误念头,扭转"拿着纪委的工作证,却不干纪委的活""既当裁判员,又当运动员""种了别人的地、荒了自己的田"的被动局面。必须明确监督重点。要突出重点对象抓住关键少数。主要是监督驻在部门的领导班子及上级党委管的干部,重点是"一把手"、部门的主要负责人、后备干部、将要进入班子的干部。盯住重点领域热岗肥缺。把资产管理、矿山资源管理、公共资源交易、重大项目的审批、司法案件处理、选人用人调人、惠民资金使用分配及扶贫领域等热岗肥缺作为关键重点,睁大眼睛,拉长耳朵,严密防控。把好突出问题关键环节。抓住"三重一大""乱作为"的行为、违反中央"八项规定"精神潜入地下公款吃喝等问题,要突出审查不收敛不收手、问题线索反映集中和群众反映强烈、现在重要岗

位且可能还要提拔使用的干部。四是要学会监督技巧。派驻机构要伸长耳朵、瞪大眼睛，发现问题。收到问题反映、发现线索就要及时报告马上处理。

（四）适应形势发展，注重务实创新

纪检派驻全覆盖、综合派驻为主、纪委与监委双派驻，是党的十九大以来纪检派驻监督完善创新发展的新课题。应当积极探索纪检派驻、监委监督、巡视三个全覆盖情况下的派驻监督的特点与规律，尤其是尽快开创在党的部门和人大、政协机关纪检派驻监督的新局面。从机构设置上，要切实适应纪检派驻与监委派驻的合署办公的新需要。从纪律审查和办案上，要学会用留置代替"两规"。要尽快建立覆盖纪检监察系统的检举举报平台。在与有关部门的协同上，派驻机构要与巡视组、机关纪工委、驻在部门机关纪委等单位加强联系，定期交换意见，畅通信息获取渠道，形成监督合力。要探索建立检察机关提前介入给予相应支持的渠道与办法。要加强调查研究，搞清楚驻在部门的权力配置和运行情况、廉政风险分布情况、领导干部和重要岗位干部的廉洁情况，真正做到情况明、数字准、责任清、作风正、工作实。要学会综合运用否决、建议、报告、问责等合规合法手段履行好派驻机构的职责。根据省、市、县特点，有针对性地推进纪检派驻体制机制改革。其中县级纪检派驻改革应将河北省的做法作为重要样本参考借鉴并不断创新发展。

（五）加强自身建设，打造铁的队伍

派驻机构与派驻干部队伍自身建设是保障派驻监督的中坚环节，要用铁的手段将打铁的人锻造成铁打的人。派驻机构和派驻干部要头戴紧箍帽。即把派驻监督的职责时刻牢记于心，派驻机构要立下军令状，确保驻在部门没有隐藏重大腐败问题；要腰挂尚方宝剑，按照相关规定明确赋予派驻机构派驻干部派驻监督的相关手段，以便使用"十八般武艺"，履行好派驻职责；要头顶探照灯，发挥"探头""放大镜""显微镜"的作用，把巡察作为一项硬性规定，与派驻监督紧密配合，随时随处发现问题；要手握"手术刀"。对查处的问题及时给予相关处分和处理；要腰系"保险带"，即保障好派驻机构与派驻干部的合法权益，保障其无后顾之忧。要把好后备关、考核关、推荐关、提职关、交流关等关口，选好配强派驻干部，健全派驻干部提拔任用和交流机制，解决"流不动、转不开、出不去"的问题。要建立科学管用的派驻机构和干部考核机制，用好导向机制，把刚正不阿、秉公执纪、坚持原则、敢抓敢管，执纪监督、查办案件有突出贡献的派驻干部，予以奖励和重用。要提高派驻干部监督检查能力、查办案件能力、组织协调能力和干部自身综合素质。选调和录用熟悉财会、法律、审计的干部，优化干部队伍结构。要关心干部成长，派驻干部要与纪委机关干部一视同仁，确保派驻干部派得顺、驻得稳。要加强干部的教育培训，加大纪检干部与业务部门干部的交流力度。促进纪委机关与派驻机构的人员交流。要加强对派驻干部的管理与监督，对不敢担当、不想监督、不愿负责的及时调整撤换，对失职渎职违反纪律的要及时严肃追究责任。

（六）加强组织领导，形成有力保障

中央纪委应进一步加强对派驻机构建设的领导与工作指导。地方各级纪委尽快规范派驻监督执纪业务工作流程，进一步细化派驻机构的职责任务、监督权限、监督手段、保障措施，出台对归口综合监督单位的指导意见。要及时给派驻机构提供廉政教育的教材、资料。要成立专门机构负责派驻纪检监察组日常管理教育和监督，加强对派驻纪检监察组日常工作的统一高效管理。

B.4
十八大以来落实中央八项规定精神和反"四风"实践与成效

王素琴　杨洪源*

摘　要：　党员干部的作风问题主要集中体现在"四风"问题上。党的
十八大以来，中央制定出台了一系列规章制度，不断完善改
进作风的长效机制，强化执纪监督问责力度，不断创新查处
"四风"的方法。经过五年持之不懈的努力，"四风"问题总
体态势得到遏制，但一些"隐形"的"四风"问题仍时有发
生，需要进一步统一思想和行动，继续坚持以上率下，着力
优化制度设计和强化制度执行，继续推进作风长效化机制建
设，切实加强人民监督和家风建设。

关键词：　作风建设　"八项规定"　"四风"

作风建设是全面从严治党的重要组成部分，是管党治党的切入点。党的十
八大以来，管党治党从抓作风建设开局起步。在认识上，把作风建设提升到关
系党生死存亡的高度；在内容上，坚决反对"四风"，恢复和发扬党的优良传统
和作风；在举措上，以上率下，从出台中央八项规定开始，推动全党落实中央
八项规定精神，改进了思想作风、工作作风、领导作风和干部生活作风，以改
变学风、文风和会风为抓手，带动政风社风转变，取得了一系列显著成效。

---
*　王素琴，中国社会科学院直属机关党委组织处处长；杨洪源，中国社会科学院社会发展研究
中心秘书长。

一 作风问题的主要表现

作风无小事，作风不可小视，作风不好治。这是作风的三个主要特点。党员干部的作风总体上是好的，这是不可否定的主流。但客观来看，党风上还存在一些问题，集中体现为"四风"问题，即形式主义、官僚主义、享乐主义和奢靡之风。在形式主义方面，主要有知行不一、不考虑实际效果，穷于应付、靠堆积政事和会议文件应付工作，贪图虚名、在实际工作中弄虚作假；在官僚主义方面，主要有自视甚高、与人民群众相脱离，摆"官"架子、与实际相脱离；在享乐主义方面，主要有贪图名利和享受，讲求各种排场和玩乐，思想懈怠、工作不思进取；在奢靡之风方面，主要有挥霍无度、严重铺张浪费，骄奢淫逸、生活奢华糜烂，大兴土木、节庆泛滥，甚至以权谋私、严重腐化堕落。

在"四风"问题中，形式主义、官僚主义问题是沉疴顽疾，深为人民群众痛恶。这些问题几乎涉及工作的全部方面，甚至存在于对待中央决策部署和与人民群众利益密切相关的扶贫领域。以湖北省为例，2017 年 3 ~ 7 月，湖北省纪委印发《关于开展不担当、不作为等问题专项治理的实施方案》，重点整治不担当、不作为，工作不实、弄虚作假，文山会海、照抄照转等 3 类 14 个具体问题。共自查各类问题 8939 个，已整改 6614 个；在不担当、不作为专项治理中，已诫勉谈话 237 人，纪律处分 212 人，移送司法机关 6 人。① 2017 年 7 月 3 日，中央纪委召开扶贫领域监督执纪问责工作电视电话会议。到当月月底，仅吉林省纪委就通报了 11 起扶贫领域侵害群众利益典型问题。②

享乐主义和奢靡之风问题也尤为突出。在一些党员领导干部中，有的理

---

① 《湖北：整治形式主义官僚主义问题纪律处分 212 人》，中央纪委监察部网站，http：//www. ccdi. gov. cn/yw/201708/t20170803_ 104160. html。

② 《吉林省纪委通报 11 起扶贫领域侵害群众利益典型问题》，中央纪委监察部网站，http：//www. ccdi. gov. cn/special/jdbg3/jl_ bgt/sffbwt_ jdbg3/201707/t20170725_ 103586. html。

想信念动摇、意志消沉，甚至毫无信仰，奉行即时享乐的错误信条，纸醉金迷；有的动辄占地百亩、耗资数亿元，将办公大楼搞得富丽堂皇，内设各种吃喝玩乐之物；一些人一味追求超过规定的生活待遇，在吃穿住行方面不厌其多、不厌其华，以讲究各种名牌为荣；有的在生活作风方面极不检点，丧失道德，颠倒荣辱，生活放荡；有的劳民伤财，大肆操办各种节庆活动，甚至不惜搞出各种名堂的节庆，以此为名目敛财聚财，花样百出……这些现象在一些被查处的中管干部中尤为明显。2015年10月，中央纪委监察部网站通报，河北省委原书记、省人大常委会原主任周本顺严重违纪被开除党籍和公职。其被查出的问题包括"严重违反中央八项规定精神，超标准公务接待、公款吃喝，频繁出入私人会所，生活奢侈、挥霍浪费"。① 此外，在诸多被查处案件中，都存在生活作风问题。

中央纪委监察部公布的数据综合显示，仅2015年一年，全国就查处了群众身边的"四风"和腐败问题80516起，91550人受到处理处分。省一级层面纪委监察机关网站显示，31个省（区、市）和新疆生产建设兵团共通报"四风"和腐败问题13436起，指名道姓曝光19838人。② 在中央层面，自2015年7月6日，中央纪委监察部网站正式设立"群众身边的'四风'和腐败问题"监督举报曝光专区并首次进行通报以来，到当年年底，不到半年的时间里，共通报问题979起，点名道姓通报1355人，其中有527人被移送司法机关。在上述被通报的1355人中，涵盖面广且覆盖到基层，主要包括村（居）干部776人、乡镇干部350人、企事业单位以及其他单位党员干部229人。其中涉及村（居）党支部书记、村（居）委会主任共416人，占通报村（居）干部人数的53%，占被查人员总数的30%。从通报数据看，基层党员干部在土地征收流转、"三资"管理、惠农补贴、扶贫救济、低保医保、旧村改造资金、社会抚养费管理使用方面以权谋私、虚报冒

---

① 《河北省委原书记、省人大常委会原主任周本顺严重违纪被开除党籍和公职》，中央纪委监察部网站，http://www.ccdi.gov.cn/jlsc/zggb/djcf_zggb/201607/t20160704_81991.html。

② 《大数据2015（六）查处群众身边的"四风"和腐败问题8万起处理9万人》，中央纪委监察部网站，http://www.ccdi.gov.cn/xwtt/201601/t20160108_72318.html。

领、贪污侵占等问题共561起，约占通报问题总数的57%。①

上述数据表明从中央层面深入到乡（镇）村（居）层面狠抓"四风"问题的必要性和重要性。"四风"问题的存在，使一些领导干部由作风滑坡导致权力异化，使贪腐案件仍处于上升趋势。尽管近些年我们党重视作风建设，并推出一系列的高压反腐政策，在惩治党员作风问题方面下了很大功夫，但涉及党员干部作风问题的案件仍呈频发、高发和多发的态势。涉及领导干部作风的案件既是作风不正的结果，又严重恶化了党风、政风、民风和社风，败坏了党的形象，直接影响了我们党的先进性和纯洁性。正因为如此，十八大以来，我们党才要下大力气狠抓"四风"问题。

二　加强作风建设的重要举措和显著成效

作风建设永远在路上，全面从严治党永远在路上。以习近平同志为核心的党中央，自十八大开局以来就始终将作风建设紧紧抓在手上，采取了一系列重大措施，一以贯之，步步深入，以锲而不舍、驰而不息的精神狠抓作风建设。

（一）主要举措

1. 出台一系列规章制度，不断完善作风建设的长效机制

自中央八项规定出台以来，中央就不断对其进行部署落实。在十八届中央纪委二次全会上，习近平总书记强调，要以踏石留印、抓铁有痕的劲头，不断改进工作作风，做到善始善终，善作善成；在十八届中央纪委五次全会上，他告诫我们，要横下一条心纠正"四风"，把顶风违纪搞"四风"列为纪律审查的重点；在十八届中央纪委六次全会上，他强调了持之以恒地落实中央八项规定的重要性，提出以着力解决群众身边的不正之风和腐败问题为侧重点。

---

① "群众身边的'四风'和腐败问题"监督举报曝光专区，中央纪委监察部网站，http://www.ccdi.gov.cn/special/jdbgjb/index.html。

2013 年 6 月 18 日，在出席党的群众路线教育实践活动工作会议时，习近平总书记指出，要以贯彻落实中央八项规定精神为切入点，开展党的群众路线教育实践活动，着力解决各种突出问题。2013 年 6 月 22～25 日召开的中央政治局专门会议，专门强调将落实中央八项规定精神和反"四风"紧密结合起来。2014 年 6 月 30 日，习近平总书记在中共中央政治局就加强改进作风制度建设进行第十六次集体学习中，将抓作风提升到作为推进党的建设新的伟大工程的重要切入点和着力点的高度。2014 年 10 月 8 日召开的党的群众路线教育实践活动总结大会上，习近平总书记强调，作风建设必须抓常、抓细、抓长，持续努力、久久为功。2015 年 1 月 23 日，中共中央政治局召开会议，强调要坚持不懈抓好中央八项规定精神贯彻落实，坚决防止不良作风反弹回潮……据新华社报道，5 年来，习近平总书记在不同阶段、不同场合发表了一系列重要讲话，并先后做出 51 次重要批示，为贯彻落实中央八项规定精神指出明确方向，提出根本遵循。①

在制度建设方面，中央出台了一系列规章制度，为实现改进作风常态化、长效化，推动作风建设标本兼治，提供了重要的保障。例如，2015 年 10 月 12 日，中共中央政治局召开会议，审议通过了《中国共产党廉洁自律准则》《中国共产党纪律处分条例》。2016 年 6 月 28 日，中共中央政治局召开会议，审议通过了《中国共产党问责条例》，其中规定，对"中央八项规定精神不落实，作风建设流于形式"的党组织和党的领导干部要严肃问责。2016 年 10 月 24～27 日，在北京举行十八届六中全会，审议通过了《新形势下关于党内政治生活的若干准则》和《中国共产党党内监督条例》，将"落实中央八项规定精神，加强作风建设，密切联系群众，巩固党的执政基础情况"列为党内监督的八项主要内容之一。2016 年 11 月 30 日，中共中央政治局召开会议，审议通过了规范党和国家领导人有关待遇等文件、《中国共产党工作机关条例（试行）》、《关于县以上党和国家机关党员领导干部民主生活会的若干规定》。

---

① 朱基钗、罗沙、荣启涵、李亚红：《八项规定，激浊扬清之剑——党的十八大以来以习近平同志为核心的党中央贯彻执行八项规定、推动作风建设综述》，新华网，http://news.xinhuanet.com/mrdx/2017-09/29/c_136647339.htm。

此外，中央还先后出台了《违规发放津贴补贴行为处分规定》《关于党政机关停止新建楼堂馆所和清理办公用房的通知》《中央和国家机关培训费管理办法》《因公临时出国经费管理办法》《党政机关厉行节约反对浪费条例》《党政机关国内公务接待管理规定》《关于严禁党政机关到风景名胜区开会的通知》《关于调整中央和国家机关差旅住宿费标准等有关问题的通知》《关于全面推进公务用车制度改革的指导意见》《中央行政单位通用办公设备家具配置标准》《党政机关办公用房建设标准》《中央和国家机关会议费管理办法》等。

2. 坚持管用做法，加强执纪监督问责力度

全国各级纪检监察组织不断强化对违反中央八项规定精神问题的执纪监督问责，在惩戒力度方面也不断加大。自中央八项规定出台到 2016 年底，对于违反中央八项规定和"四风"问题的处置，仅中央纪委机关就处理了 250 多人，其中有 218 人次被谈话函询、21 人被组织调整、17 人被立案查处；全国纪检监察系统共谈话函询 5800 人次、组织处理 2500 人、处分 7900 人。

除了严格监督执纪和公开曝光外，各级纪检监察组织还坚持和不断加强紧盯年节假期。实践证明，这个做法是极为管用的。各级纪检监察组织在节日前后执纪工作中，做到节日前发出守纪倡廉通知，节日期间突击检查和暗中走访，节日后摸排复查；各级纪检监察干部坚持高度重视、重点排查、严格执行的原则，开展纠正"四风"专项监督检查，严肃查处顶风违纪行为。2015 年底和 2016 年 4 月 28 日，中央纪委监察部网站连续推出了"元旦春节期间违反中央八项规定精神问题监督举报曝光专区"。2016 年元旦、春节期间，四周内共通报违反中央八项规定精神问题 420 起；2017 年元旦、春节期间，四周内共通报 286 起，同比下降 32%。2016 年"五一"、端午期间，六周内共通报违反中央八项规定精神问题 527 起，平均每周约 88 起；2017 年"五一"、端午期间，四周内共通报 236 起，平均每周 59 起，平均每周同比下降约 33%。① 这组数据充分说明，紧盯年节假期具有强化持续震

① 中央纪委监察部网站监督曝光平台，http://www.ccdi.gov.cn/special/jdbg3/index.html。

慑的威力，有助于防止"四风"反弹回潮。

3. 不断创新方法，牢牢掌握正风肃纪主动权

自中央八项规定实施以来，各级纪检监察组织在纠"四风"的实践中，深入了解"四风"新动向、新表现，不断运用执纪新招数，积极查找隐形变异的"四风"问题，释放新信号。比如，对那些不收手、不知止，甚至规避和对抗组织监督的"四风"问题行为，实行一律从严查处；深挖细查执纪审查中发现的"四风"问题各类线索，绝不放过一丝一毫。此外，各级纪检监察组织还通过创新监督方式，及早发现和处理各种"四风"问题。一方面，中央纪委监察部开通了"纠正'四风'监督举报直通车"网站、"反'四风'一键通"手机客户端和"四风举报"微信平台，通过上述"一网一端一微"形成了强大的监督力量。以 2015 年为例，通过网站和手机客户端（2015 年 6 月 18 日开通）平台，共收到举报件 12.8 万件，较 2014 年增长 13%。其中，网络举报件 9.2 万件，手机客户端举报件 3.6 万件，分别占 72% 和 28%。2016 年 1 月 1 日，中央纪委监察部网站微信公众账号开通"'四风'举报"当天，就收到群众举报 1748 件。[①] 另一方面，各级纪检监察组织开门搞监督，依托新媒体新技术"构筑"无处不在的监督网，对于形成"不敢"的氛围，起到了积极的推动作用。

（二）显著成效

综合中央纪委监察部公布的数据统计显示，自 2012 年底中央八项规定实施至 2017 年 7 月底，全国共查处违反中央八项规定精神问题 18 万多起，平均每天超过 100 起，处理人数 24 万多人，给予 13 万多人党纪政纪处分。[②] 这组数据充分说明了十八大以来中央狠抓八项规定精神落实的决心，以及中央纪委严查违规问题的态度。在五年时间里，八项规定精神已经落地生根，取得了显著成效，党风政风民风社风呈现新的气象。

---

① 邢婷婷：《件件查证处置件件回应反馈一批网络举报"四风"典型问题被严肃查处》，中央纪委监察部网站，http://www.ccdi.gov.cn/xwtt/201602/t20160204_74055.html.

② 中央纪委监察部网站，http://www.ccdi.gov.cn/xwtt.

国家统计局 2017 年 6 月进行的民情民意电话调查显示，94.8% 的受调查对象肯定了以习近平同志为核心的党中央制定和落实中央八项规定的成效，91.8% 对中央八项规定长期执行有信心，85.5% 认为中央八项规定实施以来身边党员干部工作作风有明显改进，89.5% 认为党员干部工作作风带动社会风气有明显改进。2017 年全国党风廉政建设民意调查同时显示，92.7% 的群众认为，党的十八大以来落实中央八项规定精神和纠正"四风"，具有很大的效果，比 2013 年提高了 11.4 个百分点。① 这充分说明，中央八项规定精神的贯彻落实已深入人心，人民群众高度信赖和衷心拥戴以习近平同志为核心的党中央，树立了我们党在人民群众中的威信。

1. "四风"问题总体态势得到遏制

2016 年底，中央对形势做出最新判断，反腐败斗争压倒性态势已经形成，不敢腐的目标已初步实现。在全国纪检监察机关接到的检举控告类信访举报方面，2016 年实现了党的十八大以来首次回落，比 2015 年下降了 17.5%；在反腐和纠"四风"的高压之下，2016 年共有 5.7 万名党员主动向组织交代了自己的问题。②

近五年来，中央持之以恒地纠正"四风"问题，在做好坚持、巩固和深化等"文章"的同时，深挖执纪审查中发现的"四风"问题线索，有效防止反弹回潮。自 2012 年 12 月中央八项规定实施到 2013 年底，全国共查处 24521 起违反中央八项规定精神问题；2014 年查处 53085 起，同比增长 116.5%；2015 年查处 36911 起，同比下降 30.5%；2016 年查处 40827 起，同比增长 10.6%；2017 年前 7 个月共查处问题 25106 起，月均查处问题 3586 起，同比增长 5.4%。从给予党纪政纪处分人数来看，2012 年 12 月 ~ 2013 年底为 7692 人；2014 年为 23646 人，同比增长 207.4%；2015 年共

---

① 朱基钗、罗沙、荣启涵、李亚红：《八项规定，激浊扬清之剑——党的十八大以来以习近平同志为核心的党中央贯彻执行八项规定、推动作风建设综述》，新华网，http：//news.xinhuanet.com/mrdx/2017-09/29/c_136647339.htm。

② 朱基钗：《形成反腐败斗争压倒性态势》，中央纪委监察部网站，http：//www.ccdi.gov.cn/yw/201708/t20170817_104807.html。

33966 人，同比增长 43.6%；2016 年为 42466 人，同比增长 25%；2017 年
1～7 月处分 24364 人，月均处分 3480 人，同比下降 1.7%①（见图 1）。查
处问题数增幅明显下降和处分人数增幅逐年下降，意味着查处成效不断显
现，反映出"四风"问题增量呈下降态势，其总体态势得到一定程度的
遏制。

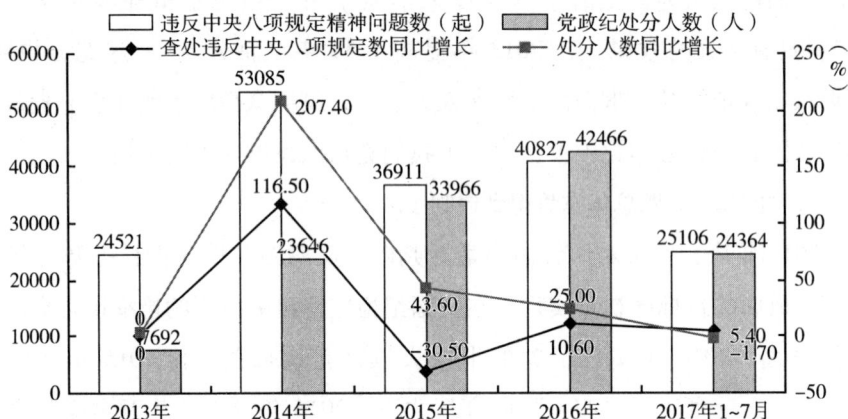

图 1　全国查处违反中央八项规定精神问题情况（2013 年至 2017 年 1～7 月）

2. 公务接待逐步风清气正

多年以来，违规公款吃喝是易发多发的问题，社会关注、群众痛恨，在
这方面，个别高级领导干部带坏了风气。十八大以来，中央在全国范围内严
肃整治公款大吃大喝行为，落实公务接待有关规定，严禁在各种名义下进行
公款互相宴请和高消费娱乐活动。2012 年 12 月至 2017 年 7 月底，全国共查
处违规公款吃喝问题 1.6 万多起，处理 2.3 万多人。其中，2012 年 12 月至
2013 年底查处 1134 起，处理 1206 人；2014 年查处 2007 起，处理 2668 人，
同比分别增长 77%、121%；2015 年查处 4761 起，处理 6591 人，同比分别
增长 137%、147%；2016 年查处 5229 起，处理 7964 人，同比分别增长
9.8% 和 21%；2017 年前七个月查处问题数和处分人数分别为 3023 起和

---

①　中央纪委监察部网站，http：// www. ccdi. gov. cn/xwtt。

4942 人，这两个数据月均分别基本持平和增长 6.5%①（见图 2）。2013 ~ 2015 年，查处违规公款吃喝问题和处理人数每年几乎都成倍增长；2016 年至 2017 年 7 月，查处违规公款吃喝问题和处理人数增幅大幅放缓，这表明违规公款吃喝问题得到明显遏制。与此同时，财政部公布的另一组数据表明，2013 ~ 2016 年这 4 年间，中央本级公务接待费分别为 12.09 亿元、9.20 亿元、5.42 亿元、4.19 亿元②（见图 3），呈现明显递减态势，降幅高达 65%。这也从侧面反映出中央八项规定精神已经落到了实处，公务接待已经逐步风清气正。

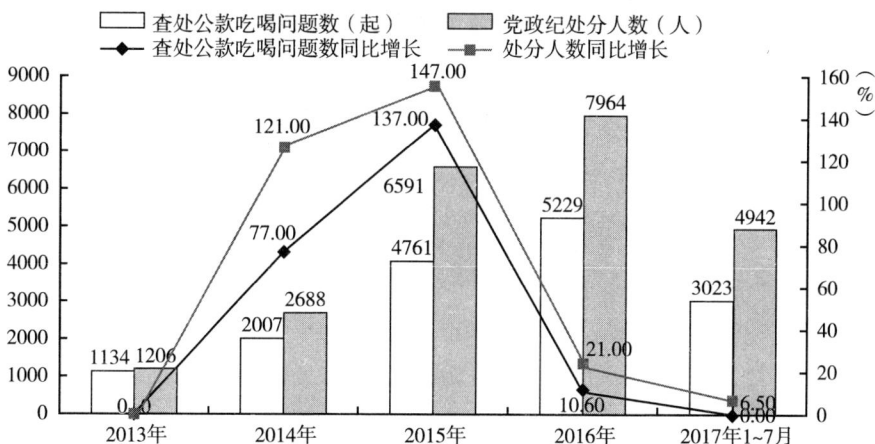

图2　全国查处公款吃喝问题情况（2013 年至 2017 年 1 ~ 7 月）

3. 公车私用问题得到有效控制

特权思想和官本位意识，不仅仅关系党风廉政建设，而且也是一个影响党和国家永葆生机活力的大问题。公车私用，俗称"车轮上的腐败"，是特权思想和官本位意识的集中体现。中央纪委监察部公布的数据显示，八项规定实施以来，中央"狠刹""车轮上的腐败"，雷厉风行，成果显著。

---

① 中央纪委监察部网站，http：//www.ccdi.gov.cn/xwtt。

② 中华人民共和国财政部网站，http：//yss.mof.gov.cn/zhengwuxinxi/caizhengshuju。

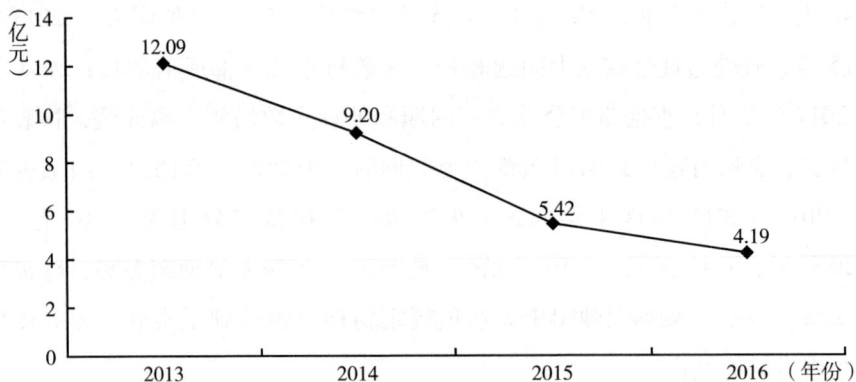

图3　中央本级公务接待费（2013～2016年）

一方面，经过几年的持续加大力度，被查处违规配备使用公务用车的问题和人数从不断攀升，到开始出现逐渐下降的趋势。2013年全国违规配备使用公务用车问题6300多起，处理6200多人；2014年共查处6700多起，处理7700多人；2015年查处8600多起，处理10000多人；2016年查处6700多起，处理8600多人。①

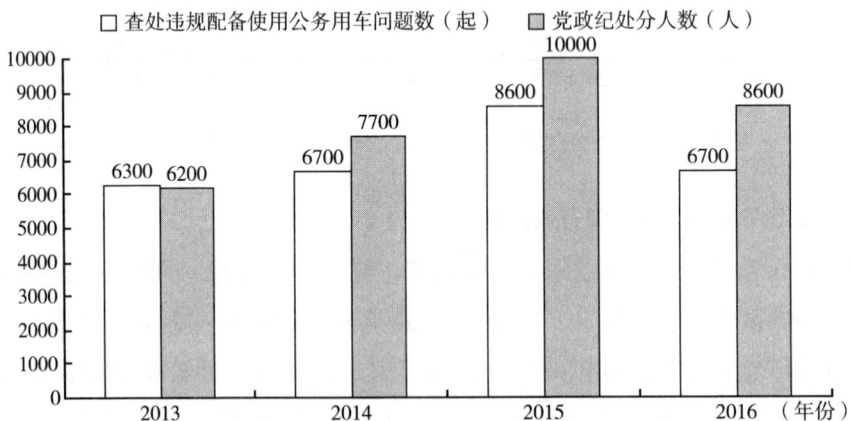

图4　全国查处公务用车问题情况（2013～2016年）

① 中央纪委监察部网站，http：//www.ccdi.gov.cn/xwtt。

另一方面，公务用车购置及运行费逐年递减。2013～2016 年，中央本级"三公"经费财政拨款预算中公务用车购置及运行费具体如下：2016 年为 34.41 亿元，较上年减少 0.18 亿元，减幅 0.5%；2015 年这一数字为 34.59 亿元，较上年减少 6.68 亿元，减幅 16.2%；2014 年为 41.27 亿元，较上年减少 2.72 亿元，减幅 6.2%；2013 年为 43.99 亿元，较上年减少 0.33 亿元，减幅 0.7%（见图5）。① 综合上述数据分析，可以得出以下结论：经过 5 年驰而不息正风肃纪，公车私用问题在总体态势上得到有效控制。

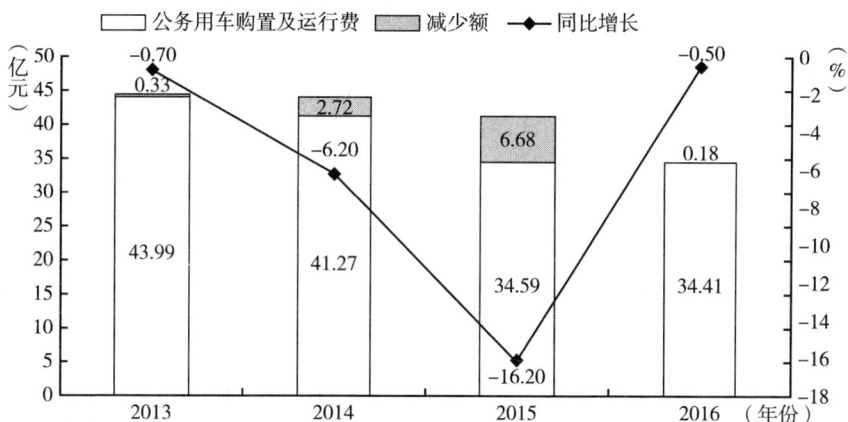

图5　全国公务用车购置及运行费情况（2013～2016 年）

三　存在的问题与对策建议

当前，在全国范围内持续强化正风肃纪和狠抓作风建设的高压态势下，一些群众反映强烈的显性"四风"问题，如公款大吃大喝、公款旅游等得到了明显遏制。2017 年上半年，全国共查处 2491 起违规公款吃喝问题，977 起公款国内旅游问题，78 起公款出国境旅游问题②，分别仅占总数的 11.99%、

---

① 中华人民共和国财政部网站，http：//yss.mof.gov.cn/zhengwuxinxi/caizhengshuju。
② 《2017 年 6 月全国查处违反中央八项规定精神问题 5671 起》，中央纪委监察部网站，http：//www.ccdi.gov.cn/xwtt/201707/t20170719_ 103155.html。

4.71% 和 0.37%；与上年同期相比，分别基本持平（2480 起）、下降 14.1%（1137 起）和 25.7%（105 起）。这说明，群众看得见、易于监督、显性的"四风"问题正在减少，但一些"隐形"的"四风"问题却时有发生。如表 1 所示，仅 2017 年 1~7 月，每月查处的违规发放津补贴或福利、违规收送礼品礼金和大办婚丧喜庆等问题，总计都仍然在当月查处的问题总数的 45% 以上。有些干部甚至在"四风"行为上动了歪脑筋，比如，在公车私用时遮挡车牌或把公车停在不易被发觉的地方；化整为零分批操办婚丧嫁娶，礼金照收不误；以组织比赛发放奖品、虚构稿费、购物卡变现等方式发放津补贴或福利；甚至动用移动支付手段收送礼金等。这些行为的典型案例已被中央纪委监察部予以曝光。①

表 1　全国查处的违反中央八项规定问题汇总（2017 年 1~7 月）

单位：起，%

月份	项目	总计	类型		
			违规发放津补贴或福利	违规收送礼品礼金	大办婚丧喜庆
1 月	查处问题数	2778	743	545	345
	所占比重	100	26.75	19.62	12.42
2 月	查处问题数	2077	465	438	288
	所占比重	100	22.39	21.09	13.87
3 月	查处问题数	2733	650	508	362
	所占比重	100	23.78	18.59	13.25
4 月	查处问题数	3514	782	657	419
	所占比重	100	22.25	18.70	11.92
5 月	查处问题数	3991	832	739	502
	所占比重	100	20.85	18.52	12.58
6 月	查处问题数	5671	1245	831	582
	所占比重	100	21.95	14.65	10.26
7 月	查处问题数	4342	1012	814	458
	所占比重	100	23.31	18.75	10.55

资料来源：中央纪委监察部网站，http：//www.ccdi.gov.cn/xwtt。

---

① 《河北省纪委通报七起违规操办婚丧喜庆事宜典型问题》，中央纪委监察部网站，http：// www.ccdi.gov.cn/yw/201704/t20170426_ 98089.html。

作风问题所具有的反复性和顽固性，使得稍一放松它就会反弹，稍一抓就有所好转。这是我们应当清楚认识的事实。全党上下应在党中央的领导下，以踏石留印、抓铁有痕的劲头，以壮士断腕、刮骨疗毒的勇气，在坚持中深化，在深化中坚持，一刻也不能放松，更好地巩固落实中央八项规定精神的成果，让人民群众看到实实在在的成效和变化。

（一）进一步统一思想和行动

隐形"四风"问题的高发，说明一些党员干部在原则性问题上出现了偏差。他们以各种花样给"四风"披上"隐形衣"的行为本身就是明知故犯，知其不可为而为。作为党的干部，首要的就是坚定理想信念，牢记党的宗旨和性质。原则性上出了问题，必须先要在精神上"补钙"。广大党员干部应深入学习领会习近平总书记系列重要讲话精神和治国理政新理念新思想新战略，并与学习贯彻中央八项规定及实施细则结合起来；深刻认识以习近平同志为核心的党中央加强作风建设的坚定决心，深刻认识改进工作作风、密切联系群众的重要性，深刻认识当前工作作风上问题的严重危害；进一步把思想和行动统一到中央精神上来，把加强作风建设置于更加突出的位置，真正做到与中央的认识和要求相一致。

（二）继续坚持以身作则和以上率下

自十八大以来，在受到党纪处分的干部中，省部级领导干部高达23人，仅2017年1～7月就有6人①。落实中央八项规定精神和反对"四风"问题，仍旧需要我们党的干部，特别是高级领导干部，以身作则、率先垂范，树立良好形象。2012年12月4日，在审议通过中央八项规定时，中央政治局就强调从改进自身的作风做起，从改进自身的作风严起。"正人必先正己，正己才能正人。中央怎么做，上层怎么做，领导干部怎么做，全党都在

---

① 《2017年7月全国查处违反中央八项规定精神问题4342起》，中央纪委监察部网站，http://www.ccdi.gov.cn/xwtt/201708/t20170821_104948.html。

看。"① 各级机关、单位、干部在执行八项规定方面必须有更高的标准、更严的要求。要按照中央有关规定，认真对照检查，研究提出改进的措施和办法，从自身做起，从具体事项做起，确保在改进工作作风方面取得实效。

（三）着力优化制度规定设计和强化制度规定执行

作风建设重在治本。只有通过制度的形式将中央八项规定取得的成效固化下来，才能有效地防止日后反弹。首先，继续推进系统完备制度体系的形成。在摸清实际情况和充分实践的基础上，对执行过程中存在的问题实施分类处理，停止执行或重新设计不具备可操作性的制度，修订完善和逐步细化有缺陷漏洞的制度，系统总结和逐步推广卓有成效的制度规定。要充分走群众路线，在广泛听取各方面意见建议的基础上，提高制度规定的科学性和系统性，使各项制度规定形成相互衔接、相互照应。其次，要在狠抓执行上下大力气。各级纪检监察机关要严格履行职责，坚决维护制度的严肃性和权威性，对于违反八项规定的党员干部，无论官大官小、错大错小，都要做到违者必究、有违必纠，严禁网开一面，增强党员干部对制度规定的敬畏感。

（四）继续推进作风常态化和长效化机制建设

改进工作作风、密切联系群众，这是以习近平同志为核心的党中央向全党全社会做出的一项庄严承诺。形成优良作风不可能一劳永逸，克服不良作风也不可能一蹴而就。由于广大党员干部并非生活在"真空"中，他们不可避免地会受到一些社会不良现象和错误思想的影响和侵蚀，从而出现不良作风问题。因此，反对不良作风和弘扬新风正气，是一项经常性和长期性的任务。另外，作风问题具有顽固性和反复性，这决定了它稍被松一松就会反弹。我们要在"常""长"二字上下功夫，做到反复抓、长期抓，从而实现常态化和长效化。

---

① 习近平：《在党的群众路线教育实践活动总结大会上的讲话》，人民出版社，2014，第8页。

（五）切实加强人民监督和家风建设

人民群众的认可，是衡量作风建设的重要标准，它的标准在于公众参与渠道是否畅通，接受群众的批评和监督是否主动。众所周知，人民监督具有主动性、客观性、广泛性和及时性，其监督范围最广、时效最长、成本最小、信息最真，因而成为八项规定执行情况和反对"四风"问题的"试金石"。有鉴于此，我们要畅通人民监督有效渠道，健全人民监督的保障制度，从而使人民群众能够有效行使知情权、参与权、表达权、监督权，真正让监督的"阳光"照亮权力运行的每一个角落。此外，领导干部的家风，不是个人小事和家庭私事。从近年来查处的违反中央八项规定精神的问题看，家风败坏往往是领导干部走向违纪违规的重要原因。不少领导干部不仅个人存在作风问题，还纵容亲属和身边工作人员搞特权。党员干部要把家风建设摆在重要位置，廉洁修身、廉洁齐家，从婚丧嫁娶、请客吃喝、迎来送往等细节、小事入手，时时、处处、事事保持清醒头脑，严于律己。

B.5
十八大以来问责工作机制创新及其成效

贺夏蓉*

摘　要：　党的十八大以来，问责工作受到高度重视，问责工作机制不断创新，主要体现在九个方面：问责理念和精神强调有权必有责、权责对等，问责定位聚焦政治问责，问责主体和对象覆盖各级党组织、突出关键少数，问责类型上抓牢主体责任、监督责任和领导责任，责任区分为全面领导、主要领导和重要领导责任，问责方式上坚持纪法分开、运用"四种形态"，实行终身问责、典型问题通报曝光，问责程序上保障规范有序、增强可操作性，问责制度上保持配套衔接、形成合力。

关键词：　问责机制　创新　从严治党

习近平总书记在十八届中央纪委六次全会上指出："全面从严治党，核心是加强党的领导，基础在全面，关键在严，要害在治。"全面从严治党，靠什么"严"、怎么体现"严"？问责就是其中一项。"严肃问责是全面从严治党的应有之义和重要保证"。① 党的十八大以来，习近平总书记对问责工作高度重视。总书记在不同场合就加强问责工作做了一系列重要论述、重要指示，精辟和深刻地回答了关于问责工作的一系列重大问题。在十八届中央

＊　贺夏蓉，中国纪检监察学院副教授。

①　《学思践悟·让制度的力量充分释放》，中央纪委监察部网站，http://www.ccdi.gov.cn/xsjw/series22/201612/t20161225_91712.html。

纪委六次全会上，总书记继续强调："要整合问责制度，健全问责机制，坚持有责必问、问责必严。"2016 年 7 月，中央印发《中国共产党问责条例》（以下简称《问责条例》），标志着问责工作走向制度化、规范化、程序化的轨道。

党的十八大以来，以习近平同志为核心的党中央厘清了权利与义务、责任与担当之间的辩证关系，以问责倒逼责任落实，先后严肃问责了一批在党的建设和党的事业中失职失责的党组织和党的领导干部的典型问题，切实解决管党治党突出问题，推动全面从严治党从宽松软走向严紧硬，取得了明显成效，"不仅成为十八届党中央治国理政、管党治党的鲜明特色，而且是党的建设理念的一大创新，是全面从严治党在坚持中深化的具体体现"。①

一　在问责理念和精神上，强调有权必有责、权责对等

习近平总书记指出："有权就有责，权责要对等"，并反复强调，对共产党人来说，没有离开责任的权力，权力有多大，责任就有多大，担当就得有多大。权责对等，即权责一致，"是指在一个组织中的管理者所拥有的权力应当与其所承担的责任相适应的准则"②，是对权力与责任关系的应然描述，是权力配置的一条基本原则。十八大以来，党中央将权责对等理念贯穿整个问责工作，成为开展问责工作和制定《问责条例》的逻辑起点。无论是明确问责主体和对象，还是划分责任类型，都将之作为必须要坚持的基本原则和出发点。

总书记指出："全面从严治党，推进标本兼治，最根本的就在于各级领导干部要把管党治党的责任担当起来。各级党委要扛起全面从严治党的政治责任，以严肃问责推动责任落实。"全面从严治党必须靠全党，全党管、全党治。中国共产党是一个拥有 8900 万党员、451.8 万个党组织的特大型执

---

① 《学思践悟·用好问责这个利器》，中央纪委监察部网站，http：//www.ccdi.gov.cn/xsjw/series22/201612/t20161211_90950.html。

② 吴礼明：《论权责对等原则》，《经济管理》2000 年第 7 期。

政党，单靠哪一层级的党组织和党员领导干部都不可能把管党治党的责任扛起来，也扛不起来。不论哪一级哪个环节出了问题都会影响管党治党的合力，影响全党的战斗力和凝聚力。十八大以来，全面从严治党要求一级压一级、层层抓落实。比如，中央部委和省一级的党委（党组）书记把管党治党的政治责任扛上的同时，还要把责任传导给副书记、常委；上级党委（党组）把责任传导给下级党委（党组），如此一层一层压实压紧责任，避免压力传导出现"边际递减"效应，有效解决"上面九级风浪，下面纹丝不动"、责任落实上紧下松问题。

二 在问责定位上，聚焦政治问责，
厚植党执政的政治基础

党章总纲规定，中国共产党是中国特色社会主义事业的领导核心。党的领导是政治领导。问责问的就是各级党组织和党的领导干部的政治责任。"政治责任是政治权力执行主体必须坚持的基本责任"，[①] "是维系政治有效性的重要机制"。[②] 然而，在现有的与问责相关的党内法规制度和问责工作实践中，对事件、事故等行政问责多，对党的领导弱化、党的建设缺失问责少，没有很好地突出坚持党的领导这一中国特色社会主义最本质的特征，也没有紧扣全面从严治党这一重大战略部署，其实质是仅停留在了问题的表面，而没有抓住表象背后的深层次、根本性问题，这明显不能适应十八大以来全面从严治党的实践需要，尤其是政治实践、政治提升的需要。突出行政问责，而忽略政党治理、政治忠诚层面上的问责是我们长期以来的"问责亏空"。比如，1985 年中办国办印发的《关于解决当前机关作风中几个严重问题的通知》、1988 年中央纪委印发的《党员领导干部犯严重官僚主义失职错误党纪处分的暂行规定》《失职渎职责任追究办法》等，主要针对行政事

---

① 邱实、赵晖：《论当代中国政治责任的实现路径》，《华东师范大学学报》（哲学社会科学版）2015 年第 6 期。

② 张德友、李涛：《关于领导责任制度建设的思考》，《政治学研究》2009 年第 4 期。

项的问责，特别是 2002 年中办国办印发的《关于对涉及农民负担案（事）件实行责任追究的暂行办法》，更是一个行政色彩很浓的问责规定，而且只针对县乡两级的问责，内容仅限于减轻农民负担和"三农"问题。再比如，2009 年 6 月，中共中央办公厅、国务院办公厅印发的《关于实行党政领导干部问责的暂行规定》，是在 1998 年《关于实行党风廉政建设责任制的规定》基础上扩大了问责面，按决策、行政、用人等方面来划分、追究责任，但实际上仍比较偏重行政问责事项，没有把管党治党纳入进来。"政治责任不仅是一种逻辑或理念，它需要在政治生活中通过一定的制度或方式得以实现。"① 党的十八大以来，党中央聚焦政治问责。《问责条例》第二条指出，"落实党组织管党治党政治责任，督促党的领导干部践行忠诚干净担当"，问责指向上的政治性非常明确。

一是问责的路径和方向体现政治问责。问责的路径和方向，就是围绕协调推进"五位一体"总体大局、"四个全面"战略布局，坚持党的领导，加强党的建设，全面从严治党。这个路径和方向本身就是政治。党的领导是中国特色社会主义的本质特征。党的领导、党的建设、全面从严治党、党的六大纪律、党风廉政建设和反腐败斗争，这几者的关系层次分明。后者是前者的组成部分，但不是全部，是一种服从关系，后者要在前者的全部工作中来考虑、定位和摆布。这个路径和方向体现了十八大以来管党治党理论和实践创新的成果，同时也是党的建设和党的事业所包括的内涵，囊括了党组织和党的领导干部所有的政治职责。有关数据显示，2014 年 1 月至 2017 年 8 月，全国共有 6 万余名党员领导干部被问责。其中，2014 年问责 4600 余人，2015 年问责 1.5 万余人，2016 年问责 1.7 万余人，2017 年 1～8 月共问责 2.3 万余人，同比增长 134%。② 问责的范围从党风廉政建设和反腐败斗争的领域，向党的建设和党的事业各个方面拓展延伸，问责在管党治党中的利器作用得到充分彰显和发挥。

---

① 张贤明：《政治责任的逻辑与实现》，《政治学研究》2003 年第 4 期。

② 《今年 1～8 月全国共问责 2.3 万余人同比增长 134%》，中央纪委监察部网站，http：//www.ccdi.gov.cn/yw/201709/t20170930_108258.html。

二是通过问责情形将政治问责具体化、细化。问责情形是问责内容的具体化。《问责条例》将党章规定的党组织和党的领导干部的政治责任细化为"5+1"种情形，紧紧围绕"党的领导、党的建设、全面从严治党、党的六大纪律、党风廉政建设和反腐败工作"等五个方面，再加一条兜底条款，从党的领导弱化、党的建设缺失、全面从严治党不力、推进党风廉政建设和反腐败工作不坚决不扎实等方面去考量，区分情节、强调后果，开列责任清单。比如，《问责条例》规定的问责情形之一，"党的领导弱化，党的理论和路线方针政策、党中央的决策部署没有得到有效贯彻落实，在推进经济建设、政治建设、文化建设、社会建设、生态文明建设中，或者在处置本地区本部门本单位发生的重大问题中领导不力，出现重大失误，给党的事业和人民利益造成严重损失，产生恶劣影响的"。在2016年7月至2017年7月中央纪委监察部网站通报的176起典型案例中，本地区、本单位出现"党的建设缺失"的情形最多，有77起，占24%。① 另外，还有"全面从严治党不力，造成严重后果的；维护党的六大纪律不力，导致违规违纪行为多发，造成恶劣影响的；推进党风廉政建设和反腐败工作不坚决、不扎实，管辖范围内腐败蔓延势头没有得到有效遏制，损害群众利益的不正之风和腐败问题突出的"等其他五种情形。2014年至2017年8月全国共对中央八项规定精神不落实问题严肃问责2万余人，占问责总人数的34%；对扶贫领域问责3100余人；对换届选举违规违纪问题问责600余人，② 体现了各级党组织牢固树立"四个意识"，提高政治站位，突出政治责任，紧紧聚焦不担当、乱担当，不作为、乱作为、不负责等问题，让失责必问、问责必严成为常态。十八大以来，有影响的问责几乎没有间断过。比如，对湖南衡阳人大会的贿选案问责了467人，对四川南充党代会的贿选案问责了477人，还有对辽宁省一级贿选案的问责等，问责力度之大、范围之广、手段之严，新中国成立

---

① 《从176起典型案例看问责：抓住关键少数，突出政治责任》，中央纪委监察部网站，http://www.ccdi.gov.cn/xwtt/201707/t20170707_102375.html。

② 《今年1~8月全国共问责2.3万余人同比增长134%》，中央纪委监察部网站，http://www.ccdi.gov.cn/yw/201709/t20170930_108258.html。

以来少见。无论是追究主体责任、监督责任，还是领导责任，落脚点都是加强和改进党的领导，都是事关完成党执政使命和厚植党执政基础的政治责任。

三 在问责主体和对象上，覆盖各级党组织、突出关键少数

在问责工作中，谁问？问谁？是两个最核心、最基本的问题。然而，现有的一百多部与问责有关的法规制度，对问责主体规定不明确，致使党委（党组）、纪委（纪检组）、党的工作部门相互之间关系不清、职责不清、相互推诿。一提到问责就推给纪委（纪检组）。同时，问责工作不平衡，有的地方多，有的地方少；追究直接责任多、领导责任少；追究"弱势"部门多、"强势"部门少；特别是追究基层多、机关部门少。有关数据显示，十八大之前，被问责的大多都是科级及以下干部，甚至是七站八所的股级干部。另外，"党政不分、以党代政的现象比较普遍；上下级之间职责划分不明；正副职之间的责任划分不够明确；'集体负责'便无责"① 等，大大降低了问责的权威性和震慑效果。"任何一种权力与责任之间都会存在错位与失衡，权责背离的现象仍普遍存在。消除权责背离现象，需要明确责任主体，构建科学合理的权责关系。"② 十八大后，党中央明确了问责的主体是各级党组织，问责的对象是各级党组织及其领导成员。党政军民学、东西南北中，党是领导一切的。无论发生什么样的事故事件，都有党组织的领导责任。③

一是明确各级党组织是问责的主体和对象。习近平总书记在十八届中央纪委六次全会上指出，"全面从严治党，核心是加强党的领导，基础在全面，关键在严，要害在治"。总书记所讲的"全面"，包含全方位、全覆盖、全过程三个方面的内涵，就是管全党、治全党，面向全体党员、所有党组

---

① 马新民：《行政问责存在的问题及对策》，《宿州教育学院学报》2013 年第 1 期。
② 张喜红：《权责一致：责任政治建设的基本前提》，《思想战线》2016 年第 6 期。
③ 《学思践悟·问责问的是政治责任》，中央纪委监察部网站，http://www.ccdi.gov.cn/xsjw/series22/201612/t20161218_91387.html。

织。党中央和各级党委（党组）、各级纪委（纪检组）、党的工作部门（如组织部、宣传部、统战部、政法委等）等各级党组织都是问责的主体和对象。据统计，2014年1月至2017年8月，全国共有6100余个单位党委（党组）、党总支、党支部，300余个纪委（纪检组）被问责。① 2016年7月至2017年7月，在中央纪委监察部网站通报的176起典型案例中，7起问题中追究了相关党组织的责任。将党的工作部门作为问责的主体和对象，是十八大以来问责机制创新的一个亮点。之前一百多部与问责有关的法规制度没有明确把党的工作部门纳入问责主体范围。管党治党是管全党、治全党、靠全党，谁有权力谁就有责任，谁就得去问责、被问责。从中央到地方，各级党委（党组）、纪委（纪检组）和党的工作部门绝不能放弃职责，都要守土有责、守土负责、守土尽责。有的地方（比如广东、四川等地）还规定了对基层党组织及其负责人的问责。只要有党组织的地方，就有管党治党的政治责任；只要是在党组织和党的领导干部职责范围内、管辖内出现了管党治党失职失责并达到了问责的情形，就要去问责。不去管、不去问或等着其他机关、部门或单位去问，就是失职失责，就会被问责。十八大以来，党中央通过这样的制度设计，把全面从严治党政治责任的落实横向到边、纵向到底，压给各级党委（党组）、各级纪委（纪检组）以及党的工作部门，避免纪委（纪检组）一家跳独舞、唱独唱，而是各级党组织和党的领导干部都来跳集体舞、唱合唱，从而形成全党上下共管共治的协同局面。

二是问责对象重点突出"一把手"。落实管党治党政治责任，关键在党委（党组）、要害在"一把手"。《问责条例》第四条规定了问责的对象，就是"各级党委（党组）、党的工作部门及其领导成员，各级纪委（纪检组）及其领导成员，重点是主要负责人"，从中可以看出，普通党员、干部不是问责对象。将问责对象聚焦在领导成员，特别是"一把手"上，体现了抓住"关键少数"的鲜明导向。从2014~2016年中央纪委监察部网站通报的238起典型案例来看，

---

① 《坚决打赢反腐败这场正义之战——党的十八大以来反腐败斗争成就述评》，《人民日报》2017年9月18日。

被问责的 397 人次当中，"一把手"有 249 人次，占比达 62.7%。① 在 2016 年
7 月至 2017 年 7 月中央纪委监察部网站通报的 176 起、涉及 323 人次的典型案
例中，被问责的地区、单位、部门"一把手"达到 186 人次，占比达 58%。

四　在问责类型上，抓牢主体责任、监督责任和领导责任

在权力和责任的关系上，责任永远是排第一位的。然而，过去一段时
间，"权责不对等、使命意识弱化、担当精神缺失等现象比较突出"。②《问
责条例》第四条指出，出现失职失责的，"要追究党组织和党的领导干部的
主体责任、监督责任和领导责任"。

一是牢牢抓住主体责任"牛鼻子"。推进全面从严治党，关键在主体责
任。十八届三中全会明确提出，"落实党风廉政建设责任制，党委负主体责
任，纪委负监督责任"。新修订的《党纪处分条例》第 114 条首次提出"全
面从严治党主体责任"的表述。全面从严治党主体责任比党风廉政建设主
体责任范围更宽、标准更高、责任更大、要求更严，不仅包括党风廉政建设
责任制方面，还包括党的政治建设、思想建设、组织建设、作风建设、纪律
建设、制度建设等党的建设和各个领域、各个环节和全部过程。十八大以
来，党中央紧紧牵牢主体责任"牛鼻子"，督促各级党组织及主要负责人敢
于担当、善于担当。从 2014～2016 年中央纪委监察部网站通报的 238 起典
型案例来看，追究主体责任 267 人次，占比 75%，达到总数的 3/4。2016 年 7
月～2017 年 7 月，中央纪委监察部网站通报的 176 起典型问题中，有 128 起
追究了相关人员的主体责任，占总数的 73%，既包括李立国、窦玉沛、陈
传书、曲淑辉等 4 名中管干部，也包括大量基层党的领导干部，体现了抓住

① 《数说·全面从严治党之七：问责，全面从严治党的重要抓手——至今年 5 月全国共问责
4.5 万余人》，中央纪委监察部网站，http：//www.ccdi.gov.cn/xwtt/201611/t20161105_
89182.html。

② 《学思践悟·用好问责这个利器》，中央纪委监察部网站，http：//www.ccdi.gov.cn/xsjw/
series22/201612/t20161211_90950.html。

主体责任"牛鼻子"不纵容、不遗漏。

二是加大对监督责任的问责，解决"灯下黑"。纪委作为党内监督的专责机关，在全面从严治党中地位重要、责任重大，失职失责更要被问责。由专门机关到专责机关，这个"责"本身体现的就是权力与责任相统一，突显的是政治责任和使命担当。《中国共产党党内监督条例》第二十八条规定，"对能发现的问题没有发现是失职，发现问题不报告、不处置是渎职，都必须严肃问责"。王岐山同志指出，问责工作深化下去，首要的一条就是要把纪检机关内部的问责问起来，如果问自身责严肃，那问别人责也能到位，并多次强调，对纪检机关监督责任缺失、"探头"作用没有发挥，能发现的问题没有发现、发现问题不报告不处置、该去问责而不问责的，就要问纪委书记（纪检组组长）的责。① 据统计，2016 年，全国有 2200 余人因落实监督责任不力被问责，比 2015 年增长了近 20%。其中，在被问责的纪检干部中，纪委书记（纪检组组长）有 1400 多人，占比达 64%，充分体现了"一把手"权力大责任也大的权责对等理念，同时，也彰显了各级纪委把自己摆进去，手电筒不光只照别人，切实解决"灯下黑"的政治担当。

三是上追领导责任。除了追究相关人员的主体责任和监督责任之外，还要往上追究领导责任。领导责任的提出解决了问责情形严重时往上追几级的问题。总书记指出，"对有令不行、有禁不止的，不仅要严肃查处直接责任人，而且要严肃追究相关领导人员的责任"。② 领导责任的提出，体现了权力和责任平衡的精神，其出发点是解决追究哪一级或哪几级的责任问题。以纪委为例，党章规定的纪委"双重领导体制"和十八届三中全会提出的"两为主"领导体制，都体现了上级纪委对下级纪委的领导责任。在 2014~2016年中央纪委监察部网站通报的 238 起典型问题中，追究领导责任的占比为7%。在 2016 年 7 月至 2017 年 7 月中央纪委监察部网站通报的 176 起典型问

---

① 《学思践悟·纪委要把自己摆进去》，中央纪委监察部网站，http://www.ccdi.gov.cn/xsjw/series22/201701/t20170115_92786.html。

② 中共中央文献研究室编《习近平关于全面从严治党论述摘编》，中央文献出版社，2016，第 233 页。

题中，21 起问题（占 12%）追究了相关人员的领导责任。不论是同级领导还是上级领导，领导就是监督和管理，不监督不管理、失职失责就要被问责。

五　责任区分为全面领导、主要领导和重要领导责任

十八大以来，在问责的具体实践中，各地按照规定根据权力大小划分领导班子内部的责任。《问责条例》第五条将问责责任划分为"全面领导责任、主要领导责任和重要领导责任"。

"全面领导责任"是指党组织领导班子在管党治党职责范围内所负有的政治责任。王岐山同志指出，干部犯错误组织有责任。党组织对党的建设和党的事业中的所有工作都要负责，不管哪个方面出现了需要问责的情形，党组织领导班子都应该承担相应的责任。如果说全面领导责任强调的是党组织的集体领导责任，那么，主要领导责任和重要领导责任指的是领导干部个人所承担的领导责任。

"主要领导责任"是指党组织"一把手"和直接主管的班子成员在其职责范围内，对其直接主管的工作不履行或不正确履行职责，对造成的损失或后果应当承担的领导责任。在以往的问责工作实践中，往往很难追究到党组织领导班子和"一把手"的责任。十八大以来，党中央通过机制和制度创新，把党组织领导班子集体和领导干部个人的责任绑在一起、把主要负责人和直接主管的班子成员的责任绑在一起，从而把管党治党的政治责任压紧压实。比如，查处山西塌方式腐败案，对山西省委进行了带有改组性质的调整，就是对全面领导责任问责的典型案例。

"重要领导责任"是指班子里参与决策和工作或对问责事项知情，但没有提出反对意见，没有向上级党组织或上级领导反映报告的班子其他成员承担的责任。也就是说，在一个错误决策的过程中，该提意见而未提意见，该反对而未反对，该报告而未报告，该担当而未担当的，一旦出现需要问责的情形，就要承担重要领导责任。在具体实施中，对不同责任者的处理档次，也体现了权力和责任的合理平衡：对承担主要领导责任的主管班子成员处理是最重的，对主要负责人的处理次之；对承担重要领导责任的其他班子成员

较前两者都轻；而对于明确提出反对意见或及时向上级反映的班子成员，各地在制定实施细则时，规定了可以免于问责，比如，《四川省贯彻〈中国共产党问责条例〉实施办法》第16条规定了可以免予问责的几种情形，其中情形之一就是"对重大失误决策明确持不赞成态度的"，这些规定体现了"依规依纪、实事求是"的问责原则和精神。

六　在问责方式上，坚持纪法分开、运用"四种形态"

长期以来，在问责的方式上，党纪和国法界限模糊、重复规定，甚至相互混用、相互替代。比如，原有各类问责规定中的处理方式和手段有批评教育、做出书面检查、停职检查、引咎辞职、党纪军纪政纪处分、移送司法机关依法处理等14种之多，方式多样、标准不一，且纪法不分、缺乏统一性。

纪法分开、纪在法前、纪严于法，厘清纪与法的关系，是十八大以来管党治党思想认识的一次飞跃，解决了在全面依法治国、依规治党的形势下，管党治党靠什么管、靠什么治的重大问题。《问责条例》在问责手段和方式上，坚持纪法分开、纪在法前，按照"把纪律挺在前面，党规要用纪言纪语"的要求，将现有一百多部与问责有关的法规制度中所涉及的多种问责方式规范为两大类，一是党组织的问责方式，分为检查、通报、改组3种；二是对党的领导干部的问责方式，分为通报、诫勉、组织调整或者组织处理、纪律处分4种。而对行政问责以及引咎辞职、涉嫌犯罪移送司法机关等在党内法规中已有明确规定、在实践中经常使用的一些方式手段（比如诫勉等），没再做重复规定。如果问责情形及后果涉嫌犯罪，肯定要移送司法机关。

同时，将"四种形态"有效运用于问责工作之中。"四种形态"是把纪律和规矩挺在前面的具体体现，是实现全面从严治党的新举措和实践路径，体现了以习近平同志为核心的党中央对管党治党规律的深刻把握。"四种形态"不仅适用于监督执纪工作，同样也适用于问责工作。王岐山同志指出，问责的方式是多种多样的，不一定都是组织处理、纪律处分，严肃批评、诫勉谈话同样是问责。2014～2016年中央纪委监察部网站通报的238起典型问题中，处理 397 人次，其中受到组织调整或者组织处理的 64 人次，占 15%；受到诫勉的 36 人次，占 9%；其他问责方式占 14%。2016 年 7 月至 2017 年 7 月中央纪委监察部网站通报的 176 起典型案例中，处理 323 人次，其中诫勉谈话 26 人次。各地积极实践运用"四种形态"开展问责工作，取得了良好的政治效果和社会效果。

七　在问责时效上，实行终身问责、典型问题通报曝光

十八大以来，问责工作贯彻落实全面从严治党的要求，坚持"失责必问、问责必严"原则，确立了"终身问责"制度，这成为十八大以来问责工作创新的又一大亮点。《问责条例》第十条规定，"对失职失责性质恶劣、后果严重的，不论其责任人是否调离转岗、提拔或者退休，都应当严肃问责"。将终身问责写进《问责条例》是落实党的十八大以来习近平总书记关于"要实行责任制，而且要终身追究"等重要讲话精神的具体举措，与 2010 年 11 月修订后的《关于实行党风廉政建设责任制的规定》中关于"已退休但按照本规定应当追究责任的，仍须进行相应的责任追究"的精神一脉相承，是我们党对全党和全社会做出的庄严政治承诺，也表明、标志着终身问责进入规范化、法治化和常态化轨道。从十八大以来中纪委通报的多个问责案例来看，终身问责不是简单的事后追究或惩处，而是对"拍脑袋决策、拍胸脯蛮干、拍屁股走人"等"三拍干部"现象做出的回应，给那些企图通过调离转岗、提拔或退休来掩人耳目、逃避责任的领导干部亮了红灯，也为从源头上督促领导干部牢固树立责任意识、杜绝责任"空窗期"提供了制度保障。在反腐败的高压态势和新常态下，终身问责意味着问责没有追诉期、没有"退休"时，"任期"必将不再"任性"。

如果说终身问责为全面从严的原则再添重磅砝码，那么，建立健全问责典型问题通报曝光制度，更是"严"到了实处，"严"到了要害。俗话说，"人要脸树要皮"，中国传统的"面子文化"导致很多党员领导干部不怕处理怕曝光、怕丢"面子"。《问责条例》第九条规定，凡是"受到问责的党

的领导干部要向问责决定机关写出书面检讨，并在民主生活会或者其他党的会议上做出深刻检查"。还同时要求"建立健全问责典型问题通报曝光制度，采取组织调整或者组织处理、纪律处分方式问责的，一般应当向社会公开"。近几年来，中央纪委监察部网站发布各级纪检监察机关点名道姓通报曝光的问责典型问题，由 2014 年的 31 起、2015 年的 75 起，增加到 2016 年的 132 起。"点名道姓"通报曝光，戳到了"痛点"、撕掉了"遮羞布"，真正体现和充分发挥了"问责一例、警醒一片"的作用。

八 在问责程序上，保障规范有序、增强可操作性

程序是结果正当性必不可少的保障和保证。之前，在问责的具体实践中存在诸多程序上的难点或困惑点。比如，由谁提出启动建议？是按照"谁查办、谁建议"的原则，由纪检监察机关提出，还是党委（党组）、党的工作部门提出？又比如，由谁来决定启动？是由当事人所在单位的党组织、纪委决定，还是由上级党组织、纪委决定？再比如，在什么时间启动？是在调查过程中启动，还是在对出现违纪违法的党组织、党的领导干部做出处分决定后进行？等等。2010 年颁布实施的《关于实行党风廉政建设责任制的规定》仅在第 4 章第 24 条就问责的程序做了简要规定，但在问责的工作流程、反馈程序等方面却没有做出具体制度安排。2013 年 11 月，《中央党内法规制定工作五年规划纲要（2013~2017 年）》明确提出，"进一步明确问责情形、规范问责方式。抓紧制定严格做好被问责干部工作安排的有关规定，严格被问责干部复出条件、程序和职务安排等，保证问责制度与党纪政纪处分、法律责任追究制度有效衔接"。十八大以来，无论是问责的启动、调查的展开，处理意见的提出、研究，还是处理决定的形成、送达，问责对象的申诉，以及问责报告、线索移交、信息共享、结果运用等多个方面，都得到了规范或细化规定，增强了制度的可操作性。

一是进一步规范问责的启动和调查。在具体实践中，各级党委（党组）、纪委（纪检组）、党的工作部门等，围绕初核、调查、决定、上报等各个关键环

节、重点流程，进一步明确规定了办理程序、审批权限、文书填报和时限要求等。比如，重庆市在制定问责条例实施办法时，明确规定，"问责调查一般应当在三个月内完成并形成书面调查报告。情况复杂的经问责调查机关主要负责人批准后，可以适当延长调查时间。调查结果要与问责对象本人见面并听取其陈述申辩"，并规范、明确了问责对象的申诉渠道、申诉程序、权益保障等。

二是进一步明确问责决定做出的程序和权限。《问责条例》第八条规定："问责决定应当由党中央或者有管理权限的党组织做出。其中对党的领导干部，纪委（纪检组）、党的工作部门有权采取通报、诫勉方式进行问责；提出组织调整或者组织处理的建议；采取纪律处分方式问责，按照党章和有关党内法规规定的权限和程序执行。"这就进一步明确了不同的问责主体采取不同的问责方式，或不同的问责方式由不同的问责主体实施。不论是组织处理，还是纪律处分都必须要遵循党章和其他党内法规。

三是进一步明确问责干部的复出条件和程序。对问责干部的复出，要求在影响期满后进行考核，对于德才表现突出、符合复出条件的，先报上一级组织部门审核，然后再按照有关程序进行职务安排。

四是进一步明确问责决定做出后的主要内容和生效时间。《问责条例》第九条规定："问责决定做出后，应当及时向被问责党组织或者党的领导干部及其所在党组织宣布并督促执行。有关问责情况应当向组织部门通报，组织部门应当将问责决定材料归入被问责领导干部个人档案，并报上一级组织部门备案；涉及组织调整或者组织处理的，应当在一个月内办理完毕相应手续。"这一条属于典型的程序性规定，进一步规范了问责工作，也增加了问责工作的可操作性和严肃性。

九　在问责制度上，保持配套衔接、形成合力

2016年7月颁布实施的《问责条例》，是我党第一部规范党内问责的基础性法规，既是对十八大以来问责工作实践经验的总结归纳、固化凝练，也是全面从严治党、依规治党的重要制度笼子。《问责条例》非常简短，只有

13条，1900多字，兼顾必要性和可行性，坚持实事求是、有理想但不理想化，分别对问责的目的和依据、问责的指导思想、问责的基本原则、问责的主体和对象、问责的情形、问责的方式、问责的决定、问责的执行、终身问责、授权规定、解释机关、施行日期和法规效力等13个方面做出了明确规定，既解决了问责不聚焦的问题，又解决了问责制度本身碎片化的问题，同时与党内其他法规制度之间既相互衔接，又各有侧重，发挥整体合力。正如王岐山同志指出，"党内法规制度是一个有机整体，要把问责条例放到党的制度体系里来认识和执行"。①

从具体实践运用来看，监督、执纪、问责之间是一个严密的逻辑链条，监督是为了发现问题，是前提，发现了问题就要执纪，在执纪过程中，对失职渎职的就要进行责任追究。因而，《问责条例》与《中国共产党纪律处分条例》《中国共产党党内监督条例》密不可分，相互统一、相互支撑。比如，《问责条例》第六条规定的六种问责情形必须与《中国共产党纪律处分条例》相结合来理解和执行。以问责情形之二为例，"对党的建设缺失，不履行或者不正确履行职责的党组织和党的领导干部应当问责"，既可以由问责主体直接查明相关事实后进行，也可以在党纪处分做出后的基础上问责。如果是后面一种情形，就要与《中国共产党纪律处分条例》中的第53条、63条、73条、98条、100条、102条等与违反政治纪律、组织纪律和廉洁纪律的一些条款相结合。又比如，《问责条例》第六条规定的六种问责情形与《中国共产党党内监督条例》第五条规定的八项监督内容也是相对应的。《中国共产党党内监督条例》第42条规定："对不履行党内监督职责，以及纠错、整改不力的，依照《纪律处分条例》《问责条例》等规定处理"，因此，各级党委（党组）、纪委（纪检组）、党的工作部门等监督主体，若没有履行好《中国共产党党内监督条例》所规定的监督职责要求，违反了党的纪律、达到了问责的情形、造成了一定的后果，就要被问责。

---

① 《学思践悟·维护制度的严肃性》，中央纪委监察部网站，http://www.ccdi.gov.cn/xsjw/series22/201701/t20170101_92060.html。

B.6
十八大以来正风反腐透明化研究

冉红音*

摘　要：　十八大以来，在反腐败工作众多的成功因素中，反腐败工作的透明化是一个特别值得重视的因素。主导反腐败工作的中央纪委一系列透明化的举措带来了扭转被动局面、提振反腐败信心、抢占舆论高地和引导民众有序反腐等良好的政治和社会效应。在此基础上，应进一步拓展深度和宽度，形成制度和规范，夯实和更新理念，全面推进反腐败透明化。

关键词：　中纪委　反腐败　透明化

十八大以来，反腐败工作成效显著，有口皆碑。在众多的成功因素中，中央纪委正风反腐的透明化是一个值得特别注意的因素。"透明"本是物理学中的概念，指物体能透过光线的特性。自 20 世纪 90 年代善治理论兴起以来，"透明"一词成了政治学中的重要概念，主要指政治信息的公开、不隐藏。本文所说的反腐败透明化，是指向整个社会公开反腐败相关信息，使反腐败工作趋向透明的过程。

古话说"行胜于言"，但随着现代社会的发展，"言"变得越来越重要。从某种意义上说，十八大以来反腐败的思路调整、体制机制改变、力量整合等都属于"行"的范畴，而反腐败透明化则可以归为"言"的领域。假如只有"行"，没有"言"，或者"言"跟不上"行"的脚步，那群众对反腐

---

* 冉红音，中国政法大学纪检监察学博士研究生。

败工作的感知就会大打折扣，反腐败效果也因之有可能不彰。因此，总结十八大以来反腐败工作，中央正风反腐的透明化不可或缺。

一　推进透明化改革的创新做法

（一）树立公开透明的理念

1. 树立公开透明的理念始于"三转"

长期以来，主导反腐败工作的中央纪委堪称中国最神秘的机构，其内部设置、人员组成、职能履行等情况，外界很少知晓。这有其合理性，也有其历史原因，但是，反腐机构及其工作神秘化，带来了诸多消极影响，其中最直接的消极影响是不利于群众感知反腐败工作的进展和成效。

十八大之后不久，新任中央纪委书记王岐山提出纪检监察机构要"转职能、转方式、转作风"（简称"三转"），拉开了中央纪委改革的大幕。而"三转"背后，则是思想的转变。[①] 很大程度上，正是由于理念上有所改变，中央纪委及其反腐败工作才得以一改之前的神秘状态，以越来越透明的姿态出现在人们面前。

2. 强调公开"曝光"的威力

2014 年 8 月 25 日，在全国政协十二届常委会第七次会议上，时任中央纪委书记王岐山说："我们中央纪委坚持一条，就是曝光。有人跟我讲，你怎么处理都行，就是别曝光。我说，就是不处理也得曝你的光。"[②] 这几句话看似简单，实则内涵丰富。略做分析，至少有这么两层意思。首先，中央纪委领导早就已经充分意识到公开曝光的威力。违纪处理，直接影响人的前途命运，不可谓威力不大，但此处将处理和曝光对比，违纪者的希望是"怎么处理都行，就是别曝光"，中央纪委的选择则是"不处理也得曝你的

---

① 提出"三转"前，在提法上曾有过"四转"的考虑，即加入"转思想"。
② 杜晓光、杨巨帅：《公开曝光：持续震慑"四风"的利器》，《中国纪检监察》2015 年第 4 期，第 46 页。

社长致辞

蓦然回首，皮书的专业化历程已经走过了二十年。20年来从一个出版社的学术产品名称到媒体热词再到智库成果研创及传播平台，皮书以专业化为主线，进行了系列化、市场化、品牌化、数字化、国际化、平台化的运作，实现了跨越式的发展。特别是在党的十八大以后，以习近平总书记为核心的党中央高度重视新型智库建设，皮书也迎来了长足的发展，总品种达到600余种，经过专业评审机制、淘汰机制遴选，目前，每年稳定出版近400个品种。"皮书"已经成为中国新型智库建设的抓手，成为国际国内社会各界快速、便捷地了解真实中国的最佳窗口。

20年孜孜以求，"皮书"始终将自己的研究视野与经济社会发展中的前沿热点问题紧密相连。600个研究领域，3万多位分布于800余个研究机构的专家学者参与了研创写作。皮书数据库中共收录了15万篇专业报告，50余万张数据图表，合计30亿字，每年报告下载近80万次。皮书为中国学术与社会发展实践的结合提供了一个激荡智力、传播思想的入口，皮书作者们用学术的话语、客观翔实的数据谱写出了中国故事壮丽的篇章。

20年跬步千里，"皮书"始终将自己的发展与时代赋予的使命与责任紧紧相连。每年百余场新闻发布会，10万余人次中外媒体报道，中、英、俄、日、韩等12个语种共同出版。皮书所具有的凝聚力正在形成一种无形的力量，吸引着社会各界关注中国的发展，参与中国的发展，它是我们向世界传递中国声音、总结中国经验、争取中国国际话语权最主要的平台。

皮书这一系列成就的取得，得益于中国改革开放的伟大时代，离不开来自中国社会科学院、新闻出版广电总局、全国哲学社会科学规划办公室等主管部门的大力支持和帮助，也离不开皮书研创者和出版者的共同努力。他们与皮书的故事创造了皮书的历史，他们对皮书的拳拳之心将继续谱写皮书的未来！

现在，"皮书"品牌已经进入了快速成长的青壮年时期。全方位进行规范化管理，树立中国的学术出版标准；不断提升皮书的内容质量和影响力，搭建起中国智库产品和智库建设的交流服务平台和国际传播平台；发布各类皮书指数，并使之成为中国指数，让中国智库的声音响彻世界舞台，为人类的发展做出中国的贡献——这是皮书未来发展的图景。作为"皮书"这个概念的提出者，"皮书"从一般图书到系列图书和品牌图书，最终成为智库研究和社会科学应用对策研究的知识服务和成果推广平台这整个过程的操盘者，我相信，这也是每一位皮书人执着追求的目标。

"当代中国正经历着我国历史上最为广泛而深刻的社会变革，也正在进行着人类历史上最为宏大而独特的实践创新。这种前无古人的伟大实践，必将给理论创造、学术繁荣提供强大动力和广阔空间。"

在这个需要思想而且一定能够产生思想的时代，皮书的研创出版一定能创造出新的更大的辉煌！

社会科学文献出版社社长
中国社会学会秘书长

2017年11月

社会科学文献出版社简介

社会科学文献出版社（以下简称"社科文献出版社"）成立于1985年，是直属于中国社会科学院的人文社会科学学术出版机构。成立至今，社科文献出版社始终依托中国社会科学院和国内外人文社会科学界丰厚的学术出版和专家学者资源，坚持"创社科经典，出传世文献"的出版理念、"权威、前沿、原创"的产品定位以及学术成果和智库成果出版的专业化、数字化、国际化、市场化的经营道路。

社科文献出版社是中国新闻出版业转型与文化体制改革的先行者。积极探索文化体制改革的先进方向和现代企业经营决策机制，社科文献出版社先后荣获"全国文化体制改革工作先进单位"、中国出版政府奖·先进出版单位奖，中国社会科学院先进集体、全国科普工作先进集体等荣誉称号。多人次荣获"第十届韬奋出版奖""全国新闻出版行业领军人才""数字出版先进人物""北京市新闻出版广电行业领军人才"等称号。

社科文献出版社是中国人文社会科学学术出版的大社名社，也是以皮书为代表的智库成果出版的专业强社。年出版图书2000余种，其中皮书400余种，出版新书字数5.5亿字，承印与发行中国社科院院属期刊72种，先后创立了皮书系列、列国志、中国史话、社科文献学术译库、社科文献学术文库、甲骨文书系等一大批既有学术影响又有市场价值的品牌，确立了在社会学、近代史、苏东问题研究等专业学科及领域出版的领先地位。图书多次荣获中国出版政府奖、"三个一百"原创图书出版工程、"五个'一'工程奖"、"大众喜爱的50种图书"等奖项，在中央国家机关"强素质·做表率"读书活动中，入选图书品种数位居各大出版社之首。

社科文献出版社是中国学术出版规范与标准的倡议者与制定者，代表全国50多家出版社发起实施学术著作出版规范的倡议，承担学术著作规范国家标准的起草工作，率先编撰完成《皮书手册》对皮书品牌进行规范化管理，并在此基础上推出中国版芝加哥手册——《社科文献出版社学术出版手册》。

社科文献出版社是中国数字出版的引领者，拥有皮书数据库、列国志数据库、"一带一路"数据库、减贫数据库、集刊数据库等4大产品线11个数据库产品，机构用户达1300余家，海外用户百余家，荣获"数字出版转型示范单位""新闻出版标准化先进单位""专业数字内容资源知识服务模式试点企业标准化示范单位"等称号。

社科文献出版社是中国学术出版走出去的践行者。社科文献出版社海外图书出版与学术合作业务遍及全球40余个国家和地区，并于2016年成立俄罗斯分社，累计输出图书500余种，涉及近20个语种，累计获得国家社科基金中华学术外译项目资助76种、"丝路书香工程"项目资助60种、中国图书对外推广计划项目资助71种以及经典中国国际出版工程资助28种，被五部委联合认定为"2015-2016年度国家文化出口重点企业"。

如今，社科文献出版社完全靠自身积累拥有固定资产3.6亿元，年收入3亿元，设置了七大出版分社、六大专业部门，成立了皮书研究院和博士后科研工作站，培养了一支近400人的高素质与高效率的编辑、出版、营销和国际推广队伍，为未来成为学术出版的大社、名社、强社，成为文化体制改革与文化企业转型发展的排头兵奠定了坚实的基础。

宏 观 经 济 类

经济蓝皮书

2018 年中国经济形势分析与预测

李平 / 主编　2017 年 12 月出版　定价：89.00 元

◆　本书为总理基金项目，由著名经济学家李扬领衔，联合中国社会科学院等数十家科研机构、国家部委和高等院校的专家共同撰写，系统分析了 2017 年的中国经济形势并预测 2018 年中国经济运行情况。

城市蓝皮书

中国城市发展报告 No.11

潘家华　单菁菁 / 主编　2018 年 9 月出版　估价：99.00 元

◆　本书是由中国社会科学院城市发展与环境研究中心编著的，多角度、全方位地立体展示了中国城市的发展状况，并对中国城市的未来发展提出了许多建议。该书有强烈的时代感，对中国城市发展实践有重要的参考价值。

人口与劳动绿皮书

中国人口与劳动问题报告 No.19

张车伟 / 主编　2018 年 10 月出版　估价：99.00 元

◆　本书为中国社会科学院人口与劳动经济研究所主编的年度报告，对当前中国人口与劳动形势做了比较全面和系统的深入讨论，为研究中国人口与劳动问题提供了一个专业性的视角。

中国省域竞争力蓝皮书

中国省域经济综合竞争力发展报告（2017 ~ 2018）

李建平　李闽榕　高燕京 / 主编　2018 年 5 月出版　估价：198.00 元

◆　本书融多学科的理论为一体，深入追踪研究了省域经济发展与中国国家竞争力的内在关系，为提升中国省域经济综合竞争力提供有价值的决策依据。

金融蓝皮书

中国金融发展报告（2018）

王国刚 / 主编　2018 年 2 月出版　估价：99.00 元

◆　本书由中国社会科学院金融研究所组织编写，概括和分析了 2017 年中国金融发展和运行中的各方面情况，研讨和评论了 2017 年发生的主要金融事件，有利于读者了解掌握 2017 年中国的金融状况，把握 2018 年中国金融的走势。

区 域 经 济 类

京津冀蓝皮书

京津冀发展报告（2018）

祝合良　叶堂林　张贵祥 / 等著　2018 年 6 月出版　估价：99.00 元

◆　本书遵循问题导向与目标导向相结合、统计数据分析与大数据分析相结合、纵向分析和长期监测与结构分析和综合监测相结合等原则，对京津冀协同发展新形势与新进展进行测度与评价。

社　会　政　法　类

社会蓝皮书

2018 年中国社会形势分析与预测

李培林　陈光金　张翼 / 主编　2017 年 12 月出版　定价：89.00 元

◆　本书由中国社会科学院社会学研究所组织研究机构专家、高校学者和政府研究人员撰写，聚焦当下社会热点，对 2017 年中国社会发展的各个方面内容进行了权威解读，同时对 2018 年社会形势发展趋势进行了预测。

法治蓝皮书

中国法治发展报告 No.16（2018）

李林　田禾 / 主编　2018 年 3 月出版　估价：118.00 元

◆　本年度法治蓝皮书回顾总结了 2017 年度中国法治发展取得的成就和存在的不足，对中国政府、司法、检务透明度进行了跟踪调研，并对 2018 年中国法治发展形势进行了预测和展望。

教育蓝皮书

中国教育发展报告（2018）

杨东平 / 主编　2018 年 4 月出版　估价：99.00 元

◆　本书重点关注了 2017 年教育领域的热点，资料翔实，分析有据，既有专题研究，又有实践案例，从多角度对 2017 年教育改革和实践进行了分析和研究。

社会体制蓝皮书

中国社会体制改革报告 No.6（2018）

龚维斌／主编　2018 年 3 月出版　估价：99.00 元

◆　本书由国家行政学院社会治理研究中心和北京师范大学中国社会管理研究院共同组织编写，主要对 2017 年社会体制改革情况进行回顾和总结，对 2018 年的改革走向进行分析，提出相关政策建议。

社会心态蓝皮书

中国社会心态研究报告（2018）

王俊秀　杨宜音／主编　2018 年 12 月出版　估价：99.00 元

◆　本书是中国社会科学院社会学研究所社会心理研究中心"社会心态蓝皮书课题组"的年度研究成果，运用社会心理学、社会学、经济学、传播学等多种学科的方法进行了调查和研究，对于目前中国社会心态状况有较广泛和深入的揭示。

华侨华人蓝皮书

华侨华人研究报告（2018）

贾益民／主编　2018 年 1 月出版　估价：139.00 元

◆　本书关注华侨华人生产与生活的方方面面。华侨华人是中国建设 21 世纪海上丝绸之路的重要中介者、推动者和参与者。本书旨在全面调研华侨华人，提供最新涉侨动态、理论研究成果和政策建议。

民族发展蓝皮书

中国民族发展报告（2018）

王延中／主编　2018 年 10 月出版　估价：188.00 元

◆　本书从民族学人类学视角，研究近年来少数民族和民族地区的发展情况，展示民族地区经济、政治、文化、社会和生态文明"五位一体"建设取得的辉煌成就和面临的困难挑战，为深刻理解中央民族工作会议精神、加快民族地区全面建成小康社会进程提供了实证材料。

产业经济类

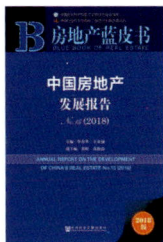

房地产蓝皮书

中国房地产发展报告 No.15（2018）

李春华　王业强 / 主编　2018 年 5 月出版　估价：99.00 元

◆　2018 年《房地产蓝皮书》持续追踪中国房地产市场最新动态，深度剖析市场热点，展望 2018 年发展趋势，积极谋划应对策略。对 2017 年房地产市场的发展态势进行全面、综合的分析。

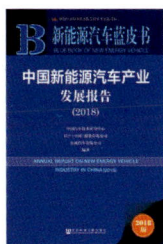

新能源汽车蓝皮书

中国新能源汽车产业发展报告（2018）

中国汽车技术研究中心　日产（中国）投资有限公司

东风汽车有限公司 / 编著　2018 年 8 月出版　估价：99.00 元

◆　本书对中国 2017 年新能源汽车产业发展进行了全面系统的分析，并介绍了国外的发展经验。有助于相关机构、行业和社会公众等了解中国新能源汽车产业发展的最新动态，为政府部门出台新能源汽车产业相关政策法规、企业制定相关战略规划，提供必要的借鉴和参考。

行业及其他类

旅游绿皮书

2017 ~ 2018 年中国旅游发展分析与预测

中国社会科学院旅游研究中心 / 编　2018 年 2 月出版　估价：99.00 元

◆　本书从政策、产业、市场、社会等多个角度勾画出 2017 年中国旅游发展全貌，剖析了其中的热点和核心问题，并就未来发展作出预测。

民营医院蓝皮书

中国民营医院发展报告（2018）

薛晓林／主编　　2018年1月出版　　估价：99.00元

◆　本书在梳理国家对社会办医的各种利好政策的前提下，对我国民营医疗发展现状、我国民营医院竞争力进行了分析，并结合我国医疗体制改革对民营医院的发展趋势、发展策略、战略规划等方面进行了预估。

会展蓝皮书

中外会展业动态评估研究报告（2018）

张敏／主编　　2018年12月出版　　估价：99.00元

◆　本书回顾了2017年的会展业发展动态，结合"供给侧改革"、"互联网＋"、"绿色经济"的新形势分析了我国展会的行业现状，并介绍了国外的发展经验，有助于行业和社会了解最新的展会业动态。

中国上市公司蓝皮书

中国上市公司发展报告（2018）

张平　王宏淼／主编　　2018年9月出版　　估价：99.00元

◆　本书由中国社会科学院上市公司研究中心组织编写的的，着力于全面、真实、客观反映当前中国上市公司财务状况和价值评估的综合性年度报告。本书详尽分析了2017年中国上市公司情况，特别是现实中暴露出的制度性、基础性问题，并对资本市场改革进行了探讨。

工业和信息化蓝皮书

人工智能发展报告（2017 ～ 2018）

尹丽波／主编　　2018年6月出版　　估价：99.00元

◆　本书国家工业信息安全发展研究中心在对2017年全球人工智能技术和产业进行全面跟踪研究基础上形成的研究报告。该报告内容翔实、视角独特，具有较强的产业发展前瞻性和预测性，可为相关主管部门、行业协会、企业等全面了解人工智能发展形势以及进行科学决策提供参考。

国际问题与全球治理类

世界经济黄皮书

2018 年世界经济形势分析与预测

张宇燕 / 主编　2018 年 1 月出版　估价：99.00 元

◆　本书由中国社会科学院世界经济与政治研究所的研究团队撰写，分总论、国别与地区、专题、热点、世界经济统计与预测等五个部分，对 2018 年世界经济形势进行了分析。

国际城市蓝皮书

国际城市发展报告（2018）

屠启宇 / 主编　2018 年 2 月出版　估价：99.00 元

◆　本书作者以上海社会科学院从事国际城市研究的学者团队为核心，汇集同济大学、华东师范大学、复旦大学、上海交通大学、南京大学、浙江大学相关城市研究专业学者。立足动态跟踪介绍国际城市发展时间中，最新出现的重大战略、重大理念、重大项目、重大报告和最佳案例。

非洲黄皮书

非洲发展报告 No.20（2017 ~ 2018）

张宏明 / 主编　2018 年 7 月出版　估价：99.00 元

◆　本书是由中国社会科学院西亚非洲研究所组织编撰的非洲形势年度报告，比较全面、系统地分析了 2017 年非洲政治形势和热点问题，探讨了非洲经济形势和市场走向，剖析了大国对非洲关系的新动向；此外，还介绍了国内非洲研究的新成果。

国别类

美国蓝皮书

美国研究报告（2018）

郑秉文　黄平 / 主编　2018 年 5 月出版　估价：99.00 元

◆　本书是由中国社会科学院美国研究所主持完成的研究成果，它回顾了美国 2017 年的经济、政治形势与外交战略，对美国内政外交发生的重大事件及重要政策进行了较为全面的回顾和梳理。

德国蓝皮书

德国发展报告（2018）

郑春荣 / 主编　2018 年 6 月出版　估价：99.00 元

◆　本报告由同济大学德国研究所组织编撰，由该领域的专家学者对德国的政治、经济、社会文化、外交等方面的形势发展情况，进行全面的阐述与分析。

俄罗斯黄皮书

俄罗斯发展报告（2018）

李永全 / 编著　2018 年 6 月出版　估价：99.00 元

◆　本书系统介绍了 2017 年俄罗斯经济政治情况，并对 2016 年该地区发生的焦点、热点问题进行了分析与回顾；在此基础上，对该地区 2018 年的发展前景进行了预测。

文 化 传 媒 类

新媒体蓝皮书

中国新媒体发展报告 No.9（2018）

唐绪军 / 主编　2018 年 6 月出版　估价：99.00 元

◆　本书是由中国社会科学院新闻与传播研究所组织编写的关于新媒体发展的最新年度报告，旨在全面分析中国新媒体的发展现状，解读新媒体的发展趋势，探析新媒体的深刻影响。

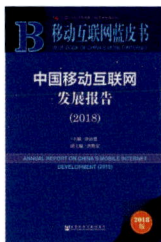

移动互联网蓝皮书

中国移动互联网发展报告（2018）

余清楚 / 主编　　2018 年 6 月出版　估价：99.00 元

◆　本书着眼于对 2017 年度中国移动互联网的发展情况做深入解析，对未来发展趋势进行预测，力求从不同视角、不同层面全面剖析中国移动互联网发展的现状、年度突破及热点趋势等。

文化蓝皮书

中国文化消费需求景气评价报告（2018）

王亚南 / 主编　2018 年 2 月出版　估价：99.00 元

◆　本书首创全国文化发展量化检测评价体系，也是至今全国唯一的文化民生量化检测评价体系，对于检验全国及各地 " 以人民为中心 " 的文化发展具有首创意义。

地方发展类

北京蓝皮书

北京经济发展报告（2017～2018）

杨松／主编　2018年6月出版　估价：99.00元

◆　本书对2017年北京市经济发展的整体形势进行了系统性的分析与回顾，并对2018年经济形势走势进行了预测与研判，聚焦北京市经济社会发展中的全局性、战略性和关键领域的重点问题，运用定量和定性分析相结合的方法，对北京市经济社会发展的现状、问题、成因进行了深入分析，提出了可操作性的对策建议。

温州蓝皮书

2018年温州经济社会形势分析与预测

蒋儒标　王春光　金浩／主编　2018年4月出版　估价：99.00元

◆　本书是中共温州市委党校和中国社会科学院社会学研究所合作推出的第十一本温州蓝皮书，由来自党校、政府部门、科研机构、高校的专家、学者共同撰写的2017年温州区域发展形势的最新研究成果。

黑龙江蓝皮书

黑龙江社会发展报告（2018）

王爱丽／主编　2018年6月出版　估价：99.00元

◆　本书以千份随机抽样问卷调查和专题研究为依据，运用社会学理论框架和分析方法，从专家和学者的独特视角，对2017年黑龙江省关系民生的问题进行广泛的调研与分析，并对2017年黑龙江省诸多社会热点和焦点问题进行了有益的探索。这些研究不仅可以为政府部门更加全面深入了解省情、科学制定决策提供智力支持，同时也可以为广大读者认识、了解、关注黑龙江社会发展提供理性思考。

宏观经济类

城市蓝皮书
中国城市发展报告（No.11）
著(编)者：潘家华 单菁菁
2018年9月出版 / 估价：99.00元
PSN B-2007-091-1/1

城乡一体化蓝皮书
中国城乡一体化发展报告（2018）
著(编)者：付崇兰
2018年9月出版 / 估价：99.00元
PSN B-2011-226-1/2

城镇化蓝皮书
中国新型城镇化健康发展报告（2018）
著(编)者：张占斌
2018年8月出版 / 估价：99.00元
PSN B-2014-396-1/1

创新蓝皮书
创新型国家建设报告（2018~2019）
著(编)者：詹正茂
2018年12月出版 / 估价：99.00元
PSN B-2009-140-1/1

低碳发展蓝皮书
中国低碳发展报告（2018）
著(编)者：张希良 齐晔
2018年6月出版 / 估价：99.00元
PSN B-2011-223-1/1

低碳经济蓝皮书
中国低碳经济发展报告（2018）
著(编)者：薛进军 赵忠秀
2018年11月出版 / 估价：99.00元
PSN B-2011-194-1/1

发展和改革蓝皮书
中国经济发展和体制改革报告No.9
著(编)者：邹东涛 王再文
2018年1月出版 / 估价：99.00元
PSN B-2008-122-1/1

国家创新蓝皮书
中国创新发展报告（2017）
著(编)者：陈劲 2018年3月出版 / 估价：99.00元
PSN B-2014-370-1/1

金融蓝皮书
中国金融发展报告（2018）
著(编)者：王国刚
2018年2月出版 / 估价：99.00元
PSN B-2004-031-1/7

经济蓝皮书
2018年中国经济形势分析与预测
著(编)者：李平 2017年12月出版 / 定价：89.00元
PSN B-1996-001-1/1

经济蓝皮书春季号
2018年中国经济前景分析
著(编)者：李扬 2018年5月出版 / 估价：99.00元
PSN B-1999-008-1/1

经济蓝皮书夏季号
中国经济增长报告（2017~2018）
著(编)者：李扬 2018年9月出版 / 估价：99.00元
PSN B-2010-176-1/1

经济信息绿皮书
中国与世界经济发展报告（2018）
著(编)者：杜平
2017年12月出版 / 估价：99.00元
PSN G-2003-023-1/1

农村绿皮书
中国农村经济形势分析与预测（2017~2018）
著(编)者：魏后凯 黄秉信
2018年4月出版 / 估价：99.00元
PSN G-1998-003-1/1

人口与劳动绿皮书
中国人口与劳动问题报告No.19
著(编)者：张车伟 2018年11月出版 / 估价：99.00元
PSN G-2000-012-1/1

新型城镇化蓝皮书
新型城镇化发展报告（2017）
著(编)者：李伟 宋敏 沈体雁
2018年3月出版 / 估价：99.00元
PSN B-2005-038-1/1

中国省域竞争力蓝皮书
中国省域经济综合竞争力发展报告（2016~2017）
著(编)者：李建平 李闽榕 高燕京
2018年2月出版 / 估价：198.00元
PSN B-2007-088-1/1

中小城市绿皮书
中国中小城市发展报告（2018）
著(编)者：中国城市经济学会中小城市经济发展委员会
中国城镇化促进会中小城市发展委员会
《中国中小城市发展报告》编纂委员会
中小城市发展战略研究院
2018年11月出版 / 估价：128.00元
PSN G-2010-161-1/1

区域经济类

东北蓝皮书
中国东北地区发展报告（2018）
著(编)者：姜晓秋　2018年11月出版 / 估价：99.00元
PSN B-2006-067-1/1

金融蓝皮书
中国金融中心发展报告（2017～2018）
著(编)者：王力 黄育华　2018年11月出版 / 估价：99.00元
PSN B-2011-186-6/7

京津冀蓝皮书
京津冀发展报告（2018）
著(编)者：祝合良 叶堂林 张贵祥
2018年6月出版 / 估价：99.00元
PSN B-2012-262-1/1

西北蓝皮书
中国西北发展报告（2018）
著(编)者：任宗哲 白宽犁 王建康
2018年4月出版 / 估价：99.00元
PSN B-2012-261-1/1

西部蓝皮书
中国西部发展报告（2018）
著(编)者：璋勇 任保平　2018年8月出版 / 估价：99.00元
PSN B-2005-039-1/1

长江经济带产业蓝皮书
长江经济带产业发展报告（2018）
著(编)者：吴传清　2018年11月出版 / 估价：128.00元
PSN B-2017-666-1/1

长江经济带蓝皮书
长江经济带发展报告（2017～2018）
著(编)者：王振　2018年11月出版 / 估价：99.00元
PSN B-2016-575-1/1

长江中游城市群蓝皮书
长江中游城市群新型城镇化与产业协同发展报告（2018）
著(编)者：杨刚强　2018年11月出版 / 估价：99.00元
PSN B-2016-578-1/1

长三角蓝皮书
2017年创新融合发展的长三角
著(编)者：刘飞跃　2018年3月出版 / 估价：99.00元
PSN B-2005-038-1/1

长株潭城市群蓝皮书
长株潭城市群发展报告（2017）
著(编)者：张萍 朱有志　2018年1月出版 / 估价：99.00元
PSN B-2008-109-1/1

中部竞争力蓝皮书
中国中部经济社会竞争力报告（2018）
著(编)者：教育部人文社会科学重点研究基地南昌大学中国
　　　　　中部经济社会发展研究中心
2018年12月出版 / 估价：99.00元
PSN B-2012-276-1/1

中部蓝皮书
中国中部地区发展报告（2018）
著(编)者：宋亚平　2018年12月出版 / 估价：99.00元
PSN B-2007-089-1/1

区域蓝皮书
中国区域经济发展报告（2017～2018）
著(编)者：赵弘　2018年5月出版 / 估价：99.00元
PSN B-2004-034-1/1

中三角蓝皮书
长江中游城市群发展报告（2018）
著(编)者：秦尊文　2018年9月出版 / 估价：99.00元
PSN B-2014-417-1/1

中原蓝皮书
中原经济区发展报告（2018）
著(编)者：李英杰　2018年6月出版 / 估价：99.00元
PSN B-2011-192-1/1

珠三角流通蓝皮书
珠三角商圈发展研究报告（2018）
著(编)者：王先庆 林至颖　2018年7月出版 / 估价：99.00元
PSN B-2012-292-1/1

社会政法类

北京蓝皮书
中国社区发展报告（2017～2018）
著(编)者：于燕燕　2018年9月出版 / 估价：99.00元
PSN B-2007-083-5/8

殡葬绿皮书
中国殡葬事业发展报告（2017～2018）
著(编)者：李伯森　2018年4月出版 / 估价：158.00元
PSN G-2010-180-1/1

城市管理蓝皮书
中国城市管理报告（2017-2018）
著(编)者：刘林 刘承水　2018年5月出版 / 估价：158.00元
PSN B-2013-336-1/1

城市生活质量蓝皮书
中国城市生活质量报告（2017）
著(编)者：张连城 张平 杨春学 郎丽华
2018年2月出版 / 估价：99.00元
PSN B-2013-326-1/1

城市政府能力蓝皮书
中国城市政府公共服务能力评估报告（2018）
著（编）者：何艳玲　　2018年4月出版 / 估价：99.00元
PSN B-2013-338-1/1

创业蓝皮书
中国创业发展研究报告（2017~2018）
著（编）者：黄群慧 赵卫星 钟宏武
2018年11月出版 / 估价：99.00元
PSN B-2016-577-1/1

慈善蓝皮书
中国慈善发展报告（2018）
著（编）者：杨团　　2018年6月出版 / 估价：99.00元
PSN B-2009-142-1/1

党建蓝皮书
党的建设研究报告No.2（2018）
著（编）者：崔建民 陈东平　　2018年1月出版 / 估价：99.00元
PSN B-2016-523-1/1

地方法治蓝皮书
中国地方法治发展报告No.3（2018）
著（编）者：李林 田禾　　2018年3月出版 / 估价：118.00元
PSN B-2015-442-1/1

电子政务蓝皮书
中国电子政务发展报告（2018）
著（编）者：李季　　2018年8月出版 / 估价：99.00元
PSN B-2003-022-1/1

法治蓝皮书
中国法治发展报告No.16（2018）
著（编）者：吕艳滨　　2018年3月出版 / 估价：118.00元
PSN B-2004-027-1/3

法治蓝皮书
中国法院信息化发展报告No.2（2018）
著（编）者：李林 田禾　　2018年2月出版 / 估价：108.00元
PSN B-2017-604-3/3

法治政府蓝皮书
中国法治政府发展报告（2018）
著（编）者：中国政法大学法治政府研究院
2018年4月出版 / 估价：99.00元
PSN B-2015-502-1/2

法治政府蓝皮书
中国法治政府评估报告（2018）
著（编）者：中国政法大学法治政府研究院
2018年9月出版 / 估价：168.00元
PSN B-2016-576-2/2

反腐倡廉蓝皮书
中国反腐倡廉建设报告No.8
著（编）者：张英伟　　2018年12月出版 / 估价：99.00元
PSN B-2012-259-1/1

扶贫蓝皮书
中国扶贫开发报告（2018）
著（编）者：李培林 魏后凯　　2018年12月出版 / 估价：128.00元
PSN B-2016-599-1/1

妇女发展蓝皮书
中国妇女发展报告No.6
著（编）者：王金玲　　2018年9月出版 / 估价：158.00元
PSN B-2006-069-1/1

妇女教育蓝皮书
中国妇女教育发展报告No.3
著（编）者：张李玺　　2018年10月出版 / 估价：99.00元
PSN B-2008-121-1/1

妇女绿皮书
2018年：中国性别平等与妇女发展报告
著（编）者：谭琳　　2018年12月出版 / 估价：99.00元
PSN G-2006-073-1/1

公共安全蓝皮书
中国城市公共安全发展报告（2017~2018）
著（编）者：黄育华 杨文明 赵建辉
2018年6月出版 / 估价：99.00元
PSN B-2017-628-1/1

公共服务蓝皮书
中国城市基本公共服务力评价（2018）
著（编）者：钟君 刘志昌 吴正杲
2018年12月出版 / 估价：99.00元
PSN B-2011-214-1/1

公民科学素质蓝皮书
中国公民科学素质报告（2017~2018）
著（编）者：李群 陈雄 马宗文
2018年1月出版 / 估价：99.00元
PSN B-2014-379-1/1

公益蓝皮书
中国公益慈善发展报告（2016）
著（编）者：朱健刚 胡小军　　2018年2月出版 / 估价：99.00元
PSN B-2012-283-1/1

国际人才蓝皮书
中国国际移民报告（2018）
著（编）者：王辉耀　　2018年2月出版 / 估价：99.00元
PSN B-2012-304-3/4

国际人才蓝皮书
中国留学发展报告（2018）No.7
著（编）者：王辉耀 苗绿　　2018年12月出版 / 估价：99.00元
PSN B-2012-244-2/4

海洋社会蓝皮书
中国海洋社会发展报告（2017）
著（编）者：崔凤 宋宁而　　2018年3月出版 / 估价：99.00元
PSN B-2015-478-1/1

行政改革蓝皮书
中国行政体制改革报告No.7（2018）
著（编）者：魏礼群　　2018年6月出版 / 估价：99.00元
PSN B-2011-231-1/1

华侨华人蓝皮书
华侨华人研究报告（2017）
著（编）者：贾益民　　2018年1月出版 / 估价：139.00元
PSN B-2011-204-1/1

环境竞争力绿皮书
中国省域环境竞争力发展报告（2018）
著(编)者：李建平 李闽榕 王金南
2018年11月出版 / 估价：198.00元
PSN G-2010-165-1/1

环境绿皮书
中国环境发展报告（2017~2018）
著(编)者：李波 2018年4月出版 / 估价：99.00元
PSN G-2006-048-1/1

家庭蓝皮书
中国"创建幸福家庭活动"评估报告（2018）
著(编)者：国务院发展研究中心"创建幸福家庭活动评估"课题组
2018年12月出版 / 估价：99.00元
PSN B-2015-508-1/1

健康城市蓝皮书
中国健康城市建设研究报告（2018）
著(编)者：王鸿春 盛继洪 2018年12月出版 / 估价：99.00元
PSN B-2016-564-2/2

健康中国蓝皮书
社区首诊与健康中国分析报告（2018）
著(编)者：高和荣 杨叔禹 姜杰
2018年4月出版 / 估价：99.00元
PSN B-2017-611-1/1

教师蓝皮书
中国中小学教师发展报告（2017）
著(编)者：曾晓东 鱼霞 2018年6月出版 / 估价：99.00元
PSN B-2012-289-1/1

教育扶贫蓝皮书
中国教育扶贫报告（2018）
著(编)者：司树杰 王文静 李兴洲
2018年12月出版 / 估价：99.00元
PSN B-2016-590-1/1

教育蓝皮书
中国教育发展报告（2018）
著(编)者：杨东平 2018年4月出版 / 估价：99.00元
PSN B-2006-047-1/1

金融法治建设蓝皮书
中国金融法治建设年度报告（2015~2016）
著(编)者：朱小黄 2018年6月出版 / 估价：99.00元
PSN B-2017-633-1/1

京津冀教育蓝皮书
京津冀教育发展研究报告（2017~2018）
著(编)者：方中雄 2018年4月出版 / 估价：99.00元
PSN B-2017-608-1/1

就业蓝皮书
2018年中国本科生就业报告
著(编)者：麦可思研究院 2018年6月出版 / 估价：99.00元
PSN B-2009-146-1/2

就业蓝皮书
2018年中国高职高专生就业报告
著(编)者：麦可思研究院 2018年6月出版 / 估价：99.00元
PSN B-2015-472-2/2

科学教育蓝皮书
中国科学教育发展报告（2018）
著(编)者：王康友 2018年10月出版 / 估价：99.00元
PSN B-2015-487-1/1

劳动保障蓝皮书
中国劳动保障发展报告（2018）
著(编)者：刘燕斌 2018年9月出版 / 估价：158.00元
PSN B-2014-415-1/1

老龄蓝皮书
中国老年宜居环境发展报告（2017）
著(编)者：党俊武 周燕珉 2018年1月出版 / 估价：99.00元
PSN B-2013-320-1/1

连片特困区蓝皮书
中国连片特困区发展报告（2017~2018）
著(编)者：游俊 冷志明 丁建军
2018年4月出版 / 估价：99.00元
PSN B-2013-321-1/1

流动儿童蓝皮书
中国流动儿童教育发展报告（2017）
著(编)者：杨东平 2018年1月出版 / 估价：99.00元
PSN B-2017-600-1/1

民调蓝皮书
中国民生调查报告（2018）
著(编)者：谢耘耕 2018年12月出版 / 估价：99.00元
PSN B-2014-398-1/1

民族发展蓝皮书
中国民族发展报告（2018）
著(编)者：王延中 2018年10月出版 / 估价：188.00元
PSN B-2006-070-1/1

女性生活蓝皮书
中国女性生活状况报告No.12（2018）
著(编)者：韩湘景 2018年7月出版 / 估价：99.00元
PSN B-2006-071-1/1

汽车社会蓝皮书
中国汽车社会发展报告（2017~2018）
著(编)者：王俊秀 2018年1月出版 / 估价：99.00元
PSN B-2011-224-1/1

青年蓝皮书
中国青年发展报告（2018）No.3
著(编)者：廉思 2018年4月出版 / 估价：99.00元
PSN B-2013-333-1/1

青少年蓝皮书
中国未成年人互联网运用报告（2017~2018）
著(编)者：李为民 李文革 沈杰
2018年11月出版 / 估价：99.00元
PSN B-2010-156-1/1

人权蓝皮书
中国人权事业发展报告No.8（2018）
著(编)者：李君如　2018年9月出版／估价：99.00元
PSN B-2011-215-1/1

社会保障绿皮书
中国社会保障发展报告No.9（2018）
著(编)者：王延中　2018年1月出版／估价：99.00元
PSN G-2001-014-1/1

社会风险评估蓝皮书
风险评估与危机预警报告（2017~2018）
著(编)者：唐钧　2018年8月出版／估价：99.00元
PSN B-2012-293-1/1

社会工作蓝皮书
中国社会工作发展报告（2016~2017）
著(编)者：民政部社会工作研究中心
2018年8月出版／估价：99.00元
PSN B-2009-141-1/1

社会管理蓝皮书
中国社会管理创新报告No.6
著(编)者：连玉明　2018年11月出版／估价：99.00元
PSN B-2012-300-1/1

社会蓝皮书
2018年中国社会形势分析与预测
著(编)者：李培林　陈光金　张翼
2017年12月出版／定价：89.00元
PSN B-1998-002-1/1

社会体制蓝皮书
中国社会体制改革报告No.6（2018）
著(编)者：龚维斌　2018年3月出版／估价：99.00元
PSN B-2013-330-1/1

社会心态蓝皮书
中国社会心态研究报告（2018）
著(编)者：王俊秀　2018年12月出版／估价：99.00元
PSN B-2011-199-1/1

社会组织蓝皮书
中国社会组织报告（2017-2018）
著(编)者：黄晓勇　2018年1月出版／估价：99.00元
PSN B-2008-118-1/2

社会组织蓝皮书
中国社会组织评估发展报告（2018）
著(编)者：徐家良　2018年12月出版／估价：99.00元
PSN B-2013-366-2/2

生态城市绿皮书
中国生态城市建设发展报告（2018）
著(编)者：刘举科　孙伟平　胡文臻
2018年9月出版／估价：158.00元
PSN G-2012-269-1/1

生态文明绿皮书
中国省域生态文明建设评价报告（ECI 2018）
著(编)者：严耕　2018年12月出版／估价：99.00元
PSN G-2010-170-1/1

退休生活蓝皮书
中国城市居民退休生活质量指数报告（2017）
著(编)者：杨一帆　2018年5月出版／估价：99.00元
PSN B-2017-618-1/1

危机管理蓝皮书
中国危机管理报告（2018）
著(编)者：文学国　范正青
2018年8月出版／估价：99.00元
PSN B-2010-171-1/1

学会蓝皮书
2018年中国学会发展报告
著(编)者：麦可思研究院
2018年12月出版／估价：99.00元
PSN B-2016-597-1/1

医改蓝皮书
中国医药卫生体制改革报告（2017~2018）
著(编)者：文学国　房志武
2018年11月出版／估价：99.00元
PSN B-2014-432-1/1

应急管理蓝皮书
中国应急管理报告（2018）
著(编)者：宋英华　2018年9月出版／估价：99.00元
PSN B-2016-562-1/1

政府绩效评估蓝皮书
中国地方政府绩效评估报告 No.2
著(编)者：贠杰　2018年12月出版／估价：99.00元
PSN B-2017-672-1/1

政治参与蓝皮书
中国政治参与报告（2018）
著(编)者：房宁　2018年8月出版／估价：128.00元
PSN B-2011-200-1/1

政治文化蓝皮书
中国政治文化报告（2018）
著(编)者：邢元敏　魏大鹏　龚克
2018年8月出版／估价：128.00元
PSN B-2017-615-1/1

中国传统村落蓝皮书
中国传统村落保护现状报告（2018）
著(编)者：胡彬彬　李向军　王晓波
2018年12月出版／估价：99.00元
PSN B-2017-663-1/1

中国农村妇女发展蓝皮书
农村流动女性城市生活发展报告（2018）
著(编)者：谢丽华　2018年12月出版／估价：99.00元
PSN B-2014-434-1/1

宗教蓝皮书
中国宗教报告（2017）
著(编)者：邱永辉　2018年8月出版／估价：99.00元
PSN B-2008-117-1/1

产业经济类

保健蓝皮书
中国保健服务产业发展报告 No.2
著(编)者：中国保健协会　　中共中央党校
2018年7月出版 / 估价：198.00元
PSN B-2012-272-3/3

保健蓝皮书
中国保健食品产业发展报告 No.2
著(编)者：中国保健协会
　　　　中国社会科学院食品药品产业发展与监管研究中心
2018年8月出版 / 估价：198.00元
PSN B-2012-271-2/3

保健蓝皮书
中国保健用品产业发展报告 No.2
著(编)者：中国保健协会
　　　　国务院国有资产监督管理委员会研究中心
2018年3月出版 / 估价：198.00元
PSN B-2012-270-1/3

保险蓝皮书
中国保险业竞争力报告（2018）
著(编)者：保监会　　2018年12月出版 / 估价：99.00元
PSN B-2013-311-1/1

冰雪蓝皮书
中国冰上运动产业发展报告（2018）
著(编)者：孙承华 杨占武 刘戈 张鸿俊
2018年9月出版 / 估价：99.00元
PSN B-2017-648-3/3

冰雪蓝皮书
中国滑雪产业发展报告（2018）
著(编)者：孙承华 伍斌 魏庆华 张鸿俊
2018年9月出版 / 估价：99.00元
PSN B-2016-559-1/3

餐饮产业蓝皮书
中国餐饮产业发展报告（2018）
著(编)者：邢颖
2018年6月出版 / 估价：99.00元
PSN B-2009-151-1/1

茶业蓝皮书
中国茶产业发展报告（2018）
著(编)者：杨江帆 李闽榕
2018年10月出版 / 估价：99.00元
PSN B-2010-164-1/1

产业安全蓝皮书
中国文化产业安全报告（2018）
著(编)者：北京印刷学院文化产业安全研究院
2018年12月出版 / 估价：99.00元
PSN B-2014-378-12/14

产业安全蓝皮书
中国新媒体产业安全报告（2016~2017）
著(编)者：肖丽　　2018年6月出版 / 估价：99.00元
PSN B-2015-500-14/14

产业安全蓝皮书
中国出版传媒产业安全报告（2017~2018）
著(编)者：北京印刷学院文化产业安全研究院
2018年3月出版 / 估价：99.00元
PSN B-2014-384-13/14

产业蓝皮书
中国产业竞争力报告（2018）No.8
著(编)者：张其仔　　2018年12月出版 / 估价：168.00元
PSN B-2010-175-1/1

动力电池蓝皮书
中国新能源汽车动力电池产业发展报告（2018）
著(编)者：中国汽车技术研究中心
2018年8月出版 / 估价：99.00元
PSN B-2017-639-1/1

杜仲产业绿皮书
中国杜仲橡胶资源与产业发展报告（2017~2018）
著(编)者：杜红岩 胡文臻 俞锐
2018年1月出版 / 估价：99.00元
PSN G-2013-350-1/1

房地产蓝皮书
中国房地产发展报告No.15（2018）
著(编)者：李春华 王业强
2018年5月出版 / 估价：99.00元
PSN B-2004-028-1/1

服务外包蓝皮书
中国服务外包产业发展报告（2017~2018）
著(编)者：王晓红 刘德军
2018年6月出版 / 估价：99.00元
PSN B-2013-331-2/2

服务外包蓝皮书
中国服务外包竞争力报告（2017~2018）
著(编)者：刘春生 王力 黄育华
2018年12月出版 / 估价：99.00元
PSN B-2011-216-1/2

工业和信息化蓝皮书
世界信息技术产业发展报告（2017~2018）
著(编)者：尹丽波　　2018年6月出版 / 估价：99.00元
PSN B-2015-449-2/6

工业和信息化蓝皮书
战略性新兴产业发展报告（2017~2018）
著(编)者：尹丽波　　2018年6月出版 / 估价：99.00元
PSN B-2015-450-3/6

客车蓝皮书
中国客车产业发展报告（2017～2018）
著(编)者：姚蔚　　2018年10月出版 / 估价：99.00元
PSN B-2013-361-1/1

流通蓝皮书
中国商业发展报告（2018～2019）
著(编)者：王雪峰 林诗慧
2018年7月出版 / 估价：99.00元
PSN B-2009-152-1/2

能源蓝皮书
中国能源发展报告（2018）
著(编)者：崔民选 王军生 陈义和
2018年12月出版 / 估价：99.00元
PSN B-2006-049-1/1

农产品流通蓝皮书
中国农产品流通产业发展报告（2017）
著(编)者：贾敬敦 张东科 张玉玺 张鹏毅 周伟
2018年1月出版 / 估价：99.00元
PSN B-2012-288-1/1

汽车工业蓝皮书
中国汽车工业发展年度报告（2018）
著(编)者：中国汽车工业协会
　　　　　中国汽车技术研究中心
　　　　　丰田汽车公司
2018年5月出版 / 估价：168.00元
PSN B-2015-463-1/2

汽车工业蓝皮书
中国汽车零部件产业发展报告（2017～2018）
著(编)者：中国汽车工业协会
　　　　　中国汽车工程研究院深圳市沃特玛电池有限公司
2018年9月出版 / 估价：99.00元
PSN B-2016-515-2/2

汽车蓝皮书
中国汽车产业发展报告（2018）
著(编)者：中国汽车工程学会
　　　　　大众汽车集团（中国）
2018年11月出版 / 估价：99.00元
PSN B-2008-124-1/1

世界茶业蓝皮书
世界茶业发展报告（2018）
著(编)者：李闽榕 冯廷佺
2018年5月出版 / 估价：168.00元
PSN B-2017-619-1/1

世界能源蓝皮书
世界能源发展报告（2018）
著(编)者：黄晓勇　　2018年6月出版 / 估价：168.00元
PSN B-2013-349-1/1

体育蓝皮书
国家体育产业基地发展报告（2016～2017）
著(编)者：李颖川　　2018年4月出版 / 估价：168.00元
PSN B-2017-609-5/5

体育蓝皮书
中国体育产业发展报告（2018）
著(编)者：阮伟 钟秉枢
2018年12月出版 / 估价：99.00元
PSN B-2010-179-1/5

文化金融蓝皮书
中国文化金融发展报告（2018）
著(编)者：杨涛 金巍
2018年5月出版 / 估价：99.00元
PSN B-2017-610-1/1

新能源汽车蓝皮书
中国新能源汽车产业发展报告（2018）
著(编)者：中国汽车技术研究中心
　　　　　日产（中国）投资有限公司
　　　　　东风汽车有限公司
2018年8月出版 / 估价：99.00元
PSN B-2013-347-1/1

薏仁米产业蓝皮书
中国薏仁米产业发展报告No.2（2018）
著(编)者：李发耀 石明 秦礼康
2018年8月出版 / 估价：99.00元
PSN B-2017-645-1/1

邮轮绿皮书
中国邮轮产业发展报告（2018）
著(编)者：汪泓　　2018年10月出版 / 估价：99.00元
PSN G-2014-419-1/1

智能养老蓝皮书
中国智能养老产业发展报告（2018）
著(编)者：朱勇　　2018年10月出版 / 估价：99.00元
PSN B-2015-488-1/1

中国节能汽车蓝皮书
中国节能汽车发展报告（2017～2018）
著(编)者：中国汽车工程研究院股份有限公司
2018年9月出版 / 估价：99.00元
PSN B-2016-565-1/1

中国陶瓷产业蓝皮书
中国陶瓷产业发展报告（2018）
著(编)者：左和平 黄速建
2018年10月出版 / 估价：99.00元
PSN B-2016-573-1/1

装备制造业蓝皮书
中国装备制造业发展报告（2018）
著(编)者：徐东华　　2018年12月出版 / 估价：118.00元
PSN B-2015-505-1/1

行业及其他类

"三农"互联网金融蓝皮书
中国"三农"互联网金融发展报告（2018）
著(编)者：李勇坚 王弢
2018年8月出版 / 估价：99.00元
PSN B-2016-560-1/1

SUV蓝皮书
中国SUV市场发展报告（2017～2018）
著(编)者：靳军　2018年9月出版 / 估价：99.00元
PSN B-2016-571-1/1

冰雪蓝皮书
中国冬季奥运会发展报告（2018）
著(编)者：孙承华 伍斌 魏庆华 张鸿俊
2018年9月出版 / 估价：99.00元
PSN B-2017-647-2/3

彩票蓝皮书
中国彩票发展报告（2018）
著(编)者：益彩基金　2018年4月出版 / 估价：99.00元
PSN B-2015-462-1/1

测绘地理信息蓝皮书
测绘地理信息供给侧结构性改革研究报告（2018）
著(编)者：库热西·买合苏提
2018年12月出版 / 估价：168.00元
PSN B-2009-145-1/1

产权市场蓝皮书
中国产权市场发展报告（2017）
著(编)者：曹和平　2018年5月出版 / 估价：99.00元
PSN B-2009-147-1/1

城投蓝皮书
中国城投行业发展报告（2018）
著(编)者：华景斌
2018年11月出版 / 估价：300.00元
PSN B-2016-514-1/1

大数据蓝皮书
中国大数据发展报告（No.2）
著(编)者：连玉明　2018年5月出版 / 估价：99.00元
PSN B-2017-620-1/1

大数据应用蓝皮书
中国大数据应用发展报告No.2（2018）
著(编)者：陈军君　2018年8月出版 / 估价：99.00元
PSN B-2017-644-1/1

对外投资与风险蓝皮书
中国对外直接投资与国家风险报告（2018）
著(编)者：中债资信评估有限责任公司
　　　　　中国社会科学院世界经济与政治研究所
2018年4月出版 / 估价：189.00元
PSN B-2017-606-1/1

工业和信息化蓝皮书
人工智能发展报告（2017～2018）
著(编)者：尹丽波　2018年6月出版 / 估价：99.00元
PSN B-2015-448-1/6

工业和信息化蓝皮书
世界智慧城市发展报告（2017～2018）
著(编)者：尹丽波　2018年6月出版 / 估价：99.00元
PSN B-2017-624-6/6

工业和信息化蓝皮书
世界网络安全发展报告（2017～2018）
著(编)者：尹丽波　2018年6月出版 / 估价：99.00元
PSN B-2015-452-5/6

工业和信息化蓝皮书
世界信息化发展报告（2017～2018）
著(编)者：尹丽波　2018年6月出版 / 估价：99.00元
PSN B-2015-451-4/6

工业设计蓝皮书
中国工业设计发展报告（2018）
著(编)者：王晓红 于炜 张立群　2018年9月出版 / 估价：168.00元
PSN B-2014-420-1/1

公共关系蓝皮书
中国公共关系发展报告（2018）
著(编)者：柳斌杰　2018年11月出版 / 估价：99.00元
PSN B-2016-579-1/1

管理蓝皮书
中国管理发展报告（2018）
著(编)者：张晓东　2018年10月出版 / 估价：99.00元
PSN B-2014-416-1/1

海关发展蓝皮书
中国海关发展前沿报告（2018）
著(编)者：干春晖　2018年6月出版 / 估价：99.00元
PSN B-2017-616-1/1

互联网医疗蓝皮书
中国互联网健康医疗发展报告（2018）
著(编)者：芮晓武　2018年6月出版 / 估价：99.00元
PSN B-2016-567-1/1

黄金市场蓝皮书
中国商业银行黄金业务发展报告（2017～2018）
著(编)者：平安银行　2018年3月出版 / 估价：99.00元
PSN B-2016-524-1/1

会展蓝皮书
中外会展业动态评估研究报告（2018）
著(编)者：张敏 任中峰 聂鑫焱 牛盼强
2018年12月出版 / 估价：99.00元
PSN B-2013-327-1/1

基金会蓝皮书
中国基金会发展报告（2017~2018）
著(编)者：中国基金会发展报告课题组
2018年4月出版 / 估价：99.00元
PSN B-2013-368-1/1

基金会绿皮书
中国基金会发展独立研究报告（2018）
著(编)者：基金会中心网　中央民族大学基金会研究中心
2018年6月出版 / 估价：99.00元
PSN G-2011-213-1/1

基金会透明度蓝皮书
中国基金会透明度发展研究报告（2018）
著(编)者：基金中心网
　　　　清华大学廉政与治理研究中心
2018年9月出版 / 估价：99.00元
PSN B-2013-339-1/1

建筑装饰蓝皮书
中国建筑装饰行业发展报告（2018）
2018年10月出版 / 估价：198.00元
著(编)者：葛道顺 刘晓一
PSN B-2016-553-1/1

金融监管蓝皮书
中国金融监管报告（2018）
著(编)者：胡滨　2018年5月出版 / 估价：99.00元
PSN B-2012-281-1/1

金融蓝皮书
中国互联网金融行业分析与评估（2018~2019）
著(编)者：黄国平 伍旭川　2018年12月出版 / 估价：99.00元
PSN B-2016-585-7/7

金融科技蓝皮书
中国金融科技发展报告（2018）
著(编)者：李扬 孙国峰　2018年10月出版 / 估价：99.00元
PSN B-2014-374-1/1

金融信息服务蓝皮书
中国金融信息服务发展报告（2018）
著(编)者：李平　2018年5月出版 / 估价：99.00元
PSN B-2017-621-1/1

京津冀金融蓝皮书
京津冀金融发展报告（2018）
著(编)者：王爱俭 王璟怡　2018年10月出版 / 估价：99.00元
PSN B-2016-527-1/1

科普蓝皮书
国家科普能力发展报告（2018）
著(编)者：王康友　2018年5月出版 / 估价：138.00元
PSN B-2017-632-4/4

科普蓝皮书
中国基层科普发展报告（2017~2018）
著(编)者：赵立新 陈玲　2018年9月出版 / 估价：99.00元
PSN B-2016-568-3/4

科普蓝皮书
中国科普基础设施发展报告（2017~2018）
著(编)者：任福君　2018年6月出版 / 估价：99.00元
PSN B-2010-174-1/3

科普蓝皮书
中国科普人才发展报告（2017~2018）
著(编)者：郑念 任嵘嵘　2018年7月出版 / 估价：99.00元
PSN B-2016-512-2/4

科普能力蓝皮书
中国科普能力评价报告（2018~2019）
著(编)者：李富强 李群　2018年8月出版 / 估价：99.00元
PSN B-2016-555-1/1

临空经济蓝皮书
中国临空经济发展报告（2018）
著(编)者：连玉明　2018年9月出版 / 估价：99.00元
PSN B-2014-421-1/1

旅游安全蓝皮书
中国旅游安全报告（2018）
著(编)者：郑向敏 谢朝武　2018年5月出版 / 估价：158.00元
PSN B-2012-280-1/1

旅游绿皮书
2017~2018年中国旅游发展分析与预测
著(编)者：宋瑞　2018年2月出版 / 估价：99.00元
PSN G-2002-018-1/1

煤炭蓝皮书
中国煤炭工业发展报告（2018）
著(编)者：岳福斌　2018年12月出版 / 估价：99.00元
PSN B-2008-123-1/1

民营企业社会责任蓝皮书
中国民营企业社会责任报告（2018）
著(编)者：中华全国工商业联合会
2018年12月出版 / 估价：99.00元
PSN B-2015-510-1/1

民营医院蓝皮书
中国民营医院发展报告（2017）
著(编)者：薛晓林　2018年1月出版 / 估价：99.00元
PSN B-2012-299-1/1

闽商蓝皮书
闽商发展报告（2018）
著(编)者：李闽榕 王日根 林琛
2018年12月出版 / 估价：99.00元
PSN B-2012-298-1/1

农业应对气候变化蓝皮书
中国农业气象灾害及其灾损评估报告（No.3）
著(编)者：矫梅燕　2018年1月出版 / 估价：118.00元
PSN B-2014-413-1/1

品牌蓝皮书
中国品牌战略发展报告（2018）
著(编)者：汪同三　2018年10月出版 / 估价：99.00元
PSN B-2016-580-1/1

企业扶贫蓝皮书
中国企业扶贫研究报告（2018）
著(编)者：钟宏武　2018年12月出版 / 估价：99.00元
PSN B-2016-593-1/1

企业公益蓝皮书
中国企业公益研究报告（2018）
著(编)者：钟宏武 汪杰 黄晓娟
2018年12月出版 / 估价：99.00元
PSN B-2015-501-1/1

企业国际化蓝皮书
中国企业全球化报告（2018）
著(编)者：王辉耀 苗绿　2018年11月出版 / 估价：99.00元
PSN B-2014-427-1/1

企业蓝皮书
中国企业绿色发展报告No.2（2018）
著(编)者：李红玉 朱光辉
2018年8月出版 / 估价：99.00元
PSN B-2015-481-2/2

企业社会责任蓝皮书
中资企业海外社会责任研究报告（2017～2018）
著(编)者：钟宏武 叶柳红 张蕙
2018年1月出版 / 估价：99.00元
PSN B-2017-603-2/2

企业社会责任蓝皮书
中国企业社会责任研究报告（2018）
著(编)者：黄群慧 钟宏武 张蕙 汪杰
2018年11月出版 / 估价：99.00元
PSN B-2009-149-1/2

汽车安全蓝皮书
中国汽车安全发展报告（2018）
著(编)者：中国汽车技术研究中心
2018年8月出版 / 估价：99.00元
PSN B-2014-385-1/1

汽车电子商务蓝皮书
中国汽车电子商务发展报告（2018）
著(编)者：中华全国工商业联合会汽车经销商商会
　　　　　北方工业大学
　　　　　北京易观智库网络科技有限公司
2018年10月出版 / 估价：158.00元
PSN B-2015-485-1/1

汽车知识产权蓝皮书
中国汽车产业知识产权发展报告（2018）
著(编)者：中国汽车工程研究院股份有限公司
　　　　　中国汽车工程学会
　　　　　重庆长安汽车股份有限公司
2018年12月出版 / 估价：99.00元
PSN B-2016-594-1/1

青少年体育蓝皮书
中国青少年体育发展报告（2017）
著(编)者：刘扶民 杨桦　2018年1月出版 / 估价：99.00元
PSN B-2015-482-1/1

区块链蓝皮书
中国区块链发展报告（2018）
著(编)者：李伟　2018年9月出版 / 估价：99.00元
PSN B-2017-649-1/1

群众体育蓝皮书
中国群众体育发展报告（2017）
著(编)者：刘国永 戴健　2018年5月出版 / 估价：99.00元
PSN B-2014-411-1/3

群众体育蓝皮书
中国社会体育指导员发展报告（2018）
著(编)者：刘国永 王欢　2018年4月出版 / 估价：99.00元
PSN B-2016-520-3/3

人力资源蓝皮书
中国人力资源发展报告（2018）
著(编)者：余兴安　2018年11月出版 / 估价：99.00元
PSN B-2012-287-1/1

融资租赁蓝皮书
中国融资租赁业发展报告（2017～2018）
著(编)者：李光荣 王力　2018年8月出版 / 估价：99.00元
PSN B-2015-443-1/1

商会蓝皮书
中国商会发展报告No.5（2017）
著(编)者：王钦敏　2018年7月出版 / 估价：99.00元
PSN B-2008-125-1/1

商务中心区蓝皮书
中国商务中心区发展报告No.4（2017～2018）
著(编)者：李国红 单菁菁　2018年9月出版 / 估价：99.00元
PSN B-2015-444-1/1

设计产业蓝皮书
中国创新设计发展报告（2018）
著(编)者：王晓红 张立群 于炜
2018年11月出版 / 估价：99.00元
PSN B-2016-581-2/2

社会责任管理蓝皮书
中国上市公司社会责任能力成熟度报告No.4（2018）
著(编)者：肖红军 王晓光 李伟阳
2018年12月出版 / 估价：99.00元
PSN B-2015-507-2/2

社会责任管理蓝皮书
中国企业公众透明度报告No.4（2017～2018）
著(编)者：黄速建 熊梦 王晓光 肖红军
2018年4月出版 / 估价：99.00元
PSN B-2015-440-1/2

食品药品蓝皮书
食品药品安全与监管政策研究报告（2016～2017）
著(编)者：唐民皓　2018年6月出版 / 估价：99.00元
PSN B-2009-129-1/1

输血服务蓝皮书
中国输血行业发展报告（2018）
著(编)者：孙俊　2018年12月出版 / 估价：99.00元
PSN B-2016-582-1/1

水利风景区蓝皮书
中国水利风景区发展报告（2018）
著(编)者：董建文 兰思仁
2018年10月出版 / 估价：99.00元
PSN B-2015-480-1/1

私募市场蓝皮书
中国私募股权市场发展报告（2017～2018）
著(编)者：曹和平　2018年12月出版 / 估价：99.00元
PSN B-2010-162-1/1

碳排放权交易蓝皮书
中国碳排放权交易报告（2018）
著(编)者：孙永平　2018年11月出版 / 估价：99.00元
PSN B-2017-652-1/1

碳市场蓝皮书
中国碳市场报告（2018）
著(编)者：定金彪　2018年11月出版 / 估价：99.00元
PSN B-2014-430-1/1

体育蓝皮书
中国公共体育服务发展报告（2018）
著(编)者：戴健　2018年12月出版 / 估价：99.00元
PSN B-2013-367-2/5

土地市场蓝皮书
中国农村土地市场发展报告（2017~2018）
著(编)者：李光荣　2018年3月出版 / 估价：99.00元
PSN B-2016-526-1/1

土地整治蓝皮书
中国土地整治发展研究报告（No.5）
著(编)者：国土资源部土地整治中心
2018年7月出版 / 估价：99.00元
PSN B-2014-401-1/1

土地政策蓝皮书
中国土地政策研究报告（2018）
著(编)者：高延利 李宪文　2017年12月出版 / 估价：99.00元
PSN B-2015-506-1/1

网络空间安全蓝皮书
中国网络空间安全发展报告（2018）
著(编)者：惠志斌 覃庆玲
2018年11月出版 / 估价：99.00元
PSN B-2015-466-1/1

文化志愿服务蓝皮书
中国文化志愿服务发展报告（2018）
著(编)者：张永新 良警宇　2018年11月出版 / 估价：128.00元
PSN B-2016-596-1/1

西部金融蓝皮书
中国西部金融发展报告（2017~2018）
著(编)者：李忠民　2018年8月出版 / 估价：99.00元
PSN B-2010-160-1/1

协会商会蓝皮书
中国行业协会商会发展报告（2017）
著(编)者：景朝阳 李勇　2018年4月出版 / 估价：99.00元
PSN B-2015-461-1/1

新三板蓝皮书
中国新三板市场发展报告（2018）
著(编)者：王力　2018年8月出版 / 估价：99.00元
PSN B-2016-533-1/1

信托市场蓝皮书
中国信托业市场报告（2017~2018）
著(编)者：用益金融信托研究院
2018年1月出版 / 估价：198.00元
PSN B-2014-371-1/1

信息化蓝皮书
中国信息化形势分析与预测（2017~2018）
著(编)者：周宏仁　2018年8月出版 / 估价：99.00元
PSN B-2010-168-1/1

信用蓝皮书
中国信用发展报告（2017~2018）
著(编)者：章政 田侃　2018年4月出版 / 估价：99.00元
PSN B-2013-328-1/1

休闲绿皮书
2017~2018年中国休闲发展报告
著(编)者：宋瑞　2018年7月出版 / 估价：99.00元
PSN G-2010-158-1/1

休闲体育蓝皮书
中国休闲体育发展报告（2017~2018）
著(编)者：李相如 钟秉枢
2018年10月出版 / 估价：99.00元
PSN B-2016-516-1/1

养老金融蓝皮书
中国养老金融发展报告（2018）
著(编)者：董克用 姚余栋
2018年9月出版 / 估价：99.00元
PSN B-2016-583-1/1

遥感监测绿皮书
中国可持续发展遥感监测报告（2017）
著(编)者：顾行发 汪克强 潘教峰 李闽榕 徐东华 王琦安
2018年6月出版 / 估价：298.00元
PSN B-2017-629-1/1

药品流通蓝皮书
中国药品流通行业发展报告（2018）
著(编)者：佘鲁林 温再兴
2018年7月出版 / 估价：198.00元
PSN B-2014-429-1/1

医疗器械蓝皮书
中国医疗器械行业发展报告（2018）
著(编)者：王宝亭 耿鸿武
2018年10月出版 / 估价：99.00元
PSN B-2017-661-1/1

医院蓝皮书
中国医院竞争力报告（2018）
著(编)者：庄一强 曾益新　2018年3月出版 / 估价：118.00元
PSN B-2016-528-1/1

瑜伽蓝皮书
中国瑜伽业发展报告（2017~2018）
著(编)者：张永建 徐华锋 朱泰余
2018年6月出版 / 估价：198.00元
PSN B-2017-625-1/1

债券市场蓝皮书
中国债券市场发展报告（2017~2018）
著(编)者：杨农　2018年10月出版 / 估价：99.00元
PSN B-2016-572-1/1

志愿服务蓝皮书
中国志愿服务发展报告（2018）
著(编)者：中国志愿服务联合会
2018年11月出版 / 估价：99.00元
PSN B-2017-664-1/1

中国上市公司蓝皮书
中国上市公司发展报告（2018）
著(编)者：张鹏 张平 黄胤英
2018年9月出版 / 估价：99.00元
PSN B-2014-414-1/1

中国新三板蓝皮书
中国新三板创新与发展报告（2018）
著（编）者：刘平安 闻召林
2018年8月出版 / 估价：158.00元
PSN B-2017-638-1/1

中医文化蓝皮书
北京中医药文化传播发展报告（2018）
著（编）者：毛嘉陵　2018年5月出版 / 估价：99.00元
PSN B-2015-468-1/2

中医文化蓝皮书
中国中医药文化传播发展报告（2018）
著（编）者：毛嘉陵　2018年7月出版 / 估价：99.00元
PSN B-2016-584-2/2

中医药蓝皮书
北京中医药知识产权发展报告No.2
著（编）者：汪洪 屠志涛　2018年4月出版 / 估价：168.00元
PSN B-2017-602-1/1

资本市场蓝皮书
中国场外交易市场发展报告（2016～2017）
著（编）者：高峦　2018年3月出版 / 估价：99.00元
PSN B-2009-153-1/1

资产管理蓝皮书
中国资产管理行业发展报告（2018）
著（编）者：郑智　2018年7月出版 / 估价：99.00元
PSN B-2014-407-2/2

资产证券化蓝皮书
中国资产证券化发展报告（2018）
著（编）者：纪志宏　2018年11月出版 / 估价：99.00元
PSN B-2017-660-1/1

自贸区蓝皮书
中国自贸区发展报告（2018）
著（编）者：王力 黄育华　2018年6月出版 / 估价：99.00元
PSN B-2016-558-1/1

国际问题与全球治理类

"一带一路"跨境通道蓝皮书
"一带一路"跨境通道建设研究报告（2018）
著（编）者：郭业洲　2018年8月出版 / 估价：99.00元
PSN B-2016-557-1/1

"一带一路"蓝皮书
"一带一路"建设发展报告（2018）
著（编）者：王晓泉　2018年6月出版 / 估价：99.00元
PSN B-2016-552-1/1

"一带一路"投资安全蓝皮书
中国"一带一路"投资与安全研究报告（2017～2018）
著（编）者：邹统钎 梁昊光　2018年4月出版 / 估价：99.00元
PSN B-2017-612-1/1

"一带一路"文化交流蓝皮书
中阿文化交流发展报告（2017）
著（编）者：王辉　2018年9月出版 / 估价：99.00元
PSN B-2017-655-1/1

G20国家创新竞争力黄皮书
二十国集团（G20）国家创新竞争力发展报告（2017～2018）
著（编）者：李建平 李闽榕 赵新力 周天勇
2018年7月出版 / 估价：168.00元
PSN Y-2011-229-1/1

阿拉伯黄皮书
阿拉伯发展报告（2016～2017）
著（编）者：罗林　2018年3月出版 / 估价：99.00元
PSN Y-2014-381-1/1

北部湾蓝皮书
泛北部湾合作发展报告（2017～2018）
著（编）者：吕余生　2018年12月出版 / 估价：99.00元
PSN B-2008-114-1/1

北极蓝皮书
北极地区发展报告（2017）
著（编）者：刘惠荣　2018年7月出版 / 估价：99.00元
PSN B-2017-634-1/1

大洋洲蓝皮书
大洋洲发展报告（2017～2018）
著（编）者：喻常森　2018年10月出版 / 估价：99.00元
PSN B-2013-341-1/1

东北亚区域合作蓝皮书
2017年"一带一路"倡议与东北亚区域合作
著（编）者：刘亚政 金美花
2018年5月出版 / 估价：99.00元
PSN B-2017-631-1/1

东盟黄皮书
东盟发展报告（2017）
著（编）者：杨晓强 庄国土
2018年3月出版 / 估价：99.00元
PSN Y-2012-303-1/1

东南亚蓝皮书
东南亚地区发展报告（2017～2018）
著（编）者：王勤　2018年12月出版 / 估价：99.00元
PSN B-2012-240-1/1

非洲黄皮书
非洲发展报告No.20（2017～2018）
著（编）者：张宏明　2018年7月出版 / 估价：99.00元
PSN Y-2012-239-1/1

非传统安全蓝皮书
中国非传统安全研究报告（2017～2018）
著（编）者：潇枫 罗中枢　2018年8月出版 / 估价：99.00元
PSN B-2012-273-1/1

国际安全蓝皮书
中国国际安全研究报告（2018）
著(编)者：刘慧　2018年7月出版 / 估价：99.00元
PSN B-2016-521-1/1

国际城市蓝皮书
国际城市发展报告（2018）
著(编)者：屠启宇　2018年2月出版 / 估价：99.00元
PSN B-2012-260-1/1

国际形势黄皮书
全球政治与安全报告（2018）
著(编)者：张宇燕　2018年1月出版 / 估价：99.00元
PSN Y-2001-016-1/1

公共外交蓝皮书
中国公共外交发展报告（2018）
著(编)者：赵启正 雷蔚真　2018年4月出版 / 估价：99.00元
PSN B-2015-457-1/1

金砖国家黄皮书
金砖国家综合创新竞争力发展报告（2018）
著(编)者：赵新力 李闽榕 黄茂兴
2018年8月出版 / 估价：128.00元
PSN Y-2017-643-1/1

拉美黄皮书
拉丁美洲和加勒比发展报告（2017～2018）
著(编)者：袁东振　2018年6月出版 / 估价：99.00元
PSN Y-1999-007-1/1

澜湄合作蓝皮书
澜沧江-湄公河合作发展报告（2018）
著(编)者：刘稚　2018年9月出版 / 估价：99.00元
PSN B-2011-196-1/1

欧洲蓝皮书
欧洲发展报告（2017～2018）
著(编)者：黄平 周弘 程卫东
2018年6月出版 / 估价：99.00元
PSN B-1999-009-1/1

葡语国家蓝皮书
葡语国家发展报告（2016～2017）
著(编)者：王成安 张敏 刘金兰
2018年4月出版 / 估价：99.00元
PSN B-2015-503-1/2

葡语国家蓝皮书
中国与葡语国家关系发展报告·巴西（2016）
著(编)者：张曙光　2018年8月出版 / 估价：99.00元
PSN B-2016-563-2/2

气候变化绿皮书
应对气候变化报告（2018）
著(编)者：王伟光 郑国光　2018年11月出版 / 估价：99.00元
PSN G-2009-144-1/1

全球环境竞争力绿皮书
全球环境竞争力报告（2018）
著(编)者：李建平 李闽榕 王金南
2018年12月出版 / 估价：198.00元
PSN G-2013-363-1/1

全球信息社会蓝皮书
全球信息社会发展报告（2018）
著(编)者：丁波涛 唐涛　2018年10月出版 / 估价：99.00元
PSN B-2017-665-1/1

日本经济蓝皮书
日本经济与中日经贸关系研究报告（2018）
著(编)者：张季风　2018年6月出版 / 估价：99.00元
PSN B-2008-102-1/1

上海合作组织黄皮书
上海合作组织发展报告（2018）
著(编)者：李进峰　2018年6月出版 / 估价：99.00元
PSN Y-2009-130-1/1

世界创新竞争力黄皮书
世界创新竞争力发展报告（2017）
著(编)者：李建平 李闽榕 赵新力
2018年1月出版 / 估价：168.00元
PSN Y-2013-318-1/1

世界经济黄皮书
2018年世界经济形势分析与预测
著(编)者：张宇燕　2018年1月出版 / 估价：99.00元
PSN Y-1999-006-1/1

丝绸之路蓝皮书
丝绸之路经济带发展报告（2018）
著(编)者：任宗哲 白宽犁 谷孟宾
2018年1月出版 / 估价：99.00元
PSN B-2014-410-1/1

新兴经济体蓝皮书
金砖国家发展报告（2018）
著(编)者：林跃勤 周文　2018年8月出版 / 估价：99.00元
PSN B-2011-195-1/1

亚太蓝皮书
亚太地区发展报告（2018）
著(编)者：李向阳　2018年5月出版 / 估价：99.00元
PSN B-2001-015-1/1

印度洋地区蓝皮书
印度洋地区发展报告（2018）
著(编)者：汪戎　2018年6月出版 / 估价：99.00元
PSN B-2013-334-1/1

渝新欧蓝皮书
渝新欧沿线国家发展报告（2018）
著(编)者：杨柏 黄森　2018年6月出版 / 估价：99.00元
PSN B-2017-626-1/1

中阿蓝皮书
中国-阿拉伯国家经贸发展报告（2018）
著(编)者：张廉 段庆林 王林聪 杨巧红
2018年12月出版 / 估价：99.00元
PSN B-2016-598-1/1

中东黄皮书
中东发展报告No.20（2017～2018）
著(编)者：杨光　2018年10月出版 / 估价：99.00元
PSN Y-1998-004-1/1

中亚黄皮书
中亚国家发展报告（2018）
著(编)者：孙力　2018年6月出版 / 估价：99.00元
PSN Y-2012-238-1/1

国别类

澳大利亚蓝皮书
澳大利亚发展报告（2017-2018）
著(编)者：孙有中 韩锋　2018年12月出版 / 估价：99.00元
PSN B-2016-587-1/1

巴西黄皮书
巴西发展报告（2017）
著(编)者：刘国枝　2018年5月出版 / 估价：99.00元
PSN Y-2017-614-1/1

德国蓝皮书
德国发展报告（2018）
著(编)者：郑春荣　2018年6月出版 / 估价：99.00元
PSN B-2012-278-1/1

俄罗斯黄皮书
俄罗斯发展报告（2018）
著(编)者：李永全　2018年6月出版 / 估价：99.00元
PSN Y-2006-061-1/1

韩国蓝皮书
韩国发展报告（2017）
著(编)者：牛林杰 刘宝全　2018年5月出版 / 估价：99.00元
PSN B-2010-155-1/1

加拿大蓝皮书
加拿大发展报告（2018）
著(编)者：唐小松　2018年9月出版 / 估价：99.00元
PSN B-2014-389-1/1

美国蓝皮书
美国研究报告（2018）
著(编)者：郑秉文 黄平　2018年5月出版 / 估价：99.00元
PSN B-2011-210-1/1

缅甸蓝皮书
缅甸国情报告（2017）
著(编)者：孔鹏 杨祥章　2018年1月出版 / 估价：99.00元
PSN B-2013-343-1/1

日本蓝皮书
日本研究报告（2018）
著(编)者：杨伯江　2018年6月出版 / 估价：99.00元
PSN B-2002-020-1/1

土耳其蓝皮书
土耳其发展报告（2018）
著(编)者：郭长刚 刘义　2018年9月出版 / 估价：99.00元
PSN B-2014-412-1/1

伊朗蓝皮书
伊朗发展报告（2017~2018）
著(编)者：冀开运　2018年10月 / 估价：99.00元
PSN B-2016-574-1/1

以色列蓝皮书
以色列发展报告（2018）
著(编)者：张倩红　2018年8月出版 / 估价：99.00元
PSN B-2015-483-1/1

印度蓝皮书
印度国情报告（2017）
著(编)者：吕昭义　2018年4月出版 / 估价：99.00元
PSN B-2012-241-1/1

英国蓝皮书
英国发展报告（2017~2018）
著(编)者：王展鹏　2018年12月出版 / 估价：99.00元
PSN B-2015-486-1/1

越南蓝皮书
越南国情报告（2018）
著(编)者：谢林城　2018年1月出版 / 估价：99.00元
PSN B-2006-056-1/1

泰国蓝皮书
泰国研究报告（2018）
著(编)者：庄国土 张禹东 刘文正
2018年10月出版 / 估价：99.00元
PSN B-2016-556-1/1

文化传媒类

"三农"舆情蓝皮书
中国"三农"网络舆情报告（2017~2018）
著(编)者：农业部信息中心
2018年6月出版 / 估价：99.00元
PSN B-2017-640-1/1

传媒竞争力蓝皮书
中国传媒国际竞争力研究报告（2018）
著(编)者：李本乾 刘强 王大可
2018年8月出版 / 估价：99.00元
PSN B-2013-356-1/1

传媒蓝皮书
中国传媒产业发展报告（2018）
著(编)者：崔保国　2018年5月出版 / 估价：99.00元
PSN B-2005-035-1/1

传媒投资蓝皮书
中国传媒投资发展报告（2018）
著(编)者：张向东 谭云明
2018年6月出版 / 估价：148.00元
PSN B-2015-474-1/1

非物质文化遗产蓝皮书
中国非物质文化遗产发展报告（2018）
著(编)者：陈平　2018年5月出版 / 估价：128.00元
PSN B-2015-469-1/1

非物质文化遗产蓝皮书
中国非物质文化遗产保护发展报告（2018）
著(编)者：宋俊华　2018年10月出版 / 估价：128.00元
PSN B-2016-586-2/2

广电蓝皮书
中国广播电影电视发展报告（2018）
著(编)者：国家新闻出版广电总局发展研究中心
2018年7月出版 / 估价：99.00元
PSN B-2006-072-1/1

广告主蓝皮书
中国广告主营销传播趋势报告No.9
著(编)者：黄升民 杜国清 邵华冬 等
2018年10月出版 / 估价：158.00元
PSN B-2005-041-1/1

国际传播蓝皮书
中国国际传播发展报告（2018）
著(编)者：胡正荣 李继东 姬德强
2018年12月出版 / 估价：99.00元
PSN B-2014-408-1/1

国家形象蓝皮书
中国国家形象传播报告（2017）
著(编)者：张昆　2018年3月出版 / 估价：128.00元
PSN B-2017-605-1/1

互联网治理蓝皮书
中国网络社会治理研究报告（2018）
著(编)者：罗昕 支庭荣
2018年9月出版 / 估价：118.00元
PSN B-2017-653-1/1

纪录片蓝皮书
中国纪录片发展报告（2018）
著(编)者：何苏六　2018年10月出版 / 估价：99.00元
PSN B-2011-222-1/1

科学传播蓝皮书
中国科学传播报告（2016~2017）
著(编)者：詹正茂　2018年6月出版 / 估价：99.00元
PSN B-2008-120-1/1

两岸创意经济蓝皮书
两岸创意经济研究报告（2018）
著(编)者：罗昌智 董泽平
2018年10月出版 / 估价：99.00元
PSN B-2014-437-1/1

媒介与女性蓝皮书
中国媒介与女性发展报告（2017~2018）
著(编)者：刘利群　2018年5月出版 / 估价：99.00元
PSN B-2013-345-1/1

媒体融合蓝皮书
中国媒体融合发展报告（2017）
著(编)者：梅宁华 支庭荣　2018年1月出版 / 估价：99.00元
PSN B-2015-479-1/1

全球传媒蓝皮书
全球传媒发展报告（2017~2018）
著(编)者：胡正荣 李继东　2018年6月出版 / 估价：99.00元
PSN B-2012-237-1/1

少数民族非遗蓝皮书
中国少数民族非物质文化遗产发展报告（2018）
著(编)者：肖远平（彝）柴立（满）
2018年10月出版 / 估价：118.00元
PSN B-2015-467-1/1

视听新媒体蓝皮书
中国视听新媒体发展报告（2018）
著(编)者：国家新闻出版广电总局发展研究中心
2018年7月出版 / 估价：118.00元
PSN B-2011-184-1/1

数字娱乐产业蓝皮书
中国动画产业发展报告（2018）
著(编)者：孙立军 孙平 牛兴侦
2018年10月出版 / 估价：99.00元
PSN B-2011-198-1/2

数字娱乐产业蓝皮书
中国游戏产业发展报告（2018）
著(编)者：孙立军 刘跃军
2018年10月出版 / 估价：99.00元
PSN B-2017-662-2/2

文化创新蓝皮书
中国文化创新报告（2017·No.8）
著(编)者：傅才武　2018年4月出版 / 估价：99.00元
PSN B-2009-143-1/1

文化建设蓝皮书
中国文化发展报告（2018）
著(编)者：江畅 孙伟平 戴茂堂
2018年5月出版 / 估价：99.00元
PSN B-2014-392-1/1

文化科技蓝皮书
文化科技创新发展报告（2018）
著(编)者：于平 李凤亮　2018年10月出版 / 估价：99.00元
PSN B-2013-342-1/1

文化蓝皮书
中国公共文化服务发展报告（2017~2018）
著(编)者：刘新成 张永新 张旭
2018年12月出版 / 估价：99.00元
PSN B-2007-093-2/10

文化蓝皮书
中国少数民族文化发展报告（2017~2018）
著(编)者：武翠英 张晓明 任乌晶
2018年9月出版 / 估价：99.00元
PSN B-2013-369-9/10

文化蓝皮书
中国文化产业供需协调检测报告（2018）
著(编)者：王亚南　2018年2月出版 / 估价：99.00元
PSN B-2013-323-8/10

文化蓝皮书
中国文化消费需求景气评价报告（2018）
著(编)者：王亚南　2018年2月出版 / 估价：99.00元
PSN B-2011-236-4/10

文化蓝皮书
中国公共文化投入增长测评报告（2018）
著(编)者：王亚南　2018年2月出版 / 估价：99.00元
PSN B-2014-435-10/10

文化品牌蓝皮书
中国文化品牌发展报告（2018）
著(编)者：欧阳友权　2018年5月出版 / 估价：99.00元
PSN B-2012-277-1/1

文化遗产蓝皮书
中国文化遗产事业发展报告（2017～2018）
著(编)者：苏杨 张颖岚 卓杰 白海峰 陈晨 陈叙图
2018年8月出版 / 估价：99.00元
PSN B-2008-119-1/1

文学蓝皮书
中国文情报告（2017～2018）
著(编)者：白烨　2018年5月出版 / 估价：99.00元
PSN B-2011-221-1/1

新媒体蓝皮书
中国新媒体发展报告No.9（2018）
著(编)者：唐绪军　2018年7月出版 / 估价：99.00元
PSN B-2010-169-1/1

新媒体社会责任蓝皮书
中国新媒体社会责任研究报告（2018）
著(编)者：钟瑛　2018年12月出版 / 估价：99.00元
PSN B-2014-423-1/1

移动互联网蓝皮书
中国移动互联网发展报告（2018）
著(编)者：余清楚　2018年6月出版 / 估价：99.00元
PSN B-2012-282-1/1

影视蓝皮书
中国影视产业发展报告（2018）
著(编)者：司若 陈鹏 陈锐　2018年4月出版 / 估价：99.00元
PSN B-2016-529-1/1

舆情蓝皮书
中国社会舆情与危机管理报告（2018）
著(编)者：谢耘耕　2018年9月出版 / 估价：138.00元
PSN B-2011-235-1/1

地方发展类-经济

澳门蓝皮书
澳门经济社会发展报告（2017～2018）
著(编)者：吴志良 郝雨凡　2018年7月出版 / 估价：99.00元
PSN B-2009-138-1/1

澳门绿皮书
澳门旅游休闲发展报告（2017～2018）
著(编)者：郝雨凡 林广志　2018年5月出版 / 估价：99.00元
PSN G-2017-617-1/1

北京蓝皮书
北京经济发展报告（2017～2018）
著(编)者：杨松　2018年6月出版 / 估价：99.00元
PSN B-2006-054-2/8

北京旅游绿皮书
北京旅游发展报告（2018）
著(编)者：北京旅游学会
2018年7月出版 / 估价：99.00元
PSN G-2012-301-1/1

北京体育蓝皮书
北京体育产业发展报告（2017～2018）
著(编)者：钟秉枢 陈杰 杨铁黎
2018年9月出版 / 估价：99.00元
PSN B-2015-475-1/1

滨海金融蓝皮书
滨海新区金融发展报告（2017）
著(编)者：王爱俭 李向前　2018年4月出版 / 估价：99.00元
PSN B-2014-424-1/1

城乡一体化蓝皮书
北京城乡一体化发展报告（2017～2018）
著(编)者：吴宝新 张宝秀 黄序
2018年5月出版 / 估价：99.00元
PSN B-2012-258-2/2

非公有制企业社会责任蓝皮书
北京非公有制企业社会责任报告（2018）
著(编)者：宋贵伦 冯培　2018年6月出版 / 估价：99.00元
PSN B-2017-613-1/1

福建旅游蓝皮书
福建省旅游产业发展现状研究（2017～2018）
著(编)者：陈敏华 黄远水
2018年12月出版 / 估价：128.00元
PSN B-2016-591-1/1

福建自贸区蓝皮书
中国（福建）自由贸易试验区发展报告（2017～2018）
著(编)者：黄茂兴　2018年4月出版 / 估价：118.00元
PSN B-2016-531-1/1

甘肃蓝皮书
甘肃经济发展分析与预测（2018）
著(编)者：安文华 罗哲　2018年1月出版 / 估价：99.00元
PSN B-2013-312-1/6

甘肃蓝皮书
甘肃商贸流通发展报告（2018）
著(编)者：张应华 王福生 王晓芳
2018年1月出版 / 估价：99.00元
PSN B-2016-522-6/6

甘肃蓝皮书
甘肃县域和农村发展报告（2018）
著(编)者：朱智文 包东红 王建兵
2018年1月出版 / 估价：99.00元
PSN B-2013-316-5/6

甘肃农业科技绿皮书
甘肃农业科技发展研究报告（2018）
著(编)者：魏胜文 乔德华 张东伟
2018年12月出版 / 估价：198.00元
PSN B-2016-592-1/1

巩义蓝皮书
巩义经济社会发展报告（2018）
著(编)者：丁同民 朱军 2018年4月出版 / 估价：99.00元
PSN B-2016-532-1/1

广东外经贸蓝皮书
广东对外经济贸易发展研究报告（2017～2018）
著(编)者：陈万灵 2018年6月出版 / 估价：99.00元
PSN B-2012-286-1/1

广西北部湾经济区蓝皮书
广西北部湾经济区开放开发报告（2017～2018）
著(编)者：广西壮族自治区北部湾经济区和东盟开放合作办公室
广西社会科学院
广西北部湾发展研究院
2018年2月出版 / 估价：99.00元
PSN B-2010-181-1/1

广州蓝皮书
广州城市国际化发展报告（2018）
著(编)者：张跃国 2018年8月出版 / 估价：99.00元
PSN B-2012-246-11/14

广州蓝皮书
中国广州城市建设与管理发展报告（2018）
著(编)者：陈其学 陈小钢 王宏伟 2018年8月出版 / 估价：99.00元
PSN B-2007-087-4/14

广州蓝皮书
广州创新型城市发展报告（2018）
著(编)者：尹涛 2018年6月出版 / 估价：99.00元
PSN B-2012-247-12/14

广州蓝皮书
广州经济发展报告（2018）
著(编)者：张跃国 尹涛 2018年7月出版 / 估价：99.00元
PSN B-2005-040-1/14

广州蓝皮书
2018年中国广州经济形势分析与预测
著(编)者：魏明海 谢博能 李华
2018年6月出版 / 估价：99.00元
PSN B-2011-185-9/14

广州蓝皮书
中国广州科技创新发展报告（2018）
著(编)者：于欣伟 陈爽 邓佑满 2018年8月出版 / 估价：99.00元
PSN B-2006-065-2/14

广州蓝皮书
广州农村发展报告（2018）
著(编)者：朱名宏 2018年7月出版 / 估价：99.00元
PSN B-2010-167-8/14

广州蓝皮书
广州汽车产业发展报告（2018）
著(编)者：杨再高 冯兴亚 2018年7月出版 / 估价：99.00元
PSN B-2006-066-3/14

广州蓝皮书
广州商贸业发展报告（2018）
著(编)者：张跃国 陈杰 荀振英
2018年7月出版 / 估价：99.00元
PSN B-2012-245-10/14

贵阳蓝皮书
贵阳城市创新发展报告No.3（白云篇）
著(编)者：连玉明 2018年5月出版 / 估价：99.00元
PSN B-2015-491-3/10

贵阳蓝皮书
贵阳城市创新发展报告No.3（观山湖篇）
著(编)者：连玉明 2018年5月出版 / 估价：99.00元
PSN B-2015-497-9/10

贵阳蓝皮书
贵阳城市创新发展报告No.3（花溪篇）
著(编)者：连玉明 2018年5月出版 / 估价：99.00元
PSN B-2015-490-2/10

贵阳蓝皮书
贵阳城市创新发展报告No.3（开阳篇）
著(编)者：连玉明 2018年5月出版 / 估价：99.00元
PSN B-2015-492-4/10

贵阳蓝皮书
贵阳城市创新发展报告No.3（南明篇）
著(编)者：连玉明 2018年5月出版 / 估价：99.00元
PSN B-2015-496-8/10

贵阳蓝皮书
贵阳城市创新发展报告No.3（清镇篇）
著(编)者：连玉明 2018年5月出版 / 估价：99.00元
PSN B-2015-489-1/10

贵阳蓝皮书
贵阳城市创新发展报告No.3（乌当篇）
著(编)者：连玉明 2018年5月出版 / 估价：99.00元
PSN B-2015-495-7/10

贵阳蓝皮书
贵阳城市创新发展报告No.3（息烽篇）
著(编)者：连玉明 2018年5月出版 / 估价：99.00元
PSN B-2015-493-5/10

贵阳蓝皮书
贵阳城市创新发展报告No.3（修文篇）
著(编)者：连玉明 2018年5月出版 / 估价：99.00元
PSN B-2015-494-6/10

贵阳蓝皮书
贵阳城市创新发展报告No.3（云岩篇）
著(编)者：连玉明 2018年5月出版 / 估价：99.00元
PSN B-2015-498-10/10

贵州房地产蓝皮书
贵州房地产发展报告No.5（2018）
著(编)者：武廷方 2018年7月出版 / 估价：99.00元
PSN B-2014-426-1/1

贵州蓝皮书
贵州册亨经济社会发展报告（2018）
著(编)者：黄德林　2018年3月出版 / 估价：99.00元
PSN B-2016-525-8/9

贵州蓝皮书
贵州地理标志产业发展报告（2018）
著(编)者：李发耀 黄其松　2018年8月出版 / 估价：99.00元
PSN B-2017-646-10/10

贵州蓝皮书
贵安新区发展报告（2017～2018）
著(编)者：马长青 吴大华　2018年6月出版 / 估价：99.00元
PSN B-2015-459-4/10

贵州蓝皮书
贵州国家级开放创新平台发展报告（2017～2018）
著(编)者：申晓庆 吴大华 季泓
2018年11月出版 / 估价：99.00元
PSN B-2016-518-7/10

贵州蓝皮书
贵州国有企业社会责任发展报告（2017～2018）
著(编)者：郭丽　2018年12月出版 / 估价：99.00元
PSN B-2015-511-6/10

贵州蓝皮书
贵州民航业发展报告（2017）
著(编)者：申振东 吴大华　2018年1月出版 / 估价：99.00元
PSN B-2015-471-5/10

贵州蓝皮书
贵州民营经济发展报告（2017）
著(编)者：杨静 吴大华　2018年3月出版 / 估价：99.00元
PSN B-2016-530-9/9

杭州都市圈蓝皮书
杭州都市圈发展报告（2018）
著(编)者：沈翔 戚建国　2018年5月出版 / 估价：128.00元
PSN B-2012-302-1/1

河北经济蓝皮书
河北省经济发展报告（2018）
著(编)者：马树强 金浩 张贵　2018年4月出版 / 估价：99.00元
PSN B-2014-380-1/1

河北蓝皮书
河北经济社会发展报告（2018）
著(编)者：康振海　2018年1月出版 / 估价：99.00元
PSN B-2014-372-1/3

河北蓝皮书
京津冀协同发展报告（2018）
著(编)者：陈璐　2018年1月出版 / 估价：99.00元
PSN B-2017-601-2/3

河南经济蓝皮书
2018年河南经济形势分析与预测
著(编)者：王世炎　2018年3月出版 / 估价：99.00元
PSN B-2007-086-1/1

河南蓝皮书
河南城市发展报告（2018）
著(编)者：张占仓 王建国　2018年5月出版 / 估价：99.00元
PSN B-2009-131-3/9

河南蓝皮书
河南工业发展报告（2018）
著(编)者：张占仓　2018年5月出版 / 估价：99.00元
PSN B-2013-317-5/9

河南蓝皮书
河南金融发展报告（2018）
著(编)者：喻新安 谷建全
2018年6月出版 / 估价：99.00元
PSN B-2014-390-7/9

河南蓝皮书
河南经济发展报告（2018）
著(编)者：张占仓 完世伟
2018年4月出版 / 估价：99.00元
PSN B-2010-157-4/9

河南蓝皮书
河南能源发展报告（2018）
著(编)者：国网河南省电力公司经济技术研究院
　　　　　河南省社会科学院
2018年3月出版 / 估价：99.00元
PSN B-2017-607-9/9

河南商务蓝皮书
河南商务发展报告（2018）
著(编)者：焦锦淼 穆荣国　2018年5月出版 / 估价：99.00元
PSN B-2014-399-1/1

河南双创蓝皮书
河南创新创业发展报告（2018）
著(编)者：喻新安 杨雪梅　2018年8月出版 / 估价：99.00元
PSN B-2017-641-1/1

黑龙江蓝皮书
黑龙江经济发展报告（2018）
著(编)者：朱宇　2018年1月出版 / 估价：99.00元
PSN B-2011-190-2/2

湖南城市蓝皮书
区域城市群整合
著(编)者：童中贤 韩未名　2018年12月出版 / 估价：99.00元
PSN B-2006-064-1/1

湖南蓝皮书
湖南城乡一体化发展报告（2018）
著(编)者：陈文胜 王文强 陆福兴
2018年8月出版 / 估价：99.00元
PSN B-2015-477-8/8

湖南蓝皮书
2018年湖南电子政务发展报告
著(编)者：梁志峰　2018年5月出版 / 估价：128.00元
PSN B-2014-394-6/8

湖南蓝皮书
2018年湖南经济发展报告
著(编)者：卞鹰　2018年5月出版 / 估价：128.00元
PSN B-2011-207-2/8

湖南蓝皮书
2016年湖南经济展望
著(编)者：梁志峰　2018年5月出版 / 估价：128.00元
PSN B-2011-206-1/8

湖南蓝皮书
2018年湖南县域经济社会发展报告
著(编)者：梁志峰　2018年5月出版 / 估价：128.00元
PSN B-2014-395-7/8

湖南县域绿皮书
湖南县域发展报告（No.5）
著(编)者：袁准 周小毛 黎仁寅
2018年3月出版 / 估价：99.00元
PSN G-2012-274-1/1

沪港蓝皮书
沪港发展报告（2018）
著(编)者：尤安山　2018年9月出版 / 估价：99.00元
PSN B-2013-362-1/1

吉林蓝皮书
2018年吉林经济社会形势分析与预测
著(编)者：邵汉明　2017年12月出版 / 估价：99.00元
PSN B-2013-319-1/1

吉林省城市竞争力蓝皮书
吉林省城市竞争力报告（2018~2019）
著(编)者：崔岳春 张磊　2018年12月出版 / 估价：99.00元
PSN B-2016-513-1/1

济源蓝皮书
济源经济社会发展报告（2018）
著(编)者：喻新安　2018年4月出版 / 估价：99.00元
PSN B-2014-387-1/1

江苏蓝皮书
2018年江苏经济发展分析与展望
著(编)者：王庆五 吴先满　2018年7月出版 / 估价：128.00元
PSN B-2017-635-1/3

江西蓝皮书
江西经济社会发展报告（2018）
著(编)者：陈石俊 龚建文　2018年10月出版 / 估价：128.00元
PSN B-2015-484-1/2

江西蓝皮书
江西设区市发展报告（2018）
著(编)者：姜玮 梁勇　2018年10月出版 / 估价：99.00元
PSN B-2016-517-2/2

经济特区蓝皮书
中国经济特区发展报告（2017）
著(编)者：陶一桃　2018年1月出版 / 估价：99.00元
PSN B-2009-139-1/1

辽宁蓝皮书
2018年辽宁经济社会形势分析与预测
著(编)者：梁启东 魏红江　2018年6月出版 / 估价：99.00元
PSN B-2006-053-1/1

民族经济蓝皮书
中国民族地区经济发展报告（2018）
著(编)者：李曦辉　2018年7月出版 / 估价：99.00元
PSN B-2017-630-1/1

南宁蓝皮书
南宁经济发展报告（2018）
著(编)者：胡建华　2018年9月出版 / 估价：99.00元
PSN B-2016-569-2/3

浦东新区蓝皮书
上海浦东经济发展报告（2018）
著(编)者：沈开艳 周奇　2018年2月出版 / 估价：99.00元
PSN B-2011-225-1/1

青海蓝皮书
2018年青海经济社会形势分析与预测
著(编)者：陈玮　2017年12月出版 / 估价：99.00元
PSN B-2012-275-1/2

山东蓝皮书
山东经济形势分析与预测（2018）
著(编)者：李广杰　2018年7月出版 / 估价：99.00元
PSN B-2014-404-1/5

山东蓝皮书
山东省普惠金融发展报告（2018）
著(编)者：齐鲁财富网
2018年9月出版 / 估价：99.00元
PSN B2017-676-5/5

山西蓝皮书
山西资源型经济转型发展报告（2018）
著(编)者：李志强　2018年7月出版 / 估价：99.00元
PSN B-2011-197-1/1

陕西蓝皮书
陕西经济发展报告（2018）
著(编)者：任宗哲 白宽犁 裴成荣
2018年1月出版 / 估价：99.00元
PSN B-2009-135-1/6

陕西蓝皮书
陕西精准脱贫研究报告（2018）
著(编)者：任宗哲 白宽犁 王建康
2018年6月出版 / 估价：99.00元
PSN B-2017-623-6/6

上海蓝皮书
上海经济发展报告（2018）
著(编)者：沈开艳
2018年2月出版 / 估价：99.00元
PSN B-2006-057-1/7

上海蓝皮书
上海资源环境发展报告（2018）
著(编)者：周冯琦 汤庆合
2018年2月出版 / 估价：99.00元
PSN B-2006-060-4/7

上饶蓝皮书
上饶发展报告（2016~2017）
著(编)者：廖其志　2018年3月出版 / 估价：128.00元
PSN B-2014-377-1/1

深圳蓝皮书
深圳经济发展报告（2018）
著(编)者：张骁儒　2018年6月出版 / 估价：99.00元
PSN B-2008-112-3/7

四川蓝皮书
四川城镇化发展报告（2018）
著(编)者：侯水平 陈炜
2018年4月出版 / 估价：99.00元
PSN B-2015-456-7/7

四川蓝皮书
2018年四川经济形势分析与预测
著(编)者: 杨钢   2018年1月出版 / 估价: 99.00元
PSN B-2007-098-2/7

四川蓝皮书
四川企业社会责任研究报告（2017~2018）
著(编)者: 侯水平 盛毅   2018年5月出版 / 估价: 99.00元
PSN B-2014-386-4/7

四川蓝皮书
四川生态建设报告（2018）
著(编)者: 李晟之   2018年5月出版 / 估价: 99.00元
PSN B-2015-455-6/7

体育蓝皮书
上海体育产业发展报告（2017~2018）
著(编)者: 张林 黄海燕   2018年10月出版 / 估价: 99.00元
PSN B-2015-454-4/5

体育蓝皮书
长三角地区体育产业发展报告（2017~2018）
著(编)者: 张林   2018年4月出版 / 估价: 99.00元
PSN B-2015-453-3/5

天津金融蓝皮书
天津金融发展报告（2018）
著(编)者: 王爱俭 孔德昌   2018年3月出版 / 估价: 99.00元
PSN B-2014-418-1/1

图们江区域合作蓝皮书
图们江区域合作发展报告（2018）
著(编)者: 李铁   2018年6月出版 / 估价: 99.00元
PSN B-2015-464-1/1

温州蓝皮书
2018年温州经济社会形势分析与预测
著(编)者: 蒋儒标 王春光 金浩
2018年4月出版 / 估价: 99.00元
PSN B-2008-105-1/1

西咸新区蓝皮书
西咸新区发展报告（2018）
著(编)者: 李扬 王军
2018年6月出版 / 估价: 99.00元
PSN B-2016-534-1/1

修武蓝皮书
修武经济社会发展报告（2018）
著(编)者: 张占仓 袁凯声
2018年10月出版 / 估价: 99.00元
PSN B-2017-651-1/1

偃师蓝皮书
偃师经济社会发展报告（2018）
著(编)者: 张占仓 袁凯声 何武周
2018年7月出版 / 估价: 99.00元
PSN B-2017-627-1/1

扬州蓝皮书
扬州经济社会发展报告（2018）
著(编)者: 陈扬
2018年12月出版 / 估价: 108.00元
PSN B-2011-191-1/1

长垣蓝皮书
长垣经济社会发展报告（2018）
著(编)者: 张占仓 袁凯声 秦保建
2018年10月出版 / 估价: 99.00元
PSN B-2017-654-1/1

遵义蓝皮书
遵义发展报告（2018）
著(编)者: 邓彦 曾征 龚永育
2018年9月出版 / 估价: 99.00元
PSN B-2014-433-1/1

地方发展类-社会

安徽蓝皮书
安徽社会发展报告（2018）
著(编)者: 程桦   2018年4月出版 / 估价: 99.00元
PSN B-2013-325-1/1

安徽社会建设蓝皮书
安徽社会建设分析报告（2017~2018）
著(编)者: 黄家海 蔡宪
2018年11月出版 / 估价: 99.00元
PSN B-2013-322-1/1

北京蓝皮书
北京公共服务发展报告（2017~2018）
著(编)者: 施昌奎   2018年3月出版 / 估价: 99.00元
PSN B-2008-103-7/8

北京蓝皮书
北京社会发展报告（2017~2018）
著(编)者: 李伟东
2018年7月出版 / 估价: 99.00元
PSN B-2006-055-3/8

北京蓝皮书
北京社会治理发展报告（2017~2018）
著(编)者: 殷星辰   2018年7月出版 / 估价: 99.00元
PSN B-2014-391-8/8

北京律师蓝皮书
北京律师发展报告 No.3（2018）
著(编)者: 王隽   2018年12月出版 / 估价: 99.00元
PSN B-2011-217-1/1

北京人才蓝皮书
北京人才发展报告（2018）
著(编)者：敏华　2018年12月出版 / 估价：128.00元
PSN B-2011-201-1/1

北京社会心态蓝皮书
北京社会心态分析报告（2017~2018）
北京市社会心理服务促进中心
2018年10月出版 / 估价：99.00元
PSN B-2014-422-1/1

北京社会组织管理蓝皮书
北京社会组织发展与管理（2018）
著(编)者：黄江松
2018年4月出版 / 估价：99.00元
PSN B-2015-446-1/1

北京养老产业蓝皮书
北京居家养老发展报告（2018）
著(编)者：陆杰华 周明明
2018年8月出版 / 估价：99.00元
PSN B-2015-465-1/1

法治蓝皮书
四川依法治省年度报告No.4（2018）
著(编)者：李林 杨天宗 田禾
2018年3月出版 / 估价：118.00元
PSN B-2015-447-2/3

福建妇女发展蓝皮书
福建省妇女发展报告（2018）
著(编)者：刘群英　2018年11月出版 / 估价：99.00元
PSN B-2011-220-1/1

甘肃蓝皮书
甘肃社会发展分析与预测（2018）
著(编)者：安文华 包晓霞 谢增虎
2018年1月出版 / 估价：99.00元
PSN B-2013-313-2/6

广东蓝皮书
广东全面深化改革研究报告（2018）
著(编)者：周林生 涂成林
2018年12月出版 / 估价：99.00元
PSN B-2015-504-3/3

广东蓝皮书
广东社会工作发展报告（2018）
著(编)者：罗观翠　2018年6月出版 / 估价：99.00元
PSN B-2014-402-2/3

广州蓝皮书
广州青年发展报告（2018）
著(编)者：徐柳 张强
2018年8月出版 / 估价：99.00元
PSN B-2013-352-13/14

广州蓝皮书
广州社会保障发展报告（2018）
著(编)者：张跃国　2018年8月出版 / 估价：99.00元
PSN B-2014-425-14/14

广州蓝皮书
2018年中国广州社会形势分析与预测
著(编)者：张强 郭志勇 何镜清
2018年6月出版 / 估价：99.00元
PSN B-2008-110-5/14

贵州蓝皮书
贵州法治发展报告（2018）
著(编)者：吴大华　2018年5月出版 / 估价：99.00元
PSN B-2012-254-2/10

贵州蓝皮书
贵州人才发展报告（2017）
著(编)者：于杰 吴大华
2018年9月出版 / 估价：99.00元
PSN B-2014-382-3/10

贵州蓝皮书
贵州社会发展报告（2018）
著(编)者：王兴骥　2018年4月出版 / 估价：99.00元
PSN B-2010-166-1/10

杭州蓝皮书
杭州妇女发展报告（2018）
著(编)者：魏颖　2018年10月出版 / 估价：99.00元
PSN B-2014-403-1/1

河北蓝皮书
河北法治发展报告（2018）
著(编)者：康振海　2018年6月出版 / 估价：99.00元
PSN B-2017-622-3/3

河北食品药品安全蓝皮书
河北食品药品安全研究报告（2018）
著(编)者：丁锦霞　2018年10月出版 / 估价：99.00元
PSN B-2015-473-1/1

河南蓝皮书
河南法治发展报告（2018）
著(编)者：张林海　2018年7月出版 / 估价：99.00元
PSN B-2014-376-6/9

河南蓝皮书
2018年河南社会形势分析与预测
著(编)者：牛苏林　2018年5月出版 / 估价：99.00元
PSN B-2005-043-1/9

河南民办教育蓝皮书
河南民办教育发展报告（2018）
著(编)者：胡大白　2018年9月出版 / 估价：99.00元
PSN B-2017-642-1/1

黑龙江蓝皮书
黑龙江社会发展报告（2018）
著(编)者：谢宝禄　2018年1月出版 / 估价：99.00元
PSN B-2011-189-1/2

湖南蓝皮书
2018年湖南两型社会与生态文明建设报告
著(编)者：卞鹰　2018年5月出版 / 估价：128.00元
PSN B-2011-208-3/8

湖南蓝皮书
2018年湖南社会发展报告
著(编)者：卞鹰　2018年5月出版 / 估价：128.00元
PSN B-2014-393-5/8

健康城市蓝皮书
北京健康城市建设研究报告（2018）
著(编)者：王鸿春 盛继洪　2018年9月出版 / 估价：99.00元
PSN B-2015-460-1/2

江苏法治蓝皮书
江苏法治发展报告No.6（2017）
著(编)者：蔡道通 龚廷泰　2018年8月出版 / 估价：99.00元
PSN B-2012-290-1/1

江苏蓝皮书
2018年江苏社会发展分析与展望
著(编)者：王庆五 刘旺洪　2018年8月出版 / 估价：128.00元
PSN B-2017-636-2/3

南宁蓝皮书
南宁法治发展报告（2018）
著(编)者：杨维超　2018年12月出版 / 估价：99.00元
PSN B-2015-509-1/3

南宁蓝皮书
南宁社会发展报告（2018）
著(编)者：胡建华　2018年10月出版 / 估价：99.00元
PSN B-2016-570-3/3

内蒙古蓝皮书
内蒙古反腐倡廉建设报告No.2
著(编)者：张志华　2018年6月出版 / 估价：99.00元
PSN B-2013-365-1/1

青海蓝皮书
2018年青海人才发展报告
著(编)者：王宇燕　2018年9月出版 / 估价：99.00元
PSN B-2017-650-2/2

青海生态文明建设蓝皮书
青海生态文明建设报告（2018）
著(编)者：张西明 高华　2018年12月出版 / 估价：99.00元
PSN B-2016-595-1/1

人口与健康蓝皮书
深圳人口与健康发展报告（2018）
著(编)者：陆杰华 傅崇辉　2018年11月出版 / 估价：99.00元
PSN B-2011-228-1/1

山东蓝皮书
山东社会形势分析与预测（2018）
著(编)者：李善峰　2018年6月出版 / 估价：99.00元
PSN B-2014-405-2/5

陕西蓝皮书
陕西社会发展报告（2018）
著(编)者：任宗哲 白宽犁 牛昉　2018年1月出版 / 估价：99.00元
PSN B-2009-136-2/6

上海蓝皮书
上海法治发展报告（2018）
著(编)者：叶必丰　2018年9月出版 / 估价：99.00元
PSN B-2012-296-6/7

上海蓝皮书
上海社会发展报告（2018）
著(编)者：杨雄 周海旺
2018年2月出版 / 估价：99.00元
PSN B-2006-058-2/7

社会建设蓝皮书
2018年北京社会建设分析报告
著(编)者：宋贵伦 冯虹　2018年9月出版 / 估价：99.00元
PSN B-2010-173-1/1

深圳蓝皮书
深圳法治发展报告（2018）
著(编)者：张晓儒　2018年6月出版 / 估价：99.00元
PSN B-2015-470-6/7

深圳蓝皮书
深圳劳动关系发展报告（2018）
著(编)者：汤庭芬　2018年8月出版 / 估价：99.00元
PSN B-2007-097-2/7

深圳蓝皮书
深圳社会治理与发展报告（2018）
著(编)者：张晓儒　2018年6月出版 / 估价：99.00元
PSN B-2008-113-4/7

生态安全绿皮书
甘肃国家生态安全屏障建设发展报告（2018）
著(编)者：刘举科 喜文华
2018年10月出版 / 估价：99.00元
PSN G-2017-659-1/1

顺义社会建设蓝皮书
北京市顺义区社会建设发展报告（2018）
著(编)者：王学武　2018年9月出版 / 估价：99.00元
PSN B-2017-658-1/1

四川蓝皮书
四川法治发展报告（2018）
著(编)者：郑泰安　2018年1月出版 / 估价：99.00元
PSN B-2015-441-5/7

四川蓝皮书
四川社会发展报告（2018）
著(编)者：李羚　2018年6月出版 / 估价：99.00元
PSN B-2008-127-3/7

云南社会治理蓝皮书
云南社会治理年度报告（2017）
著(编)者：晏雄 韩全芳
2018年5月出版 / 估价：99.00元
PSN B-2017-667-1/1

地方发展类-文化

北京传媒蓝皮书
北京新闻出版广电发展报告（2017～2018）
著(编)者：王志　2018年11月出版 / 估价：99.00元
PSN B-2016-588-1/1

北京蓝皮书
北京文化发展报告（2017～2018）
著(编)者：李建盛　2018年5月出版 / 估价：99.00元
PSN B-2007-082-4/8

创意城市蓝皮书
北京文化创意产业发展报告（2018）
著(编)者：郭万超 樊ево成　2018年12月出版 / 估价：99.00元
PSN B-2012-263-1/7

创意城市蓝皮书
天津文化创意产业发展报告（2017~2018）
著(编)者：谢思全　2018年6月出版 / 估价：99.00元
PSN B-2016-536-7/7

创意城市蓝皮书
武汉文化创意产业发展报告（2018）
著(编)者：黄永林 陈汉桥　2018年12月出版 / 估价：99.00元
PSN B-2013-354-4/7

创意上海蓝皮书
上海文化创意产业发展报告（2017~2018）
著(编)者：王慧敏 王兴全　2018年8月出版 / 估价：99.00元
PSN B-2016-561-1/1

非物质文化遗产蓝皮书
广州市非物质文化遗产保护发展报告（2018）
著(编)者：宋俊华　2018年12月出版 / 估价：99.00元
PSN B-2016-589-1/1

甘肃蓝皮书
甘肃文化发展分析与预测（2018）
著(编)者：王俊莲 周小华　2018年1月出版 / 估价：99.00元
PSN B-2013-314-3/6

甘肃蓝皮书
甘肃舆情分析与预测（2018）
著(编)者：陈双梅 张谦元　2018年1月出版 / 估价：99.00元
PSN B-2013-315-4/6

广州蓝皮书
中国广州文化发展报告（2018）
著(编)者：屈哨兵 陆志强　2018年6月出版 / 估价：99.00元
PSN B-2009-134-7/14

广州蓝皮书
广州文化创意产业发展报告（2018）
著(编)者：徐咏虹　2018年7月出版 / 估价：99.00元
PSN B-2008-111-6/14

海淀蓝皮书
海淀区文化和科技融合发展报告（2018）
著(编)者：陈名杰 孟景伟　2018年5月出版 / 估价：99.00元
PSN B-2013-329-1/1

河南蓝皮书
河南文化发展报告（2018）
著(编)者：卫绍生　2018年7月出版 / 估价：99.00元
PSN B-2008-106-2/9

湖北文化产业蓝皮书
湖北省文化产业发展报告（2018）
著(编)者：黄晓华　2018年9月出版 / 估价：99.00元
PSN B-2017-656-1/1

湖北文化蓝皮书
湖北文化发展报告（2017~2018）
著(编)者：湖北大学高等人文研究院
　　　　中华文化发展湖北省协同创新中心
2018年10月出版 / 估价：99.00元
PSN B-2016-566-1/1

江苏蓝皮书
2018年江苏文化发展分析与展望
著(编)者：王庆五 樊和平　2018年9月出版 / 估价：128.00元
PSN B-2015-637-3/3

江西文化蓝皮书
江西非物质文化遗产发展报告（2018）
著(编)者：张圣才 陈安平　2018年12月出版 / 估价：128.00元
PSN B-2015-499-1/1

洛阳蓝皮书
洛阳文化发展报告（2018）
著(编)者：刘福兴 陈启明　2018年7月出版 / 估价：99.00元
PSN B-2015-476-1/1

南京蓝皮书
南京文化发展报告（2018）
著(编)者：中共南京市委宣传部
2018年12月出版 / 估价：99.00元
PSN B-2014-439-1/1

宁波文化蓝皮书
宁波"一人一艺"全民艺术普及发展报告（2017）
著(编)者：张爱琴　2018年11月出版 / 估价：128.00元
PSN B-2017-668-1/1

山东蓝皮书
山东文化发展报告（2018）
著(编)者：涂可国　2018年5月出版 / 估价：99.00元
PSN B-2014-406-3/5

陕西蓝皮书
陕西文化发展报告（2018）
著(编)者：任宗哲 白宽犁 王长寿
2018年1月出版 / 估价：99.00元
PSN B-2009-137-3/6

上海蓝皮书
上海传媒发展报告（2018）
著(编)者：强荧 焦雨虹　2018年2月出版 / 估价：99.00元
PSN B-2012-295-5/7

上海蓝皮书
上海文学发展报告（2018）
著(编)者：陈圣来　2018年6月出版 / 估价：99.00元
PSN B-2012-297-7/7

上海蓝皮书
上海文化发展报告（2018）
著(编)者：荣跃明　2018年2月出版 / 估价：99.00元
PSN B-2006-059-3/7

深圳蓝皮书
深圳文化发展报告（2018）
著(编)者：张骁儒　2018年7月出版 / 估价：99.00元
PSN B-2016-554-7/7

四川蓝皮书
四川文化产业发展报告（2018）
著(编)者：向宝云 张立伟　2018年4月出版 / 估价：99.00元
PSN B-2006-074-1/7

郑州蓝皮书
2018年郑州文化发展报告
著(编)者：王哲　2018年9月出版 / 估价：99.00元
PSN B-2008-107-1/1

❖ 皮书起源 ❖

"皮书"起源于十七、十八世纪的英国，主要指官方或社会组织正式发表的重要文件或报告，多以"白皮书"命名。在中国，"皮书"这一概念被社会广泛接受，并被成功运作、发展成为一种全新的出版形态，则源于中国社会科学院社会科学文献出版社。

❖ 皮书定义 ❖

皮书是对中国与世界发展状况和热点问题进行年度监测，以专业的角度、专家的视野和实证研究方法，针对某一领域或区域现状与发展态势展开分析和预测，具备原创性、实证性、专业性、连续性、前沿性、时效性等特点的公开出版物，由一系列权威研究报告组成。

❖ 皮书作者 ❖

皮书系列的作者以中国社会科学院、著名高校、地方社会科学院的研究人员为主，多为国内一流研究机构的权威专家学者，他们的看法和观点代表了学界对中国与世界的现实和未来最高水平的解读与分析。

❖ 皮书荣誉 ❖

皮书系列已成为社会科学文献出版社的著名图书品牌和中国社会科学院的知名学术品牌。2016年，皮书系列正式列入"十三五"国家重点出版规划项目；2013~2018年，重点皮书列入中国社会科学院承担的国家哲学社会科学创新工程项目；2018年，59种院外皮书使用"中国社会科学院创新工程学术出版项目"标识。

中国皮书网

（网址：www.pishu.cn）

发布皮书研创资讯，传播皮书精彩内容
引领皮书出版潮流，打造皮书服务平台

栏目设置

关于皮书：何谓皮书、皮书分类、皮书大事记、皮书荣誉、
　　　　　皮书出版第一人、皮书编辑部

最新资讯：通知公告、新闻动态、媒体聚焦、网站专题、视频直播、下载专区

皮书研创：皮书规范、皮书选题、皮书出版、皮书研究、研创团队

皮书评奖评价：指标体系、皮书评价、皮书评奖

互动专区：皮书说、社科数托邦、皮书微博、留言板

所获荣誉

2008 年、2011 年，中国皮书网均在全
国新闻出版业网站荣誉评选中获得"最具商
业价值网站"称号；

2012 年，获得"出版业网站百强"称号。

网库合一

2014 年，中国皮书网与皮书数据库端
口合一，实现资源共享。

权威报告·一手数据·特色资源

皮书数据库
ANNUAL REPORT(YEARBOOK)
DATABASE

当代中国经济与社会发展高端智库平台

所获荣誉

- 2016年，入选"'十三五'国家重点电子出版物出版规划骨干工程"
- 2015年，荣获"搜索中国正能量 点赞2015""创新中国科技创新奖"
- 2013年，荣获"中国出版政府奖·网络出版物奖"提名奖
- 连续多年荣获中国数字出版博览会"数字出版·优秀品牌"奖

成为会员

通过网址www.pishu.com.cn或使用手机扫描二维码进入皮书数据库网站，进行手机号码验证或邮箱验证即可成为皮书数据库会员（建议通过手机号码快速验证注册）。

会员福利

- 使用手机号码首次注册的会员，账号自动充值100元体验金，可直接购买和查看数据库内容（仅限使用手机号码快速注册）。
- 已注册用户购书后可免费获赠100元皮书数据库充值卡。刮开充值卡涂层获取充值密码，登录并进入"会员中心"—"在线充值"—"充值卡充值"，充值成功后即可购买和查看数据库内容。

数据库服务热线：400-008-6695　　　　图书销售热线：010-59367070/7028
数据库服务QQ：2475522410　　　　　　图书服务QQ：1265056568
数据库服务邮箱：database@ssap.cn　　　图书服务邮箱：duzhe@ssap.cn

光"，曝光的巨大威力，由此可见。其次，宣布公开曝光的做法将成为中央纪委的常规工作方式。王岐山书记直截了当地表明："我们中央纪委坚持一条，就是曝光。"这意味着公开曝光这种方式，不是一时兴起，也并非小心尝试，随时准备后撤，而是2013年以来纠正"四风"工作的重要工作经验，已经成为中央纪委的常规工作方式。

3.将"公开透明"写入全会文件

2015年初，"增加工作透明度"被正式写进了十八届中央纪委五次全会报告中。这是首次在全会报告中对中央纪委自身的工作提出了"透明"的要求。在此之前，中央纪委早就在全会报告中多次运用"公开""透明"等词，但基本都是对行政权力提出要求，而不是对自身。2016年，"坚持公开透明"被写入中央纪委六次全会报告，作为2015年纪检监察工作的一条重要工作经验，位于二级标题的醒目位置。2017年，中央纪委七次全会报告继续强调要"增强透明度"。2017年10月，在中央纪委向党的十九大所做的工作报告中，则进行了如下总结："公开工作流程，第一时间发布执纪审查信息，及时回应社会关切，提高透明度，去除神秘化，拓宽社会监督渠道。"可以看出，坚持公开透明已经成为中央纪委的一条重要经验，在反腐败工作中坚持公开透明的做法，将逐渐成为常态。

（二）坚持公开透明的做法

十八大以后，与公开透明理念逐渐确立相伴随，中央纪委开展了一系列提升透明度的强力举措。

1.建立并利用媒体平台

建立和利用媒体平台，是中央纪委在推进反腐败工作公开透明的过程中浓墨重彩的一笔，也是其最成功的经验之一。这既包括建立自己的专属媒体，也包括充分运用其他大众媒体。中央纪委监察部网站、手机客户端和微信公众号是中央纪委的专属媒体。2013年9月2日，中央纪委监察部新网站正式上线，从几个方面大力促进了反腐败透明化的发展。首先，网站的定位突出了信息公开。在该网站的六大定位中，信息公开被放到了首要的位置。其次，网站具有强烈的交互性，增强了信息公开的有效性和针对性。最后，专门设立了举报平台，受理关于违反中央八项规定精神的检举。2015年元旦，中央纪委监察部网站推出新版，同时客户端上线试运行。网站新版进一步强化新闻性、观点性，手机客户端上开通"反'四风'一键通"举报窗口，主要受理违反中央八项规定精神问题的举报。2016年1月1日，中央纪委监察部微信公众号开通运行。微信公众号力求视角权威、内容丰富、服务便捷、表达贴心，也设置了"反'四风'一键通"举报窗口。至此，中央纪委监察部形成了"一网一端一微"的传播格局。

除了建立自己专属的网站等平台外，十八届中央纪委监察部非常懂得运用现代各种媒体推进透明化进程。事实上，中央纪委监察部早在新网站推出之前，就已经依靠已有的大众媒体拉开了反腐败透明化的大幕。2013年4月19日，人民网、新华网、中国网等中央重点新闻网站和搜狐网、新浪网、网易网等主流商业网站同步推出了网络举报监督专区，鼓励广大网民依法如实举报违纪违法行为。各大主流新闻媒体都在显要位置对这一消息进行了报道，可以说是人尽皆知。而在此后的几年中，中央电视台、新华社、《人民日报》等媒体也都经常报道中央纪委的消息，尤其是电视媒体，更是直观地把中央纪委监察部的机构面貌、办公环境、工作状态以及相关工作进展呈现在观众面前。十八届中央纪委三次全会前，中央电视台先后采访了6位副书记，围绕不同主题做成6期专题节目，在新闻联播中播出，《焦点访谈》也做了三期节目，聚焦党风政风监督问题。2014年底，专题片《作风建设永远在路上——落实八项规定精神正风肃纪纪实》在中央电视台热播，引起了广泛关注。此后又推出《永远在路上》《打铁还需自身硬》《巡视利剑》等专题片，都取得了很好的传播效果。

2. 将公开透明的要求落实到细节

媒体平台的建立，只是打造了可透明化的工具，但要真正提升透明度，必须有更为切实的措施，把相关工作落到实处。中央纪委之所以能趋向透明化，非常关键的一点就是在传播的各个环节做实细节，真正把媒体透明化的可能性发挥出来。这里主要以新闻发布会（新闻通气会）为例进行分析。

新闻发布会是发布重要消息最常用的方式，也是走向公开透明的基础环节和重要方式，但是，要使其真正达到透明效果，必须在发布内容、发布方式等方面实化。也就是在内容上发布民众真正关心的重要新闻，并以开放的姿态回答媒体提问，回应民众关切。2012 年前，中央纪委就有召开新闻发布会的做法，但总有一些例行公事的味道。这种情况在 2013 年之后有了较大的改观。首先，2013 年的发布会采用直播的方式进行，其直观可视、不可逆转的特点开始显现，同时，这次发布会开始涉及非常敏感的信息，公布了薄熙来、刘志军等案已移送司法机关的消息。其次，2014 年公布查办案件的详细情况和违纪违法纪检监察干部的情况，2015 年集中发布各类重要信息等做法，都大大提升了信息发布的数量和质量，显现更权威更透明的特质。除了按惯例发布整体工作介绍、查处干部数据等情况外，工作思路转变、内部机构调整、巡视工作安排、重大案件案例等，都是观众希望获悉的内容。此外，中央纪委近期的新闻发布会基本上都不采用单一的新闻发言人模式，而是根据中央纪委的工作重点、民众的关注热点，组织一个新闻发言人团队，随时准备向公众开放回答各个方面的信息。因此，一场新闻发布会下来，可以说是细致全面，猛料不断，与 2012 年前还有些粗枝大叶的新闻发布会相比，其做实公开透明的程度有了较大的提升。需要提及的是，中央纪委新闻发布会的数量并没有在 2012 年之后增长，基本上还是 1～3 场新闻发布会，4～6 场新闻通气会的规模。但其透明度、影响力与之前已不可同日而语。

当然，做实公开透明的方面还有很多。比如为了使民众了解中央纪委机关，祛除神秘化色彩，纪委既组织了对外开放日活动，又策划了系列报道"走进中央纪委监察部"，还有系列在线访谈视频节目，邀请部委领导、各室负责人作为嘉宾，介绍相关情况，回答提问。这既能让国内外专家名流直观感受中央纪委，又将中央纪委各个室的工作状态尤其是民众希望了解的方面呈现出来，还将中央纪委各位领导的形象、性情等都呈现在民众面前。这显然不是孤零零地或象征性地开放所能比的。可以说，正是因为各个方面将公开透明的要求落到了实处，才共同提升了中央纪委反腐败的透明度。

3. 完善公开透明的组织基础

2014 年初，中央纪委在原宣传教育室的基础上组建宣传部。与宣传教育室相比，新组建的宣传部职能有了很大调整。按照时任中央纪委副书记吴玉良的说法："组建宣传部，首要的职责是宣传党中央关于党风廉政建设和反腐败斗争的重大决策部署及取得的成效，展现我们党坚定不移地改进作风、坚定不移地惩治腐败的决心，及时回应人民群众的呼声和关切。同时，按照党务公开要求，提高中央纪委工作透明度，让社会公众更加了解中央纪委，了解纪检监察工作，监督纪检监察工作。"① 简而言之，新组建的宣传部有两项职能，一是宣传党风廉政和反腐败整体工作；二是提高中央纪委工作透明度。可见，从宣传部组建开始，就有非常明确的公开透明的目标，宣传部也给中央纪委的公开透明提供了组织保证。为此，宣传部将原先由办公厅负责的新闻发布工作接了过来，中央纪委监察部网站、《中国纪检监察报》、《中国监察》杂志、中国方正出版社也都归口由宣传部管理，将原来负责的纪检监察干部教育、培训工作改由组织部负责。而这样的组织建立之后，以前"觉得宣传工作有点虚，没有抓手"② 的局面也很快得到改变。因为宣传部着重从"公开透明""敢于发声""从幕后走向前台""向媒体开放"几个方面展开了工作。

4. 突出公开透明的重点环节

在提升反腐败透明度的过程中，中央纪委突出重点环节的做法达到了事半功倍的效果。这些重点环节至少有以下三个方面。

一是第一时间发布查处贪腐干部情况。查处腐败官员，是民众最为关切的内容，中央纪委监察部网站在醒目位置设立了"案件查处"（后改名为"纪律审查"）栏目，第一时间对外发布查处的重大案件。网站开通后不久，这一栏目就成为关注度和点击率最高的栏目。截至 2017 年 11 月底，中央纪

---

① 《中央纪委组织部、宣传部组建背景、历史沿革和主要职能》，中央政府网站，http：//v. mos. gov. cn/zhibo11/index. shtml，2014 年 3 月 23 日。

② 《中央纪委组织部、宣传部组建背景、历史沿革和主要职能》，中央政府网站，http：// v. mos. gov. cn/zhibo11/index. shtml，2014 年 3 月 23 日。

委已通过这一栏目发布了 129 名中管干部、46 名中央一级党和国家机关、国企和金融单位干部和 1000 名省管干部接受组织调查的信息和 153 名中管干部、38 名中央一级党和国家机关、国企和金融单位干部和 768 名省管干部的处分信息。

二是多角度、有深度地展示自我形象。首先是对中央纪委监察部基本情况的介绍。2013 年，中央纪委监察部新网站一开通，就推出系列报道"走进中央纪委监察部"，前所未有地详细列出了中央纪委监察部的组织机构设置，介绍了纪检监察部门的工作程序等一向秘而不宣的内容，并第一次系统地介绍了各部委纪检组的情况。这些内容很快被各大网络媒体转载，引发强烈关注。反腐败主导机构以透明的形象出现在公众面前。其次是对中央纪委监察部的工作理念、工作思路、重大决策、部署安排等深层次的内容公之于众，且尽量做到信息准确权威、表达深入浅出、传播集中充分。属于这一类的信息主要有历次全会报告及习近平关于反腐败工作的讲话、《学思践悟》系列文章、党内重要法规的修订和解读、纪检监察体制改革、巡视工作安排等内容。这些信息也成了中央纪委监察部网站具有支撑性意义的部分。比如，《学思践悟》系列文章是中央纪委反腐败工作思路理念的集中展示，从 2014 年开始刊出，到 2017 年 10 月收官，总共发表了 29 个专题共 146 篇文章，很好地贴合了"信息公开、新闻发布、政策阐释、民意倾听、网络举报的主渠道、主阵地"① 的定位，发挥了"权威解读决策部署"的功能。

三是利用现代媒体较强的交互性，增强了信息公开的有效性和针对性。有别于其他政府网站，中央纪委监察部网站在显著位置设置了"我要举报""互动交流""监督哨"等分区，而将领导活动、政策发布等传统头版内容放到了二级页面。网站开通十天之后，第一期"在线访谈"播出，由中央纪委领导对网站进行介绍，并回应了部分网友的问题。此后，"在线访谈"成为中央纪委监察部网站的一个常设栏目，根据纪检监察工作重点以及网友

---

① 《中央纪委监察部网站简介》，中央纪委监察部网站，http://www.ccdi.gov.cn/lxwm/201308/t20130818_8721.html，2013 年 8 月 18 日。

关注的热点问题，重点邀请中央纪委监察部领导，包括副书记、常委、各个厅室局负责人、省（区、市）纪委书记、派驻中央国家机关的纪检组组长等，与网友进行交流、对话和沟通，及时释疑解惑，提升了透明度。

另外，网站发布信息的方式方法也对提升透明度功不可没。网站经常采取图解、划重点、问答、微视频等方式，将较难理解和把握的地方快速形象生动地呈现出来，为推进公开透明减少了工具使用带来的障碍。

二　正风反腐透明化的成效

中央纪委在反腐败工作中的透明化举措，带来了良好的社会效果。

（一）回应民众关切，扭转反腐败工作被动局面

十八大之前，反腐败工作也不能说成效不大。但自从十三大报告第一次正式提出反腐败的问题以来，中央对反腐败问题越来越重视，反腐败成果也是逐渐增多。这些成果既包括查处官员的数量、级别，也包括反腐败思路的变化和发展，还包括制度建设的众多成果。但显然，人民群众对反腐败工作是高度关注但又有诸多不满意。早在 2002 年，《人民日报》就发表文章驳斥当时流行的一种观点：反腐败越反越严重。但到 2013 年 6 月，还是有不少人"直观、感性地认为'越反越腐'"①，可以说，十年反腐败工作，虽然"成效明显"，但"越反越腐"的质疑就从来没有停止过，反腐败工作在十八大以前一直处于较为被动的局面。

十八大以来，随着反腐败举措及成果的持续公布，民众对反腐败的满意度不断提高。据国家统计局开展的民意调查数据显示，十八大之前，人民群众对党风廉政建设和反腐败工作的满意度是 75%，2013 年提升到 81%，

---

① 中央纪委研究室：《正确认识反腐败斗争形势》，《人民日报》2002 年 6 月 27 日；戴立言：《真的是"越反越腐"吗?》，《新华每日电讯》2013 年 6 月 7 日。

2014 年继续提升到 88.4%，2015 年是 91.5%，2016 年达到 92.9%。[①] 至此，反腐败工作的被动局面基本被扭转。

（二）显示中央决心，提振民众反腐败的信心

与"越反越腐"论相伴随的，是民众对反腐败工作的信心缺乏。这种信心缺乏主要来自选择性反腐败的猜测。"不反腐要亡国，真反腐要亡党"的说法是其典型体现。不少民众认为，反腐败都是做做样子，安抚一下民心，不会"动真格的"。因此，被查处的只是少数缺乏后台的低级官员，而级别高的、后台硬的、在政治斗争中处于胜利者地位的，都不会被查处，但他们的腐败程度，比被查处的官员，有过之而无不及。这些想象和猜疑的广泛存在，既昭示着反腐败的被动局面亟待扭转，更意味着民众对反腐败工作严重缺乏信心。如果不能打消这些猜疑和想象，无论反腐败成绩如何，都将消弭于无形之中。而打消这些想象和猜疑的唯一办法，就是反腐败工作以公开透明的方式显示其决心和信心。

十八大以来，反腐败工作主要从三个方面提高透明度，彰显决心，提振信心。一是宣示坚持以"零容忍"态度惩治腐败。2014 年初，习近平总书记在中央纪委第三次全会上的讲话中强调"反腐败高压态势必须继续保持，坚持以零容忍态度惩治腐败。"中央纪委随之表示"要保持惩治腐败高压态势。坚持有案必查、有腐必惩，做到有群众举报的要及时处理，有具体线索的要认真核实，违反党纪国法的要严肃查处"。此后，中央纪委多次宣示"持续保持高压态势，以零容忍态度惩治腐败"，并随着工作推进布置惩治腐败的重点。

二是公布反腐败的制度安排及工作机制。中央纪委公布自己的内部机构设置和工作流程，并非仅仅是为了消除神秘感，更重要的意义在于让民众知晓反腐败工作的制度基础。其中，公开线索统一管理的制度、巡视安排、举

---

① 《吴玉良：2015 年群众对党风廉政建设和反腐败工作满意度达 92.9%》，中央纪委监察部网站，http://www.ccdi.gov.cn/yw/201701/t20170109_92530.html，2017 年 1 月 9 日。

报受理程序等一系列举措，都有助于从源头上消除民间关于选择性反腐败的猜测。尤其是关于巡视回马枪的安排以及举报人查询码的设置，在显示负责任反腐败的态度，对于提振反腐败信心有着非常重要的作用。

三是以切实的反腐败成果屡次打破关于反腐败的消极想象与猜测。十八大以来，虽然中央纪委书记王岐山多次表示反腐败"要有静气、不刮风，不搞运动、不是一阵子"，要"踩着不变的步伐，把握力度和节奏，把党风廉政建设和反腐败斗争一步步引向深入"。① 但"反腐败要歇一歇"的论调仍然不时出现。要打消这些论调，最终要靠铁一般的事实。中央纪委屡屡出人意料地公布反腐败的最新成果，打破了关于级别、系统、法不责众等重要禁区，切实让民众感受到中央反腐败的决心之大，力度之大，提振了反腐败的信心。

（三）发布权威信息，抢占信息时代的舆论高地

在民众对反腐败的高度关注中，最受关注的是查处官员的情况。中央纪委监察部网站上线前，这类信息基本上都是通过《人民日报》、中央电视台、新华社等中央重要媒体发布。这么做的优点是权威可信，但缺点也很明显。主要的缺点有三个：一是时效性不够；二是力量分散；三是信息量有限。

网络时代，即时效性、交互性的传播特点对新闻的传播速度提出了新的要求，"报道正在发生的事"成了众多新闻媒体的新追求，也是政府宣传工作必须面对的趋势。如何在第一时间传达出权威消息，避免小道消息乃至谣言在网络上传播，是反腐败工作不得不考虑的问题。由于传统的发布消息渠道有很多中间环节，还有制作周期和栏目要求的问题，其时效性大受影响。同时，这些中央媒体基本上都是全方位对党和国家、社会发展情况进行报

---

① 参见《王岐山会见泰国改革大会代表团》，http：//www.ccdi.gov.cn/xxgk/ldjg/wqs/zyhd/201412/t20141231_49528.html，2014 年 12 月 12 日；《王岐山总结十八届中央纪委六条体会》，http：//www.ccdi.gov.cn/ldhd/gcsy/201601/t20160126_73488.html，2015 年 1 月 29 日；《王岐山在十八届中央纪委六次全会上的工作报告》，中央纪委监察部网站，http：//www.ccdi.gov.cn/ldhd/gcsy/201601/t20160126_73488.html，2016 年 1 月 24 日。

道，留给反腐败信息的报道时间和空间都非常有限，无法形成集中的力量，信息量也严重不足。

中央纪委监察部新网站的上线，很快弥补了上述不足。开辟专栏第一时间专门发布官员查处情况、在醒目位置设置举报栏目等措施，使得中央纪委监察部网站很快脱颖而出，其访问量远远超过其他政府网站。中央纪委监察部网站很快成为发布官员查处情况的权威网站，甚至引发网友半夜追踪、周末追踪等现象。至此，中央纪委的一系列透明化举措，获得了非常好的社会传播效果，在反腐败这个问题上，中央纪委也成了舆论高地当之无愧的占领者。

（四）积极引导民众，促使民众有序参与反腐败工作

反腐败工作展开以来，逐渐形成了"党委统一领导，党政齐抓共管，纪委组织协调，部门各负其责，依靠群众的支持和参与"的领导体制和工作机制。但是，这一领导体制和工作机制并非全部实现，"依靠群众的支持和参与"就基本停留在纸面上，有的专家将其概括为"30多年来群众一直是反腐败的旁观者，想参与没平台，想支持无渠道"。[①]

十八大之前，随着"表哥""房叔""车爷"等网络反腐事件井喷，民众参与反腐败积极性高涨。但与此同时，主要借助于网络的民众参与反腐败呈现以下几个不良特征：一是无序化，即反腐败的主体、过程、结果完全没有规范和秩序；二是难辨真假，即网络爆出的腐败事件，夹杂着猜测、传言、想象以及传播技巧，其真实性大打折扣，未必经得起查证；三是狂欢化，即在反腐败的过程中蒙上了网络狂欢的特点，腐败成了被狂欢消费的资料，反腐败的意义也就因此而被消解掉。

中央纪委监察部网站开通后，随着权威消息的发布、设立规范的举报平台等举措的推开，这种无序、真假难辨和狂欢化的状态有了很大改变。首先，民众的反腐败热情被纳入了反腐败工作体制之中，呈现理性的状态。其

---

① 李永忠：《积极引导网络反腐宜疏不宜堵》，中国网，http：//opinion. china. com. cn/opinion_96_60696. html。

直接的表现是网络反腐事件迅速减少，与此同时，纪检监察机关的信访举报量却逐年递增。根据中央纪委历次全会的报告，2013 年的信访举报量是 195 万件；2014 年的信访举报量是 272 万件；2015 年达到 281.3 万件；2016 年为 253.8 万件。其次，民众的有序参与，推动了党风廉政建设和反腐败工作深入发展。中央纪委很早就富有政治智慧地提出了查处腐败的三大重点：十八大后不收敛、不收手的；问题线索反映集中、群众反映强烈的；现在重要岗位且可能还要被提拔使用的领导干部。其中，查处"群众反映强烈的"领导干部，正是对群众举报的严肃回应，对于澄清事实、惩治腐败以及教育后继者都有非常重要的意义。纪检监察机关逐年增长的立案数和处理人数，显示了惩治力度的加大，全面从严治党的态势逐渐形成。可以说，民众有序参与反腐败的渠道已经基本形成，并且发挥了非常积极有效的作用。"依靠群众的支持和参与"这一反腐败工作机制的重要维度已经基本变成了现实。

三　思考及建议

毫无疑问，十八大以来中央纪委的反腐败工作透明化程度大大提升，产生了良好的政治和社会效果。但这并不意味着反腐败透明化已经十分完美。推进反腐败进一步透明化，在理论和实践上还有一些有待拓展的空间。

第一，推动基层反腐败工作更加公开透明。中央纪委在提高透明度的同时，也带动了各级纪检监察机关提升透明度的行动。但反腐败透明度存在地区不平衡和层层递减的问题。因此，有必要以更有力度的方式向基层推进，促使基层尤其是市县以下纪检监察机构提高透明公开的力度，改变基层因威信不足引发信访举报越级上行的情况，同时更扎实地树立起整个纪检监察系统的权威和良好形象。

第二，完善并切实执行有关公开透明的制度规定。中央纪委监察部网站在醒目位置开设"信息公开"栏目，信息公开内容有领导机构、组织机构、工作程序、历史沿革和会议资料等，但其中的"信息公开指南""工作程序"没有持续更新。尤其是随着国家监察体制改革的全面推进，监督、调查、处置等职权的运用及其信息公开成为社会关注的热点。因此，应当尽快将十八大以来的常规公开内容及时写入，更新信息公开目录，使中央纪委公开透明的做法成为稳定规范的制度。

第三，处理好保密与公开的关系。自中央纪委明确提出"公开透明"的要求以来，几乎每年的全会报告中都会出现"提高透明度"的要求。当前，"透明"这一概念的内涵从机构开放、流程简洁、注重服务这三个维度向"开放数据"① 推进。作为反腐败机构，无论怎么倡导透明，都有较多的信息需要保密或者在一定时间范围内不可能公开。如何界定保密与公开的关系，确定信息是属于保密范畴还是应该主动公开或依申请公开，需要理论上的深入探讨，进而纳入实践规范。

---

① 赵雪娇、张楠、孟庆国：《基于开放政府数据的腐败防治：英国的实践与启示》，《公共行政评论》2017 年第 1 期，第 76 页。

B.7
十八大以来全国大学生对反腐成效感知度调查

任建明　薛彤彤*

摘　要：　对十八大以来的反腐成效进行评估是十分重要的。大学生是
　　　　　一个特殊的群体，其观点和看法具有重要的价值。通过对比
　　　　　2009年和2015年两次全国大学生问卷调查的数据，发现大学
　　　　　生对十八大后反腐成效的感知明显高于十八大前。回归分析
　　　　　发现，从大学生的感知层面来看，反腐决心和反腐力度对于
　　　　　提升反腐成效具有显著的正向影响。

关键词：　廉政　反腐败　大学生

腐败被喻为"政治之癌"，严重破坏国家和社会的发展。反腐工作能否取得成效，关系人心向背和党的生死存亡。党的十八大是我国新时期反腐败的一个重大历史转折。习近平总书记和党中央高度重视腐败问题，以雷霆万钧之势掀起反腐风暴，以空前力度铁腕反腐，猛药去疴，刮骨疗毒，打虎拍蝇，有贪必肃，引起了全社会的强烈反响。[①] 十八大以来，高压反腐态势已持续近五年，成效已经显现。

---

* 任建明，北京航空航天大学公共管理学院教授、博士生导师、管理学博士，主要研究方向为廉政建设、政府管理、公共组织领导；薛彤彤，北京航空航天大学公共管理学院博士研究生。
① 张永和等：《人权蓝皮书：中国人权事业发展报告 NO.5》，社会科学文献出版社，2015，第415页。

及时准确评价反腐成效，具有重要的现实意义。一方面，可以检验各项反腐举措的效果，由此指导反腐败政策、措施的调整。另一方面，成效评价也是判断反腐形势和制定反腐败政策的重要依据。从很多国家或地区反腐败的历程来看，极少有毕其功于一役者。同样，我国要实现"不敢腐、不能腐、不想腐"，也需要经历一个过程。及时评价反腐成效，对反腐败形势以及反腐败进程所处阶段做出准确判断，是制定科学的反腐政策和策略的重要依据。

评价反腐成效具有高度复杂性和困难性。反腐成效表现在方方面面，不同主体对于成效的评价也会有所不同。因此，需要通过多个主体、从多个角度进行评价。在各类群体中，在校大学生是十分特殊的，其观点具有相当重要的价值。首先，在校大学生具有自身的独特性和很强的代表性。在年龄上，他们是社会新生代的代表。在教育水平上，他们有较高的知识文化水平和较为宽阔的视野。其次，在校大学生是腐败与反腐败相关信息的重要接收群体，他们对于腐败问题有着较高的关注度和敏感性。有研究显示，排除掉有关大学生利益的问题（就业形势和学生就业、专业学习、社会热点、金融危机和经济发展问题），大学生最为关注的是社会公平、政府廉洁和社会腐败。[①] 最后，大学生是同龄人中最为重要的一个部分。他们会很快离开大学，步入社会，成为各行各业的骨干或中坚分子。因此可以说他们代表着国家和社会的未来。

本研究选取全国的在校大学生作为研究对象，通过问卷调查法收集数据。统计分析发现，在校大学生对十八大以来我国的反腐成效给予了积极的评价。为了给这一评价提供更有力的支撑，文中基于反腐败绩效模型，在反腐力度、反腐决心和反腐成效间进行了回归分析，发现大学生反腐力度、反腐决心感知对提升其反腐成效评价具有正向积极作用。下文将具体介绍数据来源、研究方法、分析过程及结果，最后对结果进行讨论。

---

① 吴丽波、李斌雄：《武汉地区大学生廉洁意识和廉洁行为现状调查》，《学校党建与思想教育》2010 年第 10 期。

一 概念模型与研究假设

西奥多·H. 波伊斯特提出的项目工作的逻辑模型是公共部门绩效评估的经典模型。这是一个典型的基于公共项目运作过程的评估模型。[①] 简单地说，公共组织投入各种资源，用于开展项目或提供服务。在这一过程中，公共组织会采取一系列的活动，推动、控制项目的进展，以产生即时产品或产出。公共组织希望这些产出会带来相应的成果，这些成果就是期望项目工作所能带来的实质性的变化、提高或收益。这些成果常常按次序产生，从最初的成果到中间成果再到未来成果。[②] 波伊斯特将公共组织项目的工作逻辑概括为"资源、过程、产出、成果"四个环节，并阐述了它们之间的关系。我国也有学者建立了类似的模型来表示政府活动的逻辑顺序。例如，倪星认为政府管理活动包括投入、管理、产出、结果四个环节，并以此为基础建立了地方政府绩效评估指标体系。之后他将这一体系修改为投入、过程、产出、影响，将其运用于构建廉政工作评估指标体系。

本文基于波伊斯特提出的这一经典模型和我国学者的研究成果，按照一般的反腐败工作逻辑，将反腐败绩效评估分为投入、过程、产出与结果四个环节（见图1）。投入是指用于反腐败工作的所有资源，既包括人、财、物等物质资源，也包括授予反腐败机构的权力、领导人反腐决心等特殊资源；过程是指反腐机构、反腐制度和工作流程的完善与优化情况，如查办案件的平均时长、适用法律和纪律的正确率、内控机制及效果等；产出是指反腐工作的所有直接成果，如查办案件数、教育工作及其数量等；结果则是指反腐工作所产生的影响或改变，如腐败增量是否得到遏制、腐败程度是否持续降低、社会风气是否好转等。

---

① 李文彬、郑方辉：《公共部门绩效评价》，武汉大学出版社，2010，第120页。
② 西奥多·H. 波伊斯特：《公共与非营利组织绩效考评：方法与应用》，中国人民大学出版社，2005，第30页。

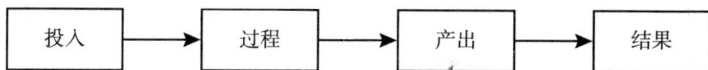

图1　反腐绩效评估环节

波伊斯特的模型十分强调区分产出和结果。他认为"产出表示的是一个项目的实际操作过程的表现及其阶段性成果，而成果是项目最终产出的结果或者效果"。[1] "产出的产生并不能保证就会得出成果。"[2] "但是产出是必要的，因为它会直接影响未来的收益或者引发通常的改变而达到理想的期望值。"[3] 所以，"产出指标应该被看作是成功的必要条件而不是充分条件"。[4] "结果是衡量项目工作绩效的最终标准。"[5] 实际上，波伊斯特对于产出和结果之间关系的描述，也可以扩展到投入与结果、过程与结果的关系当中。也就是说，投入、过程、产出其实都是结果的必要条件，或投入、过程、产出与结果之间是因果关系（见图2）。

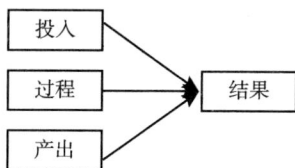

图2　反腐绩效模型各要素间的关系

毫无疑问，反腐工作也应坚持结果导向。在反腐工作的绩效评估中，最重要、最关键的就是测量"结果"，例如腐败程度是否有所改变，以及改变

① 西奥多·H. 波伊斯特：《公共与非营利组织绩效考评：方法与应用》，中国人民大学出版社，2005，第32页。
② 西奥多·H. 波伊斯特：《公共与非营利组织绩效考评：方法与应用》，中国人民大学出版社，2005，第32页。
③ 西奥多·H. 波伊斯特：《公共与非营利组织绩效考评：方法与应用》，中国人民大学出版社，2005，第32页。
④ 西奥多·H. 波伊斯特：《公共与非营利组织绩效考评：方法与应用》，中国人民大学出版社，2005，第32页。
⑤ 西奥多·H. 波伊斯特：《公共与非营利组织绩效考评：方法与应用》，中国人民大学出版社，2005，第33页。

幅度的大小等。问题是,"结果"测量起来十分复杂,也相当的困难,常常导致测量数据可靠性不高,说服力不强。因此,仅从"结果"一个方面来衡量反腐工作的绩效,往往是不足够的,还很有必要引入投入、过程、产出这三个维度,为"结果"的测量提供原因方面的支撑。

在所采用的调查问卷中,有三道题目分别测量大学生对于十八大前后反腐成效、反腐决心、反腐力度的感知情况。反腐成效对应模型中的"结果"维度;反腐决心对应"投入"维度;反腐力度同时对应"产出"维度与"投入"维度。由于问卷中没有测量"过程"的题目,所以没有纳入该维度。

十八大以来我国反腐败成效和进展有目共睹。多方评价对此已形成了较高的共识,不少研究都证明这段时期的反腐工作取得了不同于以往的成效。由国家统计局开展的"全国党风廉政建设民意调查"数据显示,党的十八大召开前,人民群众对党风廉政建设和反腐败工作的满意度是75%,2013年上升至81%,2014年为88.4%,2015年为91.5%,2016年达到了92.9%,[①] 呈现逐年升高的趋势。2016年,93.1%的群众对遏制腐败现象表示有信心,比2012年提高13.8个百分点。[②] 谭旭运(2015)对2013年全国的10206个有效样本的反腐败感知(包括反腐成效感知和反腐信心感知)进行分析,发现民众认为当前的反腐败有一定效果,同时对于未来的反腐败比较有信心。透明国际公布的国家清廉指数显示,十八大召开(2012年11月)前,我国的廉洁指数排名相对平稳,2014年出现了明显的下滑(得分为36。该指数所采用的印象评价方法有缺陷,即在短期内会造成"越反越腐"的印象),之后又呈现上升的趋势。到2016年,中国的清廉指数得分恢复到历史最高值40分。基于上述不同来源的评价结果,本文针对反腐绩效中的结果维度提出假设1。

---

① 《中纪委七次全会亮点多:高压态势反腐败人民满意度提升》,http://fanfu.people.com.cn/n1/2017/0110/c64371-29010379.html,2017年1月10日。

② 《2016年全国党风廉政建设民意调查报告:党心民心极大提振》,http://fanfu.people.com.cn/n1/2017/0106/c64371-29004246.html,2017年1月6日。

假设1：大学生对十八大后反腐成效的感知要明显高于十八大前。

十八大以来，领导人显示出了更大的反腐败决心。在十八届中央纪委三次全会的讲话中，习近平总书记表示，要以猛药去疴、重典治乱的决心，以刮骨疗毒、壮士断腕的勇气，坚决把党风廉政建设和反腐败斗争进行到底。① 习近平还多次强调，要坚决遏制腐败现象滋生蔓延势头。惩治腐败这一手必须紧抓不放、利剑高悬，坚持无禁区、全覆盖、零容忍；② 保持高压态势不放松，查处腐败问题，必须坚持零容忍的态度不变、猛药去疴的决心不减、刮骨疗毒的勇气不泄、严厉惩处的尺度不松，把反腐利剑举起来，形成强大震慑。③ 任建明（2010）将领导人的政治决心看作反腐成功的必要因素之一。反腐败决心也可看作一种投入于反腐工作的重要资源。根据上文关于投入与结果关系的分析，可以推断，如果假设1成立，那么可以推出假设2。

假设2：大学生对于领导人反腐决心的感知越高，他们对反腐成效的评价就越好。

十八大以来，我国的反腐力度明显增强，大量腐败官员被调查和查处。截至2015年12月31日，仅省部级以上的落马官员人数已达到153人，平均每年约51人，④ 覆盖了我国除港、澳、台以外所有的省级行政单位。另外，中央纪委监察部于2013年3月和2014年3月分别增设了两个负责案件查办的纪检监察室，至此，纪检监察室达到12个，反腐力量投入增加明显。反腐力度的增加有利于提升反腐成效。据此，提出假设3。

假设3：大学生对于反腐力度的感知越高，他们对反腐成效的评价就越好。

---

① 《习近平在十八届中央纪委三次全会上发表重要讲话》，http：//news. xinhuanet. com/politics/2014 – 01/14/c_ 126004516. htm，2014年1月14日。
② 《坚决遏制腐败现象滋生蔓延势头》，http：//www. ccdi. gov. cn/yw/201601/t20160113_72709. html，2016年1月13日。
③ 《习近平在十八届中央纪委五次全会上发表重要讲话》，http：//cpc. people. com. cn/n/2015/0114/c64094 – 26380006. html，2015年1月14日。
④ 杜治洲、薛彤彤：《"老虎"腐败对我国政治生态的危害及对策——基于153个案例的分析》，《广州大学学报》（社会科学版）2016年第11期。

二　数据来源与变量的操作和测量

本部分将介绍调查对象的选取方式和选取情况、调查问卷的发放和回收，并说明反腐成效、反腐决心、反腐力度三个主要变量的测量方法。

1. 数据来源

本文所用数据来源于中国管理现代化研究会廉政建设与治理研究专业委员会分别于2015年和2009年面向全国高校开展的"大学生廉洁教育调查"。大学生包括在校的本科生、硕士和博士研究生。2015年的调查选取了北京航空航天大学、成都理工大学、东北师范大学、中山大学等12所大学；2009年选取了清华大学、广州大学、东北师范大学、湖南大学等10所大学。这两次调查在地域上都涵盖了我国的东北、华北、华东、华中、华南、西北、西南七大地理分区。在学校类型上，包括了综合型院校、理工科为主的院校、人文社科为主的院校。抽样方式上，以分层抽样为主。以北京航空航天大学为例，调查按照北京航空航天大学人文、社科、理科、工科等学科、专业的设置情况，本科生、研究生的比例，年级、性别、政治面貌等因素，抽取部分班级、学生参与问卷填写，保证样本具有较好的代表性。两次问卷调查的题目基本保持一致，内容涵盖对腐败的认知、态度，反腐败意愿，对国家反腐败成效的主观评价、人口基本信息几个模块。剔除无效问卷后，2015年样本数为3157个，2009年为2049个。

2. 变量的操作与测量

问卷中有三道题目，分别测量大学生对反腐成效、反腐决心、反腐力度的感知情况。人口基本信息作为控制变量，在之后的回归分析中纳入模型。

（1）反腐成效。在2015年的问卷中，测量大学生对反腐成效感知的题目是："和十八大前相比，我国当前的腐败状况是"，其选项包括明显加重、有所加重、略微加重、略微好转、有所好转、明显好转。为了与2009年的调查结果进行对比，在做卡方检验时，对此题目选项进行分类，将前三个选项合并为"加重"，将后三个选项合并为"好转"。在进行回归分析时，为这六个选项分别赋值1~6分，得分越高意味着对反腐成效的评价越高。

在2009年的问卷中，测量大学生对反腐成效的感知的题目是："和3年前相比，中国当前的腐败状况是"。该问题的选项为：明显加重、有所加重、没有变化、有所好转、明显好转、不知道/没有意见。同样，在进行卡方检验时，将题目选项进行分类，"明显加重"和"有所加重"合并为"加重"，"有所好转"和"明显好转"合并为"好转"，"没有变化"和"不知道/没有意见"作为缺失值处理。在进行回归分析时，为前五个选项分别赋值1~5，最后一个选项作为缺失值处理。

（2）反腐决心。在2015年和2009年的问卷中，测量大学生对领导人反腐决心的感知的题目是："我国领导人反腐败的态度很坚决"。其选项包括：很不同意、不太同意、略不同意、略微同意、比较同意、非常同意，赋值分别是1~6。得分越高意味着对领导人反腐决心的感知越高。

（3）反腐力度。在2015年的问卷中，测量大学生对反腐力度的感知的题目是："十八大以来，我国反腐败力度明显加大"。2009年相应的题目是："近些年来我国政府反腐败力度不断加大"。其选项设置相同，都是"很不同意、不太同意、略不同意、略微同意、比较同意、非常同意"6个选项，赋值分别是1~6。得分越高意味着对反腐力度的感知越高。

（4）控制变量。本文将性别（男、女），政治面貌（中共党员、共青团员、群众、其他），年龄（17岁及以下、18~20岁、21~24岁、25岁及以上），学科及专业（工科、理科、社科、人文、其他），学历（本科生、学术硕士生、专业硕士生、博士生、其他）作为控制变量，在回归分析中转变为虚拟变量纳入模型。表1详细陈述了各变量观测值情况。

表1 变量的描述统计

变量		2015年			2009年	
		人数（人）	占样本总量的比例（%）		人数（人）	占样本总量的比例（%）
反腐成效	明显加重	44	1.4	明显加重	151	7.4
	有所加重	43	1.4	有所加重	510	24.9
	略微加重	53	1.7	没有变化	420	20.5

续表

变量		2015 年			2009 年	
		人数（人）	占样本总量的比例（%）		人数（人）	占样本总量的比例（%）
	略微好转	1337	42.4	有所好转	588	28.7
	有所好转	1238	39.2	明显好转	55	2.7
	明显好转	436	13.8	不知道/没有意见	237	11.6
	缺失	8	0.4	缺失	88	4.3
反腐决心	很不同意	29	0.9	很不同意	112	5.5
	不太同意	30	1.0	不太同意	109	5.3
	略不同意	95	3.0	略不同意	200	9.8
	略微同意	324	10.3	略微同意	514	25.1
	比较同意	1030	32.6	比较同意	590	28.8
	非常同意	1646	52.1	非常同意	520	25.4
	缺失	3	0.1	缺失	4	0.2
反腐力度	很不同意	36	1.1	很不同意	75	3.7
	不太同意	26	0.8	不太同意	101	4.9
	略不同意	76	2.4	略不同意	147	7.2
	略微同意	323	10.2	略微同意	464	22.6
	比较同意	1085	34.4	比较同意	687	33.5
	非常同意	1610	51.0	非常同意	567	27.7
	缺失	1	0.0	缺失	8	0.4
性别	男	1674	53.0	男	1097	53.5
	女	1475	46.7	女	936	45.7
	缺失	8	0.3	缺失	16	0.8
政治面貌	中共党员	516	16.3	中共党员	419	20.4
	共青团员	2473	78.3	共青团员	1485	72.5
	群众	131	4.1	群众	88	4.3
	其他	29	0.9	其他	35	1.7
	缺失	8	0.3	缺失	21	1.0
年龄	17 岁及以下	20	0.6	17 岁及以下	13	0.6
	18~20 岁	1317	41.7	18~20 岁	805	39.3
	21~24 岁	1583	50.1	21~24 岁	1068	52.1

续表

变量		2015 年			2009 年	
		人数(人)	占样本总量的比例(%)		人数(人)	占样本总量的比例(%)
年龄	25 岁及以上	223	7.1	25 岁及以上	146	7.1
	缺失	14	0.4	缺失	17	0.8
是否有过工作经历	有	682	21.6	有	430	21.0
	没有	2453	77.7	没有	1604	78.3
	缺失	22	0.7	缺失	14	0.7
学科及专业	工科	1073	34.0	工科	708	34.6
	理科	761	24.1	理科	296	14.4
	社科	704	22.3	社科	693	33.8
	人文	529	16.8	人文	307	15.0
	其他	89	2.8	其他	36	1.8
	缺失	1	0.0	缺失	9	0.4
学历	本科生	2456	78.1	本科生	1471	71.8
	学术硕士生	485	15.4	学术硕士生	503	24.5
	专业硕士生	96	3.0	专业硕士生	16	0.8
	博士生	95	3.0	博士生	45	2.2
	其他	16	0.5	其他	6	0.3
	缺失	0	0.0	缺失	8	0.4

三 数据分析及结果

本部分具体介绍数据的分析过程和结果。首先通过对比 2015 年和 2009 年大学生对反腐成效评价的变化，说明十八大后我国的反腐成效。然后通过相关分析和回归分析，研究反腐决心和反腐力度对于反腐成效的作用。

1. 反腐成效感知及对比

对各选项赋值后进行统计，结果显示，2009 年样本的均值为 2.93，处于"有所加重"和"没有变化"之间，评价是负面的；2015 年样本的均值为 4.58，处于"略微好转"和"有所好转"之间，评价是正面的。为直观计，对题目选项进行分类后的统计表明，2015年选择"好转"的人数占总体的95.56%，而2009年选择"好转"的人数仅占49.31%，比例明显低于2015年。卡方检验结果见表2，显著性概率值 P = 0.000，达到0.05的显著水平。这表明，大学生对十八大前后我国反腐成效感知的百分比差异存在统计上的显著性。

统计分析表明，首先，大学生对十八大后的反腐成效给予了肯定；其次，对比前后两次调查，其反差更折射出十八大后的反腐成效是显著的，假设1成立。

表2   大学生对反腐成效的感知和卡方检验结果

	2015年 （人数/百分比）	2009年 （人数/百分比）	Pearson 卡方值	Asymp. Sig.（双侧）
加重	140（4.44%）	661（50.69%）	1337.650	0.000（<0.05）
好转	3011（95.56%）	643（49.31%）		

资料来源：0格（0.0%）的预期个数少于5。最小的预测个数为234.46个。

此外，本文对2009年和2015年大学生对于反腐决心和反腐力度的感知也进行了对比，结果如下。就反腐决心来说，2015年有95.12%的大学生选择"同意"我国领导人反腐败的态度很坚决，2009年有79.41%选择"同意"。卡方检验结果显示，其差异存在统计学意义（显著性概率值 P = 0.000，达到0.05的显著水平）。为选项赋值（1~6分）后，2015年样本的均值为5.29，处于"比较同意"和"非常同意"之间；2009年样本的均值为4.43，处于"略微同意"和"比较同意"之间。独立样本 t 检验结果表示，十八大后，大学生对我国反腐决心感知的平均值高于十八大前（P = 0.00 < 0.05，平均数的差异值等于0.87）。就反腐力度来说，2015年有95.63%的大学生"同意"我国反腐力度加大，2009年有84.17%选择"同意"。卡方检验结果显示，其差异存在统计学意义（显著性概率值 P = 0.000，达到0.05的显著水平）。为选项赋值（1~6分）后，2015年样本的均值为5.29，处于"比较同意"和"非常同意"之间；2009年样本的均

值为 4.61，处于"略微同意"和"比较同意"之间。独立样本 t 检验结果显示，十八大后，大学生对我国反腐力度感知的平均值高于十八大前（P = 0.00 < 0.05，平均数的差异值等于 0.68）。

2. 反腐决心、反腐力度和反腐成效的相关分析

基于 2015 年问卷调查数据，本文对反腐力度、反腐决心、反腐成效进行了相关分析，结果如表 3 所示。反腐力度与反腐成效、反腐决心与反腐成效都呈显著正相关，但相关度不高。因此，有必要对自变量和因变量进行回归分析做进一步探究。由于反腐力度、反腐决心之间存在中度相关关系，所以需注意变量的多重共线性问题。

表 3　变量间相关性分析（2015 年）

	反腐成效	反腐力度	反腐决心
反腐成效	1		
反腐力度	0.274 **	1	
反腐决心	0.267 **	0.633 **	1

注：** 表示在 0.01 水平（双侧）上显著相关。

3. 反腐决心、反腐力度和反腐成效的回归分析

下面运用线性回归法进一步探讨反腐力度和反腐决心对反腐成效的影响。首先，将人口统计变量转化为虚拟变量，作为控制变量投入模型。为避免人口统计变量之间的多重共线性问题，本文采用了逐步多元回归法。其次，用阶层回归法再将自变量投入模型，并进行共线性诊断，探究对人口变量加以控制后，自变量与因变量间的关系。2015 年的回归结果如表 4 所示。模型一只投入了控制变量，其对反腐成效的解释变异为 1.1%（R^2 = 0.011）。模型二在控制变量的基础上加入了反腐决心和反腐力度两个变量，模型对反腐成效的解释变异为 9.9%（R^2 = 0.099）。由此可以得出，反腐力度和反腐决心对反腐成效的解释力为 8.8%（ΔR^2 = 0.088）。反腐决心和反腐力度的标准化系数 β > 0，且 p < 0.001，表明反腐力度和反腐决心对反腐成效有显著的正向影响。共线性诊断结果显示，容忍度都大于 0.1，方差膨

胀因子（VIF）都小于 10，说明自变量之间不存在共线性问题。回归分析结果表明，大学生对反腐决心的感知越高，对反腐成效的评价也越高；大学生对反腐力度的感知越高，对反腐成效的评价也越高，即假设 2、假设 3 成立。

表 4　2015 年回归分析结果

阶层变量	阶层内预测变量	参照组	模型一（阶层一）		模型二（阶层二）			
			标准化系数 β	t 值	标准化系数 β	t 值	容忍度	VIF
控制变量	专业硕士生	本科生	0.059	3.224 **	0.046	2.616 **	0.956	1.046
	男	女	0.046	2.548 *	0.044	2.585 *	0.997	1.003
	有工作经历	无工作经历	-0.055	-2.999 **	-0.052	-2.964 **	0.948	1.055
	25 岁及以上	17 岁及以下	0.051	2.690 **	0.041	2.292 *	0.905	1.104
自变量	反腐决心		0.0	0.169	7.620 ***	0.595	1.680
	反腐力度				0.159	7.189 ***	0.596	1.678
回归模型摘要	R²	0.011			0.099			
	ΔR²				0.088			

注：* 表示 $p < 0.05$，** 表示 $p < 0.01$，*** 表示 $p < 0.001$。

另外，本文对 2009 年的调查数据也进行了回归分析。结果显示，与 2015 年相似，反腐决心和反腐力度的标准化系数 $\beta > 0$，且 $p < 0.001$，表明反腐力度和反腐决心对反腐成效有正向的影响。

四　讨论与建议

基于以上分析，可得出以下两个结论。第一，全国大学生对十八大后我国反腐成效的感知明显高于十八大前，表明十八大后我国的反腐工作取得了显著的成效。大学生对我国反腐成效感知的增强具有重要的意义。一是，有利于增强大学生的反腐信心，提高反腐意愿。公众对反腐倡廉抱有的信心越大，他们参与反腐败的意愿也就越强烈。对反腐败失去信心的公众，是不会参与反腐活动的。[①] 提高大学生的反腐成效感知，增强他们的反腐信心和参

---

① 杜治洲：《公众参与反腐倡廉的影响因素及其挑战》，《理论视野》2013 年第 3 期。

与反腐的意愿，有利于将这部分青年骨干群体纳入反腐行动中，促进我国反腐大业的发展。二是，有利于提高大学生的政治信任感和社会公平感。就政治信任感来说，公众对于腐败的感知一直是"拉低"政治信任度的重要原因。腐败所滋生的相对政治不信任会"冲刷"掉相当一部分由经济绩效所"搭建"的信任基础。① 十八大后，我国在校大学生对我国的反腐成效给予积极的评价，认为我国的腐败情况呈现好转趋势。这有利于增强大学生对于国家、政府和公共政策的信任。就社会公平感来说，腐败无疑会腐蚀社会的公平与正义。有研究证实，腐败是造成城镇居民收入差距的最主要原因，腐败对城镇居民收入差距的贡献要远远高于除去经济增长外的其他影响因素②。通过腐败获得不正当利益所造成的贫富差距很容易引起群众，尤其是社会中的弱势群体的相对剥夺感，造成社会不满情绪上升。大学生作为社会中的新生代人群，公平正义的观念根植于其思想之中，他们对于腐败所引起的社会不公平有着更清楚、更深刻的认识。反腐成效感与社会公平感呈正相关关系（谭旭运，2015）。提升反腐成效感知，让大学生们认识到，反腐工作取得了良好的效果，腐败正在得到遏制，腐败行为会得到惩治，社会的公平与正义将得以修复。三是，有利于大学生树立正确的价值观和是非观。如果反腐成效不能被大学生所感知，他们可能会效仿腐败，导致一代人才整体道德的滑坡。提升反腐成效的感知，让大学生认识到腐败并不是应当遵守的"潜规则"，是错误的行为，有利于消除大学生对于腐败的错误认知，树立正确的是非观。

第二，反腐决心和反腐力度对反腐成效具有正向的影响。这需要分不同的情形对这种影响进行细致的讨论。为方便表述，这里将反腐力度和反腐决心用"条件"来表示，将反腐成效用"结果"来表示。（1）当条件成立时，结果可能成立也可能不成立。正如上文数据显示的那样，十八大后，我国领导人反腐决心很坚决（95.12%的大学生选择"同意"），反腐力度加大

---

① 游宇、王正绪：《互动与修正的政治信任——关于当代中国政治信任来源的中观理论》，《经济社会体制比较》2014年第2期。
② 陈刚、李树：《中国的腐败、收入分配和收入差距》，《经济科学》2010年第2期。

（95.63%的大学生"同意"），反腐成效显著（样本的均值处于"略微好转"和"有所好转"之间）；而十八大前，我国领导人反腐决心也较为坚决（有79.41%选择"同意"），反腐力度也较大（84.17%选择"同意"），但腐败状况没有好转，反而出现了恶化的趋势（样本的均值处于"有所加重"和"没有变化"之间）。这印证了前文的相关表述，即在反腐绩效模型中，投入、过程、产出都只是结果的必要条件。（2）当条件不成立时，结果则一定不成立，甚至可能出现比现状更坏的结果。由回归分析可知，不论腐败状况是好转还是恶化，反腐力度、反腐决心对于反腐成效都具有显著的正向影响的作用。如果去除掉这种正向影响，有所好转的腐败状况可能会转向恶化，而本来就正在恶化的腐败现状可能会更加严重。（3）当结果不成立时，条件也可能不成立。这主要是由于反腐成效并不单单取决于反腐决心和反腐力度。从反腐绩效模型上看，投入、过程、产出都是反腐成效的必要条件，而每一个必要条件中还包含诸多因素，缺少任何一个因素都可能对反腐成效产生负面影响，导致结果不能达成。所以，反腐成效不佳，可能是反腐决心和反腐力度造成的，也可能是其他因素造成的。（4）当结果成立时，条件则一定成立。这是因为反腐力度和反腐决心作为反腐成效的必要条件，良好的反腐成效少不了反腐力度和反腐决心的支撑。由以上分析可以看出反腐力度和反腐决心对于反腐成效的重要性。今后的反腐工作应当继续保持反腐力度不减，决心不变，巩固现有的反腐成效。

完整的反腐绩效模型包括投入、过程、产出与结果四个维度。虽然数据中"过程"环节缺失，但十八大后，我国反腐工作在过程方面还是采取了很多切实有效的措施。例如，在工作流程上，十八大前，中央纪检监察部的问题线索都由各个纪检监察室受理、处置；十八大后，问题线索统一交由案件监督管理室处理，并对处置流程和报批程序做了详细规定，防止私自截留、通风报信。在自身监督方面，十八大后，中央纪委监察部新设了纪检监察干部监督室加强对自身的监督；通过运用科技手段，形成了监督执纪问责信息管理系统，对派驻机构以及省、市、县三级纪委的问题线索以及纪律审查等各项工作进行动态跟踪，实时监督，防止问题线索的瞒报、迟报。在机

构改革方面，2016年，以中共中央和全国人大的相关方案和决定为标志，①
国家监察体制改革进入到实质性推进阶段。中央、省、市、县设立的监委会
分别隶属于本级人大，独立性和权威性都大大增强。监委会整合了政府系统
的监察、预防和检察系统的反贪、反渎、预防5个机构，反腐力量、资源更
加集中。以上措施，客观上都对打击腐败、提升反腐成效起到了积极的作
用。从反腐成效的相关数据来看，虽然绝大多数大学生都认为十八大后，我
国的腐败现状有所好转，但其综合评价仅仅是介于"略微好转"和"有所
好转"之间，并没有达到"明显好转"，反腐成效还未完全达到他们的期
待。这说明我国反腐工作依然要继续努力。虽然反腐败斗争压倒性态势已经
形成，不敢腐的目标初步实现，但是不能腐的制度尚未成熟，不想腐的堤坝
尚未牢固。今后的反腐工作应当在保持反腐力度不减、决心不变的基础上，
更加注重体制机制的改革，务求反腐败实效，以早日实现廉洁政治建设的
目标。

---

① 相关方案和决定是指：《中共中央关于在北京市、山西省、浙江省开展国家监察体制改革试
点方案》和《全国人民代表大会常务委员会关于在北京市、山西省、浙江省开展国家监察
体制改革试点工作的决定》。

地区报告

Area Report

B.8
广东省：探索开放、动态、
创新的反腐倡廉建设新路子

*广东省社会科学院课题组**

摘　要：　广东是改革开放的前沿阵地，也是我国沿海发达地区经济发
展的龙头地区、中心区域，较之国内其他省份，广东的腐败
现象还有先发性、涉外性、默忍性等特点。本文通过分析改
革开放条件下广东地区腐败现象的复杂性和特殊性，将改革
创新要求贯穿于广东反腐倡廉建设全过程，探索思路、机制
和方法的创新，针对不同的地区、部门和行业，分别制定有

---

* 课题主持人：黎志华，原广东省社会科学院党组成员、机关党委书记。课题组成员：柯锡奎，
原广东省社会科学院机关党委办公室主任；崔小娟，广东省社会科学院机关党委办公室副主
任、监察室主任；邓智平，广东省社会科学院现代化战略研究所所长、研究员；徐玲玲，广
东省社会科学院国有资产监督管理研究中心助理研究员；李康尧，广东省社会科学院机关党
委办公室团委书记。

针对性的反腐倡廉策略。

关键词： 广东 反腐倡廉 腐败 基层党风廉政建设

经过 30 多年的改革开放，我国的经济社会发展取得了巨大成就。与此同时，在经济体制和经济结构双重转换的过程中，腐败现象也呈现逐步加剧的态势。广东是我国经济发展的龙头地区、中心区域，是改革开放的前沿阵地，较之国内其他省份，腐败现象有共性，也有自身的特征。深入研究改革开放过程中广东反腐倡廉建设特点，进一步提高对反腐败斗争特殊规律的认识，是广东推进以惩治和预防腐败体系为重点的反腐倡廉建设科学化的重大选择。

一 改革开放条件下广东腐败现象的复杂性

在广东，伴随改革开放的不断深化和发展，经济高度发达，市场经济繁荣，更容易滋生腐败，广东官员贪腐数额屡屡打破全国纪录，腐败现象更具复杂性。

（一）腐败现象的先发性

广东作为我国改革开放的最前沿，在深化改革和扩大开放的过程中，生产力获得巨大解放，经济社会建设成就举世瞩目。但是，由于与市场经济相适应、相配套的法律体系、思想道德体系、监督体系尚未完善和健全，广东不可避免地出现诸多消极因素，造成对党员干部队伍的负面影响，出现了部分人价值观改变、少数人违纪违法、以权谋利等问题。正因为改革开放进程中，广东充当了先行先试、排头兵的角色，腐败现象在广东具有"先发"的特征。改革开放初期，广东开始出现"官倒"现象。随着改革开放的深化，社会阶层进一步分化和细化，利益要求日益多样化，导致了腐败现象在广东最早滋生、成型。比如发生在广东潮汕地区海丰县的"改革开放第一案"。在当时全国万元案罕见的情况下，该县时任县委书记王仲因侵吞缉私物资、受贿索贿6.19万元而被判处死刑，成为改革开放后全国第一个因贪污腐败罪而被判处死刑的县委书记。① 随着改革开放的不断推进，广东省经济高速发展，一些领导干部经受不住金钱、权力等诱惑，导致广东腐败问题频发，形式不断翻新，尤其是"一把手"的职务腐败问题比较突出，顶风作案及团伙犯罪形成气候。深圳市原市长许宗衡巨额贪腐案和广州市原市委书记万庆良严重违纪违法案使群众咂舌。

（二）腐败现象的涉外性

广东毗邻港澳台地区，经济开放度高，与国际经济的密切联系远远高于一般的内地省份。由于外向型经济发达及出境较便利等特点，广东党员干部面临不良风俗习惯的消极影响更多，腐败现象涉外性突出。外逃、外赌、外移赃款、收受海外贿赂等腐败行为，在广东地区都较多发生。广东省纪检监察机关于1998年至2001年5月查办涉港澳案件316件，其中大要案295件。广东省公安厅2016年1月披露，2015年广东公安机关破获地下钱庄案件83起，已破案件的涉案金额高达2072亿元。警方查处的案件显示，广东地下钱庄主要分布在珠三角地区以及部分侨乡，其成员大部分与港澳台有联系，且地下钱庄与贪官转移赃款出境、用于赌博关系密切。在广东佛山市警方破获的一起案件中，一腐败官员竟转移逾千万元到澳门赌博挥霍。此外，"裸官"现象在广东也比较普遍。2014年，全省共清查出"裸官"2190人，居全国各省份之首②。广东是全国第一个部署"裸官"治理的省份。2016年广东追逃追赃治"裸官"147人，其中"百名红通人员"2人，国家工作人员11人。尽管"裸官"并不一定都是贪官，但与腐败现象是十分密切的。

---

① 《前海丰县委书记王仲被判处死刑》，《南方日报》1983年1月18日第1版。
② 《广东：保持惩贪治腐高压态势》，南粤清风网，http://www.gdjct.gd.gov.cn/ttxw/49431.jhtml。

（三）腐败现象的持续性

进入 20 世纪 90 年代，广东改革开放进入加速发展阶段。在工业化、城镇化、城乡一体化和城中村改造的建设过程中，涉及征地拆迁、招标投标、土地买卖等领域的腐败问题较为集中，集体腐败窝案串案特点明显，腐败现象频发。在各种利益链条的诱惑下，腐败也逐步从"权情交易"向"权钱交易"转变。进入 21 世纪，经济类案件持续高发，腐败现象从一批掌握批款批项目、发钱发物的部门向社会各领域尤其是党政机关、执法执纪机关和组织人事部门蔓延。在干部违纪案件中，涉嫌金融、证券、建筑、房地产、土地审批等领域要案多，违纪金额大。被称为"中国第一贪"的中国银行广东开平支行原行长余振东创下了我国查处贪官涉案金额之最，涉案金额高达 40 亿元。① 这种"小官大贪"现象在内地相对少见。

（四）腐败现象的"默忍性"

在广东，重商是一种文化，是在岭南这一地域文化中无处不在的精神特质。在重商文化氛围中，广东人注重实务、实利和世俗生活，讲求感官享受而淡化儒家和传统理念。广东人敢于冲破一个个传统禁区，"用好政策，用足政策"，背后的一个重要动力就是重商精神和重商文化。在重商文化强力催生广东经济奇迹的同时，也在很大程度上引发了腐败现象。广东是华侨之乡，侨商社会强调人情关系，因此在重商文化和熟人社会氛围的影响下，人们会钻营"权情交易"，利用各种人情拉关系、走后门、批条子等为自己谋利，同时会对官场腐败潜规则有较高的"默忍度"，而这种"默忍度"，在客观上助长了广东地区的官员腐败行为，使广东地区的腐败现象较之内地更为普遍。

---

① 《中国银行广东开平支行原行长外逃贪官余振东获刑 12 年》，腾讯网，http：//news.qq.com/a/20090221/009660.htm。

（五）腐败现象的地域性

"最富的在广东，最穷的也在广东。"这是广东区域发展不平衡的生动写照。GDP 总量连续十几年位居全国第一的广东，有 2/3 的地区人均 GDP 却低于或相当于全国平均水平。据统计，2017 年第一季度，珠三角 9 市的国民生产总值合计约 1.59 万亿元，占广东省 GDP 总额的 81.7%。其中，广州、深圳顶起了珠三角的"半边天"，占到了超过 58% 的份额。① 2016 年，粤东西北 GDP 增速比珠三角低 0.9 个百分点，2016 年各季度各地市 GDP 增速变异系数均在 11% 以上，地区差异有所扩大。② 广东经济发展不平衡，区域之间差别大，使腐败发生的领域、特点、表现形式都有所不同。从查办的案件看，珠三角地区经济发达、城市化程度比较高，土地转让、工程建设领域发案比较多；粤东西北地区腐败案件大多发生在财政资金分配和使用过程中，以及违反行政法规的乱收费等方面。粤东地区官商勾结比较明显，老板或官员违规圈地问题比较突出，而粤西地区买官卖官问题比较突出。

二 广东反腐倡廉建设的主要特点

在改革开放和现代化建设的进程中，广东省委面对腐败现象的复杂性，紧密结合全省实际，把握反腐倡廉规律，积极探索具有广东特色的，体现开放、动态、创新的反腐倡廉建设新路子。

（一）贯彻中央精神与立足广东实际相结合

改革开放以来广东的反腐倡廉建设，是在改革开放有力推动我国经济社会发生深刻转型的历史背景下展开并且不断得到发展和完善的，总体上体现了全面贯彻中央精神与立足广东经济转轨同步进行的鲜明特点。

---

① 《珠三角 9 市晒首季成绩单，GDP 总额占全省 8 成》，《南方都市报》2017 年 5 月 9 日。
② 《2016 年广东经济运行情况分析》，广东统计信息网，http：//www. gdstats. gov. cn/tjzl/tjfx/201702/t20170216_ 355474. html。

早在改革开放初期，广东就认真研究如何适应全党工作重点转移的新形势，做好党员教育工作，采取了加强思想教育、健全规章制度、堵塞各种漏洞、反对特权思想等措施。20世纪90年代初期，针对因国家对某些商品实行控制、海关参与走私一时盛行的现状，广东把反腐败斗争的焦点放在打击走私、套汇等专项斗争上。20世纪90年代后期，针对交通、建设等领域腐败案件高发的实际，广东围绕政府采购、工程招投标等开展反腐败工作，着重抓了党政干部建私房和用公款超标准装修住房等问题，查处了一批贪污受贿的大案要案，逐步建立和健全反腐保廉制度。21世纪以来，围绕产权制度改革，针对国有企业改革改制中侵吞国有资产、贪污受贿导致国有资产流失的腐败案件大量上升以及"一把手"腐败问题日益凸显的实际，广东确立和完善了反腐败领导体制和工作机制，进一步探索从源头上预防和解决腐败问题。

在改革开放30多年的历程中，广东正是在贯彻落实中央反腐倡廉建设精神的同时，清醒地认识转型期腐败现象发生的历史大背景，把握反腐败斗争长期性、复杂性和艰巨性特点，把反腐倡廉建设同经济建设、政治建设、文化建设、社会建设、生态文明建设五位一体总体布局紧密结合起来，寓于各项改革发展措施中，同改革发展工作一同部署、一起落实。实践证明，这一重大判断和决策是完全正确的。广东不是单纯就腐败反腐败，而是在充分认识腐败现象发生、蔓延的背景和深层次原因的基础上，从腐败产生的体制机制层面探索解决腐败问题的策略，不断总结探索，形成了一条有广东特色的反腐倡廉建设道路。

（二）整体推进与突出重点相结合

坚持整体推进和突出重点相结合，是科学发展观的根本方法在反腐倡廉工作中的具体体现。在实践中，广东很好地贯彻落实了这种工作思路和方法，稳妥有序地推进了反腐倡廉建设。

在整体推进方面，认真抓好落实党风廉政责任制、加强党的作风、监督检查重大决策执行情况等三项长期性、基础性工作，逐步形成了党委统一领导、党政齐抓共管、纪律组织协调、部门各司其职、群众支持和参与的工作机制。通过全面落实党风廉政责任制，把党委的主体责任、纪委的监督责任和各部门的工作责任落实到反腐倡廉建设的各个方面各个环节，进一步强化责任追究。通过加强党的作风建设，逐步建立健全一套符合广东实际的教育、制度、监督并重的惩治和预防腐败体系，为省委、省政府中心工作的顺利开展提供强有力的保障。通过加强对中央和省委重大决策部署执行情况，特别是对落实国家宏观调控政策、淘汰落后产能、加强房地产市场调控、推进新型城市化和贯彻落实全省重大项目、重大平台、重点企业、重大科技专项和信息化等"四重一化"建设的监督检查，确保中央和省委政令畅通，确保广东经济社会发展稳中有进，稳中提质。

在突出重点方面，着力抓住并解决人民群众反映强烈的损害群众利益的突出问题。比如：围绕征地拆迁、强农惠农资金使用、涉法涉诉、食品药品安全、安全生产、环境保护、科技教育、医疗卫生等领域突出问题开展专项整治；围绕乱收费、乱罚款、乱摊派和吃拿卡要等侵害群众利益的不正之风进行深入治理；围绕涉农涉土、劳资纠纷、环境保护等领域矛盾纠纷开展排查和化解工作等。广东在此过程中尤其注重工作方式方法的创新，通过开展民主评议、开通政风行风热线、设立作风举报网等方法，畅通群众诉求表达渠道，通过加强农村基层党风政风民风建设，完善村务监督机制，以反腐倡廉实际成效取信于民。

（三）坚决惩治与有效预防相结合

惩治和预防是反腐败斗争的两个重要方面。惩治腐败与有效预防腐败，两者相辅相成，相互促进。改革开放以来，特别是党的十六大以来，广东把廉政建设和反腐败斗争作为一项系统工程来抓，紧紧把握"标本兼治"与"惩防并举"这一战略主线，在党风廉政教育、制度法规建设、查办案件、纠正不正之风等方面，都有创新和突破，惩防腐败体系不断完善，惩治于已然、防患于未然的综合效果进一步显现。

在惩治方面，加大查办案件和惩处腐败分子的工作力度，保持了惩治腐败的高压态势。党的十八大以来，广东各级纪检监察机关立案数超过前10年立案数的总和，查处地厅级干部是前10年查处人数的1.6倍。① 通过案件的查处，有力地惩处了腐败分子，挽回了经济损失，教育了广大党员干部，增强了人民群众反腐败的信心，促进了经济发展和社会稳定。

在预防方面，深入推进源头防腐工作。通过深化公车改革、行政审批、干部人事制度、要素市场、财税投资体制等重点领域和关键环节的改革，拓宽从源头上防治腐败的途径。据课题组统计，从1997年开始，广东在全国率先推行了行政审批制度改革，精简省级行政审批事项占比超过70%。② 从20世纪90年代中后期开始，广东在全国率先建立建设工程招投标、政府采购、产权交易、土地交易等方面的公开机制，变"暗箱操作"为"阳光作业"，建立起统一开放竞争有序的现代市场体系，斩断官商勾结、权钱交易的腐败链条。实施"收支两条线"，杜绝党政机关、司法机关及其他执法部门自收自支、自罚自支行为；实行统一公务员岗位津贴，取消各单位"小金库"，加强源头综合治理。为深化对腐败行为的防控，2014年4月省委出台了《关于开展述责述廉述德活动的意见》，明确提出在省、市、县三级，全面开展下级党委主要负责人和同级党政部门主要负责人向纪委全会述责述廉述德等工作。

（四）抓领导机关和领导干部作风建设与抓基层党风廉政建设相结合

针对党风廉政建设中机关领导干部、基层一些重点把握权力和资金的部门和垄断行业、执纪执法机关党员干部，以及村干部违纪违法案件较多的新特点，广东坚持做到领导机关和领导干部作风建设与基层党风廉政建设"两手抓""两手都硬"。

---

① 《广东省纪委省监察厅通报2016年全省纪律检查工作主要情况》，南粤清风网，http://www.gdjct.gd.gov.cn/mtzl/46879.jhtml。

② 参考《2014年广东省深化行政体制改革研究报告》，《广东全面深化改革研究报告（2015）》，第29~58页。

一方面，以主题教育实践活动为契机，狠抓领导机关和领导干部作风建设。深入开展领导干部理想信念和廉洁自律教育、党纪政纪国法纪律教育，同时在健全和完善党内民主与党内监督制度、科学决策与民主决策制度以及反腐倡廉领导体制和工作机制的前提下，重点加强对领导干部特别是各级领导班子主要负责人在遵守党的政治纪律、贯彻落实科学发展观、执行民主集中制、落实领导干部廉洁自律规定等方面的监督检查。出台深化作风建设提高执行力的意见，开展执行力专项检查。完善作风建设暗访长效机制，将公务出国（境）、公务购车、公款接待费用纳入电子监察系统实时监督，加强政风行风评议，通报损害群众利益典型案件，开展防治腐败试点工作等，纠正不正之风，规范权力运行。推进对党员领导干部"八小时以外"活动的监督，制定"八小时以外"活动重点监督清单。2013年以来，全省各级纪检监察机关以贯彻落实中央八项规定精神和省实施办法为切入点，结合开展党的群众路线教育实践活动，扎实开展会员卡专项清退，公款送礼、公款吃喝、奢侈浪费专项整治，"门难进、脸难看、事难办"专项整治，庸懒散奢等不良风气以及侵害群众利益专项整治等"五个专项行动"，严肃查处顶风违纪行为，坚决纠正"四风"。2016年，广东发挥省反腐倡廉教育基地的龙头作用，建成基地网上展厅，有987个单位、5万多人次到基地接受教育。

另一方面，加强基层党风廉政建设，维护人民群众切身利益。加强普法宣传教育，提高基层干部群众的民主法制意识。按民主选举、民主决策、民主管理、民主监督等"四个民主"的要求，建立健全各项规章制度，使基层社会经济生活方方面面都被纳入规范化、制度化管理。发挥网络和其他信息技术手段的重要作用，切实加强对基层权力运行各个环节的监督。深化村务政务公开和农村集体资金、资产、资源等"三资"清理监管，推动农村集体"三资"交易平台建设。对损害群众切身利益的行为，严肃追究责任，切实解决发生在群众身边的腐败问题。制定国有企业领导人员廉洁从业实施细则，出台国资监管制度，推进重要事务公开，加强落实"三重一大"决策制度执行情况的监督检查等，加强国有企业反腐倡廉工作。加强对高校工程建设、招生、物资采购等环节的监督，推进校务党务公开，推进高校反腐倡廉工作。强化监督检查城市社区公共资源经营性收入、公共建设投入等资金的使用情况，加强城市社区党风廉政建设。探索非公有制经济组织和新社会组织反腐倡廉建设的有效途径，推进社会领域预防腐败工作。积极推进广州南沙、深圳前海、珠海横琴自贸试验片区和佛山有关经济功能区开展"廉洁示范区"建设，推动省人大常委会将"廉洁示范区"建设写入《中国（广东）自由贸易试验区条例》。

（五）总结经验与改革创新相结合

善于总结经验，勇于改革创新，是纪检监察工作的客观需要，是提高反腐倡廉建设科学化水平的必然要求，也是广东党风廉政建设和反腐败工作的显著特点。

广东作为改革开放先行地、试验区、排头兵，在"摸着石头过河"的实践中尤其注重总结反腐倡廉建设的宝贵经验，通过定期或不定期召开反腐倡廉工作会议或研讨会，总结和推广各地区各部门初见成效的反腐倡廉建设工作经验，探索建立长效机制，以巩固和发展建设成果，使反腐倡廉工作形成制度化、规范化、常态化。与此同时，更加注重改革创新，明确提出"允许改革失误，不允许不改革""先干不争论、先试不议论、时间做结论"的政策导向，旗帜鲜明地支持改革创新，使反腐倡廉建设不断适应新形势、完成新任务、开创新局面。在制度创新方面，2007～2011年，全省各级制定党风廉政建设制度3430项，初步形成了一套反腐倡廉法规制度体系，创建了一批深得民心民意、切合基层实际、符合时代潮流的管理服务模式。在监督创新方面，在全国率先出台配偶子女移居国（境）外领导干部监督管理意见、城乡基层领导干部廉洁自律规定、国有企业领导人员廉洁从业规定实施细则等重要制度，建立了领导干部配偶、子女从业情况信息数据库，广泛开展地级以上市、省直部门、省属高校和企业"一把手"向省委书面述廉及有关党组织"一把手"向省、市、县三级纪委全会述责述廉述德，加强对重点人员、重点岗位、重要职能、重要事项的全方位监督。在惩治创新方面，改进办案方式，提高办案质量，充分发挥办案的治本功能。认真落实

"三个提名考察办法"，按照新办法提名、考察了 155 名市纪委正副书记、省纪委派驻纪检组正副组长和省属企业纪委正副书记。省纪委调整设立 35 家派驻机构，实现对 105 家省一级党和国家机关派驻监督全覆盖。2016 年，省纪委派驻（出）机构立案 480 件，同比增长 9.3%。在纠风创新方面，创造性开展政风行风热线、万众评公务、基层评机关、民主评议政风行风等工作，解决了一批群众反映强烈的热点难点问题。在载体创新方面，积极运用网络资源和科技手段防治腐败。目前，全省已基本形成了内控管理型、电子监察型、实时监督型、资讯服务型、管理辅助型五种科技反腐类型，分别以税收征管系统、行政审批电子监察系统、在线财政预算监督系统、信息公开平台、公检法司办案管理系统为代表。深圳市在全国最早开通行政审批电子监察管理系统，实现了对全市项目审批工作的事前公开、事中实时监控和预警纠错、事后责任追究以及对审批全过程的绩效评估。广东综合型电子纪检监察综合平台建设，入选新中国成立 60 周年成就展，其中，党风廉政建设信息平台延伸至 1381 个镇街 2 万多个村，走在了全国前列。[①]

三　广东反腐倡廉建设创新的对策建议

党的十八大以来，广东反腐倡廉的力度空前加大，在治标上已经取得初步成效，但要根治腐败，实现治本和建立长效机制，仍然面临诸多挑战。对此，广东要在严格执行中央反腐倡廉战略部署的基础上，准确把握反腐倡廉建设的发展趋势和发展规律，加强整合反腐倡廉资源，以创新的思维积极探索有广东特色的反腐倡廉新路子。

（一）创新反腐倡廉思路

根据广东腐败现象多样性、案件多发性、涉案数额巨大性的突出特点，以及对外经济发达、民营经济和各类社会组织活跃、区域发展不平衡等特

---

① 《中共广东省第十届纪律检查委员会向广东第十一次党代表大会的工作报告》。

征，未来的反腐倡廉建设必须根据区域的实际，既严格执行中央反腐倡廉的战略部署，也要认真总结改革开放以来广东反腐倡廉建设的经验教训。

1. 把握全局性

牢固树立中心意识和大局观念，紧紧围绕"三个定位、两个率先"的战略目标，找准结合点，把反腐倡廉建设与经济建设、政治建设、文化建设、社会建设和党的建设相融，突出着重点，抓住切入点，积极探索为经济社会发展服务和全面深化改革的新途径、新办法，实现反腐倡廉建设与改革、发展、稳定的协调发展和相互促进。

2. 注重科学性

解决腐败问题要套用发展的思路，处理好促进发展与从严治党的关系，力求经济社会发展与反腐倡廉建设实现良性互动；用法治思维和法治方式反对腐败，使反腐败走向规范化、制度化。注意充分发挥反腐倡廉建设在惩治贪污腐败、维护人民利益、弘扬公平正义、密切党群关系等方面的特殊作用。

3. 增强针对性

根据广东腐败现象的突出特点，在惩治和预防涉外腐败、招投标工程腐败等方面下功夫。针对粤东西北与珠三角区域腐败的特点，分别制定有针对性的反腐倡廉策略。不同的地区、部门和行业，反腐倡廉建设发展是不平衡的，腐败现象滋生蔓延所呈现的特点也各不相同。纪检监察机关在贯彻上级部署的反腐倡廉各项任务和要求时，必须与本地区、本部门、本单位的工作实际紧密结合起来，突出特色，不拘一格。同时，结合广东的人文特点，切实加强廉政文化建设，逐步形成对腐败零容忍的廉政氛围。

4. 注重预防性

在坚定不移地推进领导干部个人财产申报等制度和建立健全领导干部亲属出国留学、定居申报制度的同时，进一步加大抓源治本力度，通过深化行政管理制度、财政管理制度、投资体制、干部人事制度等改革，形成用制度管人、管事、管权的新机制，有效防范腐败。

（二）创新反腐倡廉机制

根本性、长期性和全局性是制度建设的特点。必须创新反腐倡廉机制，做到有制可依、有章可循，推动党风廉政建设和反腐工作不断走向常态化、法制化、制度化。

1. 创新反腐倡廉领导机制

积极探索落实党风廉政建设责任制的有效途径，按照统一决策部署和组织的思路，规范化党委统一领导的内容；按照齐抓工作落实、齐抓热点难点、齐抓阶段性目标的思路，规范党政齐抓共管的具体内容，加强目标责任管理，各级党组织切实抓好党风廉政建设的责任；按照加强责任追究的思路，进一步健全党风廉政建设责任制考核评估体系和操作规范，制定责任追究实施细则。充分发挥纪检监察派驻机构的作用，调动派驻机构的工作积极性。探索乡镇纪委联合办公的方式方法，有效整合纪检监察力量，充分发挥乡镇纪委在反腐败中的基础性作用。

2. 创新反腐倡廉组织协调机制

纪检监察机关要当好党委的参谋和助手，充分发挥在反腐倡廉工作中的组织协调作用。要把党风廉政宣传教育纳入党委宣传教育的总体部署，进一步健全党风廉政宣传教育工作体系，加强与组织、宣传、文化、新闻单位等部门的协调，逐步形成相互支持、相互融合的工作机制，形成宣教工作的整体合力。要在源头治腐工作中抓好组织协调，注重发挥各职能部门的作用，分解各项任务到党委、政府主管领导，落实给有关部门，并督促他们尽快落实好每位中心组主动承担的源头治腐任务。要协助党委加强对查处大案要案的组织协调，与执纪执法机关分工协作，优势互补，形成办案的整体合力。针对反腐败斗争遇到的新情况或问题，研究制定相应的政策、规定，提出纪律要求，形成统一互补的制度体系，从而增强执行制度的合力。

3. 创新反腐倡廉群众参与机制

要畅通监督渠道、坚持反映民意，建立健全群众参与的反腐工作机制。要有序扩大公民的政治参与，完善群众参与民主评议、公开听证的程序，通过信息网站、行风热线、情况通报等方式建立与群众民主对话的载体，鼓励群众为反腐倡廉建言献策，进一步扩大群众的参与权、知情权和监督权，建立起反腐败民意测验评价体系。要探索创新举报的有效形式，比如有偿举报、专项举报等，进一步畅通举报渠道，完善信访举报制度。要定期走访人大代表和政协委员，听取他们的意见，积极发挥舆论监督的作用。要总体形成腐败易于揭露和有效治理的机制，保证反腐败斗争在民主和法治的轨道内健康顺利地进行。

4. 创新反腐倡廉国际合作机制

当前我国对外交往日益频繁，加强国际反腐合作的需要越来越迫切。要以杜绝"裸官"现象为着重点，加强与港澳地区和境外其他国家建立司法协助、执法合作、涉案资产返还、人员遣返等工作机制，提高境外反腐追逃水平。

（三）创新反腐倡廉方法方式

反腐倡廉方法方式创新，就是要立足反腐倡廉实际，多谋创新之策，多出创新之招，多做创新之事，不断增强工作的主动性、创造性、系统性、统筹性和实效性。

第一，在实际运作反腐倡廉建设，既要注重"依纪治腐"，又要注重"依法治腐"。要排除司法和执法部门的工作阻力，帮助各司法和执法部门独立行使职权、提高效率，严格司法、执法。

第二，在确定查办案件的重点时，要对发生在"三机关一部门"（党政领导机关、行政执法机关、司法机关和经济管理部门）的案件多加注意，还要对国有或国有控股企业的违法违纪案件多加留意，以防国有资产流失，稳定大局。

第三，在应用工作手段方面，既要加强传统常规手段的利用，又要引入高新技术手段，促进工作质量的提升，推动工作效率的提高。因此，要加大反腐倡廉的科技投入，创新研发反腐信息系统的机制，为全国反腐信息系统建设标准化提供经验参考。要不断提高纪检监察工作的科技含量，重视纪检监察内部办公办案信息系统、网络舆情监测分析系统和电子监察系统的投资研发。

B.9
河北省：创新制度机制
深化基层"微腐败"专项治理

河北省纪委驻省社科院纪检组*

摘　要：　课题组根据实地调研、问卷调查和舆情分析，从"强化组织领导，专项整治的精准性实效性不断提高；紧密配合脱贫攻坚，将治理损害基层群众利益问题作为工作的重中之重；加大问责力度，基层'微腐败'治理引发综合效应；基层政治生态得到优化，群众满意度、获得感明显提升"四个方面反映了基层"微腐败"治理的突出成效以及社会公众对基层"微腐败"治理的认同和期待，同时指出基层"微腐败"治理面临的形势，特别是治理机制存在的问题和短板，提出优化基层"微腐败"治理机制的六点建议。

关键词：　河北　全面从严治党　基层　"微腐败"　机制创新

　　2016 年以来，河北省委、省纪委认真贯彻落实中央和中央纪委部署要求，坚持以人民为中心，将查办农村基层腐败问题作为推动全面从严治党向

＊ 课题组组长：张国岚，中共河北省纪委驻省社科院纪检组组长，编审。成员：赵巍，中共河北省纪委驻省社科院纪检组副处级纪检员，副研究员；于怀新，中共河北省纪委驻省社科院纪检组正处级纪检员。
该报告是河北省社科院 2017 年重大委托课题《微腐败治理机制创新研究》（课题编号：2017ZW25）、河北省社会科学基金 2017 年度项目"河北省村干部微腐败治理的策略研究"（项目批准号：HB17SH030）的阶段性成果。

基层延伸的重要抓手，大力解决人民群众身边的腐败问题，不断厚植党执政的群众基础，取得明显成效，人民群众获得感大幅度提升。2017年8月，课题组选取3市6县12乡12村作为典型样本，采取问卷调查、个别访谈和小型座谈会等方式，对"微腐败"治理情况开展深入调研，分析形势、总结经验，剖析治理难点及其成因，从机制创新和长远建设上提出了对策建议。

一 基层"微腐败"治理取得突出成效，但面临的形势依然严峻

（一）强化组织领导，专项整治的精准性实效性不断提高

省委、省纪委站在厚植党的执政基础的高度，强化省委统一领导、省纪委组织协调、各级党组织各负其责、上下联动、齐抓共管的工作机制，坚持严格落实责任，强化督导检查，严肃查处群众身边的腐败问题。狠抓"三个责任"的落实，各级党委履行主体责任、各级纪委履行监督责任、有关职能部门履行监管责任，省市县形成工作合力，齐头并进；强化"三个聚焦"，从重点范围、重点问题、重点领域入手，以强有力问责倒逼责任落实，让基层"微腐败"无所遁形。各市、县将县（市）直部门、乡镇（街道）、行政村（社区）党员干部纳入治理范围，通过县（市）委书记、乡镇党委书记、村党支部书记联动抓、亲自抓、经常抓的工作方式抓好主体责任落实；实行清单化明责、痕迹化履责、台账化记责、精准化问责模式严格自查自纠；采取"市县纪委常委包案"方式对违纪问题线索挂牌督办。据某县统计，2017年1月~7月，共查纠问题2438条，涉及资金7961.62万元，其中上缴资金4229.53万元，整改资金732.09万元。对受理的群众信访举报，属于已经自查上报的，按照"自查从轻"原则，采取"第一种形态"处置23件、责成整改52件；对群众反映强烈的教育乱收费、农村危房改造等问题立案17件，纪律处分16人，查处曝光了一批群众关切的热点问题，基层"微腐败"专项治理取得突出成效。

（二）紧密配合脱贫攻坚，将治理损害基层群众利益问题作为专项整治的重中之重

为深入推进专项整治，河北把扶贫领域"微腐败"作为重点和突破口，以高度的政治自觉做好扶贫领域监督执纪问责工作。省委省纪委坚持问题导向，强化责任担当，敢于动真碰硬，坚决查处扶贫领域腐败和作风问题，为打赢脱贫攻坚战提供坚强保障。省纪委加强明察暗访，深入农村一线发现问题；加大对下交办案件线索核查力度，以问责市县委、纪委书记推动中央扶贫政策落实。在工作方法上，聚焦精准扶贫、精准脱贫，按照"见人、见事、见钱、见物"要求，结合"微腐败"专项治理工作，采取监督人员不固定、监督时间不固定、监督区域不固定、监督形式不固定的工作模式，开展专项巡视巡察，其中，省委巡视组 2017 年优先安排巡视了 42 个贫困县，对省扶贫办开展"机动式"巡视，力求见到真问题、实问题，以精准监督助推精准扶贫。据某县统计，"微腐败"专项治理自查自纠扶贫领域问题占到农村问题总数的 30.6%，立案审查扶贫领域腐败案件占到农村案件总数的 35.7%，查处人数占到农村案件查处人数的 76%。

（三）加大问责力度，基层"微腐败"治理引发综合效应

问卷调查显示，受访者回答"今年上半年干部作风和社会风气"与上年相比"明显好转"的占 76.0%，表明基层"微腐败"治理对干部作风转变的拉动作用较为明显，对促进干部担当作为、提升精神状态、优化营商环境起到正向激励作用，但也存在一些基层干部漠视群众正当利益、责任感弱化、服务意识不强、执行政策不坚决不彻底、自由散漫不作为慢作为等问题。少数基层站所和窗口单位工作人员办事拖拉、推诿扯皮、工作效率低下，甚至故意刁难、吃拿卡要；个别村干部长期不在岗，影响村务管理正常开展。问卷调查还显示，继续加大干部不作为整治和问责力度，反映了基层干部群众对干部作风问题的担忧。基层"微腐败"专项治理与干部作风问题密切相关，将基层"微腐败"治理与干部作风整顿结合

在一起，相得益彰，有利于深化治理成效，也回应了基层干部群众的关切。

（四）基层政治生态得到优化，群众满意度、获得感明显提升

通过基层"微腐败"专项治理，加大对基层党员干部中的"害群之马"查处力度，有效发挥警示教育震慑作用，广大基层干部遵纪守法、廉洁自律意识显著增强，干群关系更加和谐，基层政治生态进一步好转。问卷调查显示，受访者回答对今年上半年本地腐败现象总体评价与去年相比，情况明显好转的，占比70.8%。其中，回答今年上半年基层党员干部吃拿卡要、乱收费、以权谋私等"微腐败"现象与去年相比"情况明显好转"和"情况稍有好转"的合计占比达93.1%；回答"今年上半年身边的干部处事不公、优亲厚友、以权谋私、作风不实等方面问题"与去年相比"情况明显好转"的占比70.8%；回答"今年上半年基层损害群众利益行为"与去年相比"情况明显好转"的占比69.3%。说明基层干部群众满意度较高，对治理"微腐败"专项行动给予了较高的认同。

与此同时，基层"微腐败"也出现一些新动向，治理任务仍然任重道远。一是易发多发，总量居高不下。据某市综合统计，基层"微腐败"问题线索2015年占比69.5%，2016年占比71.9%，2017年上半年占比66.2%，反映出基层治理形势依然严峻复杂。二是与民争利，欺压百姓。调查发现，基层一些村干部往往与农村宗族势力、黑恶势力有着千丝万缕的联系，有的甚至互为倚仗，与民争利、横行乡里。某村"村霸"王某，与村支书、村主任、村会计相互勾结，以非法圈地方式敲诈2.3万元，并通过弄虚作假套取瓜分土地复耕款16万多元，涉案人员均被依法逮捕。三是"小官巨腐"，危害严重。嗡嗡乱飞的"蝇贪"，不仅让基层群众深恶痛绝，也可能成为"大祸害"，甚至出现"小官巨腐"，严重侵蚀党的执政基础。某村党支部书记袁某、村主任袁某将近60亩集体土地以宅基地的形式进行非法买卖，违法所得近1200万元，并从中侵占700余万元，挪用130万元；某市发改委交通能源科主任科员李某，在负责邯黄铁路建设项

目征地拆迁赔偿工作期间，利用职务之便收受贿赂 60 万元，协助有关单位骗取补偿款 354.5 万元。如果这类腐败问题得不到有效治理，势必损害党和政府形象，侵害党的肌体，危及基层政权稳定。四是漠视群众，懒政怠政。有的县直单位、基层站所工作人员作风散漫，高高在上，责任担当意识淡薄，工作拖拉推诿。据某县统计，2013 年以来受处分人员中，违反工作纪律的占 36.39%。基层干部不作为、乱作为、慢作为问题在受处分人员中占比较高。

二 基层"微腐败"治理机制存在的问题和短板

（一）主体责任落实还不到位

主要表现在：一是全面从严治党政治责任压力传导还不够。一些基层党委（党组）主体责任履行还不到位，特别是一些乡镇党委还没有真正担负起对农村干部的监督管理之责。二是有的基层党组织全面从严治党担当不足，甚至认为监督执纪过严会影响工作开展和队伍稳定，教育提醒不够，制度执行不严，对一些干部发生的违纪问题往往"睁一只眼闭一只眼"。三是部分职能部门履行职责不到位。对专项资金"重拨付、轻监管"，对资金的发放过程、具体去向缺乏必要的监管，形成了监管的"真空"地带。

（二）监督责任落实存在环境影响和制度障碍

一是监督执纪问责不力。受基层管理体制、人情等因素影响，有些纪检监察干部思想上有顾虑，工作上有瓶颈，存在不敢抓、不敢管的"鸵鸟"心态，在问题面前徘徊犹豫、逃避退让，与严峻复杂的反腐败形势和群众的强烈期盼形成反差。二是基层纪委权威性独立性不够。如处在双重领导体制下的乡镇纪委，纪委书记由乡镇党代会选举产生、组织任命，纪委书记同时是乡党委委员，这就决定了乡镇纪委书记在接受县级纪委领导的同时，作为乡镇机关一个领导班子成员，理应服从乡镇党委领导，服务于乡镇经济社会发展，特别是在乡镇机关人手少、任务重的情况下，纪委书记需要承担部分纪检职责以外的工作任务，履行监督责任容易受到干扰和制约，调查显示，在"三转"背景下，一些乡镇党委书记仍然指派纪委书记承担诸如包防火防汛、包安全生产、包征地等工作，导致纪委书记无法聚焦主责主业。三是纪检监察专职人员少，管辖范围大。以某县文体局为例，设有二级单位近40个，教职工5000多人，但二级单位大多未设置纪检组织和专职纪检干部，纪检工作一般由相关领导兼管，工作力度、效果被打折扣。

（三）干部纪律规矩意识比较淡薄

一是一些基层干部法纪意识不强。一些干部认识不到位，仍然热衷于"钻空子""打擦边球"，认为自己"官"小，经手的都是"小钱"，吃点、贪点算不了什么。二是一些基层干部规矩意识不强。有的基层干部自认为自己是"能人"，单位或村里的事少了他不行，组织上不可能对他怎样，对党纪法规置若罔闻，甚至铤而走险。三是少数基层干部群众观念不强。有的基层干部没有把群众利益放在眼里，而是通过亲友、宗族、朋友等人际关系形成一个个"圈子"，以"熟人"利益代替群众利益，优亲厚友、利益交换等问题层出不穷。四是少数基层党组织的党内政治生活不正常。少数基层党组织缺乏对党员干部的思想教育，有的人往往把当干部作为谋财之路，廉洁底线极易失守。

（四）县、乡两级纪检监察力量偏弱

面对繁重的工作，基层纪检监察机关力量不容乐观。从县级纪委看，存在"不能招""招人难"问题，一方面，有的县纪委有空编，但因县级公务员总数超编造成有编不能招录；另一方面，有的县纪委可以招录公务员却招不上，有的县级纪委空编多达10人以上，约占机关现有人数的四分之一。究其原因主要来自两方面，一是近年来县级层面招录公务员较少，35岁以下的年轻公务员更少；二是纪检监察工作任务繁重，且容易得罪人，对一些年轻干部缺乏吸引力。某县纪委机关2016年拟招录2人，结果仅有3人报

名，导致因比例不足招录不到。从乡镇纪委看，一般设纪委书记1人、专职纪检员1人，乡镇纪委委员由3~5人组成。但所配的纪检专职干事受编制、人员流动转岗、乡镇办公经费紧张等条件限制，存在党政办副主任或其他人员兼任的现象，专职不专，无暇顾及纪检工作，不少乡镇纪委书记成了事实上的"光杆司令"。

（五）少数基层干部存在"补偿心理"

一些配套政策设计不合理导致一些基层干部心理失衡。如，乡镇工作战线长，跑路多，工作强度大，但交通补政策设计"上下一般齐"，没有兼顾基层乡镇的工作特点和"任务不同，区别对待"的要求，加之乡镇机关配备交通工具较少，多数干部都是私车公用，导致一些干部产生补偿心理，为小官"微腐"埋下"伏笔"。晋升难、待遇低诱发权力寻租。大多数基层干部都是靠党性和对事业的朴素情感来完成工作，但也有少数干部感觉工作压力大、升迁无望，产生利用手中权力捞好处补偿的想法。特别是村"两委"干部劳动付出与回报难成比例。调查统计，村支部书记或者村主任每月工资一般在1200~1400元（少数村党支部书记或村主任工资每月仅500元），会计、妇女主任工资约是村党支部书记、村委会主任工资的一半。付出与回报的落差也是引发农村"微腐败"问题的重要原因，需要做出制度调整。

三 优化基层"微腐败"治理机制的几点建议

有效治理基层"微腐败"，必须坚持标本兼治、惩防并举，加快制度创新与机制优化，助推基层微腐败治理科学化、现代化。

（一）优化思想教育建设机制

解决基层党员干部"不想腐"问题，从根本上讲，还是要坚持思想引领、教育示范、文化浸润多管齐下，营造"不想腐"的文化氛围。要在基层单位、社区坚守党报党刊、社会媒体等传统舆论宣传阵地，用好用活

"一网一信双微"（一网：互联网；一信：短信；双微：微博、微信）新媒体平台，传播党的路线方针政策，宣传党的廉政文化建设，传递正能量声音，讲好廉政模范故事，营造廉洁社会环境。推进思想教育多元化，对党员领导干部采取分类施教方式。坚持以会宣教、以考助教、以案促教多维并重。结合地域特色开展廉政文化建设，深挖地域文化底蕴，将廉政文化与中华民族传统文化和地域良风民俗有机融合。以弘扬廉政文化为核心，大力组织"廉政文化进社区""廉政文化进乡村"等活动；以地域文化为依托，加强廉政文化教育基地、廉政文化博物馆建设；加强纪律教育，强化纪律意识入脑入心，让基层干部知敬畏、存戒惧、守底线，增强党员干部的思想认同、情感认同和价值认同，达到崇德向善和遵规守纪相辅相成、相得益彰的效果。

（二）优化基层"两个责任"落实机制

一是打出组合拳，以监督考核问责倒逼责任落实。综合运用拉出清单明责、签订责任状压责、领导谈话督责、述职述廉考责、巡察监督察责、失责必须问责等一系列措施，加强对县乡党委履行主体责任的监督和考核，对于履责不到位的，严格按照《中国共产党问责条例》进行问责，倒逼责任落到实处。二是积极改革纪律审查组织形式，努力破解人情困扰。针对基层纪律审查受人情关系干扰较大的特点，加快改革基层纪律审查组织形式，加强纪律审查力量整合重组，大力推行"联组执纪""交叉执纪""协作区执纪"等方式，着力破解人情干扰。三是齐抓共管各司其职，形成管党治党工作合力。组织部门要抓好基层党员的发展、教育、管理和服务工作，选优配强基层党组织带头人。宣传部门要大力宣传各级各单位在推进全面从严治党方面的好经验好做法。基层纪检监察机关要强化监督执纪问责，把全面从严治党要求落实到每一个组织和每一名党员，全面消除执纪"空白点"。建立"零查处"约谈制度，对年内零办案、零查处、零问责的基层纪委（纪检组），由县（市、区）纪委进行约谈。各职能部门要持续推进"双权双责"监控机制建设，进一步完善权力运行制约和监督机制，形成有权必有责、用权必担责、滥权必追责的制度体系。

（三）优化基层纪检队伍建设机制

破解基层纪检监察机关"招人难、难招人"困境，是纪检监察机关履职面临的紧迫任务。一要以监察体制改革为契机推动基层纪检机构建设整体上水平。加强监察体制改革相关问题研究，用足用好用活政策，对纪检监察体制、编制、机构设置及资源的整合使用等重大问题统筹考虑，特别是要明确提出加强和支持县、乡级纪检监察机构建设的意见，优化结构，壮大队伍，补齐短板，提升基层纪检机构建设整体水平。二要着力弥补基层纪检监察干部编制上的短板。本着加强基层、稳定基层、服务基层的精神，协调推进市级以上机关改革削减的公务员编制向县乡级纪委倾斜，通过政策支持最大限度地弥补基层纪检监察机构编制偏少、任务较重的短板。同时，应明确相关政策，着力解决县、乡纪委"有编无人"问题。三要完善纪检监察干部交流制度。加强纪检监察系统内部纵向交流和横向轮岗，同时，有计划地将纪检监察干部向系统外推荐输送，使系统内"小循环"与系统外"大循环"有机结合，激发队伍活力，提升综合素质和整体战斗力。四要进一步整合监督执纪力量。建立健全乡镇、基层站所、村级基层党组织纪检工作网络。在农村党支部推行纪委委员制度。

（四）优化基层纪委层级管理机制

一是全力突破"三转"不到位问题。部分乡镇纪委"三转"不彻底、不到位，尽管存在基层管理体制改革滞后的问题，但也有县级党委重视不够、纪委督导落实不力问题。要强化基层反腐败协调小组作用，对乡镇纪委"三转"问题提出刚性要求，加强督察督办，多策并举推动"三转"真正落地，实现专职专责专业。二是强力推进县级纪委对乡镇纪委直管模式。在遵循宪法、法律基础下，推动乡镇纪委干部管理、经费保障和考核纳入县级纪委统一管理，增强乡镇纪委行使监督权的相对权威性、独立性，解决乡镇纪委"受制于人""同级监督不力"问题。三是研究制定乡镇纪委的功能定位。明确乡镇纪委工作职责，规范约束乡镇纪委工作行为，保证乡镇纪委书记及其工作人员专职专责。四是追踪问责到位。加大县级纪委对乡镇纪委的领导和监督检查力度，强化制度执行力。针对基层出现的各类违纪现象，试行"计分"管理；情节严重的，一律开展"两个责任"倒查，在追究乡镇党委主体责任的同时，按照相关制度规定严肃追究乡镇纪委监督责任。

（五）优化基层专项资金监管机制

近年来，一系列强农、惠农、富农红利惠及基层农民群众，如何实现精细化监管，对于各级党委政府和纪检监察机关是严峻的挑战。一要发挥审计机关的专业优势。审计部门作为专业审计机关，在基层财政资金管理使用的审计监督中有着不可替代的作用，应适应基层农村"大补贴"时代带来的新变化，更多把审计力量和审计重点延伸至县直有关部门、基层站所和村级组织；每年抽取一定比例的行政村和基层站所进行财务审计，加大审计结果公开力度，确保审计效果，增强财务监督精准性有效性。二要改革"村财"监管模式。从制度机制最优化的角度出发，"村财乡管"制度创新完善需要解决"上下连通"问题。一方面，乡级村财监管部门要加强与县财政、县政府职能部门对接，及时掌握有关农村建设和财政资金下放等相关信息，为有效加强村级财务掌握第一手材料；另一方面，要加强对乡村资金管理使用的有效监控，必要情况要实地查证，把廉政风险降到最低。三要实现村民自我监督到位。村级监督的主导力量是村民，最稳定最有效的监督力量也是村民，应紧紧依靠村民实现自我监督。村务监督管理委员会在监管村级财务和村干部廉洁自律上具有得天独厚的优势，应重视提升村监会的地位和作用，村务监督管理委员会主任应纳入村"两委"换届同步推进，避免"任人唯亲"。加强对村务监督管理委员会主任、村纪检员的培训，为其能监督、会监督、敢监督提供保障。四要突出监管重点。各级纪检组织要深入一线，切实履行脱贫攻坚的重大政治责任，对上级交办的问题线索，快查快办快结；创新方式方法，把组织明察暗访和交办督办常态化，提高发现和查处问题能力；立足职责定位，勇于担当作为，以钉钉子精神抓好扶贫政策落地生效。把惩治"蝇贪"同扫黑除恶结合起来，严肃查处涉黑腐败及其"保护伞"。

坚决查处发生在民生资金、"三资"管理、征地拆迁、教育医疗等领域侵害人民群众切身利益的严重违纪违法违规行为。针对发生的问题和工作漏洞建章立制,扎严扎紧制度笼子,切实形成务实管用的长效机制。

(六)优化市县党委巡察机制

一是强化组织领导。把开展巡察工作情况,纳入省委巡视监督重点,督促市县党委履行主体责任,加大巡视整改督办、问责力度。二是强化业务培训。采取以会代训形式,加强对市县巡察组工作人员的业务培训,提升履职能力。有计划地抽调市县巡察干部参加省委巡视组工作,以上带下,以干代训。三是强化上下联动。坚持巡视巡察一体谋划、一体部署、一体推进,对巡视中发现的普遍性问题,要求市县统筹安排专项巡察。四是强化重点巡察。根据基层区域发展特点和类别,由县市区确定部分重点村,集中时间,集中力量,围绕基层党组织软弱涣散、基层信访、农村"三资"管理、侵害群众切身利益等"微腐败"治理内容,有重点地进行深入巡察,切实发挥遏制治本作用。

(七)优化相关政策配套机制

一是制定基层激励机制和容错纠错机制实施细则。根据党的十九大精神和"三个区别对待"原则要求,针对基层现实矛盾和问题,研究建立更加客观、更加实际、更有效的基层容错机制具体实施细则,不断实化"容错"的行为实践。既要避免干部"不作为""慢作为""乱作为",坚决治理"为官不为"行为,又要创造良好的政策环境和舆论氛围,为敢于担当的干部撑腰鼓劲,增强基层"微腐败"治理的针对性和有效性。二是提高基层乡、村干部待遇。在现有工资制度下,合理、务实调整乡级公车配备和交通补政策,顶层设计村级干部待遇和退休养老的具体政策措施。探索试行村干部退休金发放和村干部"职业年金"制度(任内没有发生违规违纪问题的,离任后按任职时间享受不同的生活待遇),解除村干部后顾之忧,激发工作活力,促进"以薪养廉"。三是总结研究"四种形态"执行标准。明确"四种形态"具体情形和处置方式，减少自由裁量，实现问题情节与处罚尺度相称，规范监督执纪实践。保障被处理人的民主权利，完善申辩、诉求和救济渠道。

基层受管理体制、村干部素质、治理手段、机制制度等多重条件制约，"微腐败"治理形势依然严峻。当前，必须以贯彻落实十九大精神为契机，以永远在路上的坚韧和执着，坚持无禁区、全覆盖、零容忍，坚持重遏制、强高压、长震慑，大力解决群众身边的腐败问题，不断增强人民群众的获得感，厚植党执政的群众基础。要深化标本兼治，构建起长效机制的理性自觉，着眼于未来和发展，立足于基层特点和具体实际，抓住监察体制改革的重大契机，因地制宜、与时俱进加强制度和机制创新，有效解决多年的沉疴痼疾，推进基层"微腐败"治理不断向纵深发展，以维护群众切身利益的实效取信于民。

B.10
陕西省：强化执纪问责助力脱贫攻坚

陕西省纪委反腐倡廉课题组[*]

摘　要：　打赢脱贫攻坚战是我党义不容辞的政治责任。陕西省各级纪
检监察机关紧紧围绕省委决策部署，准确把握形势，强化政
治担当；找准职责定位，突出保障作用；畅通信访渠道，拓
宽案源线索；聚焦突出问题，强化精准执纪；运用"四种形
态"，实现抓早抓小；突出问题导向，加大问责力度，为推进
脱贫攻坚提供了坚强的纪律保障。今后还要从三个方面努力，
一是以党的十九大精神和习近平新时代中国特色社会主义思
想为指导，切实提高政治站位和政治自觉；二是以监督执纪
问责为保障，确保脱贫攻坚有力推进；三是以创新监督形式
为抓手，努力实现标本兼治。

关键词：　陕西　纪检监察　脱贫攻坚　"四种形态"　监督执纪

习近平总书记在十九大报告中指出，"坚决打赢脱贫攻坚战，确保到二
〇二〇年我国现行标准下农村贫困人口实现脱贫，贫困县全部摘帽，解决区
域性整体贫困，做到脱真贫、真脱贫"。陕西省各级纪检监察机关认真学习
新时代中国特色社会主义思想，认真贯彻习近平总书记关于脱贫攻坚系列重
要讲话精神，把打赢脱贫攻坚战作为义不容辞的政治责任，紧紧围绕省十三

---

* 课题组组长：卢力群，中共陕西省纪委副书记。课题组副组长：李献峰，中共陕西省纪委常
委。执笔人：龚建强、刘洁、张珂、张新峰、胡祺。

次党代会提出的"五新"战略任务，落实好省委"三个助力"，不断创新工作方式方法，勇于担当，精准执纪，为推进脱贫攻坚提供了坚强的纪律保障。

一　准确把握形势，强化政治担当

陕西是贫困程度较重的省份，共有贫困县 56 个，2016 年底还有贫困人口 228.7 万人，贫困发生率 9.45%，深度贫困县 11 个，深度贫困村 500 个，贫困地区面积超过全省半数，其中一部分还是革命老区，是一个贫困面大、贫困程度深、致贫因素复杂的欠发达省份。陕西始终把脱贫攻坚视为全面建成小康社会的底线目标和标志性指标，成立了省委副书记任总指挥，常务副省长、分管副省长和省扶贫办主任任副总指挥，18 个省级部门主要负责同志为成员的省脱贫攻坚指挥部，组建了 8 个行业扶贫办公室和 2 个协调组，建立了党委领导、人大监督、政府落实、政协第三方评估，"八办两组"协同推进的长效常态工作机制。加强领导、夯实责任、强化考核，部门协同配合、社会广泛参与、全省和衷共济，形成了举全省之力抓脱贫的好态势。五年来，贫困地区农村居民收入增速始终高于全省农村地区平均水平，累计脱贫 547 万人，取得了显著成效。陕西将已经确定的 11 个深度贫困县、500个深度贫困村和 20 万户因病因残致贫群体作为难中之难进行攻坚，出台了加快推进深度贫困地区脱贫攻坚的《实施意见》，全面打响基础设施建设等"十场突围战"。

全省各级纪检监察机关认真落实中央纪委扶贫领域监督执纪问责电视电话会议精神，坚持问题导向，夯实"两个责任"，聚焦突出问题，加大查处力度。脱贫攻坚以来，全省查处扶贫领域侵害群众利益的不正之风和腐败问题 2987 件，党政纪处分 3338 人。通过对查处扶贫领域不正之风和腐败问题的专项调研以及对查处问题的研判分析，该领域腐败问题涉及面广，情况复杂，手段多样，是近年来腐败问题的高发区域，其中"蝇贪"在扶贫领域腐败频发；形式主义、官僚主义是扶贫领域作风问题的顽疾；虚报冒领、挪用侵占、吃拿卡要、优亲厚友、失职失责是扶贫领域不正之风和腐败问题的突出表现。

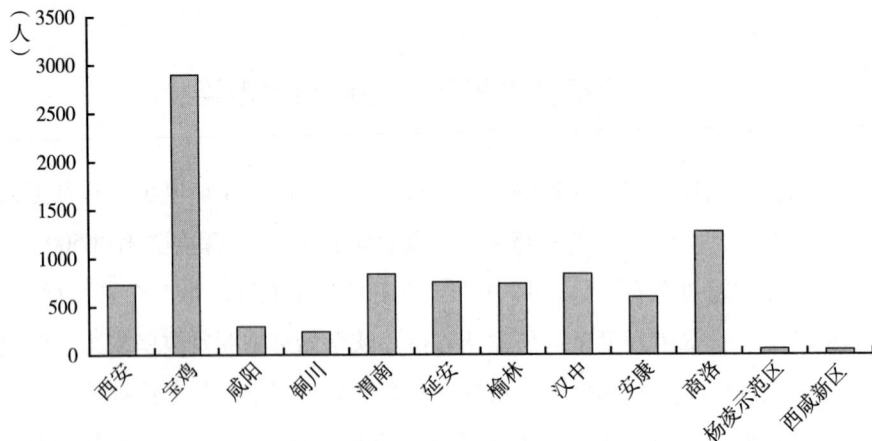

图1　全省各市（区）扶贫领域问责人数

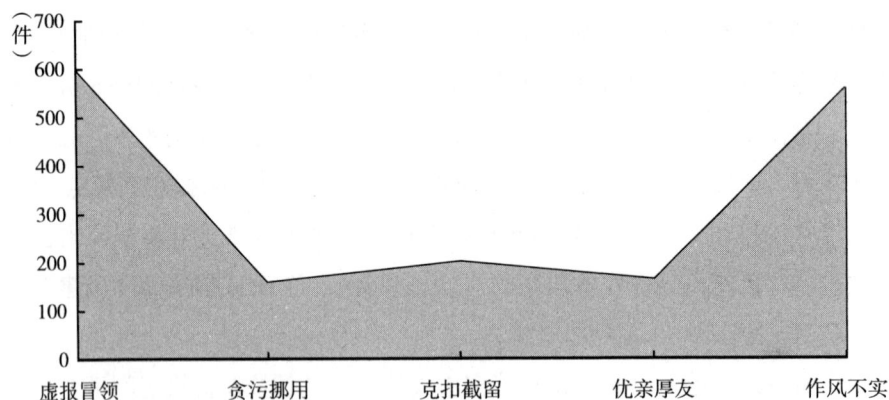

图2　全省各市（区）查处扶贫领域主要问题及数量

　　这些发生在群众身边的不正之风和腐败问题严重影响着脱贫攻坚整体工作推进，啃噬着贫困群众的获得感，损害着党在农村工作的执政根基。随着脱贫攻坚不断深入，政策措施更加密集，资金投入不断加大，责任夯实、资金监管、作风整治面临的任务更加突出和紧迫，也考验着纪检监察履职能力和政治水平。打不赢脱贫攻坚战役，就对不起三秦父老乡亲。纪检监察机关必须提高政治站位，强化政治担当，聚焦扶贫领域，以眼里不揉沙子的认真劲儿，严惩"微腐败"，整饬不严不实作风，确保扎实扶贫、干净扶贫、真实脱贫。

二 找准职责定位，突出保障作用

（一）准确定位，营造氛围

习近平总书记来陕视察，提出了"五个扎实"和追赶超越的要求，为陕西进一步做好脱贫攻坚工作指明了前进方向、提供了基本遵循、增添了强大动力。省委书记娄勤俭在省纪委七次全会上，要求各级纪检监察机关要围绕全省大局，积极助力精准扶贫脱贫、生态环境保护、规范市场秩序，为追赶超越营造良好环境。新一届省纪委领导班子要求全省纪检监察机关把组织学习习近平总书记脱贫攻坚重要讲话作为重要的学习内容，与"两学一做"学习教育相结合，让广大纪检监察干部认识到助力脱贫攻坚是各级纪检监察机关的重大政治任务，是各级纪检监察干部的应尽之责，是监督执纪问责的应有之义。省纪委强化系统思维，加强区域行业统筹，紧密结合实际做谋划，因地制宜抓落实，创办《扶贫领域监督执纪问责工作专报》《扶贫领域监督执纪问责信息》，在省纪委秦风网上开辟专栏，利用报纸、电视、网络、微信平台宣传政策、跟踪报道、激浊扬清。

（二）加强领导，夯实责任

省纪委书记贺荣要求全省各级纪检监察干部，"要从讲政治的高度加强脱贫攻坚政策落实情况的监督检查，严查侵害群众利益的不正之风和腐败问题"。省纪委领导班子多次就脱贫攻坚领域监督执纪问责工作到基层开展走访调研，多次召开脱贫攻坚领域监督执纪问责专题会议，专门召开全省三级扶贫领域监督执纪问责工作电视电话会议，对全省纪检监察机关紧螺丝、做动员，打造立体监督执纪网络。省纪委制定《落实"三个助力"加强监督执纪问责工作实施方案》《脱贫攻坚问责办法》，建立委厅机关落实扶贫领域监督执纪问责协调推进工作机制，常态聚焦重点，细化机关各室部职责，明确任务分工。省纪委带头落实省委要求，派出一个由正处级干部为队长的驻村帮扶工作队，兼任西头村党支部第一书记，对口帮扶咸阳市旬邑县张洪镇西头村脱贫攻坚。要求全省各级纪检监察机关既做好本级工作，以上率下、做出示范，层层传导压力，强化工作带动，加强组织协调，定期召开工作联席会、对接会，全面加强与扶贫、审计、财政、检察、信访等部门的联系、联动，充分发挥职能部门作用，运用各种资源，打好"组合拳"，奏响"交响乐"。

（三）配强力量，完善机制

严格落实"三转"要求，坚持严管厚爱，打造一支纪检监察铁军，为脱贫攻坚提供强有力的作风保障和队伍保障。加强派驻机构和乡镇（街办）纪委人员配备，强化纪律审查培训，实行"上挂下派"、交叉审查、联合审查等，掌握政策法规，提高严查快处扶贫领域腐败问题的能力。加强考核激励，将扶贫领域执纪监督工作设为对市（区）党风廉政建设方面工作考核的专项指标，赋予较大分值，杠杆撬动各市（区）纪委执纪主动性，监督积极性。完善村民监督委员会制度，选优配强村民监督委员会班子，定期进行业务培训和工作指导，提高监督履职能力，充分发挥村民监督委员会监督作用。安康市探索建立镇纪委直接监管村民监督委员会制度，为村民监督委员会撑腰立威，促其大胆履职，有效解决了村级监督软弱无力的顽疾。

三　保持高压态势，严查腐败问题

（一）畅通信访渠道，拓宽案源线索

建立大数据平台，完善监督信息共享机制，扩大监督覆盖面。充分发挥信访主渠道作用，利用互联网、微信等现代手段，积极发挥派驻纪检组"探头"作用，延伸监督触角。建立省、市、县乡举报体系，设立举报电话、邮箱，全面建立健全了"信、访、网、电"四位一体监督举报平台，多渠道、全方位、多领域收集问题线索。建立扶贫、信访、审计、财政等职能部门发现问题线索的联动沟通和移送协调机制，及时转办、交办问题线索，做到资源共享、无缝衔接。规范问题线索管理，严格落实信访举报归口受理、统一管理、分级负责制度，确定专人负责扶贫领域问题线索登记台账，设立专册、单列统计，在涉及扶贫领域违规违纪问题信访举报件首页加盖"精准扶贫类"印章，优先办理、及时回复。省纪委出台《扶贫领域违纪问题实名举报奖励办法》，充分调动人民群众监督扶贫领域腐败问题和不正之风的积极性和证据收集意识。省纪委在全省县级纪检监察机关建立信访直通车制度，走村入户、直面群众，把接访平台直接送到田间地头。开展扶贫领域问题线索"大起底"活动，要求各市县（区）纪委对2015年以来的涉及扶贫领域的问题线索进行全面排查，切实做到有线索必核、有案件必查，对问题线索反映集中、群众反映强烈的由市级纪委直接查办。如西安市审计局向市纪委移送扶贫领域问题线索21件。安康市委巡察办会同脱贫攻坚指挥部、审计局成立专项巡察组，启动对相关县区脱贫攻坚的问题专项巡察，主动发现问题线索。汉中市建立线索移送协调机制，市扶贫办、市审计局向市纪委报送问题线索43件。

（二）聚焦突出问题，强化精准执纪

全省各级纪检监察机关握紧铁拳，聚焦易地扶贫搬迁、生态补偿、教育、医疗救助、社会保障兜底等重点领域，扭住贫困对象识别认定、扶贫资金分配使用等重点环节，坚决纠正以形式主义、官僚主义对待扶贫工作、做表面文章等突出现象，严打"村霸""沙霸"，严查中央巡视"回头看"反馈、中央扶贫办考核发现、群众反映强烈、责任缺失、作风不实等重点问题，坚持从严执纪，着力形成震慑。省纪委以全省56个贫困县为重点，在核查涉及本级管辖的问题线索的同时，每年筛选1批至2批重点问题线索，集中向下级纪委交办，持续开展多轮次、滚动式、点穴式重点督办，对调查进展缓慢、查办力度不够、处理不到位的扶贫领域案件，责成县区纪委直查快办或实行挂牌督办。全省各级纪检监察机关通过严肃执纪，对胆敢动扶贫资金财物"奶酪"的严惩不贷。省纪委查处了省扶贫信息系统建设中的有关违纪问题，对 7 名领导干部给予党纪政纪处分。督促查处咸阳市淳化县、渭南市蒲城县骗取套取、违规使用和损失浪费扶贫资金 1179.88 万元，严肃查处西乡县白岩产业公司将 1700 万元扶贫资金用于购买银行理财产品、200 万元归还银行贷款，严肃查处西安市周至县骆峪镇向阳村党支部副书记赵玉峰，在该村实施移民搬迁过程中公开以"辛苦费"为名向 3 户搬迁户索取 3 万元等问题。脱贫攻坚以来，全省各级纪检监察机关查处扶贫领域不正之风和腐败问题 2987 起，党纪政纪处分 3338 人，移送司法机关 75 人。

（三）运用"四种形态"，实现抓早抓小

将纪律挺在前面，处理好"树木"和"森林"的关系。运用第一种形态，对脱贫攻坚中，思想重视不够、岗位纪律不严、工作标准不高等苗头性、倾向性问题，及时进行谈话谈心、提醒批评、通报曝光，确保见人见事、触及内心，体现严管厚爱。运用第二种形态，对脱贫攻坚工作中的庸懒散拖、推诿扯皮、弄虚作假、胡干蛮干等不作为、慢作为、乱作为问题，及时给予相关人员党纪轻处分和组织处理，充分发挥警示纠偏作用。运用第三种形态，对脱贫攻坚工作中的优亲厚友、与民争利、吃拿卡要、虚报冒领以及违规招投标等问题，及时给予相关人员党纪重处分和重大职务调整，让破纪者止步于破法之前。运用第四种形态，对脱贫攻坚工作中的贪污腐败、截留挪用等严重违纪涉嫌违法的，坚决严肃处理、砍掉"烂树"，为脱贫攻坚提供强大后盾。2016 年以来，陕西各级纪检监察机关在扶贫领域运用监督执纪"四种形态"，处理 9490 人次。其中，第一种形态 5632 人次，占 59.3%；第二种、第三种形态 3783 人次，占 39.8%；第四种形态 75 人次，占 0.8%。

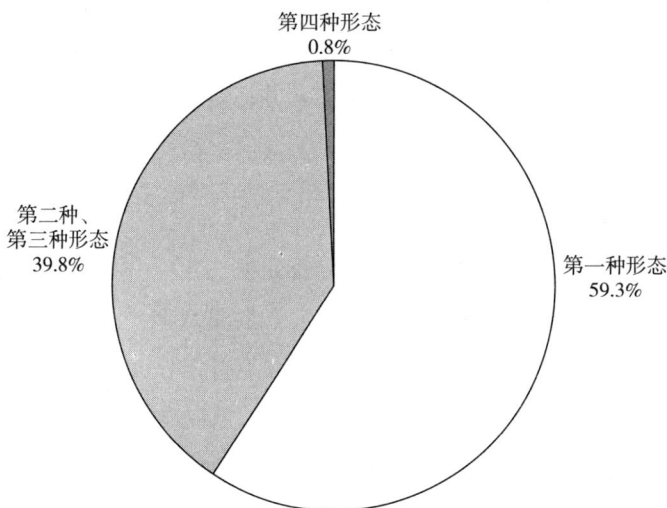

第四种形态
0.8%

第二种、
第三种形态
39.8%

第一种形态
59.3%

图3　运用四种形态情况

（四）贯彻"三项机制"，落实容错纠错

认真落实省委出台的党政干部鼓励激励、容错纠错、能上能下"三项机制"，正确处理执行政策、严明纪律与调动和保护干部积极性的关系，历史辩证地分析脱贫攻坚中的失误和偏差，综合考虑问题发生的背景原因、动机目的、政策依据、情节轻重和性质后果等方面因素，认真甄别、妥善处置。既严查以"三类人"为重点的极少数，又强化谈话函询、诫勉问责，教育挽救绝大多数，还注意保护干部干事创业的积极性，积极为干部澄清是非，坚决打击诬告陷害行为。有效运用"三项机制"，充分保护改革者、鼓励探索者、宽容失误者、纠正偏差者、警醒违纪者。量身定做了脱贫攻坚容错纠错清单，规定了能上调整的"两种情形"和能下调整的"四种情形"。如对在脱贫攻坚国家巡查中受到肯定的5个县和在省级检查中排名靠前的3个市、9个县通报表扬；对排名靠后的3个市、7个县的党委、政府主要负责人进行诫勉谈话。三项机制建立以来，全省累计提拔重用干部1122人、容错纠错156人、"能下"调整489人。

四　突出问题导向，加大问责力度

（一）强化督察，传导压力

以实绩衡量，拿数据说话，加大分析研判力度，用监督传导工作压力。严格按照省委脱贫攻坚《考核实施细则》和脱贫攻坚"十条铁规"的要求，定期不定期派出扶贫领域工作检查组，采取不打招呼突击检查，结合专项督察、日常督促、重点抽查、明察暗访等方式，就脱贫攻坚违纪违规问题易发多发的重点领域和关键环节进行有针对性的检查督察。实施"一竿子插到底"统计制度，省、市、县纪委在党风政风监督室建立专门工作统计系统，全省1312个乡（镇、街）查处情况逐级向上报送，省纪委党风室直接掌握本级及以下各级查办案件情况和工作进展，每半月定期研判分析，瞄准目标，靶向出击，为脱贫攻坚执纪监督提供精准指导，用严格的纪律和务实的作风将压力层层传递到镇村一线。2016年以来，省纪委累计派出26个检查组对全省12个市（区）、56个贫困县、133个乡镇（街道）进行监督检查，持续传导压力。

（二）有责必问，失责必纠

没有问责就难有担当，动员千遍不如问责一次。继续将扶贫领域监督执纪问责列入党风廉政建设工作季度点评、年度考核专项指标。对扶贫领域发生系统性区域性腐败问题的，对该整治而没有整治、该问责而没有问责的，省、市、县三级联动，点名道姓通报曝光，坚决追究党委的主体责任和纪委的监督责任。其中，延安市夯实"两个责任"，对扶贫领域监督执纪问责工作排名靠后的5名县纪委书记进行了约谈；安康市纪委对落实"三个助力"牵头抓总工作不力、组织协调机制不健全、主责单位作用发挥不明显的县区进行了全市通报批评；宝鸡市通过《百姓问政》对11个市级牵头部门和县区政府负责人专门问政，给予19人党纪政纪处分。

（三）通报曝光，警示震慑

省纪委建立健全典型案件通报曝光常态化机制，对失职失责、工作不力、顶风违纪的扶贫领域典型案件，在严肃查处的同时，一律点名道姓通报曝光，持续释放正风肃纪强烈信号。省纪委在秦风网、陕西纪检监察公众微信号等平台开设"曝光台"，定期曝光扶贫领域典型案件和突出问题。省纪委注重用好典型案例这本"活教材"，将近年来全省查处的典型案例、忏悔书、现身说法材料等作为反面教材筛选印发。各级各部门通过举办警示教育大会、观看警示教育片、讨论典型案例等形式，让群众知晓，干部知止，形成强烈震慑作用。全省各级纪检监察机关坚持月、季度排名通报制度，采取党内通报、集中通报、专题通报等形式，高密度、全方位公开通报扶贫领域典型腐败问题。2016年以来，全省通报曝光扶贫领域腐败问题557人。其中，榆林市纪委通报曝光51起442人；汉中市纪委通报曝光101起125人；商洛市纪委通报59起83人，取得了良好的政治、社会和法纪效果。

五　启示和展望

（一）以习近平新时代中国特色社会主义思想为指导，切实提高政治站位和政治自觉

一要提高政治站位。脱贫攻坚是党的庄严承诺，是全党当前和今后一个时期重大的政治任务，关系到"创新、协调、绿色、开放、共享"五大发展理念在基层的落实，关系到全面建成小康社会目标的实现，关系到党的执政基础的稳固。脱贫攻坚的总攻号已吹响，十八届中央纪委向十九大的工作报告也明确要求，各级纪委要"围绕打赢脱贫攻坚战，加强基层党风廉政建设，坚决查处侵害群众利益的腐败问题，让人民群众有更多获得感"。各级纪检监察机关必须提高政治站位，牢记职责使命，以时不我待、只争朝夕的精神推进脱贫攻坚领域监督执纪问责。二要勇于担当负责。纪检监察机关

要把查处扶贫领域不正之风和腐败问题这个沉甸甸的责任扛起来，做好打硬仗、啃硬骨头的思想准备和能力准备，敢于负责、敢于监督、敢于亮剑。要增强忧患意识和紧迫感，守土有责、守土尽责，凡是贫困群众反映强烈的问题都要认真对待，凡是损害贫困群众利益的行为都要坚决查处，以勇往直前、永不懈怠的担当品质，坚决为陕西打赢脱贫攻坚战、实现追赶超越、全面建成小康社会提供坚强的纪律保障。三要抓住机遇。十九大提出构建党统一指挥、全面覆盖、权威高效的监督体系，这是我国政治体制改革的重大举措，为脱贫攻坚监督执纪问责工作提供了难得的机遇。各级纪检监察机关要以国家监察体制改革为契机，乘势而上、顺势而为，构建对脱贫攻坚领域权力运行的有效监督制约体系，实现对参与脱贫攻坚任务所有公职人员全方位的监督。

（二）以监督执纪问责为保障，确保脱贫攻坚有力推进

一是夯实责任。各级党组织要切实担负起主体责任，细化措施、完善制度、扎实推进，确保真脱贫、脱真贫。各级纪检监察机关要切实负起监督责任，加大扶贫领域的监督执纪问责工作，用严格的纪律和务实的作风将压力层层传递到镇村一线。二是深挖线索。扶贫领域不正之风和腐败问题多数发生在基层和群众身边，纪检监察干部一定要接地气、俯下身子，冲在一线，要采取灵活多样的形式，畅通信访举报渠道，把举报方法、举报程序等宣传到党员干部群众之中。要主动出击，采取入户排查、上门走访、座谈交流等形式，听取群众意见，回应群众关切，全面激发群众参与监督的积极性。要充分发挥媒体监督作用，对媒体曝光、网络反映的问题线索，快速反应、快速查处、从严追责，形成社会共同关注、干群齐心协力、人人参与监督的良好局面，让各种腐败行为无所遁形。三是强化震慑。要坚持无禁区、全覆盖、零容忍，坚持重遏制、强高压、长震慑，坚持受贿行贿一起查。纪检监察机关主要领导和分管领导要把问题线索直接拿在手上，做到及时研判、快速查办。要实行"一案双查"，既要严格追究当事人的法纪责任，又要严肃追究当事人所在党组织的主体责任、纪检监察机关的监督责任。加大通报曝

光力度，让干部全面形成"不敢违、不可违、不能违、不想违"的思想和行为自觉。

（三）以创新监督形式为抓手，努力实现标本兼治

一是聚焦突出问题。着力分析研判滋生扶贫领域中不正之风和腐败问题的根源，综合归纳问题发生的规律和特点，针对扶贫领域发生损害群众利益问题的重点领域、重点部位、重点环节加大执纪监督力度。二是强化制度建设。立足源头，建章立制，扎紧制度机制的笼子。进一步延伸基层监督触角，加强农村党风廉政建设，强化对村级事务和村干部用权行为的监督，探索镇纪委直接监管村监委会、村干部受纪律处分与绩效补贴挂钩和村党风廉政建设"一票否决"等预防"村官"贪腐有效机制，充分发挥制度建设的根本性、全局性、稳定性和长期性作用。三是创新监督方式。形成监督合力，加强与财政、审计、税务、扶贫、涉农部门的协调配合，建立联合监督检查、资源信息共享、问题线索移交等机制。拓宽监督渠道，充分运用微信、微博、"四风"问题随手拍等新兴技术手段和信访举报平台，实现脱贫攻坚推进到哪里，监督就要跟进到哪里，哪里问题多就把监督重心延伸到哪里，哪里问题严重就把执纪力量拓展到哪里，全面提高监督执纪工作的针对性和实效性。

B.11
长春市：以警示教育助推全面从严治党

长春市纪委课题组*

摘　要：　本文从长春市全面从严治党取得的成果及面临的问题等方面
深入分析了警示教育对于助推全面从严治党的重要性，对比
梳理了当前各地开展警示教育工作普遍存在的问题和不足，
全面总结了长春市近年来以警示教育助推全面从严治党的主
要做法及成效，并在此基础上提出了关于强化警示教育推进
全面从严治党的几点思考。旨在通过此文激发读者关于警示
教育的深入思考，进而通过常态化、系统化、制度化开展警
示教育，增强全面从严治党的系统性、预见性和实效性。

关键词：　长春　廉政教育　全面从严治党　警示教育

党的十八大以来，习近平总书记高度重视警示教育工作，多次发表重要
讲话、做出重要批示，强调要深入剖析严重违纪违法干部的典型案例，发挥
警示、震慑、教育作用。中央纪委七次全会工作报告和《关于推进"两学
一做"学习教育常态化制度化的意见》，明确要求把严重违纪违法干部的典
型案例作为反面教材，认真开展警示教育。吉林省委办公厅印发《关于加
强党风廉政警示教育的意见》，明确重点目标、重点任务，推动警示教育工
作融入日常、抓在经常。长春市认真贯彻党中央和吉林省委决策部署，坚持

* 课题组组长：王冬梅，长春市纪委副书记。课题组成员；付印红，长春市纪委常委；高飞，
长春市纪委宣传部部长；王金荣，长春市纪委干部。执笔人：王金荣。

把警示教育作为深入推进全面从严治党的有效举措，作为预防腐败的基础性工作，紧抓不放、深入推进，努力营造、巩固和发展长春良好的政治生态。

一 警示教育对推进长春全面从严治党的重要意义

习近平总书记指出，深入推进全面从严治党，必须把思想政治建设放在首位，教育引导党员干部补足精神之"钙"，筑牢思想之"魂"。① 使人不想腐，要着眼于产生问题的深层原因，侧重于教育和引导，对症下药、综合施策，从思想根源上清除腐败之念。实践证明，加强警示教育是筑牢党员干部拒腐防变思想道德防线，促进廉洁自律、转变作风、干事创业的重要抓手，对于增强党员政治意识、大局意识、核心意识、看齐意识，坚定理想信念，保持党的先进性和纯洁性，推动全面从严治党向纵深发展具有重要意义。特别在当前，长春市老工业基地正处在加快振兴、全面建成小康社会的关键时期，前所未有的发展机遇也给反腐败斗争带来了新的挑战，因此要把警示教育摆在更加突出的位置。

（一）开展警示教育是推进长春党风廉政建设和反腐败斗争的迫切要求

近年来，长春市坚定不移推进党风廉政建设和反腐败斗争，坚持以踏石留印、抓铁有痕的劲头严惩腐败、严抓作风、严管干部，全市党风政风取得明显好转，但同时不正之风和腐败问题仍不容忽视。例如，隐形变异"四风"问题、重点领域重点岗位腐败问题、侵害群众利益问题仍时有发生。2017年上半年，长春市纪检监察机关立案查处的违纪违法案件总数和查处人数分别比2016年同期增长5.6%和11.7%。这充分说明，长春市反腐败工作任务仍然繁重，个别党组织和党员干部在思想上对党风廉政建设的重视

① 辛维光：《必须把加强思想政治建设放在首位　补足精神之"钙"筑牢思想之"魂"》，《中国纪检监察杂志》2017年第3期，第28~30页。

程度不够。因此，需要通过加强警示教育，进一步筑牢党员干部拒腐防变思想防线，进一步推动各级党组织严格落实全面从严治党主体责任。

（二）开展警示教育是推进长春纪律建设的客观要求

习近平同志指出，党要管党、从严治党，靠什么管，凭什么治？就要靠严明纪律。① 加强纪律建设是党章赋予各级党组织的重要职责。近年来，长春市各级党委（党组）坚持纪在法前，纪严于法，积极实践运用监督执纪"四种形态"，抓早抓小、防微杜渐，发现苗头及时提醒，触碰底线及时纠正，使纪律和规矩真正成为带电的高压线。治病于初萌固然重要，但通过开展纪律教育，让各级党组织和广大党员干部牢牢守住纪律底线，防患于未然才是根本。例如，采取以案释纪方式强化纪律教育，通过深入剖析一个个生动鲜活的反面典型案例，既能让广大党员干部认识到纪律的约束力，也能让广大党员干部感觉到纪律的震慑力，使广大党员干部在思想上、行动上自觉坚守纪律底线。

（三）开展警示教育是推动长春全面从严治党向纵深发展的内在要求

近年来，长春市各级党组织坚持把"抓好党建作为最大政绩"，把全面落实从严治党要求贯彻到党的建设的各个方面，全面从严治党已经取得了阶段性成效。但对照中央和吉林省委要求，还有一定的差距，有的地方和部门党的领导弱化、党的建设缺失、全面从严治党不力的问题仍然存在；有的党员领导干部党章意识和纪律观念淡薄、表率作用发挥得不好；形式主义问题仍然存在，一些政策还停留在口头上、会议上，没有落实到行动中。为此，推动长春市全面从严治党向纵深发展，从治标向标本兼治迈进，必须把"全面"的要求落到实处，既要坚持惩治和预防并举，也要坚持正面引导和

---

① 《习近平关于严明党的纪律和规矩论述摘编》，http：//theory. people. com. cn/n1/2016/0819/c406714-28650185. html，2016 年 8 月 19 日。

反面警示并举。必须把"从严"的要求落到实处，既要体现"严惩"，也要体现"严教"。要通过警钟长鸣，使长春市各级党组织和广大党员干部从反面教材中吸取教训，防患于未然，确保全面从严治党的系统性、预见性和实效性。

二 开展警示教育容易出现的问题及原因分析

党的十八大以来，反腐警示教育在我国防治腐败的工作中越来越多地受到重视，所产生的作用也越来越明显。但在实践中也出现了一些问题和不足。结合长春市近年来开展警示教育的实践，并通过查阅大量相关文献资料，对比分析其他地区开展警示教育的措施办法，长春市比较突出的问题主要有以下几个方面。

（一）警示教育的制度化有待加强

警示教育不能一蹴而就，需要循序渐进、久久为功。廉政警示教育，绝不能理解为创造一个模式、开展一次活动或完成一次任务，而是要根据反腐败斗争形势和党风廉政建设需要，立足解决问题、传导压力，常做常新，持之以恒，将惩处的威慑和纪律的威严，不断转化为党员干部廉洁自律的意识和自觉行动。就目前情况看，多数地区尚未形成专门化的警示教育工作机制，导致警示教育工作在开展过程中存在随意性的问题。主要表现在两个层面：一方面，一些部门单位开展警示教育没有系统性计划和针对性措施，呈现时抓时停、时紧时松的特征，警示教育的水平和成效参差不齐，往往取决于领导者的重视程度；另一方面，一些部门单位在实践中探索出的经验，因没有及时上升到制度层面，不能得到进一步的深化、应用和推广，有的甚至"搁浅"。

（二）警示教育的针对性有待加强

党员干部在身处不同环境、不同位置时，思维方式和看待腐败问题的角度都会有所差异。但有些单位在开展警示教育的过程中，完全忽视了这些因素，出现了"一锅煮""一刀切"等现象。① 一是在教育内容上，有的单位开展警示教育活动时不是针对教育对象的岗位、职务选取案例，而是一锅菜招待百家客。例如，用一些发生在高级领导干部身上的大案要案作为警示教育案例，使一般干部感到违法犯罪离自己较远，产生与己无关的思想，这样的警示教育不能说完全没效果，但基本如隔山打牛，难以取得好的效果。二是在教育时间上，有的单位开展警示教育，不是在换届、干部任免、节假日等重要节点开展活动，而是找闲抽空完成任务，使教育效果无形中被削弱。三是在教育对象上，有的单位没有针对"一把手"和重要岗位的重点人员着重开展警示教育，起不到足够的震慑作用。

（三）警示教育的实效性有待加强

习近平总书记强调，加强警示教育，就是要让广大党员干部真正敬法畏纪、遵规守纪。这也是警示教育取得实效的关键。② 但一些单位在开展警示教育活动中却忽略了这一点。一是从活动形式上看，有的单位开展警示教育活动，已经形成固定模式和流水化作业，无论是观看警示教育片、发放警示教育读本，还是参观警示教育基地等活动，都要回去写心得体会。次数多了，组织者和参与者都有"皮了"的感觉，有的甚至不认真对待教育活动，大大影响了教育效果。二是从思维观念上看，有的单位存在为了教育而教育的思想，把警示教育活动片面地看成一项孤立任务和独立工作来组织，没有把教育与当前形势和主要任务相结合，与解决当地群众反映的热点、难点问题相结合，与解决党员干部党风党性党纪方面存在的问题相结合，这样的警示教育很难取得实效。三是从教育方式上看，有的单位在警示教育中存在负面教育与正面教育衔接不畅问题，在对反面典型进行剖析的过程中，着重突出贪腐者的心理历程及事发后的忏悔和内疚，缺乏回归事件本身的正确行为

---

① 沈洁：《论防治腐败工作中的警示教育》，硕士论文，湘潭大学，2016 年，第 17 页。

② 李智勇：《履行管党治党责任加强警示教育工作》，《中国纪检监察报》2017 年 6 月 28 日。

引导和后续心理疏导，容易形成负面示警单兵作战现象，造成警示教育断层，影响警示教育实效。

（四）警示教育的震慑力有待加强

警示教育的震慑力越强，最终的教育效果也就越好。但如何加强警示教育的震慑力，一直是困扰反腐警示教育施教者的一个大问题。以长春市为例，主要存在两个比较突出的问题：一是教育素材整合不够。近年来，长春市通过深入挖掘剖析本地查办的典型案例，积累了较为丰富的警示教育素材，但在吸纳整合、分类梳理各级纪委积累的警示教育素材方面做得还不够。一方面，集中火力"攻打"重点领域、重点行业、重点岗位的专门性警示教育素材还比较有限；另一方面，缺乏针对"四种形态"中前三种形态的警示教育内容，没有形成对轻微违纪问题开展警示教育的专门性警示教育素材。二是教育载体整合不够。检察院、法院、党校等部门，因其工作的特殊性，都有各自特色的警示教育资源，是开展警示教育的天然载体，但在日常开展警示教育活动时，警示教育资源的开发和共享存在一定的不足，没有形成取长补短、互通有无的资源共享机制。

三 长春市以警示教育助推全面从严治党的主要做法

面对推动全面从严治党向纵深发展的任务要求，正视警示教育在开展中容易出现的问题和不足，长春市积极实践，从强化手段、优化载体、深化内容、活化形式等方面入手，努力破解警示教育难题，谋求警示教育实效。

（一）强化五个手段，推动警示教育落实

一是坚持高位推进。长春市各级党委（党组）将警示教育纳入主体责任清单，与"两学一做"学习教育常态化制度化相结合，组织党员领导干部定期开展警示教育；各级纪检监察机关将警示教育作为廉政教育不可分割的部分，纳入党风廉政建设和反腐败工作的重点内容，确保警示教育常态

化、规范化开展。二是坚持突出重点。警示教育只有突出"关键少数"，才能收到"子帅以正，孰敢不正"的效果。长春市紧紧抓住市管干部、重要领域和关键岗位党员干部这些"关键少数"中的关键，定期分类组织专题培训班，引导党员领导干部带头遵规守纪，带头树立良好风气。三是坚持抓早抓小。针对党员领导干部苗头性、倾向性违纪问题，及时"打招呼"，抓早抓小，防微杜渐。在党员领导干部提拔交流、岗位调整、传统节日等关键节点，通过签订廉政承诺书、任前廉政考试、廉政谈话等方式，加强提醒式警示教育。四是坚持实名曝光。建立健全案件通报曝光机制，对典型案件坚持点名道姓通报曝光，向广大党员干部传递正风肃纪的强烈信号，唤醒每一名党员与违纪行为做斗争的意识，发挥查办一案、警示一片的治本功能。五是坚持逢训必修。把警示教育列入党员干部培训必修内容，在全市各级党校和其他干部培训机构主体培训班次中，开设警示教育课程，强化党员干部纪律意识和规矩意识。

（二）优化三大载体，拓宽警示教育渠道

一是拓展自办期刊网站警示功能。在长春市纪委主办的期刊《纪检监察工作》中开设"以案释纪"专栏，运用典型案例解读党纪条文，引导党员干部瞄准高线、守住底线。在市纪委监察局网站开设"曝光台"板块，对全市各级纪委查办的典型案件进行分类实名通报曝光，发挥查办案件的震慑作用。同时，在期刊和网站同步开设"警钟长鸣"专栏，刊载全国各地典型案件的忏悔文章和警示评论。二是开发新媒体警示教育平台。长春市各级纪检监察机关紧跟全媒体时代互联网发展新趋势，充分发挥手机APP、微信公众号等新媒体在警示教育工作中的重要作用。例如，长春市纪委在网站手机客户端专门开设了警钟、曝光等专栏，打造指尖上的警示教育平台，让党员干部随时随地接受警示教育；二道区纪委开通"清风二道"微信公众平台，通过"通报曝光"专栏，及时发布二道区查处的典型案例；德惠市纪委开通"德惠清风"官方微信平台，在重要节假日等关键节点，向党员干部发送廉政提醒信息。三是合力创建廉政教育基地。长春

市纪委与市检察院、市委党校整合警示教育资源，联合建立了长春市廉政教育基地，通过展板、多媒体等手段，为党员干部提供了"体验式"警示教育，提醒党员干部必须把好人生的"总开关"。同时，各县（市）区充分利用各地资源，高标准打造廉政教育基地，形成了各具特色的廉洁文化示范品牌。例如，朝阳区打造了社会主义核心价值观主题公园——长春德苑，南关区在长春文庙建立了廉洁文化教育基地，绿园区在绿园小学建立了廉洁教育基地。

（三）深化三项内容，挖掘警示教育素材

警示教育只有触及心灵，才能与受教者产生"同频共振"，才能达到"不想腐、不敢腐"的教育目的。近年来，长春市在充分运用中央纪委和省纪委编发的警示教育教材开展教育的基础上，对发生在党员干部身边的活生生的案例进行深入梳理、挖掘和剖析，积累了一系列具有地方"风味"、能够触动本地干部心灵的警示教育素材。一是编印《忏悔录》。长春每查结一案，都会引导审查对象认真撰写忏悔书，并从中筛选典型、编辑成册，印发给全市党员领导干部。二是撰写典型案例剖析。对全市查办的15起典型案件进行深入剖析，形成"小官大贪"案例剖析报告，编辑出版了《案例剖析教育读本》。三是拍摄警示教育片。将警示教育工作关口前移，对市纪委查办的董玉成、谢铁军、刘兆义等典型案件进行提前介入，全程跟踪，全面了解案情和违纪者的思想根源，拍摄《底线》《破纪者戒》等警示教育片。

（四）活化五种形式，提升警示教育效果

一是"读"好《忏悔录》。以吉林省纪委和长春市纪委编发的《忏悔录》为教材，组织党员干部通过集中阅读、自主学习和讨论交流等方式，认真阅读贪腐违纪官员的忏悔书，倾听他们的内心独白，深刻分析其堕落轨迹和原因，敲响拒腐防变的警钟。二是"看"好专题片。组织全市党员干部观看中央纪委和吉林省纪委摄制的《永远在路上》《覆车之鉴》《贪者戒》《违纪者说》等专题教育片，通过观看纪检监察机关纪律审查过程，以

及涉纪者接受调查的画面，给广大党员干部以心灵上的震撼和对党纪国法的敬畏。三是"写"好观后感。在阅读忏悔书和观看专题片后，组织各级党员干部撰写心得体会文章，畅谈阅读腐败官员忏悔书的感受，查摆自身存在的苗头性倾向性问题，使党员干部吸取前车之鉴，受警醒、明底线、知敬畏，防止重蹈覆辙，做到警钟长鸣。四是"开"好警示会。通过召开警示教育视频会议，在全市范围内通报查处的违纪案件情况及其教训警示。在一些典型案件发生后，组织相关领域的党员领导干部开展警示教育座谈会，面对面听取党员干部对典型案件的认识和体会，及时滤清党员干部对党纪党规的模糊认识。五是"过"好廉政日。依托吉林省和长春市廉政教育基地，开展"廉政一日"教育活动。区分系统、岗位和级别组织党员干部到基地参观、讨论，以直观生动的教育形式不断筑牢党员干部廉洁自律的"底线"。

四　长春市以警示教育助推全面从严治党的主要成效

2016 年以来，长春市共开展各类警示教育活动 1300 余场次，11 万人次接受警示教育。市纪委印发《忏悔录》《案例剖析教育读本》等自编警示教育素材 3 万余册，发放《破纪者戒》《底线》等自拍警示教育光盘 5000 余张。参观廉政教育基地党员干部人数达 2 万余人次。党员干部撰写心得体会文章 8400 余篇。大量警示教育的积极实践，助推长春全面从严治党取得了明显成效。

（一）管党治党责任得到有效落实

全面从严治党，应从抓主体责任做起。警示教育是管党治党的应有之义。[①] 长春市在以警示教育助推全面从严治党向纵深发展的工作中，紧紧抓住党委管党治党主体责任这个"牛鼻子"，坚持从市委抓起、从第一责任人

---

① 李伟、韩志鹏：《开展警示教育应注意的问题》，《中国纪检监察报》2017 年 8 月 2 日。

严起，制定出台了关于落实党委主体责任、纪委监督责任的《意见》和《办法》，并将开展经常性警示教育列入主体责任清单，层层传导压力，唤醒责任担当。坚持把"关键少数"作为警示教育的重中之重，通过召开警示教育大会、参观廉政教育基地、通报问责典型案例等形式，及时给党员领导干部传递中央全面从严治党的精神和不忘初心、将反腐败进行到底的决心，引导领导干部时刻保持清醒的政治头脑，时刻把管党治党主体责任记在心上、抓在手上。通过对"关键少数"的警示教育，使"关键少数"既成为警示教育的受教者、受益者，也成为警示教育的组织者、施教者。2017年3月，长春市廉政教育基地建成启动后，长春市多家单位主要领导第一时间联系市纪委，主动要求安排场次，组织带领机关干部到廉政基地接受警示教育。

（二）纪律约束作用得到切实强化

加强纪律建设是推进全面从严治党的治本之策。只有领导干部和所有党员都知晓党的纪律，才能做到对党的纪律有效遵循。① 长春市在以警示教育助推全面从严治党向纵深发展的工作中，充分发挥反面典型案例的"释纪"功能，坚持在警示教育中突出党章党规党纪教育，以问题为导向科学选取典型案例，深化党内法规的学习教育，推动党员干部举一反三、引以为戒，真正在思想上警醒、行动上自觉。坚持以警示教育督促各级党组织和纪检监察机关运用监督执纪"四种形态"，对破纪者严肃问责，防止出现"破窗效应"。2017年前7个月，全市纪检监察机关运用第一、二、三、四种形态分别处置1408人、1334人、92人和73人，形成了强大声势，坚决维护了党的纪律的刚性约束力，强化了党员干部的底线意识。

（三）党风政风得到明显好转

党的作风影响政风民风，作风建设始终是以习近平同志为核心的党中央

---

① 《习近平关于严明党的纪律和规矩论述摘编》，http://theory.people.com.cn/n1/2016/0819/c406714-28650185.html，2016年8月19日。

全面从严治党的重要内容。① 长春市在以警示教育助推全面从严治党向纵深发展的工作中，不断加大对违反中央八项规定精神和"四风"典型问题的通报曝光力度。通过实行"一通报三曝光"制度，即，对典型案例在吉林省纪委网站、长春市级媒体、长春市纪委网站通报爆光，扩大典型案例的警示覆盖面、影响面。通过采取"同类案件同批曝光"的方式，增强通报曝光的震撼力，提高警示教育针对性。每次通报后及时要求各相关单位以通报内容作为警示教育素材，开展专题警示教育会，引导党员干部揽镜自照、见鉴自省，自觉对号入座，避免重蹈覆辙。同时，要求各相关单位对照通报内容，深入查找管理漏洞和问题原因，进一步完善管理制度，强化制度执行，通过扎紧制度笼子杜绝同类问题再次发生。例如，在对窗口单位顶风违纪违法案例进行集中通报后，全市各窗口单位纷纷开展了"严肃工作纪律、提高办事效率"专项行动，真正让群众看到了变化，密切了干群关系。

五 以警示教育助推全面从严治党的几点启示

通过具体实践，长春市认识到，强化警示教育，推进全面从严治党要在以下方面多做努力。

（一）健全工作制度，推动警示教育规范化

警示教育要有一定的计划性、连续性，不能忽强忽弱、时紧时松，更不可搞一阵风、运动式教育，要做到警钟长鸣、常态化开展，应注重抓常抓长，坚持用制度管人管事，推动警示教育向制度化、规范化、科学化方向发展。据了解，天津市在开展警示教育工作过程中总结形成了《关于进一步加强党风廉政警示教育工作的实施意见》《关于运用市纪委市监察局查处违规违纪案件拍摄警示教育片工作的意见》等一系列制度成果，为各级纪委、

---

① 《评论员观察：抓作风从严，净化党风政风——全面从严治党抓什么》，http：//opinion. people. com. cn/n1/2016/1108/c1003 - 28842636. html，2016 年 11 月 8 日。

各部门单位规范化、常态化开展警示教育工作提供了具体遵循，将工作中探索出的好经验、好做法，上升到制度层面加以规范和推广，值得借鉴。

（二）注重高位统筹，提高警示教育针对性

警示教育既要有结合各单位实际的"自选动作"，也要有普遍适用、确保整体效果的"规定动作"，纪检部门要加强对警示教育的统筹指导。一是按照职务级别设定警示教育活动内容，指定与教育对象级别、年龄、思想、工作相匹配的教育内容、教育形式和教育手段，同步统一开展分级警示教育。二是结合时间节点开展专题警示教育，在节假日前、换届前后、干部任免前后等关键节点，开展与主题相匹配的警示教育活动。三是针对"关键少数"开展集中警示教育，对各级党政部门主要领导、权力集中的部门或岗位，每年都要集中组织开展警示教育活动。例如，举办专门针对各单位财务人员的警示教育培训班，通过分析讲解在财务岗位上违纪违法的典型案例触动受教者，使受教者在面对同样问题时能够做出正确选择，实现警示教育的最终目的。

（三）转变观念认识，增强警示教育实效性

一是创新教育模式。转变单一化的自上而下式、填鸭式、大课堂式教育模式，多采用互动式、体验式、谈心式教育模式。将活动后交流心得体会变为现场分享警示感言，通过音频视频等现代化手段，记录受教者在接受警示教育时最真实最直观的感受，以此引导受教者全身心投入警示教育，使廉政意识真正入脑入心。将闭门座谈变为组织党员干部"走出去"，到法院旁听贪污贿赂案件庭审，到监狱感受服刑人员日常生活，现场听取服刑人员的现身说法和忏悔，给党员干部以震慑和警示。例如，长春市把廉政教育基地作为开展警示教育的大课堂，针对不同行业的特点，分门别类地选择了城建、教育、卫生、公安、交通等各行业的典型案例，区分参观对象进行针对性讲解，效果非常好。二是转变教育理念。反腐警示教育要有实效，既要突出震慑力，及时公开大要案的信息，让贪腐官员现身说法；也要用贴近性的实例

说话，用身边发生的贪腐案件教育身边人。[①] 要坚持抓大不放小，要盯紧党纪轻处分等"小问题"，深入剖析违纪心理、违纪动因及违纪环境，有效预防发生在群众身边的"微腐败"。三是改进教育方式。注重负面示警与正面疏导相结合，在深入剖析反面典型的同时，进行恰当的心理疏导和正确的行为示范，通过正反行为对比，深入触动受教者的心灵，增进教育说服力。

（四）整合共享资源，提升警示教育震慑力

要协同检察院、法院、党校等部门，共同建立警示教育联合工作机制，制定出台规范的工作制度，在教育基地、典型案例、忏悔录教材、警示教育片等方面实现资源共享。探索建立分类警示教育资源库，对应"四种形态"、不同领域、不同职务级别以及特殊岗位，分门别类整合梳理职务犯罪、违规违纪典型案件，为开展分类警示教育活动提供专门有针对性的警示教育素材。加强综合性廉政教育基地建设，最大化地利用本地各类有效教育资源，广泛深入地开展警示教育。例如，长春市二道区借助"五馆一街区"教育基地建设，让警示教育进展馆、进基地，使党员干部在参观教育基地的同时，同步接受警示教育，值得学习借鉴。

---

① 姜洪：《反腐警示教育需要多样化手段》，《检察日报》2017 年 9 月 12 日。

B.12
常德市：以"六个常态化"推动
全面从严治党向纵深发展

摘　要：　深化全面从严治党需要常态化和长效性的工作机制。湖南常
德市通过着力推进全面监督、谈心谈话、抓早抓小、从严执
纪、问责追责和铁军建设六大常态化工作机制，推动全面从
严治党向基层延伸，使管党治党的有效经验在基层扎根。

关键词：　常德　全面从严治党　反腐倡廉

2016年以来，常德市纪委以"六个常态化"（全面监督、谈心谈话、抓早抓小、从严执纪、问责追责、铁军建设）为总抓手，聚焦监督执纪问责，强化党内监督，净化政治生态，深化标本兼治，着力推动全面从严治党见常态见长效，落实"两个责任"谈话制度、"荷花品格梅花精神"系列廉洁文化活动、"两个专项整治"、重点问题线索"三级联查"、实名信访举报办理"五步工作法"、纪检监察内部巡察等一批创新工作，取得良好的法纪效果和社会效果。

一　着力推动全面监督常态化

2017年2月，市委出台了《关于切实做好全面从严治党向纵深发展若干

---

*　课题组组长：陈恢清，常德市委常委、市纪委书记。课题组成员：吴永兴，常德市纪委常委、
秘书长；杨名军，常德市纪委调研法规室主任；罗雷，常德市纪委纪检监察干部监督室副主
任；杨文韬，常德市纪委调研法规室干部。

基础工作的意见》，明确 18 项具体工作，将加强全面监督作为重要内容，市纪委及时细化配套措施，强化对党员干部的全面监督、全程监督和科学监督。

1.建立党内监督"径报"制度

制定了《关于建立见物见人见细节党内监督报告制度的实施办法（试行）》，明确各区县（市）纪委书记、市纪委派驻纪检组组长每半年直接向市纪委书记报告一次同级党委（党组）班子成员特别是"一把手"落实全面从严治党主体责任、执行民主集中制、廉洁自律等具体情况，要求报告内容见物见人见细节，让组织对干部心中有数，不断加强对领导干部特别是各级"一把手"这个"关键少数"的监督。报告采取"书面加口头"相结合的方式，2017 年上半年已基本完成报告工作。

2.着手建立健全干部廉洁档案

出台《常德市领导干部廉洁档案管理办法》，加强领导干部廉洁信息收集、移交、建档、管理工作，内容涉及主要亲友从业情况、各种涉纪涉法涉信涉德记录、"三圈"（朋友圈、生活圈、社交圈）风险点等，建立干部廉洁情况"活页夹"、信息库，把监督功夫下在平时。

3.突出选人用人监督

严把干部选拔任用"党风廉洁意见"回复关，对政治上有问题、本人不干净的人坚决说"不"，回复意见 1213 人次，否定 7 人次。集中力量加强村（居）"两委"换届选举风气监督，成立 9 个换届选举工作指导和风气监督组，采取明察暗访和下乡蹲点等方式，多轮次开展巡回督察，收到问题线索 312 件，立案查处 55 起，给予纪律处分 35 人，组织处理 63 人，保证了全市村（居）"两委"换届选举风清气正。

4.充分发挥巡察"利剑"作用

建立健全市、县两级巡察机构，市、县两级均成立了巡察办，组建了专门巡察组。市本级常设 6 个巡察组，配备固定组长，4 月初启动首轮巡察，每个巡察组实行"一托二"，采取集中巡察和专项审计相结合的方式，对 12 个单位进行了巡察，延伸到乡镇一级，发现党员干部违纪线索 119 条，收集整理各类问题 325 个，其中责成被巡察单位整改突出问题 60 多个。

5. 推进派驻监督全覆盖

在省纪委支持和市委的高度重视下，2017年6月常德全部完成市纪委派驻监督全覆盖改革准备工作，7月7日上午市委召开市纪委派驻监督全覆盖改革会议，对设立的25家派驻纪检组和市直属机关纪工委进行了授牌，各派驻纪检组当天分别进驻开展工作，负责监督73家市一级党和国家机关、政府部门，并授权监督94家副处级以上事业单位、医院、学校和15家市属国有企业，实现派驻监督全覆盖。

6. 加强重点项目建设的监督

2016年下半年，市委出台了《关于进一步强化政府重大投资项目预防腐败工作的意见》（以下简称《意见》），为把《意见》落到实处，2017年市纪委组织开展了政府重大投资项目专项整治，对2016年以来立项的164个政府重大投资项目立项审批、项目管理、招标投标、资金管理等情况进行专项督察，重点纠正和查处围标串标、买挂资质、分包转包等突出问题。

7. 强化扶贫领域监督

常德把扶贫领域监督执纪问责作为重中之重的政治任务来抓，把准政治站位，强化政治责任，专门下发《切实加强脱贫攻坚大会战中监督执纪问责工作的通知》，对扶贫开发中的各类违纪问题毫不手软、一抓到底，重点查处脱贫攻坚中政令不通、为官不为、雁过拔毛、围标串标、暗箱操作以及搞形式主义、虚假脱贫等突出问题，确保每一分"造血钱""救命钱"都真正用到贫困乡村、贫困群众身上。2017年上半年全市纪检监察机关发现扶贫领域问题线索121件，立案查处91件，给予党纪政纪处分102人，移送司法机关1人，问责29人。

二　着力推动谈心谈话常态化

常德把谈心谈话作为落实"两个责任"、严肃党内政治生活、实践第一种形态的有力抓手，以千钧之力较真抓落实，着力推动例行谈心谈话、"两同时"谈话、提醒谈话、任前廉政谈话、约谈等五种谈话方式经常化、常态化。常德市的谈心谈话已逐渐成为各级干部的自觉行动，大家越来越认识到谈心谈话的好处很多，中央纪委主要领导对常德市通过谈心谈话落实第一种形态的做法给予肯定，安排中央纪委党风室的同志到常德进行了调研。

1. 实行谈心谈话全覆盖

2016 年 8 月市委出台《关于进一步建立健全落实党风廉政建设"两个责任"谈话制度的意见》，压实各级党组织和领导干部的谈话责任，特别是强化市级领导和各级主要领导的责任，形成制度安排、层层带动，努力使谈心谈话覆盖到全市每一个党组织、每一名党员。重点突出例行谈心谈话和"两同时"谈话，2017 年上半年，全市 32 名厅级领导开展谈心谈话 3420 人次，1279 名处级干部开展谈心谈话 50362 人次，乡科级干部开展谈心谈话 219882 人次，其中"两同时"谈话分别为 2841 人次、36875 人次、157251 人次，咬耳扯袖、红脸出汗正走向常态化。

2. 建立谈心谈话全程留痕、调阅检查机制

统一印制廉政谈话记录本发放到全市各级领导干部手中，制作"两同时"谈话提醒牌置于办公桌上，规范谈话流程，要求谈话人与被谈人均要做好记录备查。市纪委采取随机抽查的方式，每季度调阅一次谈心谈话记录，不仅查看谈话的次数和内容，还比对谈话人与被谈话人的记录内容是否一致，有无敷衍应付、弄虚作假现象。

3. 实行月报告、季通报制度

建立谈心谈话统计报告制度，要求各区县（市）和市直单位每月初上报上个月谈心谈话情况，内容包括谈话人姓名职务、谈话类型次数等 12 个要素，同时，自主设计廉政谈话数据统计系统，实行"互联网＋监督"，对谈话上报情况进行在线监控，实时了解谈话制度落实情况。每季度对各区县（市）和市直单位"两同时"谈话制度落实情况公开通报，直呼其名、直言其过、直点要害地指出存在问题，先后公开通报 46 人，对部分谈心谈话不认真的主要负责人进行约谈，极大地减少了消极应付、搞形式主义等现象。

4. 强化结果运用

把干部谈话资料列入廉洁档案，作为选拔、任用、调整干部的重要依据之一，对不认真履行谈话责任甚至弄虚作假的，视情节给予通报、诫勉、组织调整与组织处理、纪律处分；对落实制度有力、谈心谈话比较经常的领导干部，在纪律审查"一案双查"问责工作中，可作为从轻处理的依据之一。

三　着力推动抓早抓小常态化

坚持关口前移、抓早抓小，着力加强对党员干部的日常监督，把规矩立在平时，把约束放在平日。

1. 充分发挥信访举报监督作用

2017年上半年全市共收到群众信访举报1625件次，其中中央纪委转交办265件次，省纪委转交办215件次，市本级受理599件次，区县（市）纪委受理546件次。实行重复访首办责任复核制度，强化责任落实，并采取提级办理、领导包案等方式，对124件尚未处置到位的信访举报实行"清零式"集中办理。大力开展"书记接访"活动，市、县两级纪委书记带头到区县（市）信访室（信访接待中心）和基层面对面接待上访群众，推动解决疑难信访问题。建立实名举报初信初访办理"五步工作法"，认真规范实名信访举报办理工作，严格按照分类甄别、信访接谈、双向承诺、限期答复、登记备案五个步骤处置，有效避免了压信不查、敷衍了事、以案谋私等情况，大大缩短了信访举报"在路上"的时间，省纪委向全省推介了这一做法①。上半年全市按照"五步工作法"办理信访举报225件，已办结96件，转立案43人，办信质效和群众满意率进一步提升。

2. 积极运用谈话函询抓早抓小

对在信访、审计、巡视巡察、执纪审查等环节中发现的苗头性、倾向性

---

① 《我市实名举报办理"五步工作法"在全省推广》，廉洁常德网，http：//cdllz.gov.cn/art/2017/3/21/art_16074_101641.html，2017年3月22日。

问题，以及没有进入执纪审查程序的轻微问题，积极采取谈话函询方式处置，上半年，全市各级纪检监察机关共谈话函询 261 人次，其中市本级函询 42 人次。

3. 认真抓好见人见事民主生活会

针对监督执纪问责中发现的典型问题，在严肃批评有关人员或者查处相关违纪人员的同时，督促所在单位及时召开见人见事的专题民主生活会，深入开展批评和自我批评，让大家对照检查、共同警醒，回归党的好传统。比如，针对 2017 年初查处的安乡县原副县长、县公安局原局长黄淳"卖官"一案①，常德市督促市公安局党委、安乡县公安局党委以及黄淳工作过的澧县公安局党委及时召开专题民主生活会，市纪委、市委政法委派人参加了市公安局党委的专题民主生活会，让班子成员共同受教育，并督促他们对照检查，对暴露出来的问题深刻反思、全面整改，确保不再发生类似问题。

4. 深入开展"荷花品格、梅花精神"系列文化活动

2016 年组织开展了"常德故事"演讲比赛、民情日记征集、廉洁文艺百团大赛、名家讲堂四大主体活动，共征集优秀民情日记 4200 多篇，近 500 名党员干部登台演讲，创作改编廉洁文艺作品 1000 多个，演出 400 多场次，观听群众达 160 万人次，引起强烈反响。2017 年，市委把"荷花品格、梅花精神"系列活动作为推进全面从严治党向纵深发展的一项重要基础工作，并列为全市"两学一做"学习教育常态化、制度化的重要内容，市纪委为此部署开展了道德模范（感动常德十大人物）评选、十大廉洁模范评选、十佳廉洁文艺节目展演、廉洁知识抢答赛、民情日记征集、名家讲堂六大主体活动，目前各项活动正在有序开展。会同市"两学一做"学习教育协调小组、市委宣传部和汉寿县推出的常德高腔《帅孟奇》，展现了革命前辈帅孟奇对党绝对忠诚、大爱无私、严于律己的光辉形象，在北京中国评剧大剧院成功演出，观众深受教育②。

---

① 《局长卖官引发腐败窝案》，《中国纪检监察报》2017 年 2 月 27 日。
② 《常德高腔〈帅孟奇〉进京演出》，《湖南日报》2017 年 5 月 24 日。

四 着力推动从严执纪常态化

坚持力度不减、尺度不松、寸步不让，持续保持惩治腐败高压态势。

1. 不断加大执纪审查力度

2017年上半年全市纪检监察机关处置问题线索1815条，同比增长50.2%，其中立案1055件，涉及处级干部29人，分别居全省第3位、第5位。结案744件，给予党纪政纪处分735人，其中给予党纪轻处分640人，占处分总人数的87%，重处分95人，占13%。移送司法机关16人。始终把政治审查放在纪律审查的首位，把违反政治纪律和党内政治生活准则的行为作为审理报告的第一条，从政治上定性量纪。同时，紧盯工程建设、司法、文化教育等重点领域出手出招，重点查处了市委原副秘书长刘定青、常德经开区原调研员陈达友、市中级人民法院原副院长高云翔、黄兴茂及副处级审委会委员聂学文、武陵区法院原院长李菊初等人严重违纪涉嫌违法案，产生了极大的震慑作用。2017年上半年全市共有75名干部主动向组织坦白交代问题，争取了从轻处理。

2. 推行三级联查整治"雁过拔毛"式腐败

市纪委创新建立"雁过拔毛"式腐败案件市、县、乡三级联查机制，对上级转办和全市各级纪委排查出的"雁过拔毛"式腐败问题线索，由市纪委统一汇总、台账管理，每季度选取一批群众反映强烈、社会影响较大的典型案件作为"三级联查"的重点，由市纪委纪检监察室牵头，县、乡纪委共同参与，必要时组成专案组进行调查处理，确保重点问题线索件件有着落、事事有回音。2017年上半年全市共发现"雁过拔毛"式腐败问题线索1277件，受理举报754件，立案411件，其中给予党纪政纪处分287人，移送司法机关13人，追缴资金1207.8万元，退还群众资金105万元。《中国纪检监察报》、人民网、新华网等媒体多次对常德市工作经验予以报道，省专项整治办以简报形式向全省推介①。

---

① 《常德市："三级联查"突破重点问题》，《湖南省"雁过拔毛"式腐败问题专项整治工作简报第10期》（总第30期），2017年6月29日。

3. 深入开展"纠'四风'、治陋习"专项整治

紧盯重要时间节点，重点整治违规收送红包礼金、违规发放奖金福利、公款吃喝、公款旅游等顽疾，将违规收送红包礼金列入纪律审查工作重点，同时，深挖"私车公养"以及通过会议费、办公费、印刷费等名目变相支付不合理费用等隐形"四风"问题。全市共发现"四风"问题线索766件，受理举报414件，立案402件，其中给予党纪政纪处分389人，组织处理391人，移送司法机关5人，追缴资金799.6万元，点名道姓通报典型案件84起。

4. 强力推进反腐败追逃追赃

2016年，常德市劝返安乡县财政局工资发放中心原主任徐丽的案件，被中央纪委反腐败国际合作局向全国推介。2017年4月，市纪委专门召开调度会议，以空前力度压实责任，督促成员单位主动出击，对于没有按期追回的责任单位主要负责人采取包括组织调整在内的严肃问责追责的措施。4月27日在媒体上公布10名外逃人员名单和详细信息，威慑外逃人员主动归案[①]。专题调度会议召开两个多月以后，已有7名外逃人员主动投案自首或被抓捕归案。截至2017年10月，全市原有的32名外逃党员和国家工作人员中已追回27人。

五　着力推动问责追责常态化

始终高悬问责利剑，坚持失责必问、问责必严，真正使问责追责成为常态。2016年7月《问责条例》颁布以来，全市共对15个党组织进行了问责处理，其中责令检查7个，通报8个；问责处理领导干部262人，其中通报46人，诫勉谈话72人，组织调整或组织处理8人，纪律处分136人，涉及市管干部63人。突出管党治党政治问责，共问责履行"两个责任"不力的领导干部63人。紧密配合中央重大专项问责，2017年4月底中央环保督察

---

① 《关于常德市外逃国家工作人员名单的公告》，《常德日报》2017年4月27日。

组进驻湖南以来，全市各级纪检监察机关自觉增强政治敏锐性和社会敏感度，全力配合中央和省委环保督察工作，成立5个环保督察专项问责工作小组，建立环境问题巡回督察、线索交办、联合办案、快查快结等工作机制，对环保工作中的失职渎职行为层层跟进、直查快办，做到第一时间发现问题、第一时间问责到位，全市共问责121名领导干部，其中给予党纪政纪处分67人，诫勉谈话46人，组织处理和组织调整8人，采取约谈等方式处理210人，其中包括厅处级干部15人。

六　着力推动"铁军"建设常态化

按照忠诚干净担当的要求，不断加强纪检监察干部队伍思想政治、能力素质和纪律作风建设。

1.扎实推进"两学一做"学习教育

把"月月讲堂"作为推进"两学一做"学习教育常态化、制度化的有力抓手，每月固定半天时间，组织委局机关和派驻纪检组、巡察组全体干部进行集中学习，委局领导和各层面纪检干部登台讲课，以讲促学提素质，推动纪检监察干部补足精神之钙、扫除思想之尘、增强立身之本，2017年上半年共组织"月月讲堂"6期。6月底市纪委机关举办庆祝建党96周年"不忘入党初心、永做忠诚卫士"演讲赛，进一步增强了纪检干部的党性观念。

2.用"四比四看"推动工作有力开展

深入开展以比先进看差距、比过去看进退、比自己看状态、比目标看行动为主要内容的"四比四看"主题活动，修订完善纪检监察工作考核评价办法，每季度召开"四比四看"讲评会，根据工作情况找问题、找差距、明措施、见行动，在全市纪检系统形成了争先创优、干事创业的浓厚氛围。

3.开展教育培训提升干部能力

分层次大规模开展干部培训活动，组织17名市县纪检监察领导干部参加省纪委培训，专门举办乡镇（街道）纪委书记培训班，全市167个乡镇

（街道）230 名纪委书记接受了培训；建立乡镇纪委书记到市、县两级纪委跟班学习制度，每年度安排 120 名干部、分 6 批跟班培训，已经分批次组织 20 名乡镇纪委书记到市纪委纪检监察室实行两个月的跟班学习，极大地提升了基层纪检干部的执纪能力。

4. 坚持刀刃向内严查"灯下黑"

常德在全省率先建立纪检监察内部巡察制度，2017 年先后对市公安局纪委、市交警支队纪委、市经投集团纪委和鼎城区纪委进行了内部巡察，发现并督促整改了一批突出问题。严肃查处了武陵区纪委副书记、监察局局长贺某某违反中央八项规定精神、鼎城区纪委第一纪检监察室主任秦某违反工作纪律和廉洁纪律案件，分别给予党内警告和党内严重警告处分，调离纪检监察机关并向全市发出通报。

虽然常德市全面从严治党和党风廉政建设取得明显成效，但不少领导干部履行"两个责任"特别是主体责任的自觉性还不够，一些干部仍然心存侥幸或者寄希望于从严治党力度减缓，腐败和不正之风仍时有反弹，纪检监察系统自身对新形势新任务新要求的适应过程尚未完成，离取得压倒性胜利还有很长的路要走，可以说全面从严治党和党风廉政建设面临的形势依然严峻，仍然任重道远。

专题报告

Special Report

B.13

落实全面从严治党"两个责任"
调查与思考

张国岚*

摘 要： 如何推进全面从严治党"两个责任"落实，是一个需要将理论与实践结合进行深入研究的重大课题。本文结合省级机关推动"两个责任"落实的调查现状，指出省级机关 2016 年以来"两个责任"落实呈现总体向好态势，同时指出认识层面和制度保障层面尚存在明显短板。本文从推进教育、机制、制度创新角度，提出强化全面从严治党"两个责任"落地生效的思路和建议，旨在为各级党的组织和纪检监察机关提供决策参考。

* 张国岚，河北省社会科学院党组成员、纪检组组长、编审。

关键词： 全面从严治党 主体责任 监督责任

党的十八届三中全会指出：落实党风廉政建设责任制，党委负主体责任，纪委负监督责任。《中国共产党党内监督条例》进一步明确了"两个责任"的法律地位。正确把握两个责任的基本内涵及其辩证关系，促进"两个责任"的互动共进，对全面从严治党具有重大而深远的意义。省级机关是省委省政府的工作中枢，对下级机关、基层干部群众具有很强的影响力和示范力。推动全面从严治党向纵深发展，省直机关既处重要地位，又具引领作用，这也是开展本次调查的意义所在。

一 基本状况——"两个责任"落实呈现总体向好态势

2016 年以来，河北省级机关党的组织和纪委派驻机构认真贯彻落实中央和省委、省纪委决策部署，聚焦从严治党"两个责任"，强化责任担当，推动全面从严治党不断向纵深发展。

（一）在主体责任落实方面

党的组织适应新常态，"主责"落实趋于良好。呈现出四个特点。

1. "明责""定责"基本到位

随着全面从严治党深入推进，履行主体责任的保障机制日趋完善。各级党组织围绕"明责""定责"推行责任分解、责任清单等制度，党的领导班子、主要负责人、领导班子成员三个层面的主体责任及相互关系基本确立和理顺，做到了责任清晰、履职有据。与此对应，各级党的组织对于主体责任的理解和把握日益深刻，加强自身监督、支持纪检部门监督的自觉性逐步提高。问卷显示，80% 的受访者认为"部门党委（党组）支持纪检组'三转'，为纪检组履行监督责任创造条件情况较好"，但部分受访者对此不完全认同，其中，15% 的受访者认为"情况一般"，5% 的受访者认为"情况较差",说明少数部门党委(党组)在支持纪检组"三转"方面尚需做出进一步努力。

2. 第一责任人的履职担当意识进一步增强

多数部门党委(党组)主要领导做到了重点工作亲自部署、重大问题亲自过问、重点环节亲自协调、重要案件亲自督办,严把"部署、落实"两道关键环节,牵头抓总作用突出。这与问卷调查结果趋于一致。问卷显示,认为"部门党委(党组)主要负责人对全面从严治党和反腐败工作'四个亲自'做得较好的",占到75%;认为党委(党组)主要负责人"落实廉政谈话、廉政党课、检查考核等制度情况较好的"和"主动接受和支持纪检组对本人、领导班子及成员的监督,协调解决实际困难和具体问题较好的"均占到80%。特别是,"一把手"对于"签字背书"更为重视,问卷显示,认为"党委(党组)主要负责人对推行'签字背书'制度把关审签、提出明确意见较好"的占到90%,说明"一把手"更加重视利用"责任书"的压力传导作用。

3. 释放监管信号越来越严

各部门除了"签字背书"传导压力促落实外,党委(党组)严格执行主体责任"双报告"制度,实化细化第一种形态,积极打造党纪教育、廉政提醒、谈心提醒、谈话函询、述职述廉等平台,改进民主生活方式,推动咬耳扯袖、红脸出汗常态化。同时,通过日常督查、重点巡查、年终检查等方式,对"两个责任"落实情况进行常态化监督,落实主体责任的手段更多样,方式更灵活。问卷结果显示,"部门党委(党组)把握和运用监督执纪'四种形态',抓早抓小,咬耳扯袖工作积极主动的"占到65%。有55%的受访者认为部门党委(党组)能够"严格落实《准则》《条例》,开展提醒、函询、诫勉等党内监督制度"。85%的受访者认为"部门党委(党组)执行'三重一大'集体决策、'一把手'末位表态和回避等制度,推进党内关系正常化等方面情况较好"。而对落实"干部工作个人事项报告、决策用权报告和组织筛查工作法"和"任前领导干部个人有关事项报告核查与廉政谈话"等制度,受访者表现出较高的满意度,问卷显示,认为上述制度"得到执行的"占到100%，干部管理监督制度在程序方面执行得较好。

4. 主责落实效果整体较好

问卷结果显示，有70%的受访者认为驻在部门党委（党组）发挥职能作用，专题研究、听取汇报、研判形势，指导和督促全面从严治党和反腐败工作处于"成效显著"和"成效显现"区间，认为驻在部门党的建设"实化"的，占65%；对驻在部门全面从严治党从"宽松软"走向"严紧硬"感受"明显"的，占到70%。管党治党成效明显，但也暴露出部门之间工作不平衡，差别较大，解决虚化、解决"宽松软"问题仍是全面从严治党面临的紧迫课题。

（二）在监督责任落实方面

纪委派驻机构以改革求发展，"探头"作用明显增强。主要成效突出表现在三个方面。

1. 履责意识明显增强

纪检机关"三转"以后，特别是纪委派驻机构以统一管理改革为标志，同级监督的体制性制度性障碍消除，"派"的优势和"驻"的权威双向发力，担当意识逐步增强，监督执纪问责力度明显加大，问卷显示，纪检组全年约谈、问询厅级领导干部3人及以上的占到30%；2人的占到10%，1人的占到15%。另有30%没有约谈，可能是部门形势"比较平稳"导致没有约谈，也可能有纪检组监督领导班子及其成员底气不足、抹不开面子的问题。

2. 履责方式明显优化

对反映党员干部苗头性问题，纪检组有效运用监督执纪"四种形态"，适时开展约谈、函询，及时进行扯袖子、咬耳朵，防止小问题演变成大问题。纪检组履责方法更多，方式更丰富，手段更有力。在元旦、春节、清明、"五一"、中秋、国庆等重要时间节点，加大明察暗访力度，持续发力纠正"四风"，确保"四风"问题不反弹、不回潮，形成制度化常态。问卷显示，纪检组全年约谈、问询处级单位"一把手"的单位接近一半，其中，达到"全部"的占到20%，达到"一半"的占到25%。

3. 案件查办数量明显提升

受访者对派驻纪检组总体工作给予了充分认可。问卷显示，85%的人认为纪检组落实"三转"聚焦主业的进展"成效显著"和"成效较好"。案件查办的质量和数量明显提升，问卷显示，2016年，纪检组案件查处在3件以上的占到80%，其中5件以上的占到45%。正风肃纪见成效。问卷显示，65%的受访者认为"处级以上领导干部落实中央八项规定精神，驰而不息纠正'四风'成效显著"，但也有35%的受访者认为"成效不足"和"成效显现"，这种主观感受可能与"四风"问题根深蒂固有直接关系，说明根治"四风"依然任重道远。对治理干部不作为、慢作为、乱作为，85%的受访者表示满意，同时受访者认为，作为全社会关注的一个焦点问题，懒政怠政仍是今后监督工作需要重点关注、持续加强的方面。

二 主要问题——认识层面和制度保障尚有明显短板

有权必有责、有责要担当，用权受监督、失责必追究。从座谈发言问卷调查和走访情况看，部分省级机关党的组织和纪委派驻机构也存在站位不高、着力不实、"笼子"不严、执行乏力问题，需要引起高度重视。

1. 担当意识有待加强

认识是行动的先导。按照中央要求，作为党委（党组）班子及其主要负责人，要以责无旁贷的责任感和紧迫感，把全面从严治党作为分内之事、应尽之责，抓紧抓好。但在实践中，一些党委（党组）班子及其主要负责人没有自觉地把全面从严治党作为政治责任和领导责任，不抓全面从严治党就是严重失职的责任担当意识欠缺。座谈中有同志反映，不少部门党委（党组）主体责任形式上到位了，但从深层次看，认识和落实层面距离中央和省委省纪委要求都有较大差距，缺乏抓常抓长、严实深细的作风。有的党组织把落实主体责任停留于表面，习惯于开会布置任务、发文分解责任，"一把手"没有真正做到"四个亲自",传导压力明显不足。问卷显示,认为"上级党组织对驻在部门党委(党组)进行压力传导成效明显"的占到50%,而有50%的受访者认为"成效一般"。有的习惯于把纪检组当成内部的一个部门来使用,对纪检组的角色定位把握不准,仍然将日常落实全面从严治党的工作部署交由纪检组承担。问卷显示,认为"驻在部门年度全面从严治党工作会议筹备和党委(党组)书记讲话的组织撰写主要由党委(党组)负责"的占到75%,"主要由纪检组负责"的占到15%。有65%的受访者认为"纪检组推进问责力度顺畅",而认为"有较大阻力"的占到10%,回答"阻力不大"的占到20%。

2.执行落地仍存短板

执行力不够是多年的"老大难"问题,这些年各级党的组织和纪检监察机关为此做出了很大努力,但情况距预期目标和形势任务要求仍然相差较远,执行标准不高、执行走样、执行力层层递减问题仍然突出,有的单位执行"三重一大"等制度不严格、不规范、不到位,几百万元的项目不上党委(党组)会,领导一签就招投标,有的还是邀标;有的单位在主体责任落实上,基本靠外力推动,主动作为乏力。问卷结果显示,"部门党委(党组)实践'四种形态'、抓早抓小、咬耳扯袖积极主动"的占到65%,"不推不动"的占到35%,超过1/3;认为"纪检组归省纪委统管以后推进部门主体责任落实显著顺畅"的占到60%,认为"进步不明显"和"还不如以前顺畅"的分别占到30%和10%。党性党风党纪教育仍然是一个困扰党组织、至今没有得到解决的短板,问卷显示,认为能"按时组织开展,内容丰富的"占到50%,另有一半受访者认为教育没有达到应有的目的,其中,认为"按时组织开展,但流于形式,效果不佳"的占35%,认为"断断续续组织开展,没有形成制度"的占到15%。从纪委派驻机构情况看,有的纪检组不能尽快适应"三转"要求,在理解和把握监督责任上存在偏差,工作方式方法简单,表面化、形式化,监督深度不够;有的纪检组对于自身职责定位不准,担当意识弱化,不愿、不敢对同级领导班子成员特别是"一把手"进行监督。

3.制度设计有待优化

落实全面从严治党责任制存在照搬照抄、上传下转等问题,针对性和可操作性不强。在设计责任制内容上,有的单位定性指标偏多、定量指标偏少;有的单位要求偏笼统,责任不清晰,存在责任交叉和责任空档现象。在落实机制上,省级层面没有明确主体责任日常工作承担部门,主体责任书不规范不统一,对党委(党组)与直属部门的考核评价存在纪检组程序缺失的问题,非党员查处存在政策上的空白,文山会海的现象突出。在"两个责任"的关系上,作为纪委派驻机构如何以专责监督撬动主体责任落实,缺乏制度上的、便于操作的具体安排,特别是在"三转"条件下如何用足、用活、用充分监督制度,及时捕捉问题,形成震慑,做好"监督的再监督"这篇文章,是纪检组面临的挑战。

4.考核体系与实际应用接轨不够

考核工作缺乏统一规范的量化评价机制,不能全面准确反映责任制落实情况;考核流程停留于年初分解、年终考核"两步曲";考核方法多以看资料、搞测评为主,科学化程度较低;社会评价机制不够健全,公众参与考核途径偏少;考核结果与激励机制挂钩不够,考核激励鞭策效应没有得到应有体现。问卷显示,认为"部门党委(党组)加强对主体责任落实情况的考核、注重考核和评价结果运用较好"的,仅占到50%。

5.责任追究失之于宽失之于软问题依然存在

有的单位领导班子追究责任怕影响团结和稳定,不敢、不愿"动真格",甚至存在"大事化小、小事化了"的现象;有的责任追究存在庸俗化、泛化情形,搞所谓的"平衡照顾";有的问责固守"能轻则轻"的心理,存在以通报批评、诫勉谈话和组织处理替代党纪政纪处分的现象。

6.派驻纪检组期盼有效支持

纪检组干部长期处于边缘,多年没有交流,没有晋升机会,有的在一个岗位、一个职位上持续十几年;有的纪检组人员长期空缺,有的配备了人员却不能到位,长期借调不在岗,严重制约了干部的热情和活力,影响工作的开展。受访者对纪检组干部的出路和交流表现出很高的关注,尤以"与省纪委机关一视同仁""重视解决派驻纪检干部的进步"的呼声最为强烈。问卷显示,有70%的受访者认为目前的纪检组配置"人手不够",认为"业务不熟悉"的占到25%，回答"年龄、专业结构不合理"的占到45%，"其他"原因的占到20%。回答"纪检组监督动力不足主要表现在干部进步难"的占到65%，"交流难"的占到55%，"岗位补贴待遇不理想"的25%，而"纪检组干部工作没有真正纳入省纪委机关统一管理"的占到70%，纪委派驻机构干部纳入省纪委机关统筹考虑，抓紧启动干部交流、疏通出口、盘活队伍已成为纪委派驻机构亟待解决的问题，纪委派驻机构对此有着强烈的期盼。在省纪委领导和支持纪检组方面，问卷显示，受访者认为"纪检组与省纪委体制仍有不顺"的占到55%，"省纪委约谈党委（党组）主要负责人力度小"的占到30%，"目前的经费保障办法不科学"的占到35%，"其他"占到15%。因此，需要省纪委相关部门深入研究，采取有针对性的举措，为纪检组提供组织和制度保障。

7. 机关纪委建设问题需要关注

在目前省直部门机关纪委管理体制下，机关纪委受同级机关党委和省直纪工委双重领导，又多是兼职，导致不少机关纪委职能定位不准、角色混乱。突出的表现是"任务重、力量弱，顾此失彼"。目前，机关纪委书记有机关党委副书记兼任或专职机关纪委书记担任两种形式，一般配备专职人员1~2人，有的甚至没有工作人员。查办案件，甚至凑不够一个调查组，其他工作更是无法顾及。特别是纪检组"三转"后，全面从严治党日常工作交给机关纪委，加上单位、系统管理的党员人数众多（有的多达几千人），导致机关纪委不堪重负，人员偏少矛盾进一步加剧。机关纪委专职人员缺乏身份认同和专项经费保障，除专职纪委书记外，员工干着纪委工作却没有工作补贴，也没有专门的办案经费。机关纪委与机关党委合署办公，承担大量的党务工作，开展纪检工作缺乏人员、组织保障，权威性和独立性有待加强。

三 对症施策——推动"两个责任"落地生效的几点思考

落实全面从严治党主体责任和监督责任，是管党治党的"牛鼻子"。如何真正落实"两个责任",需要我们坚持问题导向,抓住关键,精准发力、务求实效。

(一)强化主体责任教育,激发政治担当意识

习近平总书记指出:"坚持原则、敢于担当是党的干部必须具备的基本素质。"各级党的组织应把主体责任意识教育作为党员领导干部特别是党委(党组)书记的必修课,融入领导干部教育培训、党组织书记轮训的计划,列为党委(党组)中心组学习的内容,切实强化党的观念,增强政治担当,确保全面从严治党要求落到实处。要紧紧抓住"一把手"这个"关键少数"中的"关键",推动主体责任意识教育重心上移,强化各级纪委书记对同级及其直属部门党委(党组)"一把手"的压力传导,唤醒担当意识,担负起全面从严治党的政治责任,形成书记抓、抓书记,一级做给一级看,一级带着一级干的工作格局,推动"一岗双责"制度层层落地。

(二)统筹"两个责任"的关系,提升把握大势、协调联动的能力

协同配合是落实全面从严治党的必然要求。党委(党组)主体责任与纪委(纪检组)监督责任是同一责任范畴的两面,必须强化政治站位,胸怀大局,把握大势,着眼大事,各负其责,主动作为,不断提高党内监督工作质量和水平。要从全面从严治党的政治大局和战略高度出发,主动构建主体责任和监督责任沟通、互动的平台,增进双方之间的了解和信任,共同推动全面从严治党责任落实。要科学把握责任划分,找准定位,各负其责,相互之间既不能越俎代庖,以监督责任干扰主体责任,也不能缺位失责,以主体责任推卸监督责任。只有"两个责任"主体互相尊重,相互支持,同向发力,才能形成自上而下无死角、全覆盖的监督体系。

(三)完善制度设计,将落实"两个责任"固化于制

细化实化落实细则。完善具体责任行为报告"签字背书"制度,推行领导干部"双向承诺",通过图表式分责、链条式传导、网格式覆盖,形成

完整的"两个责任"体系。

优化考核评价机制。完善"两个责任"落实评价机制，优化考核评价设计，量化考核指标体系，加大上级党组织对下一级党组织的考核力度，落实党委（党组）向上级党委（党组）、上级纪委和同级纪检组报告主体责任履职情况制度。加大纪委（纪检组）参与同级党委（党组）考核评价的程序和权重，完善群众参与评价程序，注重考核结果的运用，发挥考核评价"指挥棒"作用。

突出监督重点。针对权力集中、资金密集、信访突出、案件多发的重点部门，进行重点检查、集中整治，对踩"红线"、碰"高压线"的党员干部，以零容忍的态度严肃查处，形成震慑作用。

引进异体监督机制。围绕"两个责任"落实，在引入第三方评估机制、接受社会和群众监督等方面下功夫，整合各方面力量和资源，实行纪律监督、法律监督、民主监督、舆论监督、社会监督相结合的全覆盖监督模式。

（四）强化督责问责，倒逼"两个责任"落地生根

习近平总书记指出，不明确责任，不落实责任，不追究责任，从严治党是做不到的。严格责任追究是落实"两个责任"的重要保障，也是从严治党方针的具体体现。没有问责，就没有落实；没有严格的问责，就没有到位的责任落实。层层压实主体责任和监督责任，必须用好责任追究这个"撒手锏"，以法治思维和法治方式严格问责。要坚持有责必究，问责必严，做到"零容忍""零放纵"，健全责任落实倒查机制。坚持宽严相济，区别对待，把出了问题积极查处整改与遮遮掩掩分开，对故意掩盖、袒护，或者干扰、阻碍责任追究调查处理作为责任追究的重点，加重查处，提高违规违纪成本。

（五）探索构建纪检干部队伍优化机制，为专责监督提供人才保障

优化纪委派驻机构干部配备。加强纪委派驻机构干部管理，选好配强纪检组组长、副组长，统筹干部编制配置，配齐编制内干部数额，真正把政治

过硬、年富力强、作风正派、素质全面的干部选拔到派驻纪检组中来。借鉴一些省份的成功经验做法，将派驻纪检组与纪委机关干部的管理纳入同一个平台，将非领导职数争取到纪检系统统一使用，将所有的岗位划分为不同的层级，统筹使用，轮岗交流，打通派驻纪检干部的交流渠道和上升通道。

优化纪委派驻机构干部素质。依照查漏补缺、补足短板的原则，采取专题辅导、研讨交流、实践锻炼、学习考察等形式，帮助派驻纪检干部进一步坚定信仰信念，转变工作作风，完善知识结构，培养专业思维、专业素质、专业能力。要正确处理"正人"和"正己"的关系，以《中国共产党纪律检查机关监督执纪工作规则（试行）》和即将出台的《监察法》为标尺，主动接受监督，加强自我监督，不断锤炼党性修养，自觉抵制不良诱惑，规范监督执纪全流程和八小时以外的言行，回应"谁来监督纪委"的社会关切。

优化纪委派驻机构交流机制。各级纪委对于纪委派驻机构干部管理使用应统筹考虑，实行一盘棋，加快轮岗，优化干部流转。强化派驻纪检组在干部推荐选拔中的话语推荐权，健全落实纪委派驻机构干部交流轮岗制度，明确纪检组中层以上干部三年内交流，优秀的及时提拔使用，激发纪委派驻机构的整体活力，形成干部成长进步的良性循环。

重视部门机关纪委队伍建设。抓好机关纪委干部配备，防止机关党务干部配备的"临时性、安置性、照顾性、过渡性"现象；充实机关纪委力量，在现有的基础上，通过调节增加人员编制，将机关纪委专职干部配备到位，解决专人专责的问题；深化机关纪委体制改革，探索机关纪委与机关党委职能划分、机构单设、人员专职工作模式，积极研究解决机关纪委执法证、办案经费和工作补贴等具体问题，强化正向激励和后勤保障。

（六）强化践行标准，充分释放"四种形态"制度活力

加强对监督执纪"四种形态"的宣传、阐释和研究实践。通过教育宣传，使各级党委（党组）和纪检监察机关统一思想，明确践行"四种形态"是"两个责任"的共同内容，党委（党组）和纪检监察机关责无旁贷，解

决概念模糊、认识不统一问题。通过研究实践，厘清"四种形态"内部之间的逻辑辩证关系，引导党委（党组）和纪检监察机关正确把握"四种形态"运用规则，解决实践"四种形态"不自觉、驾驭能力差的问题。

注重制度衔接，跟进保障措施。建议在省级层面，抓紧研究制定每种形态具体适用情形的可操作性文件和涉及约谈函询、提高问责效力等方面的配套规定，增强党内监督的规范性、实效性。

加强督导检查，加大问责力度。践行"四种形态"是一项长期任务，各级党组织和纪检监察机关在加强对下一级组织工作指导的同时，要加大监督检查力度，对实践"四种形态"图形式、走过场或执行走样、变味等问题，要按照《中国共产党问责条例》的相关规定，对主体责任、监督责任和领导责任实行问责追究，倒逼"四种形态"的正确运用与执行。

四　结语

本文第一部分，主要依据问卷数据分析，彰显省级机关部门"两个责任"落实总体向好态势。第二部分，依据问卷数据和座谈走访情况，分析了省级机关部门主体责任担当、机制制度、队伍建设等方面存在的问题及原因。第三部分，坚持问题导向，着眼于调查发现的问题短板，在吸纳整合干部群众意见和要求的基础上，提出了推进全面从严治党"两个责任"落实的对策建议。如何强化"两个责任"政治担当，正确、科学处理"两个责任"关系、推进机制制度创新、加强纪检干部队伍建设等，既是理论问题，更是实践问题，随着工作的深入推进，还会暴露许多新的矛盾和问题，需要广大理论工作者和"两个责任"承担部门不断深化理论研究和实践，分析新形势，研究新情况，解决新问题，推动全面从严治党取得新突破。

规范"一家两制"管理：探索与启示

清华大学廉政与治理研究中心课题组*

摘　要： 党员和公职人员"一家两制"，是廉政风险防控的"灰色地带"。2016年，浙江省义乌市探索以刚性制度压缩亦官亦商、权力寻租、利益输送等违纪空间。具体举措包括：监管对象覆盖到所有党员和国家公职人员；列明负面清单，进一步明晰权力和利益边界；通过设置过渡期提高制度执行性；既注重强化党内监督，又着力强化社会监督等。从实践探索的情况来看，义乌市"一家两制"规范管理取得了显著成效，为其他地方提供了一定的经验参考。

关键词： 义乌　"一家两制"　权力监督

　　"一家两制"是廉政风险防控的"灰色地带"，主要指党员及国家公职人员近亲属经商办企业、从事自由职业或在个私企业、外资企业任职等现象。"一家两制"容易发生利益冲突、利益输送，破坏市场交易规则，导致权力和利益交织，存在巨大的廉洁风险。从党的十八大以来查处的案件看，"夫妻店""父子档""兄弟坊""连襟会"等现象频频可见。这些党员和公职人员搞"一家两制"的潜规则，在公职"要面子"的同时又在商圈"要

* 课题主持人：过勇，清华大学党委副书记、公共管理学院教授、廉政与治理研究中心主任。
课题组成员：宋伟，北京科技大学廉政研究中心副教授；潘春玲，清华大学廉政与治理研究中心博士后；贺海峰，清华大学廉政与治理研究中心博士后。

里子"，不仅污染了政治生态，而且也破坏了市场环境。可以说，从制度和实践层面加强对"一家两制"的规范管理，是当前全面从严治党必须打赢的一场"硬仗"。2016 年 4 月，浙江省义乌市将权力监督的触角延伸到"一家两制"这个"灰色地带"，颁布实施了《关于规范党员及国家公职人员"一家两制"管理的暂行办法》，探索以刚性制度压缩亦官亦商、权力寻租、利益输送等违纪空间，为标本兼治推动全面从严治党向纵深发展、构建"不敢腐、不能腐、不想腐"的长效机制积累宝贵经验。

一 "一家两制"存在的廉政风险分析

自改革开放以来，我国经济社会发展取得了举世瞩目的成就。但与此同时，由于处于急剧的转型时期，腐败现象不仅呈现高发态势，也越来越多地呈现新形式和新特点。早在 1993 年，党中央就首次提出，反腐败斗争形势是严峻的，要坚决制止腐败现象蔓延的势头。党的十八大之后，党中央审时度势，在"依然严峻"的基础上，增加了"复杂"二字，体现出党对反腐败形势的清醒认识和不断深化。而极具隐蔽性的"一家两制"现象，也体现出我国腐败和反腐败的新趋势和新变化，即从贪污挪用到行贿受贿，再到利益冲突。

（一）利益冲突触发了"一家两制"式腐败

2014 年 11 月，"一家两制"一词首次出现在官方表述中。中央巡视组在向浙江省反馈问题时指出："一些领导干部插手土地出让、工程建设、房地产开发问题反映集中，领导干部'一家两制'、利益输送出现新的表现形式，手段隐蔽。"[1] 无独有偶。2014 年上半年，广东省广州市共立案查处 96 宗要案，其中 31 件涉及领导干部利用职权影响力为亲属"曲线敛财"，占

---

[1] 《中央第五巡视组向浙江省反馈巡视情况》，《浙江日报》2014 年 11 月 4 日。

全市要案总数的 33.3% 。①"一家两制"式腐败现象，已引起中央和地方的高度关注。

从法律的视角来看，只要没有产生违法行为，"一家两制"原本无可厚非。但在市场经济的大背景下，"一家两制"制度下很容易衍生违法行为。历史经验表明，特定时期的改革过程，也是新旧体制并存、交锋的过程，往往为特定形式腐败的滋生蔓延提供了大量可乘之机。OECD 专家贝托克认为："利益冲突本身并不是腐败，但人们应认识到，对于公职人员的私人利益与公共职责之间的冲突，如果不能得到妥善处理的话，就会导致腐败。"②也就是说，利益冲突相当于一个触发机制，正是通过利益冲突，腐败才得以实现。当然，这里的"利益冲突"，不同于一般意义上的利益冲突。"一家两制"现象正是如此，其所暗藏的利益冲突、利益输送，之所以会有损于政府的廉洁，主要是这种行为削弱了社会公众（公共委托人）对公职人员（公共代理人）的信任。

（二）"一家两制"利益输送十分隐蔽

从已查处的案件看，"一家两制"与领导干部腐败的关联度很高。"一家两制"式腐败之所以屡禁不绝，是由多方面深层次原因导致的。例如，"一人当官，全家发财"的观念，在社会上仍有一定市场；某些重要领域和关键岗位，权力仍然过分集中；房地产、土地、金融等行业，仍有相当大的暴利空间等。但从根本上来说，还在于相较于其他腐败形式，"一家两制"式腐败更为隐蔽。

"一家两制"式腐败具有极强的隐蔽性，主要体现在利益输送的链条十分隐蔽。领导干部通过向特定部门（特定关系人）打招呼，或直接通过亲属及其所在企业进行违规的商业操作；而关联企业则给予其亲属职位、工资、股份、贿金、实物财产等，对领导干部及其亲属进行俘获、行贿。对于

---

① 《"曲线敛财"成为腐败的常见手段》，《南方日报》2014 年 7 月 22 日。

② ADB/OECE, Controlling corruption in Asian and the Pacific, Manila, 2005, p. 86.

这些事实上的违规行为，法律条文并未予以清晰界定，约束机制和条款不够细化，监督的界限和标准都比较模糊。而公职人员大多藏匿于后台，在"一家两制"的隐身衣下，进行貌似合法合规的利益输送。例如，某些身居要职的领导干部，其亲属经商办企业，而有求于他们的人，就主动到其亲属那里"消费"，变相进行利益输送。一旦被相关部门调查，他们往往以毫不知情为由，逃避法律的追责和惩处。在整个过程中，因其隐蔽性很难进行查实。

从具体类型看，有学者根据利益输送的手法和途径，将"一家两制"式腐败划分为官商权钱利益互补型、借壳捞钱型、利益集团交换型和国际化作案型；也有学者根据利益输送的领域，将其划分为职务类、财务类、妨碍公务类、营利性活动类和就业类；还有学者根据违规经商的运作关系，将其划分为瞒天过海型、依附衍生型和狼狈为奸型。这些认识上的分歧，恰恰说明"一家两制"利益输送的方式和手段在不断翻新，不仅难以穷尽，而且防不胜防。

（三）规范对"一家两制"的管理十分必要

从政治危害上来讲，"一家两制"式新型腐败发现难、牵涉广、影响大，突出表现为权力的越位、扩张、随意滥用等，严重破坏了党风、政风、民风。首先，它在很大程度上已成为政治生态的一股逆流，削弱了党纪党规的威严和效力，堵塞了优秀干部的公平晋升通道。其次，领导干部利用权力更便捷地获取非法利益，严重破坏了市场竞争法则，导致市场竞争的不公平。最后，损害了国家、集体和群众利益，加速社会两极分化，导致国民心态失衡。凡此种种情形，不但降低了政府的权威和公信力，而且严重侵蚀了党的执政根基。

无论"一家两制"式腐败花样如何翻新，这些不正常的利益输送本质上都属于腐败行为。一方面，很多腐败之祸的起因，"不在颛臾，而在萧墙之内也"。领导干部在家风问题上的病变、失守，往往致其走向"家族式腐败""家族式崩溃"。另一方面，需要加大对权力的监督和制约力度。习近平总书记严肃指出："组织纪律松弛已经成为党的一大隐患。组织观念、组织程序、组织纪律都要严起来。不严起来，就是一盘散沙。"① 十八大以来，党中央着力推进全面从严治党，修订颁布《中国共产党党内监督条例》，并强调"监督是权力正确运行的根本保证，是加强和规范党内政治生活的重要举措"。综上可见，对"一家两制"进行规范管理，既是对党员和国家公职人员的关心爱护，也是对权力展开全方位监督的关键一环。

二 规范"一家两制"管理面临新的挑战

事实上，早在20世纪90年代，社会上就流传着"一家两制"的说法。这种说法认为，"一家两制"就是指夫妻二人中，一人在行政机关或事业单位工作，另一人在民营企业从事管理工作。此后，这一内涵逐渐由夫妻双方扩大到包括子女在内的其他家族成员。尤其是在沿海发达地区，伴随着市场经济的蓬勃发展，家庭成员一方在"体制内"单位供职，另一方在"体制外"经商办企业的现象越来越普遍。这就为不正当利益输送提供了一个平台和渠道，极有可能造成公共资源或公共利益的损耗乃至大量流失。

（一）原有制度在实践中面临新的挑战

中央纪委监察部廉政理论研究中心的一份调研报告显示，1979～2011年，共有58次中央纪委全会、110余项法律法规涉及防止干部亲属官商利益关联的内容。其中，1985年出台的《关于禁止领导干部的子女、配偶经商的决定》、2001年出台的《关于省、地两级党委、政府主要领导干部配偶、子女经商办企业的具体规定（试行）》、2010年出台的《中国共产党党员领导干部廉洁从政若干准则》等文件，专门规定干部亲属、子女经商办企业问题。这些制度目的是要拆掉干部家里的"定时炸弹"，避免干部在贪

---

① 《习近平关于党风廉政建设和反腐败斗争论述摘编》，中央文献出版社、中国方正出版社，2015，第38页。

腐不归路上越走越远。

从制度的演进可以清晰地看出，改革开放之初采取的措施是"完全禁止"干部家属经商办企业，而这有悖于市场化改革、市场化就业的大趋势。20世纪末21世纪初，浙江等地相继探索建立完善的人才流动机制，试图打破所有制、身份、地域等制度性障碍。此时，措施被明确为"五个不准"，即不准从事包括房地产、广告、律师事务所、娱乐业以及与公共利益发生冲突的经商活动；后来又进一步演变为《中国共产党党员领导干部廉洁从政若干准则》第五条的部分内容。① 然而，由于利益输送的隐蔽性，这种"头疼医头"的制度和办法，在执行中未能根治"一家两制"背后暗流的弊端，原有的制度在实践中面临着新的挑战。

（二）十八大以来多地相继展开"一家两制"管理创新

党的十八大以来，随着党风廉政建设和反腐败斗争不断深入，以领导干部亲属经商办企业为特征的"一家两制"问题，引起了党中央和全社会的高度关注。习近平总书记深刻指出："鱼和熊掌不可兼得，当官就不要发财，发财就不要当官，这是两股道上跑的车。"2014年中央首轮巡视发现，14个省（区、市）和部门单位中有7个存在干部亲属子女违规经商办企业现象，个别地方问题突出。第二轮巡视反馈同样指出了干部亲属利用职权经商牟利的问题。虽然从中央到地方都在强调领导干部亲属不得经商办企业，但现实问题是哪些干部属于领导干部的行列、哪些领导干部亲属不得经商办企业、哪些行为属于经商办企业、哪些经商办企业行为需要规范以及涉嫌违纪违法的问题怎么处理等，这些问题影响了"一家两制"问题的规范，而目前在制度层面却没有一个明确的标准答案。

2015年2月，中央全面深化改革领导小组第十次会议审议通过《上海市开展进一步规范领导干部配偶、子女及其配偶经商办企业管理工作的意

---

① 徐友龙：《党员领导干部"一家两制"问题探析》，《观察与思考》2017年第5期，第42页。

见》；同年5月，上海市率先对规范"一家两制"开展探索，在一年内共甄别出165名市管干部需要规范。在此基础上，2016年4月，北京市、广东省、重庆市、新疆维吾尔自治区也同步开展了"一家两制"管理工作，通过扎紧制度篱笆，规范"一家两制"、严防"官商一体"，倒逼领导干部不踩红线不越线。

在以上几个地区，在"一家两制"管理方面的突破口是抓住"关键少数"，体现了对重要干部进行重点管理。领导干部级别越高、位置越重要、权力越大，管理规定就越严：对省部级领导干部要求严于正局职领导干部，对正局职领导干部要求严于副局职领导干部，对公权力比较集中的市公检法领导班子成员要求严于其他单位领导干部。这些地区的基本做法是：首先是清理，让领导干部主动"亮家底"。所有被列入规范范围的干部，都要填写《市管领导干部配偶、子女及其配偶经商办企业情况表》进行专项申报。其次是清退。对清理出的问题，实行一方退出机制。最后是清查。按照每年20%的比例进行抽查，重点检查漏报、瞒报行为。对不报告、假报告、不纠正的以及以委托代持、隐名投资的干部，依纪依法严肃处理。为防止"名退实不退"，重庆等地还实行了职位限入和提拔限制。如此一来，是继续当官，还是继续让家人经商办企业，就成了一道必须作答的单选题。

（三）"一家两制"在义乌市尤为典型

作为改革和发展的先进地区，浙江必然是矛盾先有、问题先发，"一家两制"问题不仅同样存在，而且在某些领域更为典型和突出。2014年，中央巡视组对浙江省进行巡视后，重点指出"一些领导干部'一家两制'、利益输送出现新的表现形式"等问题。

义乌市作为世界知名的"小商品之都"，市场经济活跃，商业氛围浓厚，"一家两制"现象在党员、国家公职人员中较为普遍。2015年，浙江省委巡视组向义乌市反馈的问题线索中，超过70%与"一家两制"有关。2016年市级班子换届，义乌市拟提拔人员廉政考察最突出的问题，就是涉

"一家两制"问题，其造成家庭财产等无法清晰说明。统计数据显示，2015年，义乌市管干部特定关系人仅在银行业从业人数就达 166 名，占全市市管干部的 21.5%；保守估计，涉"一家两制"的市管干部比例超 50%。由此可见，"一家两制"现象在义乌市尤为典型和突出，成为廉政风险防控的重点难点问题，需要特别关注治理。

根据目前发现的问题，义乌市"一家两制"中的利益输送，主要存在四种形式：一是党员和国家公职人员近亲属违反规定参股投资其管理对象，或从事大额买卖、租赁、承包等交易行为。例如，某正科级干部以妻子名义参股管理服务对象在云南的公司。二是党员、国家公职人员近亲属利用其职务影响进行金融、保险、中介等业务。例如，某街道党工委副书记的妻子在其管辖范围内从事村级工程保险业务。三是党员、国家公职人员利用职权和职务上的影响，其本人或近亲属以显失公平的交易行为进行利益输送。例如，市场监管、税务等部门干部利用职务便利以亲属名义低价获取市场摊位，并通过炒卖摊位从中牟利。四是农村干部在集体资金、资产、资源管理、处置等过程中，为本人或近亲属谋取不正当利益。例如，某村党支部书记郭某利用职权把村集体资金存放到其亲属所在银行，为其亲属牟取高额业务提成。凡此种种情形，很容易引发腐败问题，损害党委、政府的形象和公信力。

三 规范"一家两制"管理：义乌探索

当前，无论是中央层面还是省、市层面，都制定了一些防止利益冲突的规章制度，但不少地方在管理"一家两制"实践中，仍存在不成体系或滞后于现实等不足，难以有效解决执纪实践中遇到的新情况、新问题。义乌市在规范"一家两制"管理方面进行了积极的探索，取得了相应成效。义乌市规范"一家两制"管理，最鲜明的特点在于找准了制度建设的"短板"，扎紧了权力运行的"制度之笼"。从制度文本和实际操作看，义乌市的主要做法包括两大方面。

（一）义乌市规范"一家两制"管理的主要举措

为了有效预防腐败问题，义乌市将剑锋直指"一家两制"，将权力监督的触角延伸到这个"灰色地带"，在实践中积极探索，形成了一套行之有效的做法。

1. 监管对象覆盖到所有党员和国家公职人员

凡是掌握一定公权力的人员均存在廉政风险，都可能发生利益冲突和利益输送。例如，公安、税务、银行等部门和单位公职人员的特定关系人，开娱乐场所、美容店等情况。又如，义乌全市目前村集体存款超1000万元的有110个，超亿元的有7个，最多村达2.1亿元，农村干部以"一家两制"遮掩利益输送的风险现实而又巨大。可见，涉及"一家两制"管理的范围非常广泛。

为此，义乌市委将"一家两制"的监管对象框定为党员和国家公职人员。其中，既涵盖了手握决策权、审批权等重要权力的党员领导干部，也包括了有一定管理、执法等权限的普通干部。特别是结合这几年频频出现"小官大贪、村官大贪"违纪案件的现实，义乌市委将手握集体资金、资产、资源管理处置权等公权力的农村党员干部也纳入监管范围。

上海、北京等地的做法，其重点是从严治官、以上率下，抓住领导干部这个"关键少数"，奉行对重要干部进行重点管理的原则，体现为领导干部级别越高、位置越重要、权力越大，管理规定越严。而义乌市则在抓"关键少数"的同时，着眼于基层实际，将监督对象进一步延伸到全体党员和国家公职人员，实现了适用对象上针对问题导向的统一和突破。这就确保权力监督不留死角、不留盲区，最大限度地实现了对公权力的管理和监督。同时，这也与国家监察体制改革中实现对所有行使公权力的公职人员监察全覆盖的要求相契合。

2. 列明负面清单进一步明晰权力和利益边界

"一家两制"违纪问题往往发生在关系较密切的近亲属之间，具有很强的隐蔽性，事后查证难度较大。因此，在规范"一家两制"管理的制度设计中，针对可能发生利益冲突、利益输送问题的，必须从严设置禁止性行为。

义乌市对党员及国家公职人员正确行使职责，不得违背职务廉洁性和市场公平性的要求进行归纳总结、具体细化，列明"十八个不准"的负面清单。2016 年 4 月，制定实施了《关于规范党员及国家公职人员"一家两制"管理的暂行办法》（以下简称《暂行办法》），探索以刚性制度压缩亦官亦商、权力寻租、利益输送等违纪空间。《暂行办法》列明了为本人及近亲属谋取不正当利益的七种行为，包括"违规干预、插手市场交易，违规指定、授意购买、使用特定产品或服务""违规获取特许经营许可，违规进行宣传广告""以明显低于市场价获取土地、房产、资源等，或以明显高于市场价出售土地、房产、资源等获取不正当利益"等。《暂行办法》还列明了存在利益输送的十一种行为，包括利用职权或职务上的影响，"为本人配偶、子女及其配偶等亲属的经营活动谋取利益""在公共资源配置、公共资产管理、公共资金使用等方面，为近亲属谋取不正当利益""在专项资金补助、政府奖励、税收征缴等方面，为近亲属谋取不正当利益"等。可以说，负面清单列明的每一种行为，都极具现实针对性，让党员和国家公职人员清晰地知晓哪些经营活动不可为，面对可能的利益冲突时该怎么办。

除了《暂行办法》外，义乌市委还同步下发了《关于规范党员及国家公职人员民间借贷行为的办法（试行）》《关于规范党员及国家公职人员房产买卖、租赁行为的办法（试行）》。这"三个办法"主要强调以现实经济利益关系的发生而非血缘关系作为监督的重点，以强化事项报告作为加强监督的重要手段。例如，《关于规范党员及国家公职人员房产买卖、租赁行为的办法（试行）》明确规定，除了以个人或夫妻共有名义，或以子女、父母等名义买卖房产外，还将党员及国家公职人员出资、借资给他人等与个人经济利益相关的商品房买卖也列为规范的范围，对官商结成利益盟友的乱象进行重点治理。这就为党员及公职人员划定了权力和利益边界"红线"，进一步压缩了其规避监督、变相乱为的空间。

3.通过设置政策过渡期提高制度执行性

纪律是党的生命，是从严治党的重器、定标执戒的尺子。在实际执行过程中，必须坚持纪在法前、纪严于法，使纪律真正成为带电的高压线。义乌市制定规范"一家两制"管理办法的主要理念，就是要求党员及国家公职人员对可能被视为存在利益冲突的问题，或无可避免地会令公众怀疑存在利益冲突的问题，必须对照《中国共产党廉洁自律准则》的高线，以最严的标准和要求，严格执行各项法律、规章和纪律规定。例如，《暂行办法》将可能产生利益冲突的内容，作为领导干部个人有关事项每年核查的重要内容。对新提拔任用的，廉政风险高的，因个人原因辞去领导职务的，群众举报反映较多的，涉及职务犯罪的，配偶或其他家属在国（境）外定居的予以重点核查，必要时开展专项检查。同时，坚持有违必查，从严监督执纪问责，对于教而不改、顶风违纪的，依纪依规予以严肃处理。在这一过程中，管理部门和监督对象对策略方法的把握非常关键。为了让管理部门和监督对象更好地适应相关政策，把握政策精神，义乌市采取了相应的举措。例如，《暂行办法》从下文到生效实施，设置了 3 个月的过渡期，充分考虑到了长期以来客观存在管党治党"松软散"以及党员和国家公职人员对原有一些防止"利益冲突、利益输送"法纪条规认识模糊等问题；通过精细化的宣传教育，给广大党员及国家公职人员留有学习领悟并按照规定要求自觉对问题进行整改纠正的时间。这些举措取得了一定成效。统计数据显示，在 3 个月过渡期内，全市各类被监督对象退出不当收益 400 多万元。这样既体现出教育在先、预警在前，也减少了后续改革的阻力。

4. 实现同步强化党内监督和社会监督

义乌市在管理"一家两制"时，高度重视强化党内监督。义乌市充分发挥党风廉政建设责任制、个人有关事项报告、干部述廉等各项党内监督制度的综合作用，建立分级管理的制度执行责任体系，确保主体责任落实纵向到底。一是实行个人有关事项报告核查，包括近亲属的投资情况等，按规定予以报告。对可能产生利益冲突的内容作为领导干部个人有关事项每年核查的重要内容。二是实行即时报告制度，以强化事项报告作为加强监督的着力点，个人有关事项、近亲属投资经营情况、家庭受益等出现重大变化等，要求在 30 日内报告。三是推行利益回避制度，党员及国家公职人员对可能发生利益冲突的事项，应回避甚至调换岗位。四是推行定期轮岗制，对重要部门负责人、重点岗位人员实行定期轮岗交流。

在注重强化党内监督的同时，义乌市还注重强化社会监督，推行了举报奖励制和信息公开制度。党员及公职人员报告的其近亲属经商办企业的公司名称、经营地址、经营范围、经营规模、收益情况、缴税情况等，以及有从事金融保险服务、中介服务、法律服务等经营活动的情况在单位内部进行公示，接受干部群众监督。通过公职人员"一家两制"情况在一定范围内公开，并把《暂行办法》在新闻媒体上宣传，鼓励任何单位和个人对发现公职人员特别是领导干部通过"一家两制"违规违纪、违背市场公平原则的情况进行举报。

（二）义乌市规范"一家两制"管理取得的成效

《暂行办法》自2016年7月1日实施以来，义乌市各级党员、国家公职人员主动填报"一家两制"情况已成常态，管理对象已延伸至农村基层党员干部。义乌市在规范"一家两制"管理方面取得的主要成效体现在三个方面。

1. 进一步夯实了廉政风险防控的基础

《暂行办法》下发后，全市88家机关单位和14个镇街已完成"一家两制"的情况报告，并且实行了对"一家两制"利益回避和行为限制等管理措施。公安、水务、商城集团等单位还结合岗位特点进一步细化了落实举措。在全市开展的"一家两制"情况自查自纠中，各镇街、部门共核查15615人，发现涉"一家两制"人员3788人，其中市管干部183人，普通党员干部1365人，农村党员干部2240人。通过前期细致地核查，摸清了全市党员、国家公职人员"一家两制"底数，为选人用人、干部监督管理和廉政风险防控等提供了重要的参考依据。

2. 严肃查处了一批"一家两制"违纪问题

《暂行办法》实施以来，全市共收到反映党员、国家公职人员涉"一家两制"问题的信访举报21件；查处"一家两制"违纪案件11起，党纪处分11人；累计有8名市管领导干部因"一家两制"情况申报不清不实被党纪立案或取消提拔资格，在全市党员干部中形成了有力震慑。如某国有企业正局级调研员、高级顾问何某妻子投资入股所任职企业的同类经营企业，被给予党内警告处分。某村党支部书记郭某将该村旧村改造贷款业务交由其外甥女吴某（某银行职员）办理，吴某从中提成收入共计18万余元，后郭某被党纪处分。

3.党员、国家公职人员遵守"一家两制"新规渐成自觉

规范"一家两制"管理，阻断利益输送渠道，将公权力关进制度的笼子，切实体现了"严管就是厚爱"。在以"亲""清"政商关系价值取向为核心的廉政宣传教育下，许多党员干部特别是领导干部，对"一家两制"新规的认识进一步深化，对依纪依法开展经营理财的观念、行动自觉进一步增强。在党风廉政建设"两个责任"履责述评工作中，全市770余名市管干部均主动填报"一家两制"情况并进行公示。其中，某局分管副局长因其妻子从事的档案经营业务在其管辖范围内，主动申请调整工作岗位。这些点点滴滴向善向好的新气象，充分彰显了"一家两制"新规在全面从严治党义乌实践中应有的制度力量。

四 规范"一家两制"管理的启示

义乌市从基层的具体实际出发，将规范"一家两制"管理作为从严治权治吏"先手棋"，重建了公共伦理、重塑了公仆形象、净化了政治生态，在全面从严治党的新局面下具有重要的启示意义。更进一步来说，从源头上规范"一家两制"管理，预防并治理利益输送问题，必须在完善监督体系、强化制度建设的同时，从利益输送的结构要素中寻找突破口。

（一）从制度设计着手建立利益输送"防火墙"

党员和国家公职人员"一家两制"的要害问题，在于有意无意地模糊了公家与私家、公权与私利的边界。"一家两制"处于纪律的模糊地带，一旦发生利益冲突、利益输送，就很难明晰界定是否合法合规。因此，必须从制度根源着手进行明确规范，建立利益冲突和利益输送的"防火墙"。事实上，从全球范围看，许多廉洁程度较高的国家和地区都将防控利益输送和利益冲突纳入制度轨道。例如，中国香港的《问责制官员守则》，明确规定了政府官员如何防控利益冲突；浙江省的《党员领导干部防止利益冲突暂行办法》，也试图通过体制性改革阻断公职人员以权谋私的渠道。

当前，国内不少地方对规范"一家两制"也进行了制度上的探索，但现行法律法规并未对规范"一家两制"进行专门规定，导致各地设计制度时宽严不一、依据不足、权威不够。以义乌市为例，目前仍有部分单位对《暂行办法》精神理解不深不透，对"一家两制"情况申报要求把握不准，导致申报内容不够完整。同时，有的公职人员思想认识存在误区，认为申报内容涉及个人隐私，存在抵触心理。因此，应加强规范"一家两制"的顶层制度设计，准确清晰界定法纪边界，推动全面从严治党向纵深发展。

此外，还应着力强化党员和公职人员权力运行制约体系。邓小平曾深刻地指出，我国政治体制的总病根是权力"过分集中"。事实上，"一家两制"式腐败现象生动地揭示，一个呼风唤雨、狐假虎威的亲属背后，必定有一个掌握实权的"老虎"或"苍蝇"。因此，一要从制度上给权力划定边界，通过厘清并实施"权力清单"，规范职权行使的范围、程序；二要确保权力在阳光下运行，推动党务公开、政务公开常态化，特别是"三重一大"项目和民生工程，主动接受群众监督和媒体监督；三要构建权责对等的问责机制，有针对性地加大对党员和公职人员、涉案亲属的惩罚力度，确保权力运行有法可依、违法必惩。

（二）以个人事项报告作为强化监管的着力点

针对"一家两制"中普遍存在的利益输送问题，以往中央和地方也有不少相关禁止性的制度，但之所以进展有限、收效不大，一个重要原因是对党员、国家公职人员的"家底"没有摸清，也就缺少约束力。我国的个人事项报告在一定程度上其实是家庭重大事项的如实报告，关注家庭情况是这项制度的特色，同时也是倒逼解决"一家两制"利益输送问题的重要抓手。党的十八届三中全会明确提出，要认真执行个人有关事项制度，并开展抽查核实工作。当前，现有个人有关事项制度规定报告的主体，包括"县处级以上领导干部和国有企事业单位领导班子成员"，而个人需要申报的事项多达 14 项，比如婚姻变化情况、配偶子女从业情况，以及房产、投资等情况。

与其他地区更多关注党员领导干部相比，义乌市一个突出特色是将监管对象覆盖到所有党员和国家公职人员，主抓手正是人员事项即时报告。义乌市拓宽了报告范围，将民间借贷、房产继承、赠予（获赠）等也列为报告内容和重点核查内容；明确了以经济利益关系发生而非法律权证办理作为必须报告的情况，压缩党员和公职人员规避监督的空间。当然，这项工作在推进中也遇到一定的阻力和困惑。例如，党员和公职人员个人事项的申报范围，尚未对全体党员实现全涵盖。特别是因农村党员数量众多、涉及面广，暂未要求农村普通党员申报"一家两制"情况。

在未来的"一家两制"管理工作中，可以考虑从以下几方面完善配套政策：一是运用大数据的方法分析和识别腐败风险，从而提高监督工作的针对性。[①] 加强社会信用体系、企业信用体系、个人信用体系建设及其大数据的归集和共享，为掌握党员和公职人员群体家庭财产变化和企业信息提供技术支撑；二是对党员和公职人员家属有经商办企业的，在合适范围内公开其业务范围、经营年报，存在利益冲突的必须主动接受问询；三是在党员和公职人员个人年收入基础上，逐步新增家庭总收入及年收入项目的申报；四是严格执行相关法律法规，加大对行贿人员的打击力度；五是将包括国税、国土、海关、外汇、金融、电力等在内的基层垂直部门，一并纳入党员和公职人员"一家两制"规范管理的范围。

---

① 过勇、杨小葵：《基于大数据的领导干部廉政监督机制研究》，《国家行政学院学报》2016 年第 6 期。

（三）在从严管理的同时进一步强化正向激励

从严管理干部的主要作用在于守住底线，使管理对象循规蹈矩不逾矩。而正向激励可以激发管理对象内在的激情，使其积极投入工作。在运用负向激励的过程中，要做好思想政治工作，化解消极因素，特别是要防止陷入因负向激励引起怠政懒政，同时又用更严厉的负向激励来治理怠政懒政的恶性循环。因此，在党员和国家公职人员管理中，应当以正向激励为主、负向激励为辅。①

在规范"一家两制"管理的探索中，义乌市的一个重要经验是实事求是、法纪情兼顾，鼓励保护合法经营。当前，县市基层的党员、公职人员待遇收入不高的情况客观存在。党员、国家公职人员除履行公职责任外，还要承担家庭等其他社会责任，完全禁止其近亲属从事经营活动的做法不符合客观实际。因此，规范"一家两制"管理，应要建立"亲""清"新型政商关系，坚持实事求是、法纪情兼顾，既考虑党员和公职人员近亲属合法经营理财的现实合理性，又坚决限制国家集体权力涉足个人利益活动。要严格区分合法经营理财和"以权谋私、利益输送"，尊重党员和公职人员合法权益，鼓励与倡导近亲属严格遵纪守法、诚实经营的"一家两制"。

此外，对不同层级的党员和国家公职人员，在未来的"一家两制"管理中可以考虑实行分级要求、分级管理。对"关键少数"的高级干部，可以借鉴上海经验，注重权力和限制对等相适，采取"一方退出"等特殊手段和措施，以最高的标准、最严的要求，严格限制约束其近亲属的经营活动。而对于基层的一般党员、国家公职人员，在确保公权力正确行使的前提下，则应当充分考虑个人权益，为正当合法的家庭生产经营留有空间。

---

① 郝玉明：《公务员管理与激励：理论、制度及实践》，中国人事出版社，2016，第10页。

B.15
涉企政务服务中的"轻型"腐败及其治理

郭 静 王红艳 *

摘　要：　为评估新形势下基层公务人员的廉洁状况，本项研究对东中
西部10个省份的中小微企业和基层干部进行了深度访谈和问
卷调查，发现目前政商关系"清"的程度有所提高，但是
"轻型"腐败行为、不当行为和不作为等做法比较普遍，给
企业生产经营活动造成严重困扰，而"亲"则成为政商关系
的禁忌。本文认为政府监管机制和标准措施、政策评估和调
适机制及政策宣传解读培训等方面存在的问题，是诱发当前
"轻型"腐败行为、不当行为和不作为等问题的主要体制机
制原因。必须通过改革纠正这些深层次问题，推进国家治理
体系和治理能力现代化。

关键词：　涉企政务服务　"轻型"腐败　国家治理能力

　　基层公务人员的工作是政府运行的基础环节，是贯彻实施党和政府法规
政策的"最后一公里"；基层公务人员的履职状态，关系着我国政府体制机
制的运行效果，是党和政府在群众面前的具体形象。对基层公务人员不当行
为的治理，既需要纪检监察部门的监督执纪，也依赖于包括权责配置、机制
设计在内的国家治理能力和治理体系现代化的进程。

---

　　* 郭静，中国社会科学院政治学所副研究员；王红艳，中国社会科学院政治学所副研究员。

一 研究源起和研究方法

党的十八大以来，持续的反腐"高压态势"，形成了反腐败的压倒性态势，在重拳"打虎"的同时，针对基层公务人员"苍蝇式"的腐败和不当行为，各级纪检监察组织运用监督执纪的"四种形态"，进行规范、问责和惩处；国务院深入推进"简政放权、放管结合、优化服务"改革，使党风政风为之一新。但是，目前较为普遍的看法是对"苍蝇"的打击力度还不够大，《中国青年报》调查显示63.4%的受访者希望2017年反腐工作在抓"大老虎"的同时不应忽视"小苍蝇"。①

经过四年来多方施策，基层公务人员的腐败和不当行为呈现何种状况，反腐执纪措施如何影响基层公务人员的行为，需要进行客观评估，以观察了解反腐举措和体制机制改革的成效，为改进反腐倡廉工作和全面深化改革提供参考。

中小微企业是基层公务人员腐败行为的主要目标对象，中小微企业大多处于自然生存状态，几乎不会受到政府领导干部特别是地方主要领导的关注和支持，易成为基层公务人员腐败行为的目标对象。同时，中小微企业由于缺乏整齐的企业经营人才团队，企业生产经营活动对政府服务质量更为敏感，受政府服务质量的影响更大，换句话说，中小微企业的生存和发展更加依赖于政府服务水平，政府部门的一个细节要求、小额收费、轻度处罚，可能就会给中小微企业的生产经营活动造成较为严重的负担和障碍。本项研究据此认为，通过中小微企业观察基层公务人员的履职行为，是一个较好的研究视角。

由于本研究涉及基层公务人员的腐败和不当行为，腐败行为是由双方当事人达成的，调查问题会因涉及企业一方的"灰色"行为而被调查对象所

---

① 《2017反腐：63.4%受访者希望抓"大老虎"同时不忽视"小苍蝇"》，《中国青年报》2017年2月23日。

排斥，为降低被调查对象的排斥感或因不信任而做出误导性回答的可能性，本项研究探索了一组相互配合的研究方法，以保障研究的信度。首先，深度访谈与研究者具有信任关系的多地多家多行业中小微企业主；其次，根据访谈内容形成调查问卷，并在同一范围内进行试调研，修改问卷并制作网页版；再次，请涉企服务的工业园区、行业组织、银行等组织座谈会式访谈并匿名填写调查问卷；最后，由信任关系的企业主推荐周边企业家匿名填写网页版调查问卷。另外，本项目还对基层干部进行了对应性访谈，以了解基层干部的工作和心理状态。

按照上述方法，本项目就 2016 年的企业营商环境访谈了上海、北京、浙江、江苏、广东、湖南、河南、河北、四川、陕西等东部、中部、西部 10 个省份的中小微企业 40 余家，收到有效问卷 110 余份，涉及农林牧渔、制造业、建筑、交通、电力、软件信息技术、批发零售、住宿餐饮、金融、教育、文体娱乐、房地产、居民服务和混合新业态等 14 个传统和新兴行业。

二　当前涉企服务的现状

综合访谈内容和问卷结果发现，目前政商关系"清"的程度有所提高，但是"轻型"腐败行为、不当行为和不作为等做法比较普遍，给企业生产经营活动造成严重困扰，而"亲"则成为政商关系的禁忌。

（一）政商关系越来越"清"，成效显著

参加访谈调查的中小微企业主普遍表示，近年来基层公务人员的工作廉洁程度有很大提升，主要表现在：基层公务人员主动到企业"吃拿卡要"的少了；企业到各政府部门办事，公务人员的服务态度非常好，实现了"门好进、脸好看"；凡是符合规定的事务都能够得到顺利办理，基本不需要企业"送礼、请吃"，较少出现故意刁难的现象，部分地实现了"事好办"。

问卷调查印证了从访谈中了解到的上述结论。69.4% 的受访企业表示，

2016 年没有遇到过公务人员的不当行为；73.9% 的受访企业表示 2016 年没有遇到企业所在的工业园区、社区和村工作人员的不当行为。

72.9% 的受访企业表示 2016 年在办理企业经营关键事务时不需要向公务人员赠送礼品礼金；67.5% 的受访企业表示 2016 年逢年过节时也没有给公务人员赠送礼品礼金，赠送礼品礼金的企业中有 44.4% 表示 2016 年比 2015 年赠送人数减少了，41.6% 的企业表示赠送人数没有变化，只有 13.8% 的企业表示赠送人数增加了。

2016 年曾经向政府部门申请过政策性支持的企业中，有 27% 表示曾经给过公务人员"好处"，有 11% 认为是因为"好处"给少了，才没有申请成功；有 7% 的受访企业认为在 2016 年企业被处罚的原因是公务人员想"索要好处"，另外有 7% 认为是因为公务人员"偏袒另一相关方"；有 30.6% 的受访企业表示被查出问题后为了整改过关需要给相关公职人员送礼品礼金。

从上述结果看，中小微企业主认为基层公务人员的工作作风发生了显著变化，廉洁程度有所提高，明显感受到了反腐倡廉工作的成效。

企业家和干部双方一致认为，发生变化的主要原因：一是政府服务项目程序化、标准化和数字化程度大幅提高，大幅减少了一些"灰色"地带，便民措施和机制落实到位；二是相关部门严格监督执纪，持续、大力度地查处腐败案件，严格落实问责制度，做到"件件有落实"，问责到人。双策并举、双管齐下，在广大基层公务人员中重新树立了凡事"讲规矩"、不敢"碰红线"的规则意识，有效地扭转了基层公务人员的工作作风。

（二）政商关系"疏"、"躲"而不"亲"

政商关系的"亲"，并不是指公务人员与企业主的个人关系"亲近、亲密"，而是指政府部门和公务人员应当为企业服务好。习近平指出：所谓"亲"，就是要坦荡真诚地同民营企业接触交往，特别是在民营企业遇到困难和问题的情况下更要积极作为、靠前服务，对非公有制经济人士多关注、多谈心、多引导，帮助解决实际困难。

在政商关系越来越"清"的同时，健康的"亲"的关系却没有增进，

"疏"和"躲"反而成为基层公务人员的普遍态度，这是访谈和问卷调查的一致性结论。"疏"是指在面对政府管理、服务企业方面已经暴露出来的弊病和问题，对民营企业因相关政策变化调整而遇到的困难，冷漠视之，无所作为；"躲"是指刻意避免与企业特别是民营企业人员的接触，执行法规政策，只运用检查监督处罚等手段，采用自身简便易行的方式贯彻落实上级任务要求，回避和不考虑不同行业和不同类型企业的现实情况。

调查问卷显示，到政府部门办事，受访企业认为导致企业特别为难的原因是："政策规定有空间，办事人员过严理解政策，增加企业负担"占30%；"不同部门的政策规定之间有矛盾，部门之间互相推诿扯皮"和"与政策无关，办事人员工作作风拖沓"均占19.8%；"相关政策法规（劳动合同、环境保护、金融等）不符合实际情况，公职人员强行执行"占16.2%；"没有明确适用的政策法规，相关政府部门不给处置意见"占13.5%；而认为"与政策无关，就是办事人员想要好处"导致了企业办事难的只有5.4%。另一个对应性题目的调查结果与此题目呈现一致性：受访企业认为在政府办事遇到困难的原因是："没有清晰的政策依据，公务人员不愿担责"占62.1%；"公务人员与企业对政策的理解有分歧"占38.7%；"公务人员不敢要好处，找各种借口拖延，消极怠工"占32.4%；"公职人员故意为难，索要好处"仅占14.4%。

受访企业感到办事困难的部门分布是：税务部门（27%），工商部门（10.8%），消防部门（9%），住建部门（8.1%），公安和法院（均为6.3%），环保部门和城市规划部门（均为5.4%），卫生和食药监部门（均为4.5%）。从数据上看，各部门的总体比例不高，但是每一次点选代表着令企业格外头痛的困难，有的需要企业花费1~2个月时间解决，有的则长达大半年，企业会因此失去一些商机，承担相对于自身能力来说较重的经济成本。

（三）"轻型"腐败仍有生存空间

尽管基层公务人员的廉洁程度总体上有所提高，但是基层公务人员的腐败行为仍然具有生存的空间和土壤。"轻型"腐败和难以定性的不当行为，涉及利益小、行为隐蔽，很难被发现、定性和查处，这类行为因而成为难以治理的"顽疾"。

在新形势下，基层公务人员的"轻型"腐败和不当行为，受访企业认为主要有："严格执行不符合实际的规定"占16.2%，"无理刁难，索要好处"占14.4%，"迫使企业缴纳培训费、咨询费、赞助费等"占10.8%，"以无政策依据为由不办事"占9%，"迫使企业购买关联企业产品"占8.1%，"要求企业帮助其亲朋好友安排就业岗位"占3.6%。

从行为方式上看，目前基层公务人员的腐败和不当行为，明显具有利用法规政策空间的特点。如顶格管理，在法规政策允许的范围内，对企业倾向执行最高标准，对自身工作倾向执行最低标准，如果企业达不到、等不及，就须主动"做疏通工作"，在接受有形或无形的"好处"后再降低标准执行，而前后两种做法都在法规政策范围内，难以将其定性为违反纪律。再如，利用政策信息和资格条件谋求利益，国家惠企政策和项目需要各级地方政府制定实施细则，而基层政府往往存在政策信息公开宣传讲解工作力度不足、申请资格条件程序复杂等问题，为基层公务人员的腐败提供了空间。他们与所谓的"第三方"中介服务组织相互配合，以企业名义申请到资助和优惠，以收取高比例佣金的方式牟利。

从部门分布看，存在要求企业购买关联企业产品和服务的行为，消防部门比例最高为7.2%，其次是税务和工商部门，分别是6.3%和5.4%；存在要求企业为公务人员的亲朋好友安排就业岗位的行为，比例最高的是公安、法院和农业部门，均为2.7%；企业为获得正当的政策性倾斜而给公务人员"好处"比例最高的两个部门分别是税务部门8.1%和工商部门4.5%。

三 涉企"轻型"腐败行为存在的体制机制原因

从近年来治理腐败的效果看，严厉的反腐案件查处和监督执纪，较为成功地实现了"不敢腐"的目标；干部的培训教育和思想工作，则在筑起"不想腐"的心理防线；政府管理服务体制机制的改革完善，则是实现"不能腐"的主要途径。本研究通过访谈和问卷发现，不合理、不科学的政府管理服务体制机制和法规政策，给目前"轻型"腐败行为提供了生存甚至蔓延的适宜空间。实现"不能腐"的目标，需要科学改进政府管理和服务的体制机制，"不能腐"目标的实现，蕴含于国家治理体系和治理能力现代化的进程之中。

（一）政府监管机制

政府监管职能，是政府管理规范企业和市场的基本手段。我国市场经济发展迅速，行业组织发展相对滞后，行业自我管理的能力不足，监管企业和市场的责任主要由政府部门及其附属机构和组织担负。我国政府部门监管企业和市场的体制机制，有效地维护了社会主义市场经济的健康发展，但是在管理精准方面还有欠缺。管理依据的规范标准、监管的环节和手段方式等方面，如果不符合实际情况，会造成执行落实的困难，法规政策便失去了实际效力，执行人员便拥有了实际处置决定权。

1.国家技术标准存在过高或过低的问题，导致监管行为"无法"依法实施

若标准过高，本行业内的企业普遍无法达到，就易形成普遍"违法"局面，实质不利于监管。如牛奶的蛋白含量标准过高，中国本土奶制品普遍很难达到，在这种情况下，企业的选择一是"说服"关键性的监管部门放宽标准；二是利用"新技术"提高产品标准值。这两种方法都给政府监管带来了挑战，前者导致监管人员腐败风险提高，后者导致监管漏洞，产品质量风险提高。若标准过低，行业品质就会被拉低，出现劣品冲击优品、劣币驱逐良币的现象，也不利于监管。如旅游、建筑装饰、煤炭、钢铁等，导致市场被低质产品和服务占领，行业利润率降低，优质产品和服务生存困难，缺乏带动质量提升的动力和能力。在国家发展目标和社会舆论的压力下，政府部门不得不对劣质产品和服务实施查处处罚，但是监管行为缺乏法规和技术标准依据，为腐败行为的滋生提供了条件。

2.监管环节错位，导致监管机制"空转"

面对巨大而日新月异发展变化的市场，政府监管受财政能力的限制，监管力量的不足和滞后是一种常态。在这种情况下，只有科学设计监管环节，抓住"七寸"，才能发挥有效监管的作用。监管环节错位，浪费了大量行政资源，增加了企业负担，关键是造成低效、无效监管和监管漏洞。如为防止产品添加剂分量超标，要求企业定期到指定机构校验天平，并收取检测费用，就是典型的监管环节错位，有利用法规政策牟利嫌疑。再如，规定申请国家政策优惠或扶持资金，须开具五花八门的证明材料，政府部门无法开具的证明材料全面压到社区出具，社区实质没有能力掌握准确情况，相反通过某些中介服务机构则可以备齐相关材料，加上申请审核过程欠缺核实材料的程序或能力，实质造成审核机制的总体空转，所有环节都没有发挥真正的"把关"作用，反而形成了可被利用的腐败空间。

3. "一刀切"式监管方式忽视了薄弱环节

当某行业出现重大质量责任事故或政府考核"一票否决"事项不达标或排名靠后时，政府监管部门往往倾向于采取"普查"、全部停业等措施，以显示"高度重视、应对迅速、措施得力、责任到位"，这种工作方式，即使不考虑政府成本效果比，也存在增加部分徒劳工作量、分散监管力量，不利于集中力量抓住薄弱环节、突破难点的弊端，同时提供了基层公务人员骚扰合规企业的借口和可能性。如，近年来有些省份环保考核排名靠后的地方，采取了所有生产性企业一律关门的措施，但是为了保障地方财政来源，放过了有较大污染问题的大企业，许多无污染排放的中小微企业为此遭受了巨大的损失，不得不"想尽办法"争取早日恢复生产经营。

（二）政策执行性评估和调适机制

基层公务人员的不作为，是近年来中小微企业反映最为突出的问题，其危害性并不必然小于腐败。

对比以往和当前的基层公务人员行为特点，可以发现基层公务人员的不作为，部分与公务人员待遇和思想觉悟水平有关，部分也与政策执行过程中缺乏评估和调适机制有关。以往，法规政策和体制机制方面存在的不符合实际的欠缺和弊病，因基层公务人员采取变通执行方式而得到一定程度的化解，在政策的变通执行过程中，有的存在利益交换，有的并不存在，但是这种"非正式"的政策运行机制是扭曲的，不可长期存在。近年来，依法行政、规范执法强力推进，特别是新的问责制度实施后，基层公务人员的"规则、规矩"意识和行为的规范性有较大提升，而变通执行政策的空间被大大缩小了。我国是单一制国家，大多数法规和政策制定权集中在中央政府部门，基层政府承担的主要是政策执行责任，不具有更改法规政策的权责，在强调"法无授权不可为"、依法行政、规范执法的情况下，基层政府和公务人员只能做规定动作，对于法规政策在执行过程中暴露出的问题是无能为力的。

相对于结构性的国家治理体系问题，法规政策和政府管理服务体制机制方面存在的如上所述的不符合实际的欠缺和弊病，是以非常细微多样而大量的形式存在，似乎都是"小问题"，但却是政府某些工作关键性的"梗阻"。例如，一些产品法规条款不够精细，没有考虑行业的差异，如标签法要求把所有产品成分列出，这对食品安全具有积极的意义，但对于一些不面对普通消费者而只是企业生产过程中使用的中间产品，其产品成分非常复杂，执行这项规定只是徒增企业成本和监管工作量。

（三）法规政策宣传、解读和培训机制

不透明为腐败行为提供了藏身之所已成为共识，党和政府多年来大力推进信息公开，取得了显著成效。通过公共平台和渠道查找到相关法规政策，在我国已经不存在很大困难了。

目前，中小微企业反映的一个突出问题是法规政策的宣传、解读和培训工作不到位。这个问题，分为两个方面。一方面是对企业的法规政策宣传、讲解工作不足。各级政府在发布法规政策方面，一般都采用多种形式广而告之，但是发布宣传工作缺乏目标对象的精准性，特别是部门性和行业性政策的发布，可以也应该具有一定的精准性。本研究的访谈和问卷调查都发现，中小微企业由于规模小盈利小，养不起一些专业人才，对专业性较强的法规政策，不知道或看不懂。问卷显示，有42.3%的企业表示"不知道有什么政策性倾斜"，因而从未申请过政策性优待优惠；另外有18.9%的企业表示

因为"政策搞不懂，中介费又太高，没有申请"，两种情形比例相加达到了61.2%，表明政策宣传讲解工作的不足，是市场主体公平环境建设方面存在的一个缺陷。这种局面，使许多受访企业主形成了基层公务人员有意隐瞒国家优惠政策、把国家优惠政策当作个人资源以期做利益交换的印象。

另一方面是对基层公务人员的政策解读和培训不足。征税方面存在的问题是调研过程中反映比较突出的。中小微企业主，特别是从事新兴行业和业态的企业主反映，国家同一部税法，在东部和西部省份的实施细则中，存在较大差异，导致西部省份企业为同样的经营业务比上海多缴10%的税金。实施"营改增"之后，很多企业需要到国税部门缴税，国税部门征收人员以前负责的征收项目少，近年来业务量突然大增，并且出现各类复杂情况，征收人员的知识和税收政策应用经验严重不足的问题充分暴露了出来。新的增值税税收条例出台后，由于解读和培训不到位，企业和税收征管员之间在政策适用方面出现了大量的不同理解，双方都不知道到哪里去找权威性解释，由此导致了纠纷和矛盾。

四 涉企"轻型"腐败行为的治理

"轻型"腐败行为如同慢性病，治愈需要提高肌体的内在健康。持续的强化反腐和监督执纪能力，破解了一些政治生态方面存在的严重问题，使得体制机制方面的深层次问题凸显出来。同时，随着我国市场经济快速发展和融入国际市场程度的不断提高，企业数量、生产经营方式和市场行为均发生着日新月异的变化，也对我国国家治理体系和治理能力现代化提出了艰巨而紧迫的要求。从治理基层公务人员"轻型"腐败行为和不当行为的角度看，调整理顺体制机制需要做到以下几点。

1. 理顺各级政府之间的权责，是"科学追责"的基础

在调研访谈中，基层干部对加强监督执纪和实施问责制度普遍持肯定态度，但认为目前的"追责不够科学"。如果问责的板子总是"打错人"，就会降低执纪问责制度的严肃性和威信。如前所述，追责不准的根源在于政府

层级之间权责不匹配，权责错位的大多数情况是权在上级政府或专业职能部门（"条"），而责在下级政府或属地政府（"块"）。

解决这个问题，需要理顺各级政府之间的权责配置关系，形成既有利于政策执行实施，也有利于监督问责的状态。例如，随着审批制度改革的推进，有些省份政府较快地下放了一批审批权，给予基层政府更多自主权，基层政府部门更了解本地企业的实际情况，更倾向于在支持企业运营的前提下制定和执行相关政策，因地制宜因企制宜地帮助推动企业落实相关要求。这样降低了企业迫于无奈而采用非正规手段的可能，有利于政策的真正执行，降低了基层公务人员的腐败风险。

2. 建立政策执行评估和修正机制

能够发现法规政策方面存在的欠缺弊端，并通过正式制度机制进行及时纠正，是治理体系活力和适应力的表现。反腐斗争废除了"非正规"的政策变通机制，对建立一套科学、系统的政策评估和修正机制提出了要求，为我国治理体系的现代化进程提供了现实动力。

政策评估和修正机制的运行，有助于推动法规政策的合理化进程。对于法规政策在执行过程中暴露出的问题，可设立分级处置程序，发现问题须设反映上报程序，各级部门需设调整处置程序和权限，包括征求和反馈利益相关方意见的程序；有权限而不处置的，应当监督执纪问责。这一机制，有利于破解基层公务人员不作为、不合理的法规政策长期得不到纠正等问题。

3. 改进政策宣传解读和培训工作

改进基层政府服务质量，减少政策执行的"灰色"空间，须进一步推进政务公开，特别是针对目前该方面的薄弱环节——政策宣传、讲解和培训，要加大工作力度，探索新的方式和机制。

在政策的解释权和修订权大多集中在中央部门的体制背景下，考虑到工作成本、便利程度、权威性等因素，政策宣传、解读等工作，可以融入智慧政务建设，形成覆盖全国的迅捷便利的信息收集、处理和发布机制，实现政务信息的公开、准确、透明、普惠。基层政府部门在这方面应该承担补充性责任，为有需要的企业特别是新企业、小企业，提供线下政策讲解培训服务。

创 新 集 萃

Choice Innovations

编者按： 为贯彻落实党的十九大会议精神，提升反腐倡廉建设的科学性和有效性，不断提高党的建设质量，中国社会科学院中国廉政研究中心课题组从《中国纪检监察报》《中国纪检监察》等媒体 2017 年公开的新闻报道以及国情调研中搜集和筛选了 100 多个地方创新做法，专家小组经过认真讨论，按照管用、创新、可操作性的标准，坚持实事求是、宁缺毋滥的原则，最后评选出 13 个创新做法，并特邀国内廉政学研究领域知名专家进行了评析。

北京市等地：对纪律处分执行情况"回头看"

2017 年 9 月，北京市纪委对 2013 年到 2017 年上半年全市纪律处分决定执行情况开展专项检查。专项检查重点围绕处分决定的宣布送达、材料归档、待遇调整、处分期间执行等 9 个方面内容开展。对处分执行"回头看"有的地方开展得更早，如 2017 年 6 月，浙江省纪委对近三年来全省已结案件同样纪律处分决定执行情况开展了专项检查，共检查 31819 人，执行到位率达 95.89%。2016 年 1 月，山东滨州市组织开展了"问题查处、决定执行、工作要求"三个"回头看"活动。2016 年 3 月，湖南省桃源县纪委监察局集中一个月时间，全面检查前三年全县 145 名受党纪政纪处分人员的处分执行情况。

（资料来源：《中国纪检监察报》）

　　评析：处分决定落空是对监督执纪和全面从严治党的最大"忽悠"。一些地方和单位不能全面、准确、严格执行党纪政纪处分决定，年度考核不定等次、级别和工资不调整、处分材料不及时入档等问题比较突出，处分决定变成了"白条"，打了"折扣"或搞了"变通"，监督执纪最后不痛不痒变了味道，严重损害了法纪的严肃性和权威性。对处分执行"回头看"，看看有关单位是否真正严格依纪依法办事，对不严格执纪的人员进行处理，有利于提高所有单位和人员的法纪意识和观念，提升执行水平，提高执纪效果，真正发挥纪律处分应有的警示、教育和惩戒作用，保证全面从严治党和全面依法治国的方略得到真正落实。

——蒋来用（中国社会科学院中国廉政研究中心副秘书长、
社会学所廉政研究室主任）

上海市：建立医药购销不良记录

　　为进一步加强医疗卫生机构管理，规范医疗卫生机构采购、使用药品、医疗设备和医用耗材，打击医药购销领域商业贿赂行为，2017 年 8 月 15 日，上海市卫生和计划生育委员会、上海市人力资源和社会保障局和上海市医疗保险办公室联合颁发《医药购销领域商业贿赂不良记录管理规定》，规定收受商业贿赂价值在 1000 元以上、不满 5000 元的，由所在医疗卫生机构给予批评教育，通报批评，取消当年评优、职称评定资格，低聘、缓聘、解职待聘等处理；涉及医师的由卫生计生行政部门给予暂停 6 个月以上、1 年以下执业活动的行政处罚。收受商业贿赂价值在 5000 元及以上或者 2 次以上收受商业贿赂或者主动索取商业贿赂的，由所在医疗卫生机构给予解聘处理；涉及医师的由卫生计生行政部门给予吊销执业证书

269

的行政处罚。

（资料来源：上海市卫生和计划生育委员会网站）

评析：个别医疗卫生机构工作人员收受贿赂、拿"回扣"、收"红包"、滥开处方药、过度检查等问题无疑是在伤口上撒盐，既伤了病人及其家属的心，又损坏了"白衣天使"的道德形象，导致医患关系紧张和扭曲，引发社会广泛关注和强烈不满。这个制度彰显了治理医疗腐败的坚定决心，但关键要看制度执行的效果，存在的问题是否会得到解决，患者从这个制度的实施中是否能够找到获得感和为满意加分的答案。正如媒体所言，"如果执行不到位、不彻底、不坚决，制度也就成了写在纸上、挂在墙上、说在嘴上的摆设"。[①] 因此，要加大对此项制度执行监督和效果的评估。一个地方执行这个制度受到很多约束和限制，应该将这个制度上升为国家层面的制度，将此类不良记录纳入国家信用体系建设。

——任建明（北京航空航天大学公共管理学院教授、
廉洁研究与教育中心主任）

浙江省："最多跑一次"

2017 年 2 月 16 日，浙江省政府办公厅印发通知，启动"最多跑一次"事项梳理工作。全省分两批完成"最多跑一次"事项梳理公布工作，59 个省级单位梳理 958 项，设区市本级平均梳理 1002 项，县（市、区）平均梳理 862 项。2 月 20 日省政府出台《加快推进"最多跑一次"改革实施方案》，明确改革思路，确定时间表、路线图和任务书。浙江还推进"一窗受理、集成服务"改革向乡镇、村延伸。目前，全省 1300 余个乡镇街道、140 余个功能区都建成了政务服务网乡镇（街道）站，并有 22.08% 的事项实现

---

① 吴雯雯、凌澄：《"外敷内用"强疗效》，《中国纪检监察报》2017 年 9 月 20 日。

了"网上办理"。浙江统一政务咨询投诉举报平台，将各类非紧急的投诉举报热线统一整合到"12345"热线电话。2016 年底，全省 11 个设区市建设完成统一政务咨询投诉举报平台，电话人工接听量从月均 29.7 万个增加到 64.9 万个，群众投诉举报渠道更加畅通，群众对办理的满意度也大幅提升。

（资料来源：《浙江加快推进"最多跑一次"改革综述》，

《今日浙江》2017 年第 8 期）

评析：高效是衡量政府质量的重要标准。"最多跑一次"改革的理念是综合性的便民服务的大创新，是在社会主义市场经济环境下运用现代高科技密切与人民群众联系的新发明，是"放管服"改革的新探索和新实践，将会有效减少因不作为和慢作为滋生的腐败和不正之风，有效提升群众的"获得感"，增强了群众对党和政府的信任。但好的理念关键得"落地"让群众满意和信任。有媒体报道，杭州市长曾暗访体验，在政务窗口办了四件事，都没有实现"最多办一次"的初衷。[①] 为群众办事服务"最后一公里"难打通，这是多年来各地反映比较普遍的一道难题，"最多跑一次"绕不开这个难题，必须增强基层办事人员为人民服务的意识，提升服务的主动性，配套推进人员聘用、绩效管理、投诉举报、网络评议等改革，让每个窗口和每个办事人员都上"大众点评"，用群众满意度来量化办事效果，调动和激发办事人员积极性和主动性。同时建立科学合理的监督问责机制，严格监督执纪，依纪依法惩处庸官懒政行为，及时将不合格的办事人员淘汰出局。

——任建明（北京航空航天大学公共管理学院教授、

廉洁研究与教育中心主任）

长沙市等地：交叉办信解"熟人之困"

2017 年以来，长沙市纪委在全市各级纪委推行交叉办信制度，通过整

[①] 《"最多跑一次"需解决"最后一公里"》，《中国纪检监察报》2017 年 9 月 25 日。

合乡镇（街道）纪委建立片区、整合区县（市）直单位纪检组建立联组，将一些疑难复杂的、面临"熟人之困"的信访举报问题交由联组、片区交叉办理，确保基层信访举报在基层得到及时有效的解决。截至 8 月底，长沙市已建立 25 个联组、35 个片区、1072 个村级纪检组织。目前，在已交叉办理的 166 件信访举报问题中，立案 26 件，给予党纪政纪处分 32 人，约谈问责 45 人，息访 98 件，群众的满意度大幅提升。此项措施在其他地区也被采用，如莆田涵江区纪委启动区、镇（街）两级联动，片区交叉协作的工作机制。

（资料来源：《中国纪检监察报》2017 年 9 月 3 日）

评析：熟人多、碍于情面是基层纪检监察机关办理信访举报的一道难题，交叉办信则是一把解锁的钥匙。基层是一个熟人社会，因工作联系多，被调查人往往与基层纪委人员都很熟悉。"熟面孔"办案，群众怕打击报复有话不敢说、有情况不愿讲。因对调查人员缺乏信任，调查可能不深入，信访举报人对调查处理结果不满意，就可能会再次上访，甚至出现越级上访、缠访现象。"陌生面孔"和"熟人面孔"尽管使用的方式手段相同，但效果却大不一样。将该问题线索交由"陌生面孔"办理具有多重效果，既设置有效屏障防止人情案、关系案发生，同时也可以增加群众信任，打消群众顾虑，容易得到群众支持，可很快查清事实，并且调查处理结果容易得到群众的理解和使群众接受。

——蒋来用（中国社会科学院中国廉政研究中心副秘书长、
社会学所廉政研究室主任）

哈尔滨市道里区:明确谈话"三个重点"

道里区作为哈尔滨市实践"四种形态"的试点单位，制定出台《关于把握运用好监督执纪"四种形态"的实施意见》，在实践第一种形态的过程中，明确谈话的"三个重点"。一是"四个可以谈"：经初核没有发现重大违纪问题，有从轻或减轻情节、立案免于处分的可以谈；已经退出现职、反映的问题年代久远难以查证的可以谈；反映的问题过于笼统、没有实质性指向或内容，或者经研判可能是道听途说、主观臆断的可以谈；反映个人勤政善政方面的问题可以谈。二是"四个优先谈"：初次接到对党员干部的举报反映并且问题显著轻微的优先谈；反映新提任的领导干部思想、工作作风的优先谈；涉及拟提拔使用、发展潜力较大的干部且反映问题比较笼统的优先谈；所处岗位或从事的工作本身面临矛盾突出，反映的是改革过程中容易遇到的一般性问题的优先谈。三是"四个不能谈"：属于反映权钱交易问题的不能谈；反映问题线索明确、可查性强的不能谈；信访举报数量多、群众反映问题多的党员干部不能谈；正在进行初核且发现存在涉嫌违规违纪的不能谈，以避免案源流失，防止发生跑风漏气、放纵违纪等问题。

（资料来源：调研搜集的资料）

评析：实现第一种形态"红红脸、出出汗"的目的是一件不容易的工作。道里区在借鉴其他地区经验的基础上结合当地实际总结提炼谈话的"三个重点"，针对性强，主次分明，重点突出，对于实务工作具有很强的指导意义。"四种形态"的落实是一个全方面的工作，为了确保谈话的效果，还得要充分运用好组织处理、纪律处分，甚至发挥刑事处罚的威慑力。

——过勇（清华大学党委副书记、公共管理学院教授，

清华大学廉政与治理研究中心主任）

四川德昌：加强退出领导岗位干部管理

2017年5月18日，中共德昌县委办印发《关于进一步加强退出领导岗位干部管理工作的意见》。坚持党管干部、组织安排与个人意愿相结合、因才使用原则，积极为退出领导岗位干部搭建平台、提供舞台，要求他们协助

县委、县政府领导对全县重大部署、重大工程、重大项目特别是脱贫攻坚、产业发展、城市建设等工作进行督察督导，参与分管或协助分管单位工作，指导基层党建工作，鼓励到基层和重点工作一线干事创业，组织退出领导岗位干部开展调研，提出意见和建议，发挥参谋助手作用。截至目前，65 名退出领导岗位干部全部返岗工作，正常上班完成分配任务，参加考核评比，不搞特殊化，政治上尊重，工作上支持，生活上关心，形成了人尽其才、才尽其用的良好氛围。

（资料来源：调研搜集的资料）

评析：基层领导干部职务晋升常遇到"天花板"，有的刚过五十岁就退二线，处于一个比较尴尬的地位，新的领导不好开展工作，变成看不见的阻力。有的处于无组织状态，对党风政风和党员干部形象影响较坏，社会上认为他们清闲无事干。加强退出领导岗位干部管理，为退二线的基层干部提供平台，让其有事做，调动他们的积极性，发挥其作用，对进一步优化干部人才资源配置，加强干部队伍建设，凝聚广大干部干事创业力量，形成干部能上能下的良好氛围和工作机制，推动经济社会发展，具有重要的现实意义。

——蒋来用（中国社会科学院中国廉政研究中心副秘书长、
社会学所廉政研究室主任）

海南：通过大数据比对筛查"四风"问题线索

海南省纪委建成并启用落实中央八项规定精神电子监督系统。系统内设"发票信息库"，税务系统可以提供 2014 年以来全省党政机关、企事业单位的发票数据，还设立"监督名单库"，在其中录入全省 2814 家行政单位、7515 家事业单位和 260 家国有企业的全称、常用简称、关键字。此外，还建立"企业法人库"，其中包含该省注册登记企业及法人信息 107 万余条。通过系统的大数据比对分析，便可以从中发现"四风"问题。该省针对高端消费、化整为零、巧立名目、虚开发票、拖延报账等"四风"问题，在系统中设置了有针对性的监督模型，按照设置的规则自动对异常发票发出预警，提供具有可查性的问题线索。

（资料来源：中央纪委监察部网站）

评析：利用互联网、大数据发现违纪违法线索是有效防治腐败和不正之风的重要措施。传统查纠"四风"，一般由多个部门联合成立检查小组，通过分别检查各单位在商场酒店开具发票情况，一家一家去查，需要花费大量人力、时间，检查的范围却十分有限，效果也不理想，难免有"漏网之鱼"。将公共机构消费的发票信息联网，高效精准地锁定监督检查目标，这一方法不仅有利于查处腐败和不正之风，也有利于打击偷税逃税行为。但是，这个系统建设和维护需要一定的成本，需要及时将企业、公共机构信息以及发票信息等输入系统。更为重要的，相关领导要重视这个系统的运用，纪检监察、税务等部门的监督检查人员要经常使用这套系统，其功效才能达到最大化。

——袁柏顺（湖南大学法学院教授，湖南省廉政研究基地、
湖南大学廉政研究中心执行主任）

湖北荆门等地：用大数据找线索

十八大以来，一些地方利用大数据技术，整合比对多个部门的数据来发现问题线索。如湖北荆门市东宝区运用大数据对2014年以来在城市低保、农村低保、农村五保、医疗救助、城镇保障性安居工程、农村危房改造、农业支持保护补贴、退耕还林补助等八个方面的源数据及相关数据进行对比后分析，发现上千条问题线索。四川仁寿县纪委依托信访大数据平台，整合农业、林业、民政、住建、水务、人社、扶贫移民、住建等单位信息数据，建立了"惠民政策""专业审计""党员干部信息""群众信息"四大数据平台，构建了惠民政策电子"数据包"，及时发现问题线索。

（资料来源：湖北纪检监察网站和《中国纪检监察报》报道）

评析：大数据对于惩治与预防腐败具有不可替代的功能。一些地方纪检监察机关与相关部门合作建立了大数据分析比对中心，变事后监督为过程监督、人为监督为数据监督、个体监督为整体监督，有利于实现对执纪、资金、效能等方面权力运行的实时、全程、自动监控，是一种很有益的探索。随着信息科学和计算科学的发展，"云计算""大数据"等日益受到重视和运用。运用科技手段，促进党政部门之间的数据和信息共享，提高公共治理现代化水平，应该是未来发展的趋势。

——袁柏顺（湖南大学法学院教授，湖南省廉政研究基地、
湖南大学廉政研究中心执行主任）

江西省等地：着力整治"一桌餐"

"一桌餐"大多是由农家院、企业办公用房、小区住宅等改造的具有私人会所性质的隐蔽场所，无证经营，噪声扰民，偷逃税费，存在着极其严重的消防安全和食品安全隐患。聚会场所人来人往，进出人员往往一身酒气，业主及附近居民对此反映强烈。"一桌餐"极易滋生圈子文化和权钱交易等腐败问题，形成官商各取所需的"小圈子"。江西全省深入整治党员干部"一桌餐"吃请问题，其他地区也开展了此项整治活动，如河北省沧州市运河区联合公安、消防、工商、食药监等部门突击检查，公开了区纪委微信举报平台和举报电话，引导群众通过手机照片、视频等举报。

（资料来源：根据调研和网站公开资料整理）

评析："一桌餐"现象的出现，说明"四风"问题具有顽固性、变异性、反弹性，容易穿上"隐身衣"死灰复燃，应充分认识"一桌餐"反映的问题

和带来的危害。整治"一桌餐"等隐性变异问题，对于驰而不息纠正"四风"具有重要意义，必须关注新动向，采取新招数，常抓不懈，往深里抓、实里做，释放越往后执纪越严的强烈信号。在坚持优先查处"一桌餐"问题的同时，要注重日常监督管理，有效运用监督执纪"四种形态"特别是第一种形态，勤打招呼常提醒。要加大综合治理力度，充分发挥人民群众的监督作用，扎紧扎牢制度的笼子，从根本上铲除"一桌餐"问题滋生的土壤。

——庄德水（北京大学廉政建设研究中心副主任）

四川省达州市：阳光问廉"麻辣烫"

四川达州市在"阳光政务"电视问政节目基础上，从 2016 年底开办四期"阳光问廉"节目，主要做法是：坚持问题导向，全方位收集问题，在市广播电视台、《达州日报》、《达州晚报》、廉洁达州网站等媒体公布信访举报电话，向市委书记信箱办、市长热线办、市委群工局、市委巡察办及省、市主流媒体等单位征集问题线索，经汇总筛选后组成监督检查组深入各地开展明察暗访。在节目直播前一周左右，充分利用电视、电台、网络、报纸和户外大型 LED、出租车 LED、公交车载电视等载体，通过滚动播出的方式对"阳光问廉"全媒体直播节目进行预告和前期宣传。节目在广播、电视、达州发布、达州新闻网、达州全搜索 APP、"达州新闻"微信公众号、"达州广播电视台"新浪微博等同步直播，并在四川在线达州频道、达州网等省、市网络媒体上发布直播链接。直播现场，通过观看暗访组明察暗访的调查短片，问题涉及单位相关负责同志现场回答主持人、问廉代表、媒体观察团、现场互动网民的提问，追根溯源查症结，打破砂锅问整改，由党代表、人大代表、政协委员、律师代表、特邀监察员、群众（网民）代表等 50 人组成的问廉代表团，对被问廉嘉宾的答复情况进行现场测评，现场气氛紧张而热烈，拷问问题热辣，让干部真正"红脸""出汗"，达到"问廉一个、警示一线、教育一片"的效果。对节目现场曝光的问题，市纪委监察局责成相关单位迅速调查核实，实施严肃问责和强力整改。在已处理完结的前三期节目中，现场共曝光 19 个问题，各级纪检监察机关共问责 143 人，其中给予相关责任人党纪政纪处分 67 人，诫勉谈话及书面诫勉 42 人，组织调整或者组织处理 22 人，另移送司法机关依法处理 1 人。同时，加强跟踪督办，由市纪委监察局牵头，会同市广播电视台，对"阳光问廉"现场曝光问题进行回访，在电视、电台、报刊、网络上开辟反馈专栏，对曝光问题的问责情况和整改落实情况定期进行跟踪反馈，确保事事有回音、件件有落实。据统计，每期节目直播，全市各级各部门（单位）组织干部职工进行了集中观看，均有 400 多万人通过电视、广播收看收听，网络直播点击率达到 100 余万次。各地各部门高度重视，深入剖析曝光问题，举一反三，全面体检，查漏补缺，建章立制，推动两个责任落到实处。

（资料来源：调研搜集的资料）

评析："阳光问廉"是"电视问政"的改造升级版，直面群众身边的"微腐败""四风"问题隐形升级、干部办事推诿不作为等现实顽疾，对治理难度最大也最易反弹的不正之风是一种有效的震慑。"阳光问廉"是党内监督、民主监督、群众监督、媒体监督等多种监督方式的有机融合，有效推动权力阳光、规范运行。"阳光问廉"不仅有助于打通与群众沟通的"最后一公里"，畅通群众参与反腐败路径，营造媒体敢于监督的健康氛围，也有助于培养领导干部的担当意识和法治思维，在全媒体时代快速提升媒体素养。"阳光问廉""电视问政"等监督贵在坚持，要避免和防止一阵热，需要通过制度建设将其固化成为常态化的监督机制。

——庄德水（北京大学廉政建设研究中心副主任）

浙江兰溪：推行协审员制度

2017 年 5 月，兰溪市纪委颁布《关于建立案件协审员制度的通知》，在

16 个乡镇纪委中择优选取 10 名政治素质过硬人员，组成案件协审人员库，对违纪违规案件实行两道审理。第一道是协审员对乡镇案件进行初审，形成初步审理意见，填写上报《案件协助审理表》；第二道是市纪委审理室的终审，对案件进行审核把关，形成最终审理意见。乡镇纪委工作人员审理工作经验普遍较薄弱，为了让协审员快速上手，兰溪采取以练代训、以审代训的模式提升审理实战能力。

（资料来源：《中国纪检监察报》2017 年 7 月 13 日）

评析：审理是纪律审查的必要程序，旨在确保案件质量、维护被审查人权利。参与审理的人员不仅要具备扎实的专业理论功底，更要具备良好的政治素养。然而在纪律审查实践中，特别是在一些基层，纪检力量现状与审理高要求之间往往存在较大的反差。小制度解决大问题，浙江兰溪在不新设机构、不新增编制的基础上，从乡镇纪委中择优选取协审员无疑是一种有效的探索。通过整合力量，以审代训、以案代训，一方面提高了纪律审查速度和质量，解决了审理力量薄弱与案件量增长之间的矛盾；另一方面培养锻造了一批业务精进的纪检干部。在全面从严治党向纵深发展的背景下，监督执纪力量的优化与高效配置是一道新题，为扩充协审员库容、实现协审流动化提供了答案。

——庄德水（北京大学廉政建设研究中心副主任）

陕西石泉：纪检监察干部"单考统管"

2015 年，陕西省石泉县评优秀公务员，11 个镇纪委书记竟无一人入选。为解决基层纪检监察干部怕丢票、怕差评而影响监督效果的问题，石泉县科级纪检监察干部实行"单考统管"，调整优化考核测评的权重，实绩评价占比 60%，被监督对象的评价占比 10%，对镇纪委从日常监督、纪律审查、作风建设等方面进行考核，对派驻纪检组从日常监督、纪律审查和违纪违规问题线索发现等方面进行严格考核；将镇纪委书记和派驻纪检组组长年度考核优秀名额纳入县纪委监察局统一管理使用，不再占用所在镇和部门的名额；强化上级纪委和人民群众的测评权重。此外，县纪委还单独建立了纪检监察干部后备人才库，并与县委组织部建立的后备干部库进行有效衔接，优先推荐提拔使用优秀乡镇纪委书记和派驻纪检组组长。

（资料来源：《中国纪检监察报》2017 年 6 月 22 日）

评析：监督者应该接受监督，但监督者评优、提拔重用等个人利益和命运若由被监督对象决定和左右，就可能导致不敢执纪的问题发生，调整纪检监察干部考核方式，的确有其必要。干部考核历来是个难题。石泉县出台的科级纪检监察干部"单考统管"制度，对于发挥考核的导向性作用，激励干部干事创业，具有一定的借鉴意义。一是实行"单考"，考虑纪检监察工作的特殊性，消除部分纪检监察干部"怕丢票、怕差评"的顾虑；二是实行"统管"，把纪检监察干部放到一起考核，增强"可比性"，让考核更为科学合理；三是调整优化考核测评权重，强化对实绩的考核，充分发挥鼓励干部踏实干事的导向性作用；四是强化评优结果运用，进一步激化干部创业的积极性。

——过勇（清华大学党委副书记、公共管理学院教授，
清华大学廉政与治理研究中心主任）

湖北枣阳：集中交叉审理提质提效

为解决乡镇纪委办案力量不足、案件审理工作效率低和质量不高等问题，湖北省枣阳市探索推行交叉审理、多案同审机制。枣阳市纪委审理室负责牵头，将全市有案需审的镇（办、区）纪（工）委组织起来，集中时间、集中地点，对需要审理的案件现场集中交叉审理。在集中交叉审理过程中，各审理组对提出的审理意见、疑难问题进行现场交流讨论，并面对面解答，

从而发挥审理一案、全员受教的效果。该市 2017 年开展的 3 次现场集中交叉审理会，共涉及 12 个乡镇的 18 起案件，其中纠正量纪的 3 件，退回补证的 2 件，改变定性不准的 1 件，有效地推进和提高了全市执纪审查工作的进度与质量。

（资料来源：《中国纪检监察报》2017 年 6 月 11 日）

评析：乡镇基层纪检监察工作面临诸多困难，包括办案力量不足、纪检监察工作人员业务水平较低、熟人社会的关系网络妨碍办案程序、因工作头绪多而放松纪检监察工作。所有这些困难都导致了案件审理工作效率低和质量不高。湖北枣阳市推行的"交叉审理、多案同审"机制很大程度上力图同时克服乡镇基层纪检监察工作的多项难题：集中审理，可以整合办案力量；现场交流，可以提高办案水平；交叉审理，可以突破熟人关系；多案同审，可以集中处理案件。

——过勇（清华大学党委副书记、公共管理学院教授，

清华大学廉政与治理研究中心主任）

附　　录

Appendix

2017年党风廉政建设和反腐败大事记

1. 中央、中央纪委细化制度规定进一步推进作风建设

2017 年 1 月，中国共产党第十八届中央纪律检查委员会第七次全体会议通过了《中国共产党纪律检查机关监督执纪工作规则（试行）》（以下简称《规则》）。《规则》紧扣监督执纪工作流程，明确了请示报告、线索处置、初步核实、立案审查、案件审理、涉案款物管理等工作规程；规定了谈话函询的工作程序，执纪审查的审批权限，调查谈话和证据收集的具体要求。2017 年 10 月 27 日，中共中央审议通过了《中共中央政治局贯彻落实中央八项规定的实施细则》（以下简称《实施细则》）等文件。《实施细则》着重对改进调查研究、精简会议活动、精简文件简报、规范出访活动、改进新闻报道、厉行勤俭节约等方面内容做了进一步规范、细化和完善，增强了指导性和可操作性。《实施细则》和《规则》向全党全社会释放了作风建设永远在路上的强烈信号，以正人先正己的实际行动充分表明了严格自律的担当和决心。

2. 反腐电视专题片产生强烈反响

2017 年 1 月 3 日到 5 日，由中央纪委宣传部、中央电视台联合制作的电视专题片《打铁还需自身硬》在中央电视台综合频道首播。该片共分三篇：上篇《信任不能代替监督》，中篇《严防"灯下黑"》，下篇《以担当诠释忠诚》。该片反映了党的十八大以来，纪检监察机关认真贯彻习近平总书记的指示要求，全面从严治党把自己摆进去，加强自身建设、完善内控机制，坚决清理门户，严防"灯下黑"，努力打造一支忠诚干净担当的纪检监察队伍，体现"打铁自身硬、永远在路上"的清醒和韧劲，回应党内关切和人民群众期盼。9月7日起，由中央纪委宣传部、中央巡视办、中央电视台联合制作的四集电视专题片《巡视利剑》在中央电视台和中央纪委监察部网站同时播出。该片分为《利剑高悬》《政治巡视》《震慑常在》《巡视全覆盖》四个专题。第一集《利剑高悬》首次与观众和网友见面就引发广泛热议和好评，网络播放量迅速超过5000万次，央视网点赞量近千万。

3. 领导干部个人有关事项报告制度强化查核结果运用

2017年4月，中共中央办公厅、国务院办公厅印发《领导干部报告个人有关事项规定》（以下简称《规定》）和《领导干部个人有关事项报告查核结果处理办法》（以下简称《办法》），并发出通知，要求各级党委（党组）认真遵照执行。《规定》坚持分类管理原则，抓住"关键少数"，进一步突出了对党政领导干部的监督，将国有企业、事业单位的报告对象范围做了适当调整。报告事项内容更加突出与领导干部权力行为关联紧密的家事、家产情况。《办法》明确了认定漏报、瞒报需要掌握的基本原则、具体情形和处理依据，规定了领导干部因不如实报告个人有关事项受到组织处理和纪律处分的影响期，为更加有效地强化查核结果运用提供了遵循。《规定》和《办法》的印发实施，对于进一步严明党的政治纪律和组织纪律，从严管理监督干部，具有十分重要的意义。

4. 扶贫领域的违纪违规问题成为监督执纪的重点

2017年7月3日，中央纪委召开扶贫领域监督执纪问责工作电视电话会议。会议强调，打赢脱贫攻坚战，关乎全面建成小康社会，要认真学习贯彻习近平总书记在深度贫困地区脱贫攻坚座谈会上的重要讲话精神，以党中央关于脱贫攻坚的要求为尺子，重点查处贯彻中央脱贫工作决策部署不坚决不到位、弄虚作假、阳奉阴违的行为，确保中央政令畅通。坚决纠正以形式主义、官僚主义对待扶贫工作、做表面文章的问题，树立起实事求是、求真务实的鲜明导向。严肃查处贪污挪用、截留私分，优亲厚友、虚报冒领，雁过拔毛、强占掠夺问题，对胆敢向扶贫资金财物"动奶酪"的严惩不贷。2015 年 11 月中央召开扶贫开发工作会议以来，不断加大扶贫领域问责力度，3100 余人受到责任追究。

5. 孙政才涉嫌严重违纪被立案审查

2017 年 7 月 24 日，鉴于孙政才同志涉嫌严重违纪，中共中央决定，由中共中央纪律检查委员会对其立案审查。9 月 29 日，中央政治局会议审议并通过中央纪委《关于孙政才严重违纪案的审查报告》，决定给予孙政才开除党籍、开除公职处分，将其涉嫌犯罪问题及线索移送司法机关依法处理。经查，孙政才动摇理想信念，背弃党的宗旨，丧失政治立场，严重违反党的政治纪律和政治规矩；严重违反中央八项规定和群众纪律，讲排场、搞特权；严重违反组织纪律，选人用人唯亲唯利，泄露组织秘密；严重违反廉洁纪律，利用职权和影响为他人谋取利益，本人或伙同特定关系人收受巨额财物，为亲属经营活动谋取巨额利益，收受贵重礼品；严重违反工作纪律，官僚主义严重，慵懒无为；严重违反生活纪律，腐化堕落，搞权色交易。其中，孙政才利用职权为他人谋取利益并收受财物问题涉嫌犯罪。孙政才是党的十八大以来接受纪律审查的最高级别现职官员。

6. 在党的历史上首次实现一届任期内巡视全覆盖

2017 年 8 月 29 日、30 日，中央纪委监察部网站先后公布了十八届中央第十二轮巡视 21 家地方和单位的整改情况。至此，该轮巡视的 37 家地方和单位的整改情况已全部公布。这标志着党的十八大以来，从 2013 年 5 月第一轮巡视正式启动，到 2017 年 6 月最后一轮巡视反馈结束，实现了党的历史上首次一届任期内中央巡视全覆盖的目标。十八届中央共开展 12 轮巡视，巡视了 277 个党组织，对 16 个省（区、市）开展"回头看"，对 4 个中央单位开展了"机动式"巡视；各省（区、市）党委共组织巡视了 8362 个党组织；中央军委组织开展 13 批次巡视，完成了对军委管理的党组织的常规巡视全覆盖和回访巡视全覆盖，并开展3批次专项"机动式"巡视。在党中央的坚强有力领导下，巡视工作在党的历史上首次实现一届任期全覆盖，体现了党内监督无禁区的鲜明立场和全面从严治党的坚定决心，对推进党的建设新的伟大工程具有重要里程碑意义。

7. 国际追逃追赃工作取得重要阶段性胜利

在中央反腐败协调小组指挥下，中央追逃办加强统筹协调，各地区各部门积极行动，密切协作，追逃追赃工作取得重要阶段性胜利。截至2017年10月通过"天网行动"先后从90多个国家和地区追回外逃人员3453人，追回赃款95.1亿元人民币。11月7日，在中央反腐败协调小组国际追逃追赃工作办公室的统筹指导下，"百名红通人员"已到案49人。11月13日，第20次中国—东盟领导人会议发表了《中国—东盟全面加强反腐败有效合作联合声明》，就反腐败务实合作达成多项共识。这是中国—东盟领导人会议首次在反腐败领域发表联合声明，再次向国际社会表明了中国坚定不移惩治腐败的决心和态度。

8. 党的十九大重申全面从严治党并修改《党章》

2017年10月18日，中国共产党第十九次全国代表大会在北京召开，习近平总书记代表十八届中央委员会做报告。10月24日，中国共产党第十九次全国代表大会审议并一致通过十八届中央委员会提出的《中国共产党章程（修正案）》。十九大报告指出，当前，反腐败斗争形势依然严峻复杂，巩固压倒性态势、夺取压倒性胜利的决心必须坚如磐石。要坚持无禁区、全覆盖、零容忍，坚持重遏制、强高压、长震慑，坚持受贿行贿一起查，坚决防止党内形成利益集团。在市县党委建立巡查制度，加大整治群众身边腐败问题力度。不管腐败分子逃到哪里，都要缉拿归案、绳之以法。推进反腐败国家立法，建设覆盖纪检监察系统的检举举报平台。《中国共产党章程（修正案）》将加强和规范党内政治生活、一届任期内的巡视全覆盖和地方巡察制度、党的六大纪律和"监督执纪"四种形态以及加强上级纪委对下级纪委的领导等内容写入党章。

9. 新一届中央纪律检查委员会选举产生

2017 年 10 月 24 日，2300 多名党的十九大代表和特邀代表，以无记名投票方式，选举出由 133 名中央纪委委员组成的第十九届中央纪律检查委员会。10 月 25 日，第十九届中央纪律检查委员会在北京举行第一次全体会议，赵乐际同志主持会议。全会选举了中央纪律检查委员会书记、副书记和常务委员会委员，报中央委员会批准。全会选举赵乐际为中央纪委书记，杨晓渡、张升民、刘金国、杨晓超、李书磊、徐令义、肖培、陈小江为中央纪委副书记。同日，中国共产党第十九届中央委员会第一次全体会议，批准了十九届中央纪律检查委员会第一次全体会议选举产生的书记、副书记和常务委员会委员人选。

10. 国家监察体制改革在全国推开试点

党的十九大报告指出，深化国家监察体制改革，将试点工作在全国推开，组建国家、省、市、县监察委员会，同党的纪律检查机关合署办公，实现对所有行使公权力的公职人员监察全覆盖。2017 年 10 月底，中共中央办公厅印发《关于在全国各地推开国家监察体制改革试点方案》，在总结北京市、山西省、浙江省改革试点工作经验基础上，部署在全国范围内深化国家监察体制改革探索实践。11 月 4 日，全国人大常委会通过《关于在全国各地推开国家监察体制改革试点工作的决定》。11 月 7 日，《中华人民共和国监察法（草案)》首次公布，面向社会公开征求意见。11 月 11 日，经党中央批准，全国推开国家监察体制改革试点工作动员部署电视电话会议在太原召开，要求扎实有序做好全面推开国家监察体制改革试点工作。

2017年廉政论坛和研讨会精选

中国社会科学院第十届廉政研究论坛

2017 年 6 月 20 日至 22 日，"中国社会科学院第十届廉政研究论坛"在河北省张家口市召开，来自社科研究机构、高校、党校、行政学院的 130 多名专家学者和有关部门领导干部参加会议。本届论坛的主办方为中国社会科学院中国廉政研究中心，承办方为河北省社会科学院和河北省纪检监察学会。论坛主题为"党风廉政建设的突破、创新与展望"，与会者就"党风廉政建设新进展与制度创新""'四种形态'与基层党风廉政建设""政治生态与廉政文化建设"等专题展开了热烈讨论。与会专家提出，我国的反腐败斗争从战略相持向战略进攻推进，腐败问题有可能在 10 年内得到比较好的控制，遏制在比较低的水平；国家监察体制改革的推进应充分吸收十八大以来我国反腐败与廉政建设的成功经验，突出机制运作的变革，可考虑把私营机构纳入监察范围，对监督权进行合理制约和限制，敦促并力推外围配套改革；拍"蝇"与打"虎"同样重要，今后要重点查处群众身边的腐败问题。

第三届廉政大竹论坛

7 月 19 ~ 21 日，第三届廉政大竹论坛由中国社会科学院中国廉政研究中心主办，承办方为达州市委、市人民政府、市纪委，协办方为大竹县委、县人民政府、县纪委。中国社会科学院、中国纪检监察学院、《中国扶贫》杂志社、《新华文摘》杂志社、四川省社会科学院等机构的专家学者，四川、黑龙江、湖南、浙江、贵州等地党委和纪委领导 200 余人参加论坛。论坛主题为反腐倡廉向基层延伸。13 个市、县主要负责人就治理基层交流了加强农村基层党风廉政建设的经验，专家学者进行分析点评与研讨。专家提出，中央提出从严治党向基层延伸，决策是正确的，现在的关键就是抓落实。"微腐败"直接影响了党在基层的执政根基，但界定这种腐败的性质，需要一个确切的描述和规范的定义，并制定专门的规制措施，要从大扫除式的治理演变成酒店保洁式的治理，必须加强惩处，统筹和公平分配资金项目，尽快实现公共产品和服务均等化，统一调配使用县乡纪检力量，建立健全容错机制，改变基层的政治文化，提高村（居）委管理能力和水平，健全干部服务群众的机制。

基层政治生态建设（佳木斯）论坛

2017 年 9 月 14 日，由中国社会科学院中国廉政研究中心和佳木斯市委主办，佳木斯市纪委、市社会科学界联合会承办的基层政治生态建设（佳木斯）论坛在佳木斯市举行。论坛以"如何结合佳木斯实际营造山清水秀、风清气正的良好基层政治生态"为主题，分中心发言及专家点评、专题辅导讲座两个阶段进行。中国社会科学院社会学研究所党委书记、中国廉政研究中心副理事长孙壮志主持论坛并做论坛总结。佳木斯桦南县、汤原县、桦川县、郊区、向阳区、市卫生计生委、市财政局、市民政局等八个单位，从完善体制机制、发挥一把手作用、践行群众观点、匡正选人用人导向、强化责任担当、强化党内监督等方面对如何构建政治生态环境作中心发言。来自中国社会科学院、黑龙江省社会科学院、北京航空航天大学等单位的五位专家对代表发言进行了点评和指导。在辅导讲座中，中国社会科学院政治学研究所所长、中国政治学会副会长房宁研究员系统阐释了政治生态建设的重大意义、实现路径和保障措施。论坛为基层今后如何结合自身实际抓好政治生态建设提供了好的建议，也为党建理论和反腐倡廉理论的深化提供了实践素材。

清华大学"中国廉政建设新思路"学术研讨会

2017 年 9 月 9 日，清华大学廉政与治理研究中心主办"中国廉政建设新思路"学术研讨会。中国社会科学院、清华大学、北京大学、复旦大学、中山大学等机构的廉政研究专家，以及来自北京、浙江、山西等地纪检监察干部共 50 余人参会。研讨会分为四个主题。在第一主题板块"廉政建设战略"中，专家学者围绕党的十八大以来党风廉政建设和反腐败工作取得的成效进行了深入讨论，认为中国的廉政建设应体现中国政治特色，十九大之后的反腐败工作需要关注反腐败工作与经济发展的问题，并提出改革反腐败体制机制、建立基础性激励制度等方面的建议。第二主题板块为"廉政建设实践"。参会的地方纪检监察干部对地方的廉政制度创新进行了详细介绍，与会专家围绕基层政治生态建设、推进廉洁价值观建设、提升群众举报腐败意愿度、推动国内外反腐败治理合作等问题进行了讨论。第三主题板块为"国家监察体制改革"。参会专家探讨了国家监察体制改革的重点和难点，提出了合理确定改革的目标重点、增加预防腐败的职责、运用好现有的监督措施、继续完善机构内部改革、找准自我监督的平衡点、外围改革要相互推动等对策建议。第四主题板块为"廉政建设评价"。参会专家结合反腐败取得的成效，提出了建立反腐败绩效指标体系的构想，一些学者还介绍了运用实证方法开展反腐败评价研究的情况。

第二届"全国社会科学院廉政论坛"

2017 年 9 月 28 ~ 29 日，四川省社会科学院在四川西昌举办第二届"全国社会科学院廉政论坛"，论坛围绕当前党风廉政建设的重大理论与现实问题进行了研讨。与会专家认为，深入推进廉政研究是总结全面从严治党实践经验的迫切需要，是推动全面从严治党向纵深发展的迫切需要，也是构建中国特色廉政学体系的迫切需要。大家围绕如何构建中国特色社会主义廉政学体系进行了深入探讨，有学者提出廉政学的范畴应当包含党风廉政建设和反腐败斗争的一般理论和规律、党内政策法规制度规范、应用对策研究等内容，其研究方法应当立足于马克思主义世界观和方法论，综合吸收法学、社会学、政治学、经济学、管理学等多学科研究方法。有学者提出，与波澜壮阔的党风廉政建设和反腐败斗争实践相比，廉政研究工作还相对滞后，不能完全适应党风廉政建设实践发展的现实需求，必须进一步增强廉政研究的广度、深度和针对性。有学者提出，监督执纪"四种形态"作为一个单独的条文出现在党内法规中，足见其地位之特殊、功能之重要，对其理解不能仅停留在工作和战术层面，而应从战略的高度认识其理论和实践价值。有学者建议通过探索运用大数据的"权力规范场"，创新"一把手"监督的手段和方法。针对基层"微腐败"的变化情况，还有学者概括了当前基层"微腐败"治理的若干新特点，提出今后需在加强基层纪检监察机关干部队伍建设、基层纪委层级管理、基层党组织建设、农村补贴资金监管和阳光防腐等相关方面，建立基层"微腐败"治理的长效机制。

"全面从严治党与中国特色反腐倡廉建设"研讨会

10月14日，中共南通市纪律检查委员会和南通大学共同主办，南通廉政研究中心承办第九届反腐倡廉学术研讨会。会议主题是全面从严治党与中国特色反腐倡廉建设，廉政研究领域的专家、高校学者代表、纪检监察干部等百余人参加研讨。有的结合习近平总书记系列重要讲话精神，从净化优化党内政治生态、严格规范党内政治生活、注重建设党内政治文化三个维度提炼概括了十八大以来全面从严治党的经验，对中国特色反腐倡廉建设体系进行了论述。有的对党在十八大期间反腐败成就与挑战进行分析，提出反腐败工作从不平衡状态向新的平衡状态演进的路径选择，并对十九大后亟待推动的再平衡进行了深入阐述。有的对党内先进政治文化与党内法规制度之间的辩证关系及其相互促进作用进行了全面分析，提出了党内先进政治文化建设和党内法规制度建设要同向发力、同时发力。有的对新加坡和中国香港的反腐经验进行比较研究，全面分析了新加坡政治本位模式与中国香港社会本位反腐模式的特点及其优缺点，并提出两种模式对我国反腐道路选择的启示。

湖南大学腐败预防与惩治国际学术研讨会

11月25日，湖南大学腐败预防与惩治协同创新中心、湖南大学廉政研究中心和湖南大学法学院主办"腐败预防与惩治国际学术研讨会"。来自中国大陆、中国香港地区、美国、英国、挪威、印度、斯里兰卡的专家以及党政机关、司法机关领导、企业高管、新闻记者等90余人参加会议。会议主题是腐败惩治与预防比较研究，分为中国反腐败的评估与前瞻、法治反腐的理论与实践、比较视域中的腐败与反腐败、权力制约与国家监察制度改革探索、腐败预防与惩治智库建设等五个专题，共有28位学者做主题发言。

Contents

I General Report

Abstract: Since the Eighteenth National Congress of the Communist Party of China (CPC), thanks to the steadfast determination of the CPC Central Committee, the joint effort of all party members, the active participation of the people, and the intelligent contribution of specialists, an effective supervision system has been consolidated, the difficulties in checking and balancing power operation have been gradually solved through deepening reform, the system of supervising and managing public properties and funds has become more effective, party members and cadres have become accustomed to work and live under an environment of being monitored and limited, an overwhelming momentum of combating corruption has been developed, a culture of upholding public integrity has been cultivated more deeply, the effort to comprehensively strengthen party discipline has been hailed by the people and the party, the ethos of the party, the government and the society have become better and better, and the political ecosystem within the party has become sounder and sounder. All these achievements have constituted an effective approach to improving work conduct and combating corruption, which can provides other countries with Chinese wisdom for combating corruption and improving state governance. As public opinion polls show, the people have seen a better work-style and lifestyle of public officials, more effective implementations of policies and regulations, more benefits for the people from the effort of improving work conduct and combating corruption, and a brighter image of China in the international arena, since the Eighteenth National Congress of CPC. The research team also suggests that the overwhelming momentum of fighting corruption should be kept, cracking down the corruption related to unequal distribution of public goods should be prioritized, the reform of the system in party discipline and supervisory system should be deepen, in order to solve the current problems such as the corruption in the finance industry and social organizations, minor corruptions, inactions and slow responses, formalism and bureaucratism. These measures are also expected to stimulate the officials' initiative to work and the citizens' desire to supervise.

Keywords: Public Integrity; Combating Corruption; Work Conduct; the Eighteenth National Congress of the Communist Party of China; Public － Integrity Culture; Public － Integrity Study; Supervision

Ⅱ Topical Report

B. 2 Hunting for Corrupt Officials and Stolen Goods Fleeing
abroad since the Eighteenth National Congress of the
Communist Party of China (CPC)   / 065

Abstract: It is an indispensable task for combating corruption to hunt for corrupt officials and stole goods fleeing abroad. This work has been progressed through three stages: case-by-case negotiation, gradual improvement and comprehensive perfection. Despite the difficulties in identifying and extraditing corrupt officials and stolen goods and the conflicts involved in the process, major achievements have been gained in hunting for corrupt officials and stolen goods since the Eighteenth National Congress of CPC: (1) all party members have been united; (2) the mechanisms have been improved; (3) the success of special actions has resulted in a strong deterrence effect; (4) the power of discourse and international influence have been strengthened; (5) international agreements and networks have begun to take shape; (6) the prevention measures of fleeing have been tightened; and (7) the quality of personnel has been improved, with respect to the work of hunting for corrupt officials and stolen goods. The practice of the past five years indicates, that the following measures should be kept in the future: the Central Committee of CPC should keep watch on this work, international cooperation should be deepened, the communication should be actively conducted, and the people should be encouraged to participate. The condition and task of successfully hunting for corrupt officials and stolen goods fleeing abroad are still severe. Therefore, the arrangements and measures should be carried out comprehensively, the cooperation systems and mechanisms should be improved, the channel of transferring stolen money should be cut, the construction of international law-enforcement network should be strengthened, and an integrated mechanism of hunting and preventing should be consolidated.

Keywords: Combating Corrupt; Hunting for Corrupt Official and Stolen Goods Fleeing Abroad; System and Mechanism; Law-Enforcement Network

B. 3　Innovations in Unifying the Management of Stationed
Party – Discipline Inspection Organizations since the 18th
National Congress of CPC　　　　　　　　　　　　　/ 082

Abstract: Unifying the Management of stationed party-discipline inspection organizations is an important part of strengthening within-party supervision. Since the Eighteenth National Congress of the Communist Party of China (CPC), the CPC central committee has move forward the reform of stationed party-discipline inspection organizations at variation levels, in order to clarify their responsibilities and strengthen their authority. These efforts are more fundamental and more integrated than those efforts before the Eighteenth National Congress of CPC and, therefore, caused a qualitative development of the stationed party-discipline inspection system. However, there are still problems with the sense of identity, responsibility and ability of stationed party-discipline inspection organizations. These problems also require further steps to make better use of the resources of both being authorized and being stationed, to strengthen both responsibility of enforcing and monitoring party discipline implementation, and to enhance the personnel construction.

Keywords: Party-Discipline inspection Organizations; Reforming Stationed inspection Organizations; Full Coverage

B. 4 Practice and Achievements in Implementing "Eight-Point Regulations" and "Combating Four Kinds of Misconducts" since the 18th National Congress of the Communist Party of China (CPC) / 108

Abstract: The problems with work conducts of party members and state officials concentrate on the four kinds of misconducts. Since the 18th National Congress of the Communist Party of China (CPC), the Central Committee of CPC has put forward a series of institutions and regulations, built several long-term mechanisms for improving work conduct, strengthened the work of party discipline inspection and accountability, and created many methods to inspect and punish four kinds of misconducts. Through unceasingly effort in the past five years, the four kinds of misconducts has been declined. But, largely invisible problems of "Four Kinds of Misconducts" still take place from time to time. In order to solve these problems, thoughts and actions still need to be unified, upper-level officials still need to set examples for lower-level subordinates, institutional construction and implementation still needs to be improved, long-term mechanisms still need to be promoted, and public supervision and family ethics still need to be strengthened.

Keywords: Improving Party Conduct; Eight-Point Regulations; Four Kinds of Misconducts

B. 5　Innovations and Achievements in Practicing Accountability since the 18th National Congress of the Communist Party of China (CPC)　/ 124

Abstract: Since the 18th National Congress of the Communist Party of China (CPC), accountability inspection has been highly emphasized, which has led to many innovations in the mechanism of accountability inspection. These innovations include the following nine practices: (1) the idea and spirit of accountability emphasize the correspondence between power and accountability; (2) the focus of accountability inspection is political-accountability inspection; (3) the practice of accountability inspection involves the party organization at all levels, while stressing the small number of key officials; (4) the accountability inspection closely aimed at enforcement responsibility, supervision responsibility and leadership responsibility; (5) the accountability includes those of comprehensive leadership, major leadership and important leadership; (6) the methods of accountability inspection including separating party discipline from state laws and applying "Four Ways of Enforcing Party Discipline"; (7) lifelong accountability inspection is practices and typical problems and cases are publicized; (8) the procedure of accountability inspection becomes ordered and operable; (9) the institution of accountability inspection is neatly linked and integrated.

Keywords: Accountability Inspection; Mechanism Innovation; Comprehensively Strengthening Party Discipline

B. 6　Transparency of Combating Corruption and Upholding Integrity by the Central Commission for Discipline Inspection (CCDI) of the Communist Party of China (CPC) Since its Eighteenth National Congress　/ 139

Abstract: Among various contributing factors to the achievements in combating corruption since the Eighteenth National Congress of the CPC, the transparence of combating corruption by the CCDI is a noteworthy one. Through measures that increase transparency in combating corruption, the CCDI, as the leading force of combating corruption, has gained many positive political and social effects, including turning the passive stance toward corruption, stimulating the confidence in overcoming corruption, dominating the public opinion, and guiding the citizens to orderly participate in fighting corruption. In the future, the CCDI should further expand the breadth and depth of transparency, develop sounder institutions and regulations, and upgrading ideas, in order to comprehensively increase the transparency of combating corruption.

Keywords: Central Commission of Discipline Inspection; Combating Corruption; Transparency

B. 7 College Students' Perception about the Effectiveness of Combating Corruption since the Eighteenth National Congress of the Communist Party of China (CPC)　　　／ 152

Abstract: It is very important to measure the effectiveness of anti-corruption. As a special group, college students' points of view are very important. Based on the comparison of questionnaire data in 2009 and 2015, it is found that college students' perceptions of the anti-corruption effectiveness is higher after the Eighteenth National Congress of the Communist Party than before. Regression analysis shows that college students' perceptions of anti-corruption determination and anti-corruption efforts have a positive effect on enhancing the effectiveness of anti-corruption.

Keywords: Achievement of Anti-Corruption; College Students; Eighteenth National Congress of the CPC; Anti-CorruptionDetermination; Anti-corruption Efforts; Anti-Corruption Perception

Ⅲ　Area Report

B. 8　Guangdong Province: Exploring an Open, Dynamic and
Innovative Approach to Combating Corruption and
Upholding Integrity　　　　　　　　　　　　　　　　/ 168

Abstract: Guangdong Province is the frontier of China's Reform and
Opening – Up project and also the central and leading place for the economic
development in China's coastal areas. In comparison to other provinces and cities,
the corruption in Guangdong Province is characterized by its earlier happening,
relation to overseas areas, and public acquiescence. After examining the complexity
and particularity of the corruption in Guangdong Province under the situation of
reform and opening-up, this report argues that (1) reforms and innovations should
be practiced through the whole process of combating corruption and upholding
integrity, (2) innovations in planning, mechanisms and methods for combating
corruption and upholding integrity should be conducted in and through practice,
and (3) the strategy of combating corruption and upholding integrity should be
specifically designed for different regions, sectors and industries.

Keywords: Guangdong Province; Combating Corruption and Upholding
Integrity; Characteristics; Innovation

B. 9　Hebei Province: Innovations in Containing Minor-Corruptions
at the Grassroots level　　　　　　　　　　　　　　　/ 182

Abstract: Since 2016, the Provincial Party Discipline Inspection Commission
of Hebei Province launched "One Accountability and Eight Cleaning-UPs" and
"Containing Minor-Corruption at the Grassroots level" campaigns. Surveys had
shown many barriers and limits to the mechanism of containing minor-corruptions

at the grassroots level. These barriers include: (1) the county- and township-level party-discipline personnel is insufficient, compared to the requirement of combating corruption; (2) systematic barriers make it hard for the secretaries of township party discipline inspection commissions to implement their supervision responsibilities; (3) the overall quality of village officials is relative low; (4) it becomes harder to find future village officials; (5) the difficulties for county- and township-level commission to supervise village-level officials call for institutional innovations; (6) the unbalanced reforms between different sectors at the grassroots level need to improve institutional arrangements. Therefore, to contain minor-corruptions at the grassroots level requires to improve the personnel of the party-discipline and administrative-supervision organizations, the system of hierarchical management of party-discipline commissions, the construction of party organizations, the management of rural village public funds, and the transparence mechanism for combating and preventing corruption, and the supporting institutions for party-discipline and administrative-supervision.

Keywords: Hebei Province; Minor − Corruption; Institutional Innovation; Grassroots Governance

Abstract: Eliminating poverty is an unavoidable political responsibility. In order to implement the provincial arrangement of eliminating poverty, after carefully examining the situations, clarifying political responsibilities, and determining functions, party-discipline inspection and administrative supervision organs at various levels in Shaanxi Province have tried to play supporting functions by (1) streamlining and broadening public petition and other information channels; (2) focusing on prominent problems; (3) improving the accuracy of party discipline implementation; (4) practicing "the Four Methods of Enforcing Party Disciplines" to solve early and minor problems; and (5) intensifying problem-oriented accountability. All of these efforts have provided firm disciplinary support for eliminating poverty. In the future, three kinds of measures should be applied: (1) under the guidance of the spirit of the Nineteenth National Congress of the Communist Party of China and Xi Jinping Thought on the Socialism with Chinese Characteristics in a New Era, to really strengthen and improve political stance and consciousness; (2) focusing on party discipline inspection and accountability, to promote the process of eliminating poverty; (3) through innovating new methods of party-discipline inspection, to solve both symptoms and causes.

Keywords: Shanxi Province Party-Discipline Inspection and Administrative Supervision; Eliminating Poverty; Four Ways of Enforcing Party Discipline; Party-Discipline Inspection and Implementation; Accountability

B. 11 Changchun City: Comprehensively Strengthening Party Discipline through Warning Education / 206

Abstract: Through analyzing the past achievements and current problems in comprehensively strengthening party discipline in Changchun City, this report emphasizes the importance of warning education for comprehensively strengthening party discipline. Furthermore, through comparing the warning education activities in other places, this report also highlights the problems with warning education in general. This report also puts forward some advice for deepening warning education, by analyzing the major methods and achievements of warning education in Changchun City. This report aims to stimulate readers' thinking of warning education, in order to promote the normalization, systemization and institutionalization of warning education and increase the systematicness, predictability and effectiveness of comprehensively strengthening party discipline.

Keywords: Changchun City; Comprehensively Strengthening Party Discipline; Warning Education

Abstract: Comprehensively strengthening party discipline needs a normalized and long-term mechanism. In order to extend and ground comprehensively strengthening party discipline onto the grassroots level, Changde City of Hunan Province made great effort to construct six normalized mechanisms, including all-around supervision, communication and dialogue, early and minor problem solving, strictly implementing party discipline, strengthening accountability and iron-like personnel construction.

Keywords: Changde   City; Comprehensively   Strengthening   Party Discipline; Normalization; Mechanisms

Ⅳ   Special Report

Abstract: How   to   implement   the   "Two   Responsibilities"   for comprehensively strengthening party discipline? To answer this question needs integrate theory and practice. Based on a survey on the implementation of the "Two Responsibilities" by province-level organizations, this report finds that (1) since 2016, province-level organizations have made an overall progress in implementing the "Two Responsibilities", but (2) there are still problems with perceptions and institutions of implementing the "Two Responsibilities." Finally, this report provides advice for party organizations and party-discipline organizations at various levels: for implementing the "Two Responsibilities" for comprehensively strengthening party discipline, it is important to improve the level of personnel professionalization for party discipline inspection and administrative supervision.

Keywords: Comprehensively Strengthening Party Discipline; Two Responsibilities; Mechanisms and Institutions

B. 14　Exploration on Managing "One Family, Two Rules" Situation　　　　　　　　　　　　　　　　　　　/ 241

Abstract: The situation of "One Family, Two Rules" means the double role of some people as both party membership and public office-holder on the one hand and private citizens on the other hand. This is a grey area for preventing and controlling the risk of public integrity. In 2016, the Yiwu City of Zhejiang Province has tried to build rigid institutions to reduce the possibilities of violating party disciplines, such as the double role of public officials and businessmen, rent-seeking behaviors, and interest transmission. Specifically, Yiwu City has taken the following measures: (1) inspection and supervision are expanded to all party members and public officials; (2) negative lists are made to clarify the boundary of power and interest; (3) a transitory period is set to improve the effectiveness of institutional arrangements; (4) both within-party and social supervision are strengthened. The real effects show that the management of "One Family, Two Rules" in Yiwu City has made significant achievements, which has many implications for other places and areas.

Keywords: Yiwu City; "One Family, Two Rules"; Power Supervision; Institutional Innovation

B. 15　Combating Minor Corruptions in the Sector of Governmental Services for Economic Enterprises　　　　　　　/ 257

Abstract: In order to assess the situation of public integrity of the public officials at the grassroots level, this study conducted in-depth interviews and a survey research on small-size enterprises and public officials across 10 provinces in Eastern, Middle and Western Party of the country. According to the research, the government-business relationship has become cleaner, but there are still widespread minor corruptions, misconducts and inactions, which have caused problems for private enterprises, and the "close relationship" between the government and businesses has become unpopular. The main causes of these problems are the deficiencies with governmental supervision, management standardization, policy assessments and adjustments, and policy interpretation and so on. To solve these profound problems will facilitate the modernization of state governance system and ability.

Keywords: Governmental Service for Economic Enterprises; Minor Corruption; State Governance Ability

V   Choice Innovations

Ⅵ   Appendix

诚邀合作启事

　　《反腐倡廉蓝皮书》是中国社会科学院中国廉政研究中心精心打造的品牌图书，自 2011 年问世以来，始终坚持学术视角，倡导"建设"理念，持续关注和动态反映中国党风廉政建设和反腐败工作新情况、新进展、新成效，提出建设性对策，已成为国内外了解中国廉政建设的重要平台，受到俄罗斯、德国、巴西、尼日利亚、比利时、新加坡、斯里兰卡等国学者和欧盟、OECD、国际反腐败学院等国际机构的关注。为更加充分展现我国党风廉政建设与反腐败斗争理论与实践创新成果，推动全面深化改革，诚邀实务部门、专家学者通过调研合作、项目研发、合办论坛和研讨会、撰稿发文、资料信息共享等方式合作。

编辑部联系方式：
电话（传真）：010 – 85195127
电子邮箱：jiangly@ cass. org. cn

社会科学文献出版社 **皮书系列**

❖ 皮书起源 ❖

"皮书"起源于十七、十八世纪的英国,主要指官方或社会组织正式发表的重要文件或报告,多以"白皮书"命名。在中国,"皮书"这一概念被社会广泛接受,并被成功运作、发展成为一种全新的出版形态,则源于中国社会科学院社会科学文献出版社。

❖ 皮书定义 ❖

皮书是对中国与世界发展状况和热点问题进行年度监测,以专业的角度、专家的视野和实证研究方法,针对某一领域或区域现状与发展态势展开分析和预测,具备原创性、实证性、专业性、连续性、前沿性、时效性等特点的公开出版物,由一系列权威研究报告组成。

❖ 皮书作者 ❖

皮书系列的作者以中国社会科学院、著名高校、地方社会科学院的研究人员为主,多为国内一流研究机构的权威专家学者,他们的看法和观点代表了学界对中国与世界的现实和未来最高水平的解读与分析。

❖ 皮书荣誉 ❖

皮书系列已成为社会科学文献出版社的著名图书品牌和中国社会科学院的知名学术品牌。2016 年,皮书系列正式列入"十三五"国家重点出版规划项目;2012~2016 年,重点皮书列入中国社会科学院承担的国家哲学社会科学创新工程项目;2017 年,55 种院外皮书使用"中国社会科学院创新工程学术出版项目"标识。

中国皮书网

发布皮书研创资讯，传播皮书精彩内容
引领皮书出版潮流，打造皮书服务平台

栏目设置

关于皮书：何谓皮书、皮书分类、皮书大事记、皮书荣誉、
皮书出版第一人、皮书编辑部

最新资讯：通知公告、新闻动态、媒体聚焦、网站专题、视频直播、下载专区

皮书研创：皮书规范、皮书选题、皮书出版、皮书研究、研创团队

皮书评奖评价：指标体系、皮书评价、皮书评奖

互动专区：皮书说、皮书智库、皮书微博、数据库微博

所获荣誉

2008 年、2011 年，中国皮书网均在全国新闻出版业网站荣誉评选中获得"最具商业价值网站"称号；

2012 年，获得"出版业网站百强"称号。

网库合一

2014 年，中国皮书网与皮书数据库端口合一，实现资源共享。更多详情请登录 www.pishu.cn。

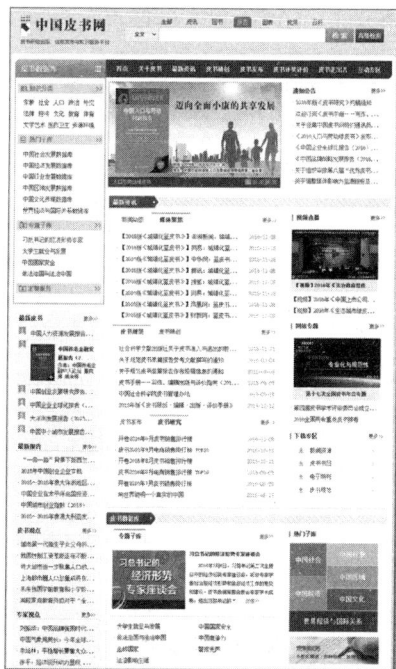

权威报告·热点资讯·特色资源

皮书数据库
ANNUAL REPORT(YEARBOOK)
DATABASE

当代中国与世界发展高端智库平台

所获荣誉

- 2016年，入选"国家'十三五'电子出版物出版规划骨干工程"
- 2015年，荣获"搜索中国正能量 点赞2015""创新中国科技创新奖"
- 2013年，荣获"中国出版政府奖·网络出版物奖"提名奖
- 连续多年荣获中国数字出版博览会"数字出版·优秀品牌"奖

成为会员

通过网址www.pishu.com.cn或使用手机扫描二维码进入皮书数据库网站，进行手机号码验证或邮箱验证即可成为皮书数据库会员（建议通过手机号码快速验证注册）。

会员福利

- 使用手机号码首次注册会员可直接获得100元体验金，不需充值即可购买和查看数据库内容（仅限使用手机号码快速注册）。
- 已注册用户购书后可免费获赠100元皮书数据库充值卡。刮开充值卡涂层获取充值密码，登录并进入"会员中心"—"在线充值"—"充值卡充值"，充值成功后即可购买和查看数据库内容。

社会科学文献出版社 皮书系列
SOCIAL SCIENCES ACADEMIC PRESS (CHINA)

卡号：329911186239
密码：

数据库服务热线：400-008-6695
数据库服务QQ：2475522410
数据库服务邮箱：database@ssap.cn
图书销售热线：010-59367070/7028
图书服务QQ：1265056568
图书服务邮箱：duzhe@ssap.cn

S 子库介绍
ub-Database Introduction

中国经济发展数据库

涵盖宏观经济、农业经济、工业经济、产业经济、财政金融、交通旅游、商业贸易、劳动经济、企业经济、房地产经济、城市经济、区域经济等领域，为用户实时了解经济运行态势、把握经济发展规律、洞察经济形势、做出经济决策提供参考和依据。

中国社会发展数据库

全面整合国内外有关中国社会发展的统计数据、深度分析报告、专家解读和热点资讯构建而成的专业学术数据库。涉及宗教、社会、人口、政治、外交、法律、文化、教育、体育、文学艺术、医药卫生、资源环境等多个领域。

中国行业发展数据库

以中国国民经济行业分类为依据，跟踪分析国民经济各行业市场运行状况和政策导向，提供行业发展最前沿的资讯，为用户投资、从业及各种经济决策提供理论基础和实践指导。内容涵盖农业，能源与矿产业，交通运输业，制造业，金融业，房地产业，租赁和商务服务业，科学研究，环境和公共设施管理，居民服务业，教育，卫生和社会保障，文化、体育和娱乐业等100余个行业。

中国区域发展数据库

对特定区域内的经济、社会、文化、法治、资源环境等领域的现状与发展情况进行分析和预测。涵盖中部、西部、东北、西北等地区，长三角、珠三角、黄三角、京津冀、环渤海、合肥经济圈、长株潭城市群、关中—天水经济区、海峡经济区等区域经济体和城市圈，北京、上海、浙江、河南、陕西等34个省份及中国台湾地区。

中国文化传媒数据库

包括文化事业、文化产业、宗教、群众文化、图书馆事业、博物馆事业、档案事业、语言文字、文学、历史地理、新闻传播、广播电视、出版事业、艺术、电影、娱乐等多个子库。

世界经济与国际关系数据库

以皮书系列中涉及世界经济与国际关系的研究成果为基础，全面整合国内外有关世界经济与国际关系的统计数据、深度分析报告、专家解读和热点资讯构建而成的专业学术数据库。包括世界经济、国际政治、世界文化与科技、全球性问题、国际组织与国际法、区域研究等多个子库。

法律声明